船舶柴油机结构

安士杰　欧阳光耀　编著

国防工业出版社

·北京·

内 容 简 介

本书为国家精品课程教材。

本书系统论述船舶柴油机基本组成、典型结构、部件设计要求以及使用管理要求的基本理论和管理知识。以典型船用柴油机结构为例对船用柴油机燃烧室组件、动力传递组件、换气系统、燃油系统、增压系统、调速系统、润滑系统、冷却系统以及启动系统进行了部件结构分析以及设计基本要求分析。全书内容紧密联系现有船舶柴油机实际结构,力求做到理论与实际相结合,讲述深入浅出,图文并茂,通俗易懂。

本书可作为内燃机专业以及轮机工程专业的本科教材,又可以作为内燃机设计、制造、维修专业技术人员以及轮机管理技术人员参考。

图书在版编目(CIP)数据

船舶柴油机结构/安士杰,欧阳光耀编著. —北京:国防
工业出版社,2015. 10
ISBN 978-7-118-10217-8

Ⅰ.①船... Ⅱ.①安... ②欧... Ⅲ.①船用柴油
机–结构 Ⅳ.①U664. 121

中国版本图书馆 CIP 数据核字(2015)第 249503 号

※

国防工业出版社 出版发行

(北京市海淀区紫竹院南路23号 邮政编码100048)
北京嘉恒彩色印刷有限责任公司
新华书店经售
*
开本710×1000 1/16 印张18¾ 字数335千字
2015 年10月第 1 版第 1 次印刷 印数1—3000册 定价58.00 元

─────────────────────────────

(本书如有印装错误,我社负责调换)

国防书店:(010)88540777 发行邮购:(010)88540776
发行传真:(010)88540755 发行业务:(010)88540717

前　言

　　本书是以船舶柴油机特别是高速大功率柴油机为典型,辅以中低速大型船用柴油机,系统论述船舶柴油机基本组成、典型结构、部件设计要求以及使用管理要求的基本理论和管理知识。对船舶柴油机主体机件、燃油系统、增压系统、调速系统以及润滑、冷却系统都有较为详细的阐述。

　　本书旨在打牢基础、拓宽专长、突出本专业的高新技术,在内容上既着重基本概念和典型结构,又反映了国内外船舶柴油机的当前的发展方向和技术水平,使学生学习之后,对船舶柴油机结构有比较深入的理解。

　　本书共10章,第1章、第2章由安士杰副教授执笔,第3章、第4章由欧阳光耀教授、杨昆讲师执笔,第5章、第6章由赵建华副教授、汪宏伟讲师执笔,第7章由刘振明讲师执笔,第8章~第10章由张萍副教授、白禄峰讲师执笔,全书由安士杰副教授统稿,由欧阳光耀教授审阅。编写过程中,得到了常汉宝教授、李育学副教授的帮助,在此表示感谢。

　　限于编者的学识经验,书中内容难于覆盖所有相关技术问题,存在不妥之处在所难免,欢迎读者批评指正。

目　录

第1章 概　述

在各种动力机械中,柴油机热效率高、功率范围宽广、启动迅速、维修方便、运行安全、使用寿命长,因而得到广泛应用,在国民经济和国防建设中处于重要地位。柴油机是目前世界上船舶使用最为普遍的动力装置,在一般大中型民用船舶中,有90％以上使用柴油机作为主推进装置和船舶电站原动机,只有在一些军用船、特种船舶和个别货船(如一些液化汽船和运煤船等)使用燃气轮机、蒸汽轮机等其他类型的动力装置。

1.1　柴油机基本概念

1.1.1　柴油机的定义

1. 热机

热机是把热能转换成机械能的动力机械,它的基本工作原理是:燃料在一个特设的装置中燃烧,将化学能转变为热能以加热工质,然后将这种具有热能的工质导入发动机,把工质的热能转变为机械能。显然,在热机的工作过程中进行着两次的能量转换,即将燃料的化学能转变为热能,再将热能转变为机械能。根据燃料燃烧场所的不同,热机又可分为外燃机和内燃机两大类。柴油机、汽油机、燃气轮机及蒸汽机是热机中较典型的机型。

2. 外燃机与内燃机

在外燃机(如蒸汽机)中,燃料的燃烧发生在机器外部特设的锅炉中,燃料燃烧时化学能转变为燃烧产物的热能,并将此热能通过锅炉壁传给水,使水变成蒸汽,再将蒸汽引入汽轮机内,膨胀作功,使水蒸气的热能转变为机械能推动机械运动。在蒸汽机中推动机械作功的工质为水蒸气,在燃气和水的热传递过程中存在着较大能量损失,因此外燃机的热效率相对较低。往复式蒸汽机和蒸汽轮机都属于外燃机。

在内燃机中,燃料的燃烧是在机器内部进行的,燃烧产生的化学能转变为燃烧产物的热能,燃烧产物膨胀直接推动机械运动作功,燃烧产物(燃气)就是作功的工质。在内燃机中两次能量的转换过程均发生在机器内部。由于采用内部燃烧,从能量转换角度看,内燃机能量损失小,具有较高的热效率。另外,由于内燃机不需要庞大的外围锅炉设备,在尺寸和重量等方面比外燃机具有优越性,因而在与外燃机的竞争中处于有利地位。内燃机按运转方式的不同可分为往复式内燃机和回转式内燃机,按使用燃料的不同可分为柴油机、汽油机和煤气机等。

3. 柴油机

柴油机和汽油机均属于往复式内燃机,它们都具有内燃机的基本优点,但又具有各自的工作特点。因而,它们在工作原理、经济性以及使用范围上均有差异,表1-1即为柴油机与汽油机的比较。

由此可以看出,柴油机是一种压缩发火的往复式内燃机。柴油机与其他热机相比,除热效率高外,还具有如下优点:

(1)功率范围广。单机功率可从1kW到68000kW不等,因此其应用领域十分广泛。

(2)机动性好。柴油机正常启动只需3~5s的时间,并能很快达到全功率,有宽广的转速负荷调节范围,并可直接反转,操作简便,能适应船舶航行的各种要求。

(3)尺寸小、重量小。柴油机属内燃机,不需要锅炉等大型的外围附属设备,适合于在交通运输等动力装置中应用,特别对于船舶,有利于机舱的布置。

基于上述优点,内燃动力在民用中小型军用船舶中获得广泛应用。

当然,柴油机也有一些缺点,主要有以下几点:

(1)柴油机的振动与噪声较大,存在机身振动、轴系扭转振动和噪声。

(2)柴油机气缸内气体压力的变化剧烈,并产生周期性变化的冲击和振动,使受力机件产生较大的机械应力和疲劳裂纹,甚至出现故障和破损。

(3)燃烧室组件直接受到高温高压燃气的作用,工作条件恶劣,机件受到热应力的作用,使强度下降,直接影响到柴油机的可靠性和寿命。

表1-1 柴油机与汽油机的比较

项目	柴油机	汽油机
燃料(燃烧工质)	柴油或劣质燃油	汽 油
点火方式	压缩自行燃烧	电火花塞点燃
混合气形成方式	气缸内混合	气缸外混合
压缩比	12~22	6~10
有效热效率	0.30~0.55	0.15~0.40

1.1.2 柴油机的基本结构

柴油机主要由固定部件、运动部件以及辅助系统组成。其主要部件如图1-1所示。

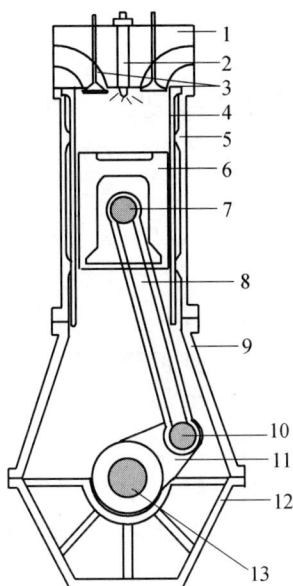

图 1-1　柴油机主要部件

1—气缸盖；2—喷油器；3—气阀；4—气缸套；5—机体；6—活塞；7—活塞销；
8—连杆；9—机架；10—曲柄销；11—曲柄；12—机座；13—曲轴。

1. 固定部件

固定部件主要包括机座、机体、气缸盖、气缸套和主轴承等。固定部件构成柴油机主体,用于支承运动部件并由气缸盖、气缸套与活塞组件组成燃烧室。

2. 运动部件

运动部件主要包括活塞组件、连杆组件和曲轴组件等。它们构成曲柄连杆机构,使活塞的往复运动转换为曲轴的回转运动,实现热能向机械能的转换。

3. 辅助系统

柴油机辅助系统有换气系统(由配气机构的气阀组件、气阀传动组件、凸轮轴及其传动机构和进、排气管道等组成)、燃油系统(由低压输送系统的日用油柜、燃油滤清器和输送泵等以及高压喷射系统的喷油泵、高压油管及喷油器等组成)、冷却系统、润滑系统以及启动、换向和调速等系统。

柴油机的基本结构可以使进入气缸的新鲜空气被压缩以提高温度和压力,

并以压缩点火方式使喷射进入气缸的燃料燃烧,所产生的高温、高压工质在气缸中膨胀,推动活塞运动,再通过曲柄连杆机构转变为曲轴的回转运动,从而带动工作机械,最后还可将气缸内的废气排出,再吸入新鲜空气,进行下一个工作循环。

1.1.3 柴油机基本结构参数

柴油机的基本结构参数如图 1－2 所示,主要包括:

(1) 上止点(T.D.C)。活塞在气缸中运行的最高位置,也就是活塞离曲轴中心线最远的位置。

(2) 下止点(B.D.C)。活塞在气缸中运行的最低位置,也就是活塞离曲轴中心线最近的位置。

(3) 曲柄半径 R。曲轴的曲柄销中心线与主轴颈中心线的距离。

(4) 活塞行程 S。活塞从上止点运行到下止点间的直线距离,简称行程。它等于曲轴曲柄半径 R 的 2 倍。活塞运行一个行程时曲轴转动 180°。

(5) 气缸直径 D。气缸的内径,简称缸径。

(6) 行程缸径比 S/D。活塞行程 S 与气缸直径 D 的比值。

(7) 余隙高度 h_c。活塞在上止点时活塞的最高顶面与气缸盖底平面之间的垂直距离。

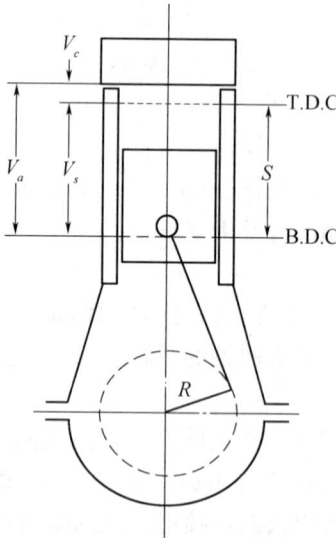

图 1－2　柴油机基本结构参数

（8）压缩容积 V_{ce}。活塞在气缸内位于上止点时，在活塞顶上方的全部空间容积，也称为燃烧室容积。

（9）气缸工作容积 V_s。活塞在气缸中从上止点运行到下止点时所扫过的容积。显然，有

$$V_s = \frac{\pi}{4}D^2 S \qquad (1-1)$$

（10）气缸总容积 V_t。活塞在气缸内位于下止点时，活塞顶以上的气缸全部容积。显然，有

$$V_t = V_s + V_{ce} \qquad (1-2)$$

（11）压缩比 ε_c。气缸总容积 V_t 与压缩容积 V_{ce} 之比值，亦称几何压缩比，即

$$\varepsilon_c = \frac{V_t}{V_{ce}} = \frac{V_s + V_{ce}}{V_{ce}} = 1 + \frac{V_s}{V_{ce}} \qquad (1-3)$$

目前，柴油机的压缩比 ε_c 一般为 12~22，中、高速柴油机的压缩比高于低速机的压缩比。

1.2　柴油机工作原理

1.2.1　四冲程柴油机的工作原理

根据柴油机的工作特点，燃油在柴油机气缸中燃烧作功必须通过进气、压缩、燃烧、膨胀和排气五个过程。包括上述五个过程的全部热力循环过程称为柴油机工作过程，包括上述五个过程的周而复始的循环称为工作循环。对往复式柴油机可用 $p-V$ 示功图清楚地描绘其工作循环中各过程的进行情况。现将每一工作循环按活塞行程分为如图 1-3 所示的四个阶段。

1. 进气冲程

活塞从上止点下行，进气阀 a 已打开。由于活塞下行的抽吸作用，新鲜空气充入气缸。为了能充入更多的空气，进气阀一般在上止点前提前开启（曲柄位于点 1），在下止点后延迟关闭（曲柄位于点 2），进气阀开启的延续角度 φ_{1-2}（图中阴影线部分）为 220°~250°。

2. 压缩冲程

活塞从下止点向上运动，自进气阀 a 关闭（曲柄到达点 2）开始压缩，一直到活塞到达上止点（曲柄到达点 3）为止。第一行程吸入的新鲜空气经压缩后，压力增高到 3~6MPa，温度升至 600~700℃（燃油的自燃温度为 210~270℃）。将

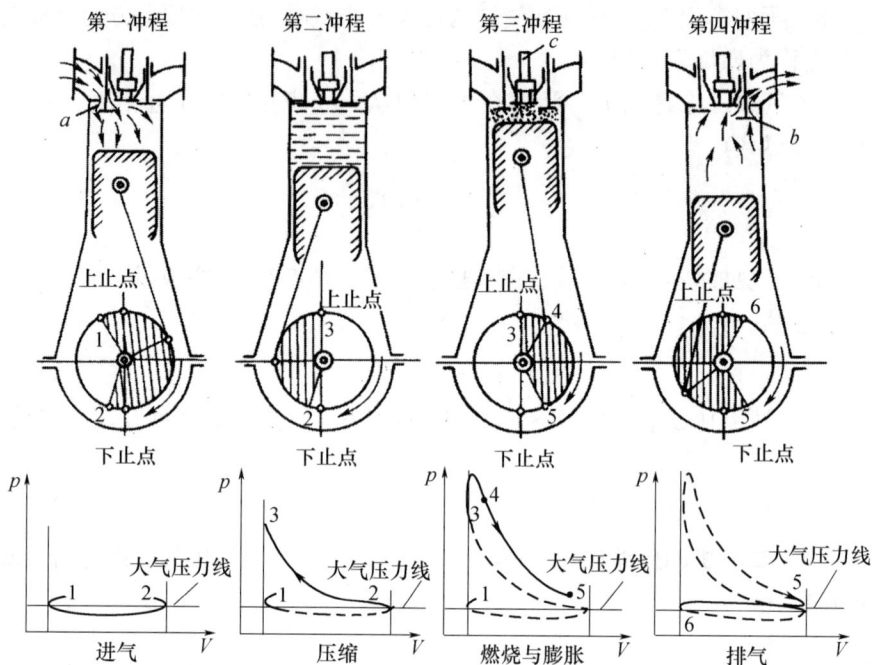

第一冲程　　　第二冲程　　　第三冲程　　　第四冲程

上止点　　上止点　　上止点　　上止点

下止点　　下止点　　下止点　　下止点

p　大气压力线　　p　大气压力线　　p　大气压力线　　p　大气压力线

进气　　压缩　　燃烧与膨胀　　排气

图 1-3　四冲程柴油机工作原理图

压缩终点时的压力和温度分别用符号 p_c 和 t_c 表示。在压缩过程的后期由喷油器 c 喷入气缸的燃油与高温空气混合、加热，并自行发火燃烧。曲轴转角 φ_{2-3} 表示压缩过程为 $140° \sim 160°$。

3. 燃烧和膨胀冲程

活塞在上止点附近，由于燃油猛烈燃烧，使气缸内的压力和温度急剧升高，压力达 $8 \sim 15 \mathrm{MPa}$，甚至 $20 \mathrm{MPa}$ 以上，温度为 $1400 \sim 1800℃$ 或更高些。将燃烧产生的最高压力称最高爆发压力，简称爆压，用 p_z 表示。高温高压的燃气（即工质）膨胀推动活塞下行而作功。由于气缸容积逐渐增大使压力下降，在上止点后的某一时刻（曲柄位于点 4）燃烧基本结束，此时温度接近最高点。膨胀一直到排气阀 b 开启时结束。与进气阀相同，排气阀 b 总是在活塞到达下止点前提早开启（曲柄位于点 5），曲轴转角 φ_{3-4-5} 表示燃烧和膨胀过程。

4. 排气冲程

在上一冲程末，排气阀 b 开启时，活塞尚在下行，废气靠气缸内外压力差经排气阀排出。

当活塞越过下止点开始上行时，活塞将废气推出，排气阀一直延迟到活塞越过上止点后(曲柄位于点 6)才关闭。排气过程用曲轴转角 φ_{5-6} 表示为 $230° \sim$ $260°$。

在上止点之前，排气阀还没有关闭，进气阀再次打开，又重复第一行程，开始第二个工作循环，以维持柴油机的持续稳定运转。虽然进气阀在上止点之前 1 点打开，但由于此时缸内的气体压力仍高于外界大气压力，气缸内无法进气，只有当缸内气体压力降低到等于或低于外界大气压力时，气缸才开始进气。由此可见，四冲程非增压柴油机的实际进气始点不是在上止点前而是在上止点后的某一时刻。进、排气阀在上、下止点前、后开启或关闭的时刻称为气阀定时(同样喷油器开启的时刻称为喷油定时)，气阀定时通常用相应的上、下止点间的曲柄转角来表示，将柴油机的工作过程按曲柄所在位置及旋转角度依次表示定时的圆图称为定时图，如图 1-4 所示。

由图 1-4 可见，为了提高进排气量，进排气阀的开启和关闭均不在上下止点，而是提前开启、延后关闭，进气阀在点 1 开启、点 2 关闭，排气阀在点 5 开启、点 6 关闭。进气阀开启瞬时，曲柄位置与上止点之间的曲轴转角称为进气阀开启提前角，见图中的 φ_1；进气阀关闭瞬时，曲柄位置与下止点之间的曲轴转角称为进气阀关闭延后角，见图中的 φ_2；依此类推，排气阀开启提前角为 φ_3，排气阀关闭延后角为 φ_4。进气持续角为 $\varphi_1 + 180 + \varphi_2$，排气持续角为 $\varphi_3 + 180 + \varphi_4$，显然，四冲程柴油机的进排气行程所占曲轴转角均大于 $180°$，换气总曲轴转角角度为 $450° \sim 500°$，而压缩与膨胀行程所占曲轴转角均小于 $180°$。凸轮作用角为相应各过程持续角的 $1/2$。

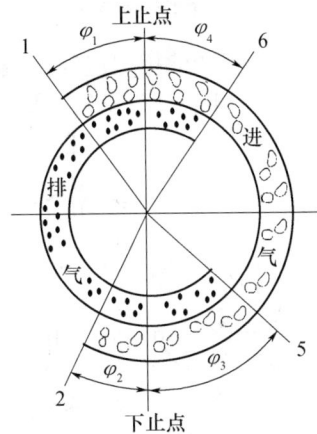

图 1-4 气阀定时图

由图 1-4 还可看到，在上止点前后的一段曲轴转角内，进、排气阀有一个同时打开的角度，称为进、排气重叠角(气阀重叠角)。它等于进气提前角 + 排气滞后角，即 $\varphi_1 + \varphi_4$，由于此时气缸与进、排气管相通，当排气按惯性流动将近停止时，因新鲜空气充入气缸，继续将废气清扫出气缸，有利于将气缸内的废气彻底清除，故常称为"燃烧室扫气"。此时，由于进入气缸的新鲜空气温度较低，当它扫过时可以降低柴油机燃烧室组件的热负荷。当然，这时不可避免地会有部分新鲜空气从排气阀流失而降低空气利用率。增压柴油机因气缸热负荷大，因而常采用加大气阀重叠角的办法，以改善柴油机机件的工作条件、延长柴油机承受高温部件的工作寿命。

气阀定时不仅取决于柴油机类型、转速、进排气阀凸轮的形状,在实际运转中还由于磨损、间隙以及振动等原因而发生改变,柴油机使用管理人员必须定期进行测量和调整。柴油机气阀正时和气阀重叠角的一般范围列于表1-2。

表1-2　四冲程柴油机气阀重叠角度

名　称	非增压		增　压	
	开　启	关　闭	开　启	关　闭
进气阀	上止点前15°~30°	下止点后10°~30°	上止点前40°~80°	下止点后20°~40°
排气阀	下止点前35°~45°	上止点后35°~45°	下止点前40°~50°	上止点后40°~50°
重叠角	25°~50°		80°~130°	

1.2.2　二冲程柴油机的工作原理

二冲程柴油机把进气、压缩、燃烧、膨胀、排气过程紧缩在活塞的两个活塞行程内完成,使曲轴仅旋转一周就完成一个工作循环,如图1-5所示。

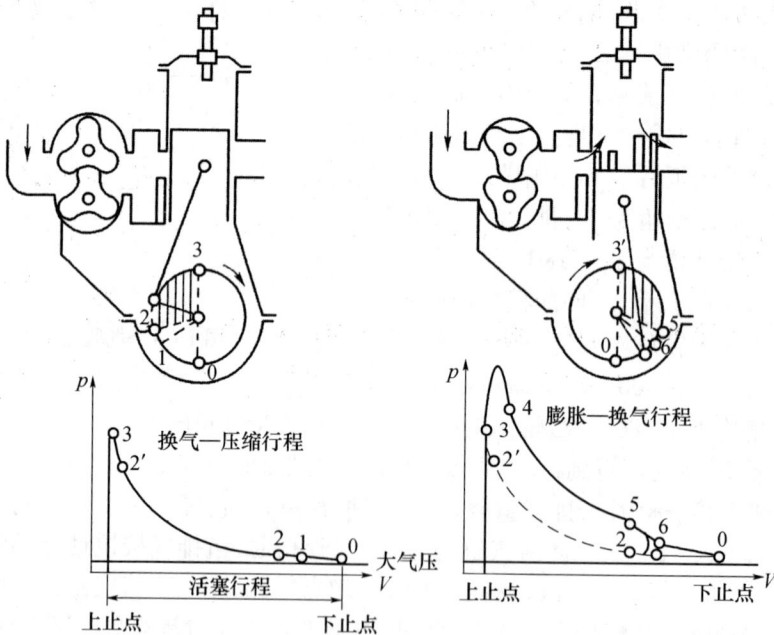

图1-5　二冲程柴油机工作原理

二冲程柴油机与四冲程柴油机不同,其气缸上设有气口,图1-5中气缸右侧为排气口,左侧为进气口。排气口比进气口略高,进、排气口的开关均由活塞

8

控制。此外,二冲程柴油机设有扫气泵,扫气泵预先将空气压缩并送入扫气箱中,扫气箱中的空气压力(扫气压力)要比大气压力高。

1. 换气—压缩冲程

活塞由下止点向上运动。在活塞遮住进气口之前,新鲜空气通过进气口充入气缸并将气缸内的废气经排气口驱除出去。当活塞上行到将进气口全部遮闭时(点1),新鲜空气就停进入气缸。当排气口被活塞遮闭后(点2),气缸内的空气就被上行的活塞压缩,压力和温度亦随之升高。在活塞到达上止点前的某一时刻(点2′),柴油经喷油器喷入气缸,并与高温高压空气混合后着火燃烧。在这一行程中,进行了换气(曲线0-1-2)、压缩(曲线2-3)和喷油着火燃烧过程。

2. 膨胀—换气冲程

活塞由上止点向下运动。在此行程的初期,燃烧仍在继续猛烈地进行,到点4才基本结束。高温高压的燃气膨胀推动活塞下行作功。当活塞下行将排气口打开时(点5),由于此时缸内燃气的压力和温度仍较高,分别为0.5~0.6MPa和600~800℃,因而,气缸内燃气借助于气缸内外的压差经排气口高速排出,缸内的压力也随之下降,当缸内压力下降到接近扫气压力时,下行的活塞将进气口打开。新鲜空气便通过进气口充入气缸,清扫废气,将气缸内的废气经排气口驱除出去。这个过程一直要延续到下一个循环活塞再次上行将进气口关闭时为止。

在这一冲程中,进行了燃烧与膨胀(曲线3-4-5)、排气(曲线5-6)和部分扫气(曲线6-0)过程。

通常情况下,二冲程柴油机的燃烧和膨胀冲程占90°~120°曲轴转角,换气过程占130°~150°曲轴转角,压缩冲程约占120°曲轴转角。

图1-6为ESDZ43/82B型二冲程柴油机定时图。由图可见,二冲程柴油机是将进气和排气过程合并到压缩与膨胀冲程中进行,从而省略两个冲程。在换气过程中,活塞不作有效功,这部分活塞冲程容积 ΔV_s 称为损失容积(即进、排气口(阀)全部关闭瞬时的气缸容积),换气过程气缸工作容积损失的多少用损失容积 ΔV_s 与几何工作容积 V_s 的比值表示,称为冲程损失系数,用 ψ_s 表示,即

$$\psi_s = \frac{\Delta V_s}{V_s} \tag{1-4}$$

则实际压缩过程始点2的气缸容积为

$$V'_t = V_s + V_{ce} - \Delta V_s = V_s(1 - \psi_s) + V_{ce} \tag{1-5}$$

故对于二冲程柴油机,其实际压缩比(有效压缩比)为

$$\varepsilon_e = \frac{V'_t}{V_{ce}} = \frac{V_s(1 - \psi_s) + V_{ce}}{V_{ce}} = \frac{V_s}{V_{ce}}(1 - \psi_s) + 1 \qquad (1-6)$$

故实际压缩比与几何压缩比之间存在下列关系,即

$$\varepsilon_e = (\varepsilon_c - 1)(1 - \psi_s) + 1 = \varepsilon_c(1 - \psi_s) + \psi_s \qquad (1-7)$$

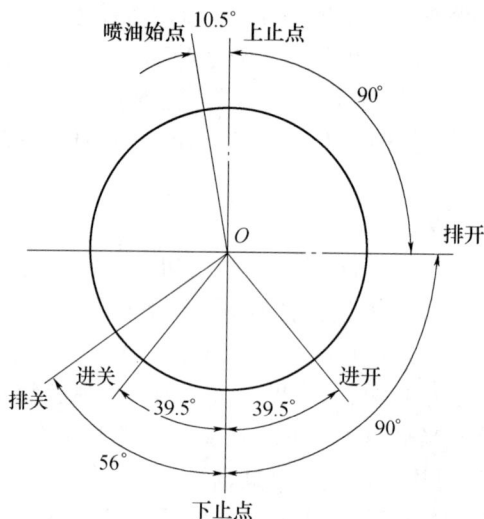

图 1-6 二冲程柴油机正时图

从四冲程柴油机和二冲程柴油机的基本工作原理出发,可以得到以下结论:

(1) 二冲程由于换气时间短(换气角度仅为四冲程机的1/3 左右)、新旧气体易掺混,所以二冲程机换气质量较四冲程机差,耗气量也较大。

(2) 二冲程机曲轴转一圈就有一个工作冲程,因而,在相同工作条件下它的回转要比四冲程机均匀,飞轮尺寸小,输出功率较四冲程机大,但由于作功频繁,燃烧室组件的热负荷比四冲程的高,并给高增压带来困难。

(3) 在相同转速和功率条件下,二冲程机的尺寸和重量比四冲程机小。

(4) 对于两台气缸尺寸及转速相同的非增压柴油机,理论上二冲程的作功能力为四冲程的2 倍,但由于二冲程机存在冲程损失容积,使有效膨胀行程缩短,再加上换气质量差及扫气泵消耗曲轴的有效功,使得二冲程机的功率仅为四冲程的1.6~1.7 倍。

(5) 在相同转速下,由于二冲程机每一转供油一次,凸轮轴转速高,因此喷油泵工作热负荷较高,喷油嘴热负荷也较高,容易引起喷孔堵塞。

1.2.3　增压柴油机的工作特点

提高柴油机的进气压力，可使进气的密度增加，从而在同样的气缸容积中充进更多的空气量，以便喷入更多的燃油，作出更多的功。这种用提高进气压力来提高柴油机功率的方法称为"增压"。增压是提高柴油机功率的主要途径之一。

预先对新鲜空气进行压缩的压气机，可以由柴油机的曲轴通过齿轮等机械驱动，这种增压方式称为机械增压；也可由柴油机气缸排出的废气的能量在涡轮机中膨胀作功，由涡轮机来驱动，称为废气涡轮增压。采用机械增压方法后，在保持柴油机原结构尺寸的情况下，虽然功率得到提高，但由于增压器要消耗曲轴的有效输出功，使柴油机经济性的提高受到了限制，效率较低，故目前已较少采用。废气涡轮增压既能提高柴油机平均有效压力 p_e 和功率 P_e，同时又可利用废气能量，降低油耗率，提高柴油机的经济性，是一种最好的柴油机增压方式。

图 1-7 所示为一种具有废气涡轮增压的二冲程柴油机工作原理图。它的特点如下：

新鲜空气经入口 f 进入离心式压气机 e，经压气机压缩后压力和温度升高，然后由连接管 g 经冷却器冷却后进入进气管 h 和扫气箱 i，当活塞打开气缸下部的扫气口 a 时被压缩的新鲜空气进入气缸。废气则通过气缸盖上的排气阀 b 排出气缸，经入口 j 进入废气涡轮机 d，废气涡轮从废气中获得能量而带动压气机高速回转。新鲜空气在气缸内工作循环的各主要过程——压缩、燃烧和膨胀的进行情况与非增压柴油机一样，只是由于采取了增压，使各过程的压力和温度有所增高。至于换气过程，则与非增压的二冲程柴油机相似。由于排气阀置于气缸盖中央，在排气阀两侧斜装两个喷油器，如图 1-7 中 c 所示。四冲程增压柴油机的工作原理和二冲程基本相同。

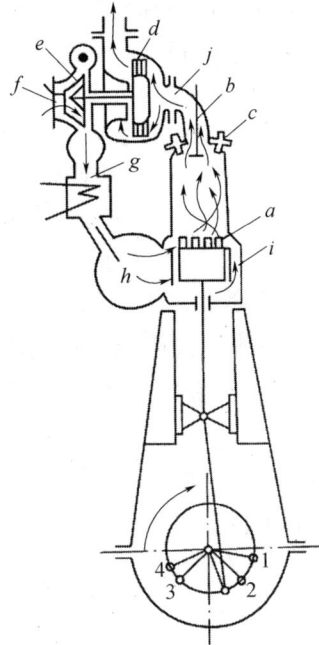

图 1-7　废气涡轮增压二冲程柴油机
a—扫气口；b—排气阀；c—喷油器；
d—废气涡轮机；e—离心式压气机；
f—入口；g—中冷器；h—进气总管；
i—扫气箱；j—入口。

1.3　柴油机的主要性能指标

性能是认识和衡量柴油机的标志。柴油机性能可以划分为以下五个指标体系:动力性能、经济性能、可靠性能、紧凑性能和环保性能。

1.3.1　动力性

动力机械的首要性能是动力性,即衡量其作功能力的性能。

1. 有效功率和转速

说明柴油机功率时,必须同时指出它输出有效功率时曲轴的转速。

(1)有效功率。整机功率用千瓦(kW)表示,有时还注明传统的习惯用法马力。由于同系列柴油机往往有不同的缸数,所以也常用单缸功率(kW/cyl)作指标。一般用持续功率来说明柴油机的有效功率,即功率的使用时间不受限制。船用柴油机一般均有短时超负荷的能力,可以在110%持续功率条件下运行1h。有些柴油机按照国家标准规定了短时间允许运行的功率。目前,整机持续有效功率已达74,040kW,而单缸功率可达6170kW/cyl。

(2)转速。曲轴输出转速用每分钟转数(r/min)表示。用户关心转速主要是因为它与被驱动机械直接相关。船用主机带动螺旋桨运行,螺旋桨的转速越低则效率越高,有时就要选配减速齿轮箱以降低推进轴的转速。带同步发电机的柴油机其转速决定了供电的频率。柴油机转速与供电频率及磁极对数的关系为

$$n = 60f/N_{pm} \qquad (1-8)$$

式中:f 为供电频率(Hz);N_{pm} 为发电机磁极对数;n 为曲轴转速(r/min)。

目前柴油机的转速范围较宽,为 90~4500r/min。

2. 平均有效压力

单缸功率相同的柴油机由于气缸的尺寸不同,气缸工作容积(排量)的利用程度差异很大。用单位气缸工作容积每循环作功的大小,才能反映气缸的空间利用程度。用平均有效压力 p_{me} 可以表示单位气缸工作容积每循环所作有效功,其表达式为

$$p_{me} = \frac{\tau \cdot P_e}{V \cdot_s i \cdot n} \qquad (1-9)$$

式中:P_e 为有效功率(kW);V_s 为气缸工作容积(L);i 为整机气缸数;τ 为每循环

12

行程数,四冲程机 $\tau = 4$,二冲程机 $\tau = 2$。

平均有效压力的含义虽是作功密度,但其量纲是单位面积上所受力。所以也可以理解为以等压 p_{me} 推动活塞移动一个行程所作的有效机械功。柴油机的平均有效压力范围为 $0.5 \sim 4.0 \mathrm{MPa}$。

3. 平均指示压力

作用于活塞顶上的气体压力所作的功不可能全部转化为曲轴输出的有效功。作用于活塞顶上的气体平均压力要比 p_{me} 更大,用平均指示压力 p_{mi} 来表示。图 1 - 8 表达了 p_{mi} 的几何意义。示功图上的曲线包围的面积称为缸内气体所作的指示功,而与其面积相等的下部矩形面积的高就是平均指示压力 p_{mi}。平均指示压力更真实地反映了气缸空间作功的利用程度或强载度。它排除了机械传递过程中的全部损失。

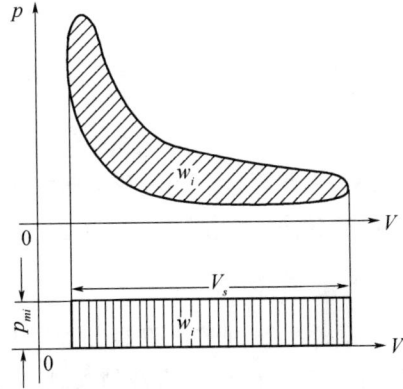

图 1 - 8 平均指示压力

4. 活塞平均速度

转速相同的柴油机,由于其气缸尺寸不同活塞作往复运动的速度会有很大差异。活塞运动的速度对柴油机的振动、受力和磨损有决定性的影响。引用活塞平均速度 V_m 来表示往复式机械的运动特性,V_m 的表达式为

$$V_m = \frac{n \cdot S}{30} \qquad (1 - 10)$$

目前,柴油机的活塞平均速度范围是 $5 \sim 13 \mathrm{m/s}$。

5. 强载度

用平均指示压力表示的强载度仅表示气缸空间的强载。衡量各类柴油机的强载度还需将它的内涵扩展到时间和整机,一般要用升功率、单位活塞面积功率或强化系数来表达。

(1)升功率。单位气缸容积提供的有效功率定义为升功率。既考虑到作功的频率高低也扩展到用曲轴输出功总的衡量。表达升功率的公式为

$$P_c = \frac{P_e}{V_s \cdot i} \qquad (1 - 11)$$

升功率大的柴油机,气缸利用程度高,不仅反映了它技术、材料和工艺的水平高,而且其主要机件承受的载荷也大。目前,柴油机升功率的在 $6 \sim 30 \mathrm{kW/L}$,

甚至更高。

（2）单位活塞面积功率。单位活塞面积功率与升功率稍有区别，即表达方式有所不同。对于 $\dfrac{S}{d}$ 相同的柴油机则只差一个常数。单位活塞面积功率的表达式为

$$P_{pa} = \frac{P_e}{i\,\dfrac{\pi}{4}\,d^2} \tag{1-12}$$

（3）强化系数。用强化系数 A 可以表达柴油机主要机件的机械负荷和热负荷的综合状态。它的表达式为

$$A = p_{me} \cdot V_m / \tau \tag{1-13}$$

强化系数高则整机强载度高。柴油机强化系数范围为 6.5~38。近年来，随着技术的进步，强化系数越来越高。可见，各类柴油机强化的程度差异很大。

1.3.2　经济性

1. 燃油消耗率

柴油机用每千瓦小时（kW/h）的燃油消耗量表示其热功转换的效率。燃油消耗率的表达式为

$$b_e = \frac{G_f}{P_e} \tag{1-14}$$

式中：G_f 为每小时的燃油消耗量（kg/h）。

柴油机的燃油消耗率范围很宽。柴油机的耗油率为 0.16~0.240kg/(kW·h)，而汽油机的燃油消耗率要高达 1 倍以上。

燃油消耗率与柴油机的效率成反比。有效热效率 η_{et} 与 b_e 的关系为

$$\eta_{et} = \frac{3.6 \times 10^6}{b_e H_u} \tag{1-15}$$

式中：H_u 为燃料低热值（kJ/kg），一般柴油的低热值 H_u 的范围为 42800~43200kJ/kg。

2. 滑油消耗率

滑油也主要是通过气缸燃烧或完全燃烧而随废气排出。严格地讲，滑油消耗率也应该计入热功转换的效率。但在工程实践中，由于滑油消耗率相对要小得多且滑油的价格昂贵，所以要单列为一项经济性指标。滑油消耗率的表达

式为

$$c = \frac{C_o}{P_e} \qquad (1-16)$$

式中：C_o 为每小时滑油消耗量（g/h）。

柴油机的滑油消耗率 c 主要受燃烧室组件结构形式的影响，它的数值范围较宽，为 $0.5 \sim 14 \mathrm{g}/(\mathrm{kW \cdot h})$。

3. 全寿命消费

作为动力原动机，用户最关心的指标之一是综合的经济性，即全寿命的费用及效益。全寿命费用由购置费、运行费和保障费三部分组成。用 T_{LCC} 表示，即

$$T_{\mathrm{LCC}} = T_{\mathrm{LCP}} + T_{\mathrm{LC0}} + T_{\mathrm{LCS}}$$

式中：T_{LCP} 为初始购置费，包括运行前的全部投入；T_{LC0} 为运行费用，包括油料费和运行人员工资等的消耗；T_{LCS} 为保障费用，包括材料、配件和工时等全部费用。

全面衡量经济性则应计算全寿周期内的投入产出比为

$$C_R = \frac{T_{\mathrm{LCC}}}{P_e \cdot T_L} \qquad (1-17)$$

式中：T_L 为柴油机的寿命，（h）。

1.3.3 可靠性

用户十分关心的可靠性衡量指标有可靠度、平均无故障时间、寿命和可维修性。

1. 可靠度

柴油机的可靠度和一般产品的可靠度一样。其定义为：柴油机在规定的时间内和规定的条件下完成规定功能的概率。显然，可靠度是时间 t 的函数，记为 $R(t)$。当用 N 台柴油机作为样本观察时，到 t 时刻还有 $N_s(t)$ 台柴油机在正常运行，对这 N 台柴油机的可靠度 $\overline{R}(t)$ 以下式表达，即

$$\overline{R}(t) = \frac{N_s(t)}{N} \qquad (1-18)$$

观察的台数足够大，则该型柴油机的可靠度就可以得到

$$R(t) = \lim_{N \to \infty} \overline{R}(t) \qquad (1-19)$$

显然,可靠度 $R(t)$ 只有制造厂商通过产品质量的跟踪调查统计才能得出。

2. 平均无故障时间及故障率

从使用管理的角度而言,用户最关心的性能之一是使用中的柴油机的故障率 $\lambda(t)$ 和平均无故障时间(MTBF)。故障率 $\lambda(t)$ 的定义是某种产品在 t 时刻时单位时间内发生故障的产品数,它也是一个概率,其表达式为

$$\lambda(t) = \frac{f(t)}{R(t)} \qquad (1-20)$$

式中:$f(t)$ 为故障分布密度。

在实际运行的柴油机中,MTBF 是通过多次故障发生时间的统计求得。平均无故障时间是在寿命期内工作时间与故障次数之比,即

$$\mathrm{MTBF} = \frac{\sum_{i=1}^{N} T_i}{N} = \int_0^\infty tF(t)\,\mathrm{d}t = \int_0^\infty R(t)\,\mathrm{d}t \qquad (1-21)$$

式中:T_i 为第 i 次故障发生时的运行时间。

3. 寿命

可靠度定义的一定时间内,即指在柴油机的寿命之内。用 L_T 表示柴油机寿命,则上述的 $R(t)$、$F(t)$ 中 $0 < t \leqslant L_T$。柴油机这类可维修设备,寿命有以下具体的规定。

(1)大修期。大修期是指由制造厂供货时提出在正常使用条件下,柴油机主要机件需作全面拆卸检查和修复的运行小时数。大修期反映了整机的运行使用周期和持续运行的能力。有些柴油机还规定了以开始运行为起点的总时间,一般以年计算。对于非连续运行的机组,运行小时数未到而装机运行的年限会到达大修期。目前,柴油机的大修期范围为 1000 ~50000h。

(2)吊缸检查期。柴油机燃烧室组件的工作条件较差,所以在大修期内就要进行气缸盖拆卸和将活塞吊出气缸进行检查、保养和修理。吊缸期反映了排气门、活塞环和连杆大端轴承等易损件的可靠性与持久性。吊缸期以运行小时计。一般在大修期内有 1~2 次吊缸检查。有些柴油机对它的某些可靠性薄弱的环节也规定了检查期,如对喷油器的检查期等。

4. 可维修性

可维修性反映了发现检查和排除故障的难度,也是用户关注的问题之一。衡量可维修性的指标是平均修复时间(MTTR),即

$$MTTR = \frac{1}{n} \sum_{i=1}^{n} T_{ri} \qquad (1-22)$$

式中：n 为统计的修理次数；T_{ri} 为第 i 次修理的修复时间。

影响 MTTR 的因素很多，主要包括装备本身及管理人员两个方面。柴油机制造厂提供的产品，其易损件是否便于接近和更换属装备本身。管理人员的技术水平和组织管理水平则是另一个重要的方面。

1.3.4 紧凑性

船用柴油机的重量、尺寸对舰船总体布局和性能影响较大。衡量紧凑性的指标可用绝对值和相对值。

1. 总尺寸

整机的长、宽、高是衡量尺寸的绝对指标。它取决于柴油机的缸径、行程、气缸中心距和气缸数，以及多缸机的气缸排列和涡轮增压器等大件的布置。船用柴油机还应提供整机的重心位置和吊缸的预留高度这两个尺寸。

2. 干重

干重是指不含油、水的总零部件重量，以 kg 计。柴油机的干重与材料、工艺及对可靠性、寿命的要求有关。

3. 质量功率比

单位功率的重量可衡量不同柴油机之间的重量水平。质量功率比用每千瓦的千克数 G_{sp} 表示，即

$$G_{sp} = \frac{G_g}{P_e} \qquad (1-23)$$

式中：G_g 为柴油机干重(kg)。

比重量小的柴油机用于高速轻型的小艇，其价格高而寿命较短。柴油机比重量的范围很宽，一般为 $1 \sim 50 kg/kW$。

4. 容积比

升功率高的柴油机其容积比也会大一些，但容积比是对整机而不是只对气缸容积而言。它涉及到整机布置的紧凑性。容积比用 N_V 表示，即

$$N_V = \frac{P_e}{L \cdot B \cdot H} \qquad (1-24)$$

式中：L 为柴油机总长(m)；B 为柴油机总宽(m)；H 为柴油机总高(m)。

柴油机的容积比范围较宽，为 $22 \sim 368 kW/m^3$。

1.3.5　环保性

柴油机对环境的污染主要集中于排气及振动噪声这两个方面。

1. 排放指标

柴油机除排出 CO_2 和 H_2O 外,主要有害物质为 CO、NO_x、HC 和颗粒物质。燃料中还有少量有害的物质,如 S 和 P_b 等。

CO、NO_x 和 HC 等的限制排放指标有两类。一类是用它们在总排气量中所占的百分比来衡量;另一类则按柴油机的功率限制,一般用 $g/(kW \cdot h)$ 表示。颗粒排放则可以用烟度值来衡量。由于现代社会对环境的要求越来越高,柴油机的排放限制也越来越严。

2. 振动与噪声

噪声除振动造成结构噪声外,还有燃烧和进排气造成的辐射噪声。一般用声功率的分贝值来表达 $dB(A)$,其控制标准为 $95 \sim 110 dB(A)$。振动是柴油机制造质量的综合反映,用振动烈度 m/s 来衡量,此处不详述。

1.4　船用柴油机的分类和发展

1.4.1　柴油机的分类

1. 按工作循环分类

按工作循环分类有四冲程和二冲程柴油机之分。四冲程柴油机因换气质量优于二冲程柴油机而适用于高转速。

二冲程柴油机单缸功率大、比重量较小,由于换气质量差,常用于低转速大功率柴油机。

二冲程柴油机按其扫气方式又分为横流扫气、弯流扫气和直流扫气等类型柴油机。

2. 按进气方式分类

按进气方式柴油机可以分为非增压柴油机、增压无中冷柴油机和增压带中冷柴油机。

增压柴油机按压气机的驱动方式又分为机械增压柴油机和废气涡轮增压柴油机;按增压程度不同又可分为低增压、中增压、高增压和超高增压柴油机。

3. 按曲轴转速及活塞平均速度分类

柴油机的速度可以用曲轴转速 n 和活塞平均速度 V_m 作为分类的指标。

(1)按曲轴转速 n 将船舶柴油机分为低速、中速及高速时,其范围为

低速柴油机　$n \leqslant 300 \text{r/min}$

中速柴油机　$300 \text{r/min} < n < 1000 \text{r/min}$

高速柴油机　$n > 1000 \text{r/min}$

（2）按活塞平均速度 V_m 划分，其范围为

低速柴油机　$V_m < 6 \text{m/s}$

中速柴油机　$6 \text{m/s} \leqslant V_m < 9 \text{m/s}$

高速柴油机　$V_m \geqslant 9 \text{m/s}$

4. 按曲柄连杆结构形式分类

按曲柄连杆结构形式柴油机可分为筒形活塞式和十字头式。图1-9所示为筒形活塞式柴油机和十字头式柴油机的构造示意图。图1-9(a)为筒形活塞式柴油机，它的特点是活塞1的高度较大，活塞上下运动时的导向作用由活塞本身下部的筒形裙部来承担。活塞通过活塞销直接与连杆2的小端相连，在运动时活塞与气缸壁之间产生侧推力。活塞底部与曲轴箱相通，气缸多采用飞溅润滑，气缸壁上流下的润滑油直接流入曲轴箱内。这种结构的优点是结构简单、紧凑、轻便，发动机高度较小。它的缺点是由于运动时活塞和缸套承受侧推力，因而，活塞与气缸壁之间的磨损较大，工作可靠性较差。目前，高速及中速柴油机都采用这种构造形式。

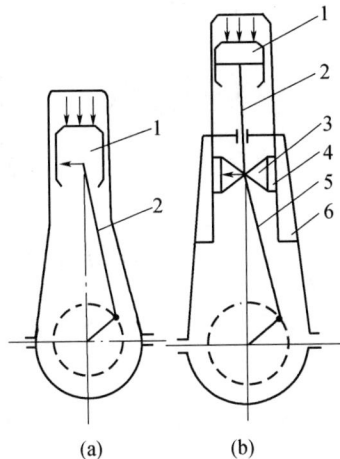

图1-9　筒形活塞式和十字头式柴油机简图

(a) 筒形活塞式；(b) 十字头式。

1—活塞；2—活塞杆；3—十字头；4—滑块；5—连杆；6—导板。

图1-9(b)是十字头式柴油机。它的特点是活塞1的高度较小，活塞杆2与气缸中心线平行，活塞1与活塞杆2相连，活塞杆2下端通过十字头3上的十

字头销与连杆 5 的小端相连接。十字头的滑块 4 在导板 6 上滑动。活塞上下运动时的导向作用主要由十字头承担,侧推力产生在滑块与导板之间。由于活塞不起导向作用而且与气缸套壁之间没有侧推力,与筒形活塞柴油机相比,它们之间允许有较大的间隙且磨损较小,不易擦伤或卡死。又由于活塞杆只作垂直方向的直线运动,可以在气缸下部设一隔板,把气缸下部和曲轴箱空间隔开,防止气缸由于燃烧重油产生的脏油、烟灰和燃气流入曲轴箱,污染曲轴箱底的润滑油,又可避免曲轴箱油污染扫气空气,还可利用这一隔板在活塞下方空间形成活塞底泵,作为辅助的扫气泵。它的缺点是柴油机高度和重量增大,结构复杂。目前,大型低速二冲程柴油机都采用十字头式柴油机形式。

5. 按气缸排列方式分类

按气缸排列方式柴油机可分为直列式、V 形及星形等,其中直列式和 V 形最为常见。具有两个或两个以上的直立气缸并呈一列布置的柴油机称为直列型柴油机,如图 1-10(a)所示。船用柴油机均为多缸机,通常多为直列纵向排列。其最多缸数由于受曲轴刚性限制一般不超过 12 缸,对超过 12 缸者多采用 V 形布置。即把两个气缸中心线布置在同一平面内,其气缸中心线呈 V 形并用一根曲轴输出功率,如图 1-10(b)所示。V 形柴油机的气缸夹角多为 90°、60° 或 45°,其缸数可高达 18 缸甚至 24 缸。采用 V 形结构,缩短了整机长度,具有较高的单机功率和较小的比重量,中、高速柴油机多采用此形种结构。

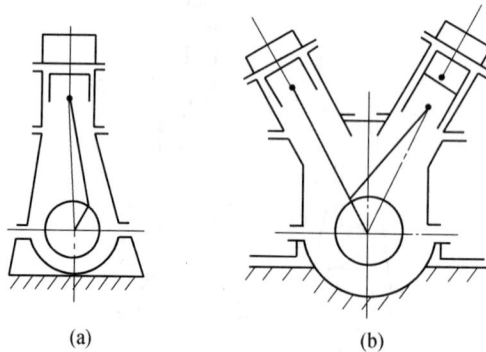

(a)   (b)

图 1-10 直列式与 V 形柴油机简图
(a) 直列式;(b) V 形。

6. 按是否可倒转运行分类

按是否可倒转运行船用柴油机可分为可倒转柴油机与不可倒转柴油机两类,如图 1-11 所示。作为船舶主机的大型低速二冲程柴油机,通常皆具有倒转机构。由于它与螺旋桨直接连接,船舶倒航时即用倒车机构使发动机旋转方向倒转,以驱动螺旋桨倒转。中速大功率柴油机作为船舶主机时多设计成可倒转柴油机,它通过或不通过减速齿轮箱与螺旋桨连接。由于中速大功率柴油机还可用做发电机原动机,只要减少或更改少数部件,就可改为不可倒转柴油机。高速大功率船用柴油机由于本身结构紧凑,不易安装倒转机构,都设计成不可倒转柴油机。它通过后传动装置中的倒顺车离合器、减速齿轮箱和液力偶合器与螺旋桨连接,由倒顺车离合器完成螺旋桨的倒转动作要求。

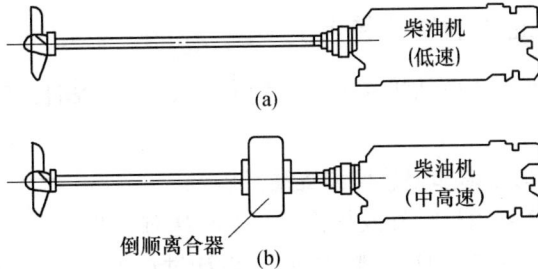

图 1-11　可倒转柴油机与不可倒转式柴油机
(a) 可倒转；(b) 不可倒转。

7. 按柴油机转向分类

柴油机转向按我国国标规定,从船尾向船首看(由功率输出端向自由端看),曲轴运转时正车方向朝顺时针方向旋转,称"右旋"柴油机或称"右型"柴油机;反之即为"左旋"柴油机,或称"左型"柴油机。一般常用的为"右型"柴油机。当船舶采用双桨时,则常采用两螺旋桨对称向内旋转形式,以提高船舶的操纵航行性能,此时,常采用一左一右两台柴油机。国外某些柴油机的转向与我国规定相反,应予以注意。

8. 按排气管安装位置分类

面向飞轮端,排气管位于气缸中心线所在平面右侧的单列柴油机称为右单列柴油机,排气管位于气缸中心线所在平面左侧的单列柴油机称为左单列柴油机。

船舶主机要求功率大、寿命长、经济可靠,重量和尺度也应尽可能轻小。在这些要求中,主机的寿命和工作可靠是第一位的,重量和尺度等则是第二位的。虽然低速二冲程十字头式柴油机的重量和尺度大,但寿命长且经济可靠是其突出的优点,因而被广泛地用作船舶主机。

中速柴油机大多为四冲程筒形活塞式直列与 V 形柴油机。这种柴油机近来使用劣质燃料油获得较大的成功,并且燃油消耗率已接近低速机水平,由于重量尺度较小,单机功率有较大的提高,因而在一些特种船舶如滚装船、集装箱船、海峡轮渡、液化气船等有广泛的应用。但中速机的运转管理要求高,使用寿命与可靠性还是比低速机较差。

船舶辅机的单机功率不大,与发电机相连要求有较高的转速,故均采用中、高速四冲程柴油机。为了满足轻小的要求,中、高速柴油机都无例外地采用无十字头式构造。这种中、高速无十字头式柴油机的寿命和工作可靠性较低速十字头式柴油机为差,为此,在船上都设有备用辅机,以便保证船舶的安全航行。

1.4.2 现代柴油机的结构特点

现代船用大型低速柴油机在总体结构上以长行程或超长行程为主。其结构特点如下:

1. 从总体结构上增加强载度和提高经济性

(1)气缸尺寸采用长行程或超长行程。S/D 对二冲程柴油机的换气品质影响较大,在直流扫气的二冲程式柴油机上,S/D 过小则换气品质恶化,S/D 较大则换气品质较好;在回流扫气的二冲程柴油机上,若 S/D 过大则换气品质恶化,S/D 较小则换气品质较好。目前,大型低速二冲程柴油机由于采用长行程或超长行程,以改善燃油经济,则直流扫气已成为唯一可选择的换气形式,有利于提高换气品质和混合气形成质量,因而从历史发展看,二冲程低速机的 S/D 增加很快。四冲程柴油机的换气品质受 S/D 的影响较大,当缸径一定时,吸排气能力受活塞速度限制,当活塞速度上升到一定限度时因节流会引起充气系数下降,因而,四冲程柴油机的 S/D 不如二冲程低速机的 S/D 大,但四冲程机仍有长冲程的趋势。

(2)增大压缩比 ε_c,提高爆发压力 p_z。现代船用低速柴油机为了提高经济性,采用了适当增大压缩比的措施,把压缩比由 10 左右提高到 16~19。提高 p_z 值同样可以提高柴油机的作功能力,降低燃油消耗率,提高柴油机的经济性。

(3)采用动力涡轮系统。现代新型废气涡轮增压器的效率可高达 76%,大于为满足增压器功率平衡所需的效率(64%)。因此,在柴油机正常运转时利用部分废气带动一个专设的动力涡轮,并将其作的机械功通过齿轮传送给曲轴,可提高柴油机效率。此系统亦称效率增强器。

(4)轴带发电机。采用轴带发电机在航行期间可停止柴油发电机运转。此装置并不直接降低柴油滑油耗率,但可以提高船舶动力装置的经济性。轴带发电机可使油耗率较低的主柴油机供应电力,节省柴油发电机运转时的滑油消耗,减少柴油发电机的数量与维修费用,但同时也增加了船舶的初期投资和设备的维护工作。

2. 改进结构强度,提高部件的机械负荷和热负荷能力

（1）燃烧室组件普遍采用钻孔冷却提高承受热负荷能力。现代超长行程柴油机燃烧室组件的热负荷和机械负荷已达到相当高的程度,成为限制柴油机继续提高增压度的主要因素。为了合理解决这一技术难题,普遍采用了钻孔冷却结构,这是一种最佳的"薄壁强背"结构形式。近年来,在活塞头的钻孔冷却中又附设了喷管装置以加强其冷却效果。

（2）喷油泵采用可变喷油正时（VIT）机构。VIT 机构可在柴油机负荷变化时自动调整其喷油提前角,保证在低负荷时柴油机有较高的 p_z 值,而在较高负荷时柴油机的 p_z 值基本保持不变,既可以提高柴油机低负荷运转的经济性又可限制柴油机高负荷运转的机械负荷。

3. 改进结构,提高整机可靠性

（1）采用旋转式排气阀及液压式气阀传动机构提高换气系统可靠性。旋转式排气阀可使排气阀在启闭时有微小的圆周运动,可保证气阀密封面磨损均匀、贴合严密,提高了排气阀的可靠性。液压式气阀传动机构改变了沿用几十年的机械式气阀传动机构,延长了气阀机构的使用寿命,减轻了排气阀的噪声,成为现代直流换气柴油机广泛采用的气阀及气阀传动机构。

（2）采用薄壁轴承,提高轴承可靠性。超长行程柴油机的十字头轴承和曲柄销轴承均承受着巨大的单向冲击性负荷,为了提高它们的可靠性,广泛使用了薄壁轴承,尤其对十字头轴承使用一种高锡铝薄壁轴承以改善其使用性能。

（3）采用独立的气缸润滑系统,提高活塞运动件的可靠性及寿命。在大型船用柴油机缸径和冲程普遍较大的情况下,为保证活塞和缸套的可靠润滑,采用专门的气缸润滑系统,气缸注油量随负荷自动调整,以保证气缸套可靠的润滑,提高活塞运动件的可靠性及寿命。

（4）采用焊接曲轴和在曲轴上增设轴向减振器,提高曲轴可靠性。焊接曲轴是把单位曲柄通过焊接而组成一个整体的焊接型曲轴。这种曲轴制造工艺可大大减轻曲轴的重量。这是现代曲轴制造工艺中的一项重要成就。目前,这种曲轴已在长冲程大型低速机中得到应用。

超长行程柴油机的发展使曲轴轴向刚度变弱,容易产生轴向振动,因而现代超长行程柴油机在曲轴前端增设轴向减振器,以有效地消减曲轴的轴向振动。

1.4.3 现代柴油机提高经济性的主要途径

当代船用柴油机发展中的最显著特点是提高经济性,近十多年在提高经济性方面取得的成效超过了过去几十年,各种节能措施相继出现并日趋完善,这些措施主要有以下几方面:

1. 采用定压涡轮增压系统和高效率涡轮增压器

在高增压柴油机上采用定压涡轮增压系统代替脉冲涡轮增压系统是一种发展趋势,同时提高增压器效率,改进增压器与柴油机的配合,都可显著降低燃油消耗率。目前,多数低速二冲程船用柴油机已由脉冲增压系统改为定压增压系统,四冲程中速大功率柴油机的某些机型也都已改用定压增压系统。

2. 增加行程缸径比 S/D

增大 S/D 一方面可增加燃气的膨胀功,另一方面可在保持活塞平均速度 C_m 不变的情况下大幅度降低柴油机转速,由此可显著提高螺旋桨效率。长行程或超长行程成为现代船用大型低速柴油机总体结构上的一大显著特点。

3. 提高最高爆发压力 p_z 和平均有效压力 p_{me} 之比

由理论循环的研究和实践证实,提高 p_z/p_{me},可显著提高循环经济性(但同时也大幅度增大了机械负荷)。现代船用柴油机分别采取了增大 p_z 和降低 p_{me} 的节能措施,目前 p_z 已增大到 $13 \sim 15\text{MPa}$,甚至 18MPa;降低 p_{me},即降功率使用。这种节能措施为现代柴油机广泛采用。

4. 增大压缩比 ε_c

在高增压柴油机上为了保证部件有足够的机械强度,过去一贯采用的措施是通过降低压缩比以限制 p_z,但由此也降低了经济性,显然,这种措施已不符合现代柴油机的发展需求。现代船用柴油机根据理论循环的研究仍然采用了适当增大压缩比的措施。

5. 努力提高机械效率 η_m

提高机械效率 η_m 的潜力有限,而且难度较大。现代柴油机采用短裙活塞,并由 5 道活塞环减为 4 道活塞环,尽量减少活塞的摩擦损失,以提高机械效率,由此可使机械效率提高到 93%。

6. 采用动力涡轮系统

现代大型低速柴油机由于废气涡轮增压器效率的大幅度提高,使得在柴油机正常运转时可利用部分柴油机排气带动一个专设的动力涡轮,并将其所作的功通过齿轮传送给曲轴。

第 2 章　燃烧室组件

燃烧室组件包括气缸、气缸盖、活塞组三大部分。它们的共同任务是组成燃烧室,并把燃气的作用力通过活塞经连杆传给曲轴。柴油机工作时,燃油在这里燃烧,同时燃气也在这里膨胀。图 2-1 为燃烧室组件的结构示意图。

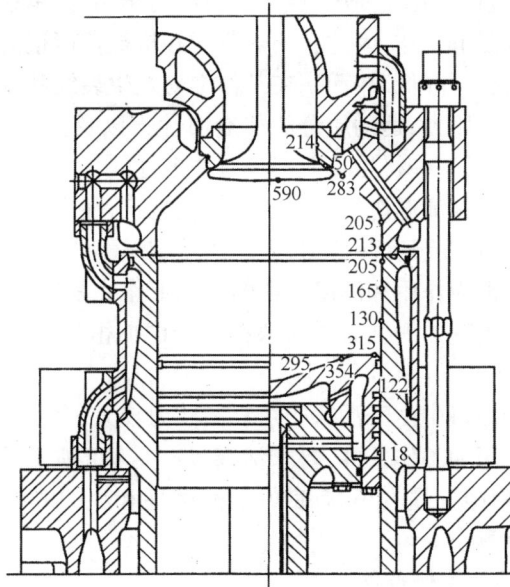

图 2-1　柴油机燃烧室组件

2.1　燃烧室组件的工作条件

2.1.1　工作条件

燃烧室组件由于受高温高压燃气的作用,需要承受脉动的机械应力、热应力、腐蚀及烧蚀。同时,还有运动部件与固定部件之间因摩擦而引起的磨损,冷却水的腐蚀、穴蚀,零部件间的安装应力,以及因结构复杂、金属材料分布不均匀引起的应力集中等。因此,燃烧室组件的负荷表现为热负荷、机械负荷、摩擦磨损和腐蚀。

1. 活塞的作用和工作条件

1) 活塞的作用

活塞作为燃烧室的一个壁面,与气缸和气缸盖等组成封闭的燃烧室空间,承受气缸内气体的压力,并将其通过连杆传递到曲轴。在筒形活塞式柴油机中,活塞还要承受连杆倾斜时产生的侧推力,起往复运动的导向作用。在二冲程柴油机中,还兼有启闭气口、控制换气以及用作扫气泵的作用。

2) 活塞的工作条件

活塞由于受到燃气高温、高压、烧蚀和腐蚀的作用,又是在变速运动、润滑不良且冷却困难等情况下工作,因此它的热负荷和机械负荷很高,又由于活塞材料在高温下机械性能有所降低,故活塞在工作中易发生裂纹和变形。

(1) 活塞受燃气压力、运动质量的往复惯性力以及连杆倾斜时产生的侧推力的周期性作用,并且这些机械负荷都具有冲击性。

(2) 活塞顶部受到高温燃气的周期加热,热负荷很高,不仅使材料的强度降低,并且产生较大的热变形和热应力,而且还受到燃气的化学侵蚀。

(3) 活塞在侧推力作用和润滑不良的状态下作往复运动,摩擦损失大,磨损严重。方向周期性改变的侧推力使活塞在运动中撞击气缸套,引起活塞变形及气缸和气缸套的振动。

(4) 中高速柴油机中由于活塞的往复惯性力较大,会使柴油机振动加剧。

根据活塞的作用和工作条件,要求活塞具有足够的强度和刚度、密封可靠、散热和冷却效果好、摩擦损失小、有良好的耐磨性和小的线膨胀系数。对中、高速柴油机还要求重量小。

2. 气缸的作用和工作条件

1) 气缸的作用

气缸包括气缸套和气缸体。气缸是燃烧室的主体,柴油机工作循环在气缸内进行。在筒形活塞式柴油机中,气缸作为活塞往复运动的支承并承受活塞的侧推力。二冲程机中,气缸上要开设气口、布置气道。有的十字头式柴油机的气缸下部空间还兼作扫气泵空间。有些柴油机气缸的外部还安装扫气箱、排气管、凸轮轴和增压器等。

2) 气缸的工作条件

气缸的工作条件主要有以下特点:

(1) 气缸上部承受气缸盖安装预紧力作用。当采用贯穿螺栓把气缸体、机架和机座紧固在一起时,气缸体承受压应力。在非贯穿螺栓结构中,气缸体承受作用在气缸盖与活塞上的气体力所引起的拉应力。

（2）气缸内壁受燃气的高温、高压和腐蚀作用，并承受活塞的摩擦、敲击和侧推力的作用。

（3）气缸的冷却水空间受冷却水的腐蚀和穴蚀。

在上述工作条件下，气缸套必须有足够的强度和刚度、良好的耐磨性和抗腐蚀能力、良好的润滑和冷却，气缸套与气缸盖的接合面、气缸体与气缸盖的接合面应有可靠的气封和水封。气缸套的气封常采用紫铜垫圈，而水封多用"O"形橡胶密封圈。对于二冲程机气缸套还要有合理的气口形状和截面尺寸。

3. 气缸盖的作用和工作条件

1）气缸盖的作用

气缸盖用来密封气缸，与活塞、气缸套一起组成燃烧室。缸盖上安装各种阀件，如喷油器、气缸启动阀、示功阀、安全阀（开启压力不大于1.4倍最高爆发压力）、排气阀、进气阀等，并且还要布置相应的进、排气道和冷却水通道及气阀传动机构等。

2）气缸盖的工作条件

气缸盖的工作条件主要有以下特点：

（1）气缸盖底面受高温、高压燃气的热力和化学侵蚀作用，冷却水腔受到水的腐蚀。

（2）受缸盖紧固螺栓预紧力和气缸套支反力的作用。

（3）由于结构复杂、金属材料分布不均匀、温差大，气缸盖机械应力和热应力分布很不均匀，再由于缸盖螺栓紧固力等的约束，使高温部分的热膨胀受到抑制，从而在各阀孔之间的狭窄区间（鼻梁区）引起很大的热应力。

在上述工作条件下，要求气缸盖具有足够的强度和刚度，保证不会因应力、变形过大而产生裂纹或漏泄；气缸盖的底板，特别是各种阀孔之间和高温部位，需良好的冷却以降低壁面的温度和温差；还要求构造简单、便于拆装、检修和管理、冷却水腔的水垢清除。气缸盖与气缸套之间的气密通常采用紫铜垫圈或将两接触面精加工来实现。

2.1.2 承受的负荷

1. 热负荷

热负荷是指受热部件所受热应力、热流量和热应变等的强烈程度。柴油机的热负荷是指燃烧室等接触高温的部件在高温下降低或丧失其工作能力，或零部件各部分之间的温度分布不均匀，存在着温度差，引起热应力和热变形。热负荷过高已成为制约柴油机强化度提高的主要因素。

热负荷过高对燃烧室组件所引起的危害主要有:使材料的机械性能降低,承载能力下降;使受热部件膨胀、变形,改变原来的工作间隙;使润滑表面的滑油迅速变质、结焦、蒸发乃至被烧掉;使有些部件(如活塞顶)的受热面被烧蚀;使受热部件承受的热应力增大,产生疲劳破坏等。因此,限制运转中柴油机的热负荷在一定范围之内,对柴油机经济、安全、可靠地运转十分重要。

1)热负荷表示方法

热负荷一般可用热流密度、温度场、比活塞功率、热应力等来表示。

(1)热流密度。单位时间内单位面积上热流量的大小,用 q 来表示。

$$q = \frac{Q}{F} \quad (\text{kJ}/(\text{m}^2 \cdot \text{h})) \tag{2-1}$$

式中:Q 为零部件每小时的散热量(kJ/h);F 为零部件散热面积(m^2)。

一般来说,在相同的冷却条件下,q 值越大,说明受热部件的温度越高;在相同的加热条件下,q 值越大,说明部件两侧的温差越大,即热应力也越大。

(2)温度场。受热部件的温度分布图,通常用等温曲线形式示出。

利用受热部件中温度分布图,可以准确地表示和评定热负荷。当零件受热不均匀就会在内部产生温度梯度,引起零件内部各部分膨胀不均或变形不同,从而产生很大的热应力。

从柴油机热负荷的定义出发,用温度场表示受热部件热负荷最为准确。

(3)比活塞功率。单位活塞面积功率,用 P_F 表示,即

$$P_F = \frac{P_e}{A \cdot Z} = K \cdot p_{me} \cdot V_m \tag{2-2}$$

式中:P_e 为柴油机有效功率(kW);A 为活塞顶面积(m^2);Z 为气缸数;K 为系数;p_{me} 为平均有效压力(MPa);V_m 为活塞平均速度(m/s)。

(4)热应力。由温差作用引起的应力称热应力。在工程中多使用热应力来表示受热零部件热负荷的大小。

根据传热学,壁厚为 δ 的零部件,如活塞顶板、气缸盖底板,其高温面(触火面)与低温面(冷却面)之间的温差 $\Delta t(℃)$ 可表示为

$$\Delta t = \frac{q\delta}{\lambda} \tag{2-3}$$

式中:q 为零件的热流密度($\text{kJ}/(\text{m}^2 \cdot \text{h})$);$\delta$ 为零件的壁厚(m);λ 为材料的热传导系数($\text{kJ}/(\text{m} \cdot \text{h} \cdot ℃)$)。

高温面与低温面相对于平均温度的中性层产生膨胀和收缩。根据温差和膨胀系数,其热应变为

$$\varepsilon = \frac{1}{2}\alpha \cdot \Delta t = \alpha \frac{q\delta}{2\lambda} \qquad (2-4)$$

式中：α 为材料的线性膨胀系数（1/℃）。

假设零件周边可以自由膨胀，且不考虑受热后的弯曲变形，则零件的冷、热表面的热应力为

$$\sigma_t = \frac{E_\varepsilon}{1-\mu} = \frac{E \cdot \alpha \cdot \Delta t}{2(1-\mu)} = \frac{E}{1-\mu} \cdot \frac{\alpha \cdot q \cdot \delta}{2\lambda} \qquad (2-5)$$

式中：μ 为材料的泊松比；E 为材料的弹性模数（N/m²）。

可见，热应力与壁面温差、热流密度、零件厚度、材料的膨胀系数、材料的弹性模数成正比，而与材料的热传导系数成反比。近代柴油机的增压度越来越高，热负荷越来越大。为了把热应力控制在不太高的水平上，要尽量减小受热零件的厚度而采用薄壁结构，且应选用传热系数大、热膨胀系数和弹性模量小的材料。

燃烧室组件（缸盖、活塞、缸套）由于冷热面有温差存在，在高温壁面膨胀但受中性层的约束，伸长受限而受压缩，则在高温面的热应力为压应力。冷却面温度比平均温度低，受到顶板中性层的约束而被拉伸，因此低温面的热应力为拉应力。

柴油机工作时，气缸套内部受燃气加热，外部被水冷却，在缸套内外表面间存在温差。假设温度只沿缸套厚度方向变化，沿长度方向没有变化。当缸套内外表面半径之比 $r_1/r_2 \geqslant 0.9$ 时，可按薄壁筒计算。这样可以得到缸套内、外表面的切向热应力的表达式具有与式（2-5）相同的形式，而内、外表面的径向热应力为零。同样，气缸套的热应力与温差成正比。缸套内表面因膨胀受到外表面的约束而产生压应力，缸套外表面因受到内表面的拉伸作用而产生拉应力。

在船舶上，轮机管理人员一般根据柴油机的排气温度来判断柴油机热负荷的高低，这对于评定运行中的柴油机来说是最简单和实用的方法。因为在正常情况下，当柴油机循环喷油量增加（热负荷相应也提高）时，燃烧室组件的温度和排气温度都增加。通常在柴油机说明书中给出排气温度最高值，作为限制热负荷大小的标准。

2）高温蠕变与热疲劳

燃烧室组件在交变的热应力作用下产生的疲劳破坏称热疲劳。热疲劳破坏是从出现裂纹开始的，逐渐发展使部件遭到疲劳破裂。

热疲劳产生于燃烧室高温表面压、拉应力的交替变化。运行期间触火面产生压应力,冷却面产生拉应力。当壁面的温度足够高、应力足够大时,就会产生局部蠕变。特别是触火面因温度高应力大时,金属晶粒之间发生挤压,产生较大的塑性变形。冷却面也有可能出现负的蠕变,但与触火面相比可以忽略不计。

当停车后,壁面温度降低,冷却面要复原,而触火面的塑性变形处不能复原,致使壁面产生残余应力。它使触火面一侧受拉伸,冷却面一侧受压缩。由此,触火面形成了压、拉应力的交替。通常情况下,这种残余应力不会超过材料的强度极限,因此一般不会因静拉伸造成破坏。

启动—停车的多次重复,上述现象就反复出现,使壁面受到低频率的脉动应力作用。由于高温下材料的强度降低,而低频应力在柴油机启动—全负荷运转—停车过程中数值变化很大,这样就可能使一些燃烧室组件在短期内出现裂纹。柴油机在运转中负荷的变化,也会使燃烧室受热部位受到低频应力的作用,只是此时的应力幅值较小些。由于这种交变应力的变化周期与转速无关,而只取决于启动—运行—停车或负荷变化周期,故亦称低频应力。热疲劳与柴油机的累计转数并无多大关系,主要取决于其启动—运行—停车的循环次数。热疲劳裂纹通常从触火面开始,逐渐发展形成疲劳破坏,如柴油机气缸盖底座孔之间、气缸盖与气缸套接合的圆角处、气口边缘、喷油器孔边缘等触火面处的裂纹。因为这里受到较大的残余拉应力和较大的热应力与机械应力合成的压应力的交变作用。另外,在触火面上还作用着高频热应力,虽然它仅涉及很薄的一层,但会使触火面加速损坏。

柴油机使用中,燃烧室组件过热、长时间超负荷工作、突加、突卸负荷过于频繁,或进行频繁的启动停车,均会加快热疲劳破坏的出现。因此,在管理中应注意机器的冷却状态,不超负荷运行,尽量减少起停柴油机的次数。

2. 机械负荷

机械负荷指柴油机部件承受最高燃烧压力、惯性力、振动冲击等的强烈程度,用零部件承受的机械应力(拉、压、弯、扭及复合应力)表示。柴油机的机械负荷主要来自气体压力、惯性力、安装预紧力,以及由振动、变形引起的附加应力等,其中以气体压力和惯性力为主要负荷源。从管理方面来说影响最大的是气体力和安装预紧力。柴油机的机械负荷有两个特点:一为周期交变;二为具有冲击性。

一般以在柴油机的最高爆发压力 p_z 和最大往复惯性力 p_j 的作用下,在柴油机各零件中引起的应力来代表机械负荷的大小。

燃烧室组件承受的机械负荷,对气缸盖和气缸套来说主要来自气体压力和安装预紧力,对活塞来说还有往复惯性力。

1)气体力引起的机械应力

气缸内的气体压力作周期变化,其最大值为最高爆发压力,变化频率与单位时间内的循环次数有关,即与转速有关。由气体力产生的机械应力亦称高频应力。由高频应力产生的疲劳又称脉动应力疲劳或高频疲劳,它与气体压力变化的次数有关,亦即取决于柴油机的累计转数。

柴油机零件的机械应力与爆发压力 p_z 成正比,轮机管理人员以最实用和直接的方法即以最大爆发压力值来判断柴油机的机械负荷的大小。对柴油机的 p_z 值必须加以限制,将其控制在允许的范围内。

由气体力在燃烧室各部件内产生的机械应力具有不同的性质。

(1)活塞顶。触火面为压应力,冷却面为拉应力。

活塞顶在最高爆发压力作用下产生很大的弯矩和弯曲应力。其应力的估算公式可表示为

$$\sigma_u = p_z \frac{R^2}{\delta^2} \qquad (2-6)$$

式中:σ_u 为活塞顶上、下表面受到的弯曲应力,上表面为压应力,下表面为拉应力;p_z 为最高爆发压力;R 为活塞顶的半径;δ 为活塞顶的厚度。

可见,弯曲应力与活塞顶半径的平方成正比,与活塞顶厚度的平方成反比。当柴油机尺寸增大时,即使最高爆发压力不变,机械应力也要随着尺寸的平方增大。虽然相应增加活塞顶厚度可将机械应力维持在原有的水平上,但这又导致热应力增加。采用薄壁强背结构是解决这一问题的较好方法。

(2)气缸盖。触火面为压应力,冷却面为拉应力。其数值均大于安装应力。

气体压力作用在气缸盖底面的圆面积上,气体压力的总和以 p_g 表示。这样气缸盖密封凸台上的支反力下降,在气缸盖上产生弯矩,并使下表面(触火面)承受压应力,上表面(冷却面)承受拉应力。

(3)气缸套内部承受最高爆发压力作用,在内、外表面产生切向应力 σ_t 与径向应力 σ_r。其中,触火面切向应力最大,冷却面切向应力最小,但均为拉应力。触火面径向应力最大为压应力,冷却面径向应力为零。图2-2示出了它们沿半径分布的情况。

由上述可知,燃烧室组件中由气体压力而产生的机械应力都与最高爆发压力成正比,与部件壁厚成反比。

一般来说,由高频应力引起的燃烧室组件裂纹多出现在水冷面,呈现一条主裂纹的形式。又由于机械应力和热应力的作用结果均使拉伸应力出现在冷却水侧,所以在冷却侧的某些应力集中处也易发生裂纹。

2）运动机件的惯性力引起的机械负荷

活塞组在气缸内作变速往复运动,必然产生往复惯性力。它也是一种周期交变的机械力,其大小与活塞组件的质量及曲轴转速的平方成正比。由往复惯性力产生的机械应力也属于高频应力。对于中、高速四冲程柴油机,活

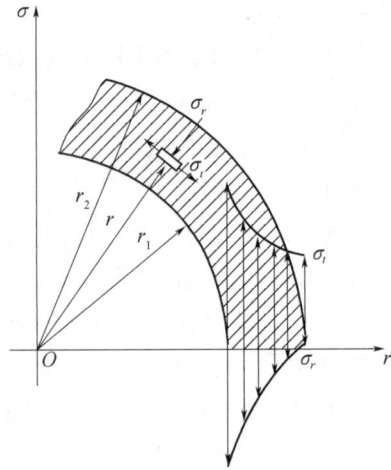

图 2 - 2　气缸套的机械应力

塞组的往复惯性力是一种不可忽视的机械负荷,有关部件的损坏多与此有关,在运行管理中应避免柴油机超转速运行。

3）安装应力

紧固燃烧室各部件时,对被连接部件所施加的预紧力必然使有关部件产生静应力,这种应力称为安装应力。

作用在气缸盖和气缸套上的安装应力均与预紧力成正比,与零件壁厚成反比。因而,在安装中,安装预紧力不要过大,否则,将产生过大的安装应力。

（1）气缸盖的安装应力。气缸盖紧固螺栓下部拧在气缸体上。当拧紧紧固螺帽时,气缸盖的密封凸台紧压在气缸套的密封环带上,气缸盖受到由螺栓预紧力引起的静应力,即安装应力。研究指出,若将气缸盖视作一个等厚度的圆盘,则沿径向各截面安装应力是相同的。气缸盖上表面安装应力为拉应力,下表面为压应力,其大小与螺栓预紧力成正比,与气缸盖的高度成反比。

（2）气缸套安装应力。气缸套的安装应力主要存在于其上部的凸肩部位。在其危险断面上承受拉应力、剪应力以及弯曲应力。这些应力的大小均与螺栓预紧力成正比,与其凸肩高度成反比。

为保证柴油机运转中的任何工况下气缸盖不与气缸套脱开,应保证固定螺栓的预紧力 $p_f = (1.25 \sim 2) \pi R^2 p_z$（$R$ 为密封带平均半径）。可见,气缸盖与气缸套的安装应力亦与最高爆发压力成正比而与构件的高度成反比。安装时,螺栓预紧力不可过大或过小。新型柴油机的气缸盖紧固螺栓均采用液压拉伸器按规

定液压力固紧。

燃烧室组件承受的应力,除上述以外,在铸件内还不可避免地存在铸造应力。这些应力中,有高频的,也有低频的。燃烧室组件所承受的应力是按一定的关系叠加起来的综合应力,要使燃烧室组件工作可靠,必须要有合理的结构来保证。

由上可知,作用在燃烧室壁面上的机械应力是一种高频应力,其大小均与零部件壁厚成反比。从降低机械应力的观点看,应力求增大壁厚,但由此将使壁面热应力增大。故燃烧室组件不能采取厚壁结构,合理解决此问题的措施是采用"薄壁强背"结构。薄壁就是燃烧室组件的受热壁要薄,以减少壁面热应力;强背就是在薄壁的背面设置强有力的支承,以降低其机械应力。新型超长行程柴油机和大型强载柴油机采用的钻孔冷却结构是"薄壁强背"结构的一种最好形式。

图2-3示出了气缸盖和气缸套上钻出的冷却水孔的分布情况。冷却水道离触火面很近(最近处约20mm),这些水孔共同构成了一层热屏障,阻止热流向外传递。也就是说,冷却水孔实际上将受热部件分为冷热两部分,热流几乎可以被限制在燃烧室壁表面与冷却水孔道之间的狭窄区域。因此,热区很薄——薄壁,减小了热应力;冷区很厚——强背,降低了机械应力。

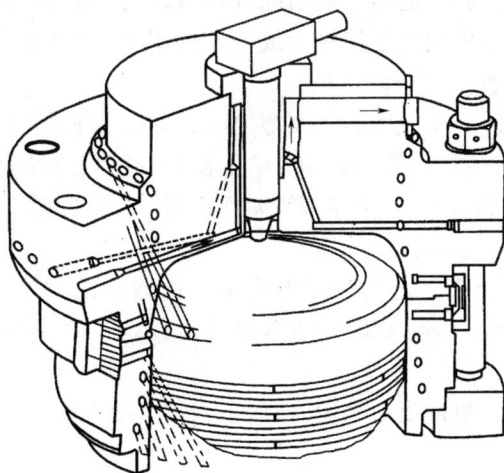

图2-3 气缸盖钻孔冷却结构

3. 摩擦与磨损

1)相对运动部件之间的摩擦

柴油机各相对运动部件表面之间的摩擦是不可避免的,如活塞环与气缸套、

33

十字头滑块与导板、轴与轴承，以及传动齿轮、链轮等。摩擦的存在，要消耗柴油机的部分有效功，使机械效率下降，造成能量的损失，尤其是活塞环与气缸套之间的摩擦损失约占柴油机全部摩擦损失的55%以上。因此，保证气缸具有良好的工作状态十分重要。

摩擦的分类如下：

按接触表面相对运动的形式可以分为滑动摩擦与滚动摩擦。柴油机相对运动副之间大多为滑动摩擦，只有少数小型高速柴油机的主轴承存在滚动摩擦。

按摩擦表面间的润滑状态可以分为干摩擦、液体润滑、边界润滑和混合润滑。这些润滑状态或者说摩擦状态在柴油机相对运动副中都可能出现。

（1）干摩擦。表面间不存在任何润滑物质时的摩擦，仅在理想洁净的干燥表面及真空条件下才有可能出现。通常所说的干摩擦指的是没有给摩擦表面专门加入润滑剂的摩擦状态，如轴承润滑油供应中断、气缸注油孔堵塞等情况。

（2）液体润滑。润滑油层将摩擦表面完全分隔开来，表面间没有任何直接的接触，此时，摩擦发生在润滑剂的内部，是属于润滑剂的内摩擦，如主轴承、推力轴承等处。

（3）边界润滑。相对运动的表面间存在着极薄的润滑薄膜时的摩擦，运动表面粗糙凸起的部分表面发生接触形成一定的阻力，如缸套上部与活塞环的摩擦即为边界润滑状态。

（4）混合润滑。介于上述各种摩擦之间，即接触表面上同时存在着液体润滑和边界润滑（称半液体润滑）或同时存在着干摩擦和边界润滑（称半干摩擦）都叫混合润滑。在柴油机中多指前者，如气缸润滑即属此类。

影响摩擦的因素如下：

柴油机相对运动表面之间的摩擦受多方面因素的影响，其中主要有机械负荷（燃气力、惯性力）、运动状态和速度、润滑状态、表面粗糙度和表面洁净度等。

（1）机械负荷。机械负荷越大，作用于相对运动表面的法向压力越大，摩擦力就越大。

（2）相对运动速度。接触表面的相对运动速度越大，摩擦力越小。这种摩擦力随速度的减小而增大并非由于速度的直接影响，而是由于当速度降低时，液体动压润滑油膜变薄，摩擦表面粗糙凸起处相互作用，从而增大了摩擦力。

（3）表面粗糙度。表面光滑平整、加工光洁程度高时，在液体动压润滑油膜

34

厚度相同的条件下,摩擦表面粗糙凸起的实际接触面积减少,摩擦系数下降。

（4）接触表面的洁净程度。表面十分洁净时,摩擦力会下降,而表面存在灰尘、粉末等将使摩擦力增大。

（5）润滑状态。如上所述,不同的润滑状态对零部件的摩擦与磨损有很大的影响。

2）相对运动部件的磨损

磨损是材料在摩擦中相互作用的结果,是一个十分复杂的表面变化过程,在摩擦表面上会发生各种物理、化学和机械的作用。下面以气缸套与活塞组为例介绍柴油机运转过程中的几种磨损形式。根据磨损机理的不同,可将磨损分为黏着磨损、腐蚀磨损和磨料磨损。

（1）黏着磨损。经精加工的表面看起来很光滑,但在显微镜下就可观察到它的表面上是凹凸不平的,有许多粗糙凸起,在薄膜润滑（边界润滑）条件下,摩擦面之间只有极薄的油膜形成,有些凸起点未被油膜所覆盖,表面间的接触发生在分散的凸起处。或由于润滑条件差、局部高温等使滑油表面间的油膜被破坏,使金属直接接触。这样,摩擦时就会形成局部高温,使两者熔融黏着、脱落,接触点不断被剪切的同时又产生新的接触点,并出现表面间金属的转移,逐步扩大形成黏着磨损。金属的转移是黏着磨损的主要特点。

外界载荷很大,滑动速度也很高时,摩擦表面间的高温可使接触点局部焊合在一起,若黏着点的面积很大且强度高,无法在滑动中剪切开,就将造成滑动面间相对运动的停止,这就是通常所说的表面"咬死"。这是一种很严重的黏着磨损破坏形式。

黏着磨损多在活塞处于上止点的第一道活塞环附近最为严重。此时,损伤面有不均匀和边缘不规则的沟痕存在。影响黏着磨损的因素很多,但主要是气缸套、活塞、活塞环等的材质、加工工艺、外形尺寸以及形状精度,气缸润滑油孔的布置,气缸油的供给数量和品质,气缸套表面的温度,装置对中的情况等。黏着磨损严重时会导致柴油机拉缸事故。

（2）腐蚀磨损。含硫的燃油在燃烧时将生成二氧化硫和水蒸气。此外,燃油中存在的钒、铁、钠、镍等微量元素也各自生成自己的氧化物。五氧化二钒和氧化铁是二氧化硫再氧化成三氧化硫的活性催化剂。实验表明,废气中有1% ~ 15%的二氧化硫经过进一步氧化变成三氧化硫。二氧化硫、三氧化硫和水蒸气在温度降到各自露点（缸内条件下为 160 ~ 180℃）以下时就会分别凝结成亚硫酸和硫酸,硫酸比亚硫酸对铁和铁合金腐蚀性强,危害大。腐蚀后,使缸壁上布满疏松的细小孔穴,这是腐蚀磨损的显著特征,并使表面变得粗糙,气缸套磨损加剧。这种腐蚀又称为低温硫酸腐蚀或"冷"腐蚀。

腐蚀磨损在缸套上部最为严重。因缸套上部油膜较薄,隔离和中和硫酸的能力低。虽然直接在此处凝结的酸少,但活塞上行时把下部生成的酸刮到了上部。

适当提高冷却水温度,采用适当碱度和数量的气缸润滑油,将气缸润滑油孔设在气缸套的较高位置,使气缸润滑油注入时能沿气缸套内表面圆周均匀分布,这些措施都有利于减轻腐蚀磨损。腐蚀磨损和所用燃油的含硫量有很大关系。当使用高硫分燃油(有时达5%)或低航速航行(此时,柴油机的负荷低,气缸套表面温度也低)时尤应注意。

气缸套除由硫酸引起的腐蚀外,若进入气缸中的燃油、空气和气缸润滑油中含有海水或盐时,会使气缸套受到盐酸腐蚀。

(3)磨料磨损。硬质颗粒进入气缸套的摩擦面和活塞的摩擦面之间形成磨料。磨料与两摩擦面产生挤压、滚撞使金属脱落,便会造成磨料磨损。磨料主要来自燃油的催化裂化过程中留下的催化剂粉末、燃油在储运过程中进入的锈、砂和其他硬质颗粒、燃烧生成的灰分和碳粒、机械杂质以及随空气进入气缸的灰尘等物。

磨料磨损可以从在气缸套镜面沿活塞运动方向上有无平行直线状的拉伤痕迹来判断。改善燃油和滑油净化质量,确保燃油良好燃烧,保持润滑油和进入气缸的空气不被污染等,可有效地减少磨料磨损。

综上所述,燃烧室组件同时承受着热负荷和机械负荷的作用,相对运动的部件之间还有摩擦和磨损,因此,为保证该组件的正常工作,必须解决好以下几个主要问题:

(1)组件之间具有良好的密封性,使漏气量达到最低限度。漏气不仅会降低功率,影响内燃机的正常启动,而且可能引起机件发生故障。

(2)组件应有足够的强度和刚度。

(3)组件应散热良好,这可让机件各部分温度分布较均匀,并处于安全范围。

(4)活塞和气缸之间应有良好的润滑,这可降低机件的磨损速度,延长使用寿命。

2.2 气　缸

2.2.1 气缸的构造

气缸通常由气缸体和气缸套组成,气缸体一般为机体的一部分。

气缸套是圆筒形部件,它安装在机体的气缸孔内,其顶部被气缸盖压紧和密封,里面装着往复运动的活塞组件,因此气缸套的主要功用如下:

(1) 与活塞组件、气缸盖构成燃烧室。

(2) 通过缸套将部分热量传给冷却水,以保证活塞组件和缸套本身在高温、高压条件下正常工作。

(3) 引导活塞组件作往复运动,在筒形活塞四冲程柴油机中还承受活塞的侧推力作用。

(4) 在二冲程柴油机中,气缸套设有气口,通过活塞控制气口的启闭。

气缸套工作条件十分恶劣,内表面直接与燃气接触,受到高温、高压燃气的作用,湿式气缸套外部直接与冷却水接触,内外温差大。所以气缸套受到很大的机械应力和热应力,并受到燃气的化学侵蚀和冷却水的腐蚀作用。另外,与活塞产生摩擦,在筒形活塞式柴油机中还有侧推力的作用,使缸套磨损加剧。因此,对气缸套的要求如下:

(1) 气缸套应有足够的强度和刚度,以承受热负荷和机械负荷的作用。

(2) 气缸套工作表面应有较高的精度和光洁度,有良好的耐磨性和耐腐蚀性,有良好的润滑条件和可靠的冷却条件。

(3) 保证对气缸工作容积和冷却水腔有可靠的气密与水密作用。

(4) 对二冲程柴油机气缸套要有合理的气口形状和截面积。

气缸体的作用是支承气缸套和容纳冷却水,形成冷却空间。

气缸体有每缸一个的单体式,有几个缸的缸体铸成一体的分组式,还有所有气缸体铸成一体的整体式。在尺寸较大的柴油机中,为制造、拆装和维修方便,气缸体多做成单体式或分组式。在中小型柴油机中,为减小尺寸和重量,增加刚性,气缸体不仅做成整体式,而且中小型柴油机的气缸体往往与机架或曲轴箱制成一体。

气缸体多采用灰铸铁铸造。气缸套采用灰铸铁、耐磨合金铸铁或球墨铸铁,高速柴油机也有采用氮化钢。为提高气缸套的耐磨性和抗腐蚀性,可采用对气缸套内表面进行多孔性镀铬、氮化、磷化、表面淬火和喷镀耐磨合金等工艺措施。为防止气缸套穴蚀损坏,增加气缸套的刚性,减小活塞与气缸套的配合间隙以减小振动,以及冷却系统的正确设计是较为有效的措施。

按照气缸冷却水套结构形式的不同,气缸套可分为干式、湿式和水套式三种。

图 2-4(a)为湿式气缸套。湿式气缸套的主要特点是,气缸套的外表面直接与冷却水接触,所以冷却效果好,制造维修方便。但是缸壁厚度较大,而且必须要有可靠的冷却水密封措施,以防止冷却水漏入曲柄箱中。由于它的突出优点,现在的船用柴油机广泛采用湿式气缸套。

图 2 -4(b)为干式气缸套。干式缸套的主要特点,是缸套的外表面不和冷却水直接接触,而是紧紧地贴合在气缸体的圆柱形镗孔中,冷却水套设置在气缸体内,燃气传给气缸套的热量,再经过气缸体传给冷却水(如 GM6 – 71 柴油机)。气缸套可以做得很薄,有利于节约合金材料,但加工精度要求较高。气缸体内孔和气缸套外表面均需精密加工,以保证气缸套与气缸体紧密贴合,保证良好的散热。因此,只适用于大批量生产的小型高速柴油机。干式缸套的主要优点是可以保证整个缸套获得较好的强度和刚度,冷却水腔中没有防漏问题;缺点是传热效果较差、制造工艺、装配维修要求高,具有一定的难度。

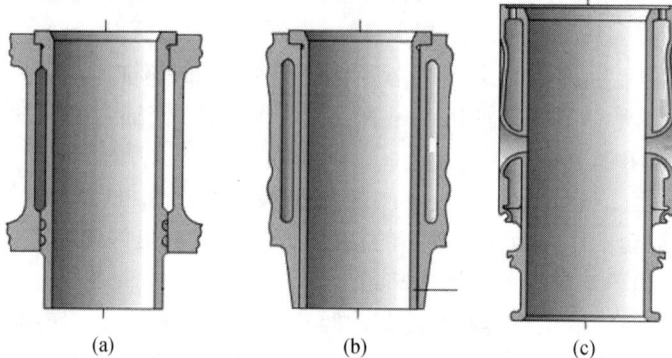

图 2 - 4   柴油机的气缸套

图 2 -4(c)为水套式气缸套。气缸的冷却水套与气缸套铸成一体,然后安装于气缸体中,这种形式主要应用于二冲程柴油机(如 GM12 – 567 型、GM16 – 278 型等柴油机)中。整个气缸套用长螺栓与气缸盖连成一体,然后依靠气缸盖上的凸肩支承在机体上。冷却水由气缸下部的环形冷却水道进入,通过气孔之间的水孔进入上部水腔。气缸下部有两个环形支承部,它们分别由机体来支承。为防止漏水,在支承部设置橡胶圈,采用这种结构时,气孔部分不存在防漏问题。

气缸套一般用上凸缘作轴向定位,与气缸体上部的支承相配合,由气缸盖压紧在气缸体中,气缸套下端是不固定的,受热后可以自由伸长。为保证燃烧室的密封,气缸套顶部与气缸盖之间常用一只紫铜垫圈,该垫圈除防止漏气外,也可更换厚薄,作调整压缩比之用。气缸套凸缘下端面与缸体支承面之间也装有紫铜垫片,用以密封冷却水。缸套外圆与缸体内孔之间有一定间隙,允许缸套受热时在径向向外自由膨胀。缸套下部外圆处有几道环形槽,用作装橡胶密封圈之用,以防止漏水。

缸套的裂纹多见于缸套上部凸肩处,过渡圆角处,水套加强筋处以及气口附近,其原因是热应力与机械应力的共同作用。

2.2.2 气缸套的润滑与冷却

气缸套润滑有飞溅和注油两种方式。一般筒形活塞式柴油机可凭借飞溅到缸套内壁的滑油来润滑,但十字头式柴油机因有横隔板隔开,故必须配备专用的气缸润滑油注油器。此时,缸套上开有注油孔和布油槽,注油孔位置一般在活塞上止点时第一、二道环之间。布油槽与注油孔成倾斜向下布置呈"八"字形,布油槽宜浅些、窄些为好。

有些中速柴油机因燃用含硫量高的重油,除了飞溅润滑外,还辅以注油润滑,其注油孔位置一般在活塞位于下止点时活塞环带区域。

为降低缸套的温度、减小热应力、防止滑油结焦、保持缸套与活塞的正常工作间隙,要对气缸进行冷却,借以保持气缸的温度在允许的范围内,壁温不可过高或过低。

气缸广泛采用淡水循环冷却。冷却水由冷却水空间的最低处进入,由最高处排出,以确保冷却水充满冷却腔空间,并防止由冷却水带入的空气和生成的蒸汽滞留形成气囊。有些柴油机的冷却水沿切向引入并绕缸套螺旋形上升,从而使缸套得到均匀的冷却。水在流动中不得有死水区,以防缸套局部过热。为了加强对缸套上部的冷却,常采用螺旋形水道、钻孔冷却等措施。冷却水空间要尽量宽敞,水的流速不可过高,进出水不要有急剧的压力变化,以防止产生空泡腐蚀。

缸套上部受燃气高温、高压作用及缸盖螺栓紧固力的作用。在高增压机中,缸套上部的热负荷和机械负荷都很大。为减小缸套上部的机械应力和热应力,降低缸套上部和第一道活塞环的温度,缸套凸肩做得又高又厚,并在凸肩中钻孔冷却。孔与缸套内表面的距离既要保证活塞环工作区有足够的低温以利润滑,又要防止温度过低,以免引起过大的腐蚀磨损。

气缸套中工作条件最恶劣部位是缸套上部凸肩区,因其壁面较厚,多发生由热负荷过大而产生的裂纹故障。为了合理解决此问题,当代柴油机采用凸肩区钻孔冷却,而有一些柴油机则曾采取将燃烧室上移至气缸盖内或下移至凸肩区下方的技术措施。

2.2.3 气缸套的磨损与穴蚀

正常情况下气缸套的磨损速度很小,当铸铁气缸套的磨损率不大于0.1mm/kh,或镀铬气缸套的磨损率为0.01～0.03mm/kh,且缸套内圆表面磨损较均匀能够保证良好的密封和润滑时,称为正常磨损。若缸套的磨损速率超过上述范围或出现较严重的不均匀磨损时,则为异常磨损。

气缸或活塞过热,活塞失中,活塞环密封性不好,刮油环装得不对或刮油性能下降,燃油、滑油或进气中含硬质颗粒过多,磨合不良,气缸油量过多或过少,燃油与滑油不匹配,气缸冷却过度,扫气中有水或有清洗空冷器的洗涤剂等均可能导致异常磨损。

气缸套的磨损规律:气缸套沿轴线方向(纵截面)呈锥形,即上部磨损比下部大,其正常磨损最严重的位置在活塞位于上止点时,第一道活塞环对应的部位,往往形成磨脊。这是因为在活塞上止点第一道环对应的缸套位置存在如下特征:

(1)温度高,油膜难以建立。

(2)活塞速度低,对润滑不利。

(3)存在低温腐蚀磨损。

(4)发生不同程度的黏着磨损。

由于活塞侧推力的作用,气缸套磨损后会出现椭圆度,其长轴在承受侧推力方向上。

气缸套的磨损既有物理方面的因素,也有化学方面的因素。根据磨损机理不同,气缸套的磨损可分为黏着磨损、磨料磨损和腐蚀磨损三种。一般情况下,三种磨损同时存在且相互关联影响,但一定的条件下有可能以一种磨损形式为主。

为提高气缸套的耐磨性,可采取以下措施:

(1)注意柴油机运转初期的磨合,经磨合后,可大大降低运转期的磨损。

(2)冷却水温度不能太低,以防酸腐蚀。

(3)对气缸套镜面进行淬火、氮化或多孔性镀铬处理,以提高其耐磨性。

(4)采用珩磨加工工艺,提高气缸套内孔的几何精度,使其内部产生网状花纹以保持油膜,防止拉缸。

(5)加强对空气、润滑油的滤清以减少磨料磨损。

气缸套外表面冷却壁上出现光亮无沉淀物的蜂窝状小孔群损伤称为穴蚀。它由空泡腐蚀和电化学腐蚀两种因素共同引起。一般在闭式循环淡水冷却的柴油机中,缸套穴蚀主要由空泡引起;在开式海水冷却的柴油机中,则主要以电化学腐蚀为主。穴蚀在筒状活塞式柴油机中比较普遍。有的柴油机尽管缸套镜面还未磨损多少,但是缸套已被穴蚀击穿,导致缸套漏水。

(1)电化学腐蚀。在气缸套冷却水侧存在电化学腐蚀。淡水是弱电解质溶液,海水是强电解质溶液,而缸套材料各处组织并不完全相同,于是就构成了许多微电池,产生电化学腐蚀 - 微电池腐蚀。缸套外表面上作用着机械应力和热应力,并且各处不完全相同。应力较大处金属的能量高,变得活泼,容易被腐蚀。例如,在缸套外圆的棱角和沟槽处因应力集中成为阳极区,应力较小的邻近区域成为阴极区,这样也产生了电化学腐蚀—应力腐蚀。此外,冷却水中溶解有氧气,在缸套外表面的穴窝处和缸套与缸体的配合处,因水流不畅,在温度较高的情况下含氧量少,这样因冷却水中含氧浓度不同而形成氧浓差电池。氧浓度高的部位电位高,形成阳极而遭受腐蚀—氧浓差腐蚀。死水区周围的腐蚀往往就属于这种腐蚀。

在防止电化学腐蚀方面,常采用在缸体上安装防腐蚀锌板,或在冷却水中加入缓蚀剂和防锈油。也有的柴油机在壁面上镀防腐金属、渗氮、喷陶瓷、涂树脂薄膜、进行离子轰击,提高缸套抗穴蚀能力。

(2)空泡腐蚀。筒状活塞式柴油机的气缸套受到活塞侧推力的作用,当侧推力改变方向时,活塞撞击缸套,引起缸套局部的高真空和高压。当水中压力降低到该温度下饱和蒸汽压力以下时,冷却水蒸发和溶于水中的空气析出而形成空泡。此外,冷却水流动中,由于方向和流速的突然变化,会引起压力的变化。当压力低于当时温度下水的饱和压力时,也会汽化产生空泡。当空泡受到高压冲击而爆破时,就在破裂区附近产生高压波,它以极短的时间作用在很小的范围内,有强烈的破坏能力。在这种高压波的反复作用下,气缸外壁金属表面不断剥落,形成孔穴。缸套振动是缸套穴蚀的重要原因。

为防止空泡形成,应降低缸套的振动,如增加缸壁厚度、提高缸套支承刚度及增加支承数量、减少缸套的轴向支承距离、减小活塞与缸套的装配间隙、采用宽敞合理的冷却水腔与结构使水流平顺、向水中加添加剂以提高冷却水的消振性能、使冷却水系统具有合理的冷却水温度和必要的压力。管理中还应防止冷却水中含有大量空气(如冷却水泵漏气)、保持冷却水腔清洁、控制柴油机的负荷与转速等。

2.2.4 典型气缸结构

1. MTU396 柴油机气缸

图 2-5 为 MTU396 柴油机的气缸组成。气缸体为柴油机机体部分,即气缸体与曲轴箱连为一整体,机体采用灰铸铁或球墨铸铁铸造而成。气缸套为离心浇铸的铸铁体,上部凸肩安装在机体相应的平面上,两平面研磨配合以保证水套上部的密封和气缸套的轴向定位。O 形环 2 用来使密封更加可靠,下部环带上装有两道橡胶密封环 3 与机体相应的柱面配合以保证下部水套的密封和气缸套的径向定位。气缸套的内圆表面经过精密车削和拉成网纹作为活塞的导轨,同时也构成燃烧室。在气缸套的下部布置有滑油喷嘴 6,将滑油喷入活塞内腔顶

部,冷却活塞顶,同时相应地对缸套内表面进行润滑。气缸套与机体之间的冷却水套保证气缸套的冷却,冷却水自下而上由低温区向高温区流动。

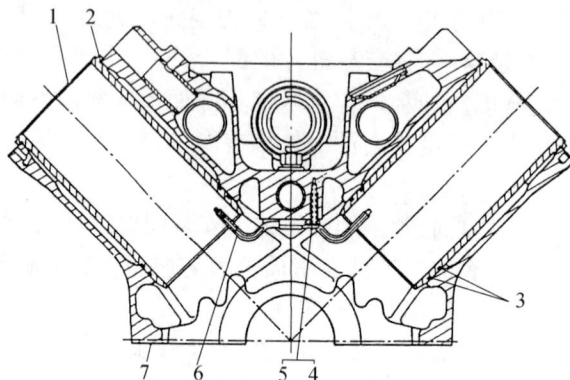

图 2-5 MTU396 柴油机气缸套

1—气缸套;2—O 形环;3—密封环;4—螺钉;5—弹簧垫圈;6—滑油喷嘴;7—曲轴箱。

2. LMC 柴油机气缸

图 2-6 所示为 MAN - B&W LMC 型柴油机气缸。气缸体 4 系铸铁单缸铸

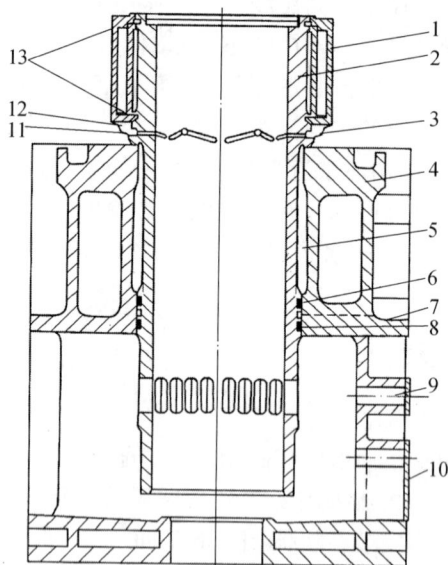

图 2-6 LMC 型柴油机气缸

1—冷却水套;2—气缸套;3—接管;4—气缸体;5—冷却水腔;6、8 - 密封圈;7—检漏孔;
9—检查孔;10—孔盖;11—注油孔;12—压板;13—密封圈。

造。气缸套为合金铸铁,采用高凸肩结构并装有冷却水套(1)。用气缸盖螺栓把缸盖、缸套凸肩和缸体紧固在一起。缸套只有上部固定,呈悬挂状态,受热时可以向下自由膨胀。缸套外圆与缸体内孔之间有一定间隙,允许缸套受热时在径向向外自由膨胀。

气缸套用淡水冷却,冷却水从气缸体最低点进入冷却水腔后上行,出口设在缸套最高处,经接管进入气缸盖。缸套中部冷却水腔下部装有两道阻水橡胶密封圈6,其密封功能可由两道橡胶圈槽之间的检漏孔7观察而知。缸套较高位置的工作表面沿圆周均布注油孔11(一般6~10个),并开有波浪形的布油槽,布油槽与注油孔成倾斜向下布置。缸套下部圆周均布一排扫气口,为改善扫气效果,扫气口有纵横两个方向的倾斜度。缸套下部与其缸体之间也有两道密封圈,用以密封扫气。

3. SULZER RTA-2 系列柴油机气缸

图2-7所示为SULZER RTA-2系列柴油机气缸,由铸铁的单体式气缸体4和耐热耐磨合金铸铁的气缸套1组成。为减小缸套上部的机械应力和热应力,降低缸套上部和第一道活塞环的温度,缸套上部凸肩既高又厚并钻孔冷却,以形成薄壁强背结构并大大降低气缸体高度,简化气缸体,减小重量,便于加工

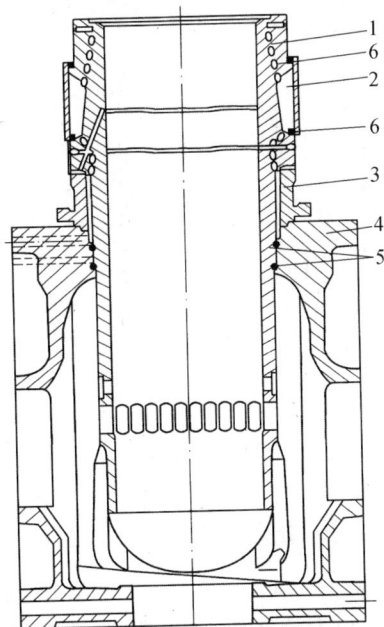

图2-7 SULZER RTA-2系列柴油机气缸
1—气缸套;2—水套;3—密封圈;4—气缸体;5—密封圈;6—密封圈。

制造,对超长行程柴油机(气缸套高度大)十分有利。现代超长行程柴油机中,由于凸肩很高,凸肩以下部分温度已不是很高,为保证气缸套最佳工作状态,气缸套下部不再用水冷却,使气缸套中、下部有较高的温度,这对气缸套润滑及消除该区域腐蚀磨损有利。

由于气缸套较长,为此 RTA - 2 系列长冲程柴油机的气缸套采用双排注油孔和布油槽,上下各有 6 个注油孔,气缸总注油量不变,但上下两排的注油量比例不同,上排约 40% ,下排 60% 。用高硫燃油时,可调整为上排约 70% ,下排 30% ,以减少缸套磨损。

4. SULZER RTA -56 系列柴油机气缸

图 2 -8 是苏尔寿 RTA56 型柴油机的气缸套。该机为回流扫气形式,在气缸套的中、下部设有排气口和扫气口,排气口位于扫气口上方,气缸体上有与气口相对应的扫、排气通道。气口之间的肋条为空心橡胶,冷却水通过肋条的空心从下冷却腔流到上冷却腔。扫、排气口的所有边缘必须平顺地磨出圆角,并在缸套内孔具有一个坡度。扫气口和排气口用耐热橡胶圈与冷却水腔保持密封,为

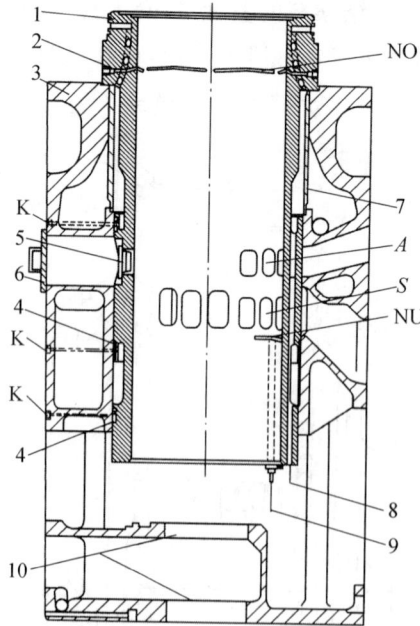

图 2 -8   SULZER RTA -56 系列柴油机气缸

1—气缸套;2—注油枪孔;3—气缸体;4—密封圈;5—堵塞;6—盖板;7—水圈;
8—螺塞;9—润滑油接头;10—安装活塞杆填料函孔;A—排气口;S—扫气口;
NO—上部油槽;NU—下部油槽;K—检查孔。

了在柴油机运转时便于检查有无冷却水泄漏现象,在每对橡胶圈之间车出一个空槽,气缸体的检查孔与之相通,因此无论漏水和漏气都能从外面发现。由于扫气口和排气口温度不同,气缸套在圆周方向将产生不均匀膨胀,气缸套易产生向内变形,引起活塞与缸套擦伤或卡紧,为此气缸套气口的上下部位与缸体相配合处(密封圈处)做成具有弹性的U形结构。缸套上部凸肩周围钻有冷却水孔,以解决凸肩的强度和冷却之间的矛盾。冷却水通过连接气缸套与气缸盖的导水套内的冷却水孔再流入气缸盖的切向冷却水孔内。导水套与缸盖连接处设有橡胶环防止冷却水泄漏。气缸套左侧设有堵塞5,当活塞处于下止点时,将盖板6以及堵塞拆掉,可以检查对面的排气口情况,如果只需拆卸十字头而活塞组件仍保留在缸套内时,可在堵塞孔内安装一个专用的支承销(专用工具),将活塞支承住。

在每个气缸体的上部装有水圈7,其作用是使冷却水具有确定的通路,使排气通道达到最有效的冷却。即冷却水从气缸体排气道周围冷却水腔进入,充分冷却排气道后进入气缸套下部冷却水腔,经气口肋条内孔向上,通过气缸套上部与水圈之间到达凸肩的冷却水钻孔,再由导水套到气缸盖。

缸套上部圆周上均布6个润滑油枪,缸套内相应部位布有油槽,缸套下端气口侧设有两个气缸润滑油接头,将润滑油供到气口下面的两个滑油点。所需的气缸润滑油由专门的气缸润滑油泵供给。

2.3 气缸盖

气缸盖的功用,除了封闭气缸工作循环空间和组成燃烧室的一个壁面外,还被用来安装喷油器、气门机构、启动阀、检爆阀、安全阀等部件,其内部设置有进、排气通道和冷却水腔,在采用分隔式燃烧室时,其内部还需设置辅助燃烧室。所以,气缸盖是柴油机中结构较复杂的零件。其上安装的安全阀是为了防止燃烧室内气体压力过高而引起事故。当燃气压力超过允许范围时,它自动跳开放气,这不仅使缸内压力得到降低,保护了机件的安全,同时也向管理人员发出了警告信号。示功阀(又称检爆阀)的功用是用来安装示功器、传感器及压力测量仪表等,也可以用来检查燃油的燃烧情况。盘车时打开此阀可减少阻力矩。

气缸盖的工作条件十分恶劣:一方面要承受缸盖螺栓安装时预紧力所产生的安装应力,缸内周期性变化的气体压力所产生的高频脉动的机械应力;另一方面,缸盖底板还要受到高温燃气的剧烈加热和腐蚀。由于燃烧气体的高温加热和排气的高速冲刷,使气缸盖底板的中心区和排气门孔周围的温度最高,有的高达400～480℃,而气缸盖的外围和冷却水侧的温度则相对较低,使气缸内部材料中温度分布很不均匀,再由于缸盖螺栓紧固力的约束,使高温部分材料的热膨胀受到抑制,从而造成气门孔之间、气门孔与喷油器孔之间的狭窄区域(亦称"鼻梁区")产生很大的热应力。

因此,为了提高气缸盖对热负荷和机械负荷的承载能力,必须做到:

(1)合理选择材料和结构形式。

(2)采用较薄的缸盖底板,加强冷却以降低壁面温度和温差。

(3)从结构上采取措施减小对底板热膨胀的约束。

(4)增大气缸盖的刚度尽量减小应力集中的状况出现。

2.3.1 气缸盖的结构形式

气缸盖的结构形式随柴油机的构型不同而不同,主要与柴油机尺寸、换气方式、燃烧室形成和强化程度等因素有关,一般分为两种结构形式:

(1)单制式,就是每缸一个气缸盖。由于其制造工艺较简单,拆装与维修方便,密封性可靠,系列化、通用化程度高,所以广泛用于中、大型柴油机上。

(2)合制式,就是将整台柴油机所有气缸盖或一个气缸排的缸盖或两三个气缸的缸盖合制成一体。这种形式的缸盖具有结构紧凑、可增强机体的刚性、减少柴油机纵向尺寸等优点,但加工要求高、拆卸安装不方便,即使只有一个缸出了毛病也得拆下全部缸盖才能维修该缸,因此一般多用于轻型高速柴油机中。还有的柴油机则将气缸盖与气缸体做成一体,缸套从曲轴箱端装入气缸体。

2.3.2 气缸盖的防漏措施

防止气缸盖和气缸套之间的接触面漏气,是保证燃烧室密封性的重要环节。缸盖与气缸套之间的密封是一种高温、高压条件下的密封,是柴油机中在技术上较难密封的位置之一。其具体措施有如下几种:

(1)保证接触面之间具有一定的光洁度。

(2)在接触面之间垫上耐高温的软金属。

(3)保证固定螺栓具有一定的预紧力,且各螺栓受力均匀。

2.3.3 气缸盖的材料

气缸盖的材料一般为合金铸铁、球墨铸铁等材料。有些大型低速二冲程柴油机则采用组合材料做缸盖,其受高温、高压部分采用铸钢或锻钢材料,其余部分用铸铁。有些高速轻型柴油机中,则采用铝合金材料制作气缸盖。

2.3.4 典型气缸盖结构

1. MTU396 柴油机气缸盖

MTU396 柴油机气缸盖为单制式特种灰铸铁铸件,用气缸盖螺栓固定在机体上并在上部密封气缸,如图2-9所示。机体与气缸盖分界处有一块支承板和一片气缸盖垫片密封。冷却水流道的过渡部位靠密封垫圈密封。

气缸盖上面用气缸盖罩盖密封。每只气缸盖上安装两个进气阀和两个排气阀,它们布置在以喷油器为中心的同心圆上,进气阀采用阀杆密封,防止柴油机滑油侵入燃烧室。

气阀有一套转阀机构,装在气阀导套上。气阀由两只气阀弹簧压紧在它的座面上,排气阀的阀杆比进气阀短,进气阀阀盘比排气阀阀盘大。相邻两气缸盖之间的缸盖螺栓是共用的。进气阀采用滑油润滑,专门有一台计量滑油泵供给滑油。整个气缸头采用循环冷却水冷却。

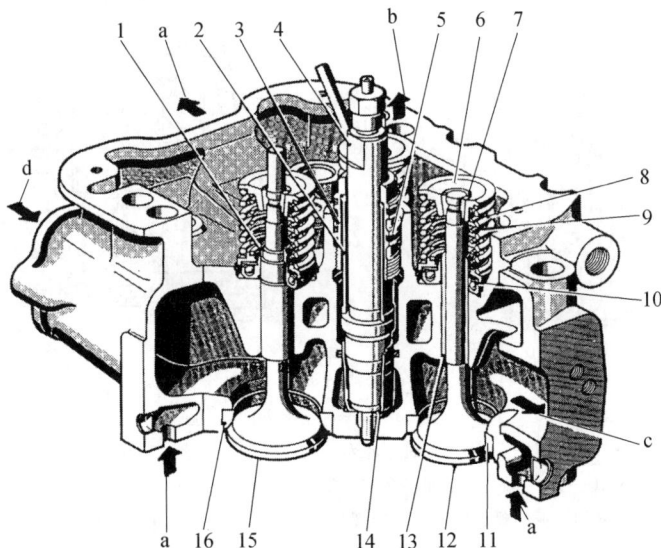

图2-9 MTU396 柴油机气缸盖

1—进气门杆油封;2—压紧衬套;3—压紧螺套;4—喷油器;5—O形环;6—弹簧座;
7—气门锁块;8—气门外弹簧;9—气门内弹簧;10—气门旋转机构;11—排气门座圈;
12—排气门;13—气门导管;14—保护套;15—进气门;16—进气门座圈;
a—发动机冷却液;b—发动机润滑油;c—排气;d—进气。

2. PA6-280 柴油机气缸盖

PA6-280 柴油机气缸盖为单体式气缸盖,用四个螺柱和螺母固定在机体上,下平面的凹槽经气缸垫压在气缸套上,如图 2 – 10 所示。螺栓用液压专用工具拧紧,以保证足够的刚度。

气缸盖的中心装有喷油器套筒 23,用螺母 27 压紧,并有两道密封圈 26 防漏水。喷油器套筒的外表面与气缸盖的冷却水腔的冷却水接触。喷油器则通过压紧梁 29 压在气缸盖中心。气缸盖上装有进、排气阀各两只,如图上 8 和 10 为两只进气阀。合金铸铁的气阀导管 14 和表面堆焊耐 热合金的气阀座 9 均压入气缸盖上。气缸靠外侧的平面上装有安全阀,启动阀和高压燃油及润滑油的管接头,气缸盖上采用罩盖封闭。

气缸盖的冷却水由底平面上的四只进水孔进入,从底层冷却水腔的四周向中心流动,冷却喷油器后向上进入上层水腔,冷却进、排气道后由顶平面上的排水孔排出至出水管。新鲜空气由机体 V 角上部进气腔进入,废气则向上部顶平面排出至排气管。高压燃油从外侧面经专门高压油管导入,漏泄燃油也从此面导出。润滑油管从外侧输入,由推杆孔流回曲柄箱。

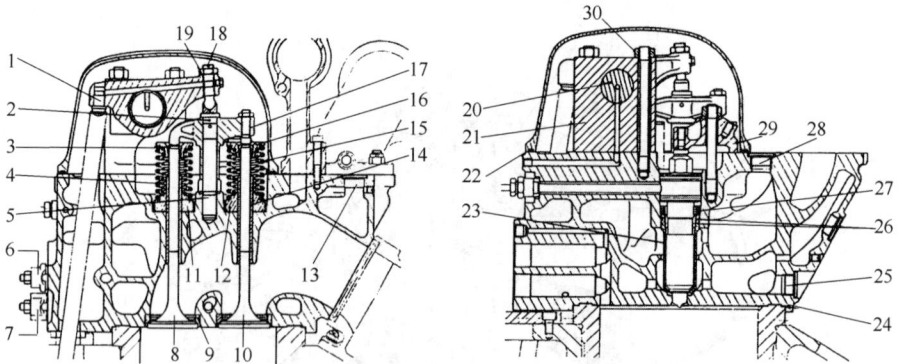

图 2 – 10　PA6 – 280 柴油机气缸盖

1—推杆顶头;2—顶头销座;3、16—弹簧上承盘;4、15—气阀弹簧;5—阀顶架导杆;6—启动阀;
7—安全阀;8、10—进气阀;9—气阀座;11、12—弹簧座;13、25、28—堵头;14—气阀导管;
17—阀顶架;18—调整螺钉;19—锁紧螺母;20—摇臂销座;21—摇臂座;22—罩壳;
23—喷油器套筒;24—气缸垫;26—密封圈;27—螺母;29—压紧梁;30—摇臂座螺帽。

3. MTU956 柴油机的气缸盖

MTU956 柴油机的气缸盖为单制式,每一个气缸上有一个单独的气缸盖,如图 2 – 11 所示。它由特种优质铸铁整体铸造,其中有进排气孔道和冷却水腔。两侧的进、排气孔分别接进、排气管。缸盖对称布置两个进气阀和两个排气阀。

气缸盖的正中央有座孔安装喷油器,喷油器与缸盖孔之间有密封环保持燃烧室的密封,喷油器上部有橡胶 O 形环以密封缸盖上的滑油。

48

气缸盖靠近燃烧室一侧以及气阀、喷油器周围有铸造的冷却水腔。冷却水由气缸体上部的出水孔经缸盖底部的进水孔引入气缸盖冷却腔。冷却腔后上部导水孔经接管引出。气缸盖与气缸体之间还有导油孔对接口，滑油经气缸盖中的油道进入摇臂座，润滑摇臂轴。冷却水和滑油进口接口处都有导管和橡胶密封圈。气缸盖用螺栓固定在机体上并在上部密封燃烧室。机体与气缸盖分界面用一气缸盖垫片密封。滑油和冷却水流通的过渡部位还要用密封圈密封。气缸盖上面用气缸盖罩壳密封。

每只气缸都有一只减压阀，用于手动盘车时气缸泄压。右排每只气缸盖上有一只启动阀。

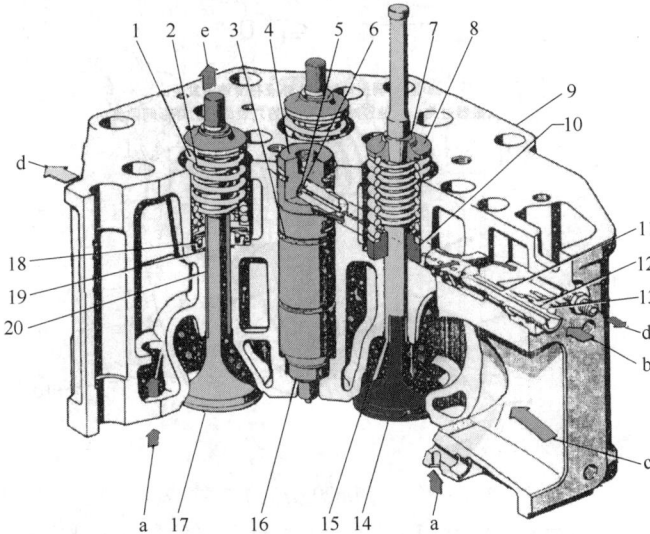

图 2 – 11　MTU956 柴油机气缸盖

1—气阀外弹簧；2—气阀内弹簧；3、6、12—O 形圈；4—喷油器；5—弹性挡圈；7—气门卡块；
8—上弹簧座；9—气缸盖；10—下弹簧座；11—进油管；13—锁紧块；14—进气阀；
15—进气阀导管；16—密封圈；17—排气阀；18—转阀机构；19—钢丝挡圈；20—排气阀导管；
a—冷却水进口；b—燃油进口；c—进气口；d—漏泄燃油出口；e—冷却水出口。

4. TBD620 气缸盖

TBD620 柴油机的气缸盖为单制式气缸盖，如图 2 – 12 所示。每个气缸盖用四个螺柱通过气缸盖密封垫和气缸套固定在机体上。气缸盖采用含 Ni、Mo、Cr 三种合金元素的高牌号合金灰铸铁 HT300NiMoCr 铸造。

两个进气阀 13 和两个排气阀 9 连同气阀座 10 和气阀导管 8 等一起装在气缸盖上。气门传动装置由挺柱、推杆 6、摇臂、摇臂支架 5 和阀桥所组成，喷油器

2 位于喷油器护管 15 内,在其周围有循环水冷却。每个气缸盖有两个进气道 14。根据所要求的发动机运行模式,在其中一个进气道中装了一个可转动的节流活门(可调或可变开度)以改善怠速及部分负荷时的运行性能。

气门传动部件由气缸盖罩 3 盖住,盖上有一个安装喷油嘴的孔。装在喷油器上的高压油管和回油管的接头很容易够到,便于拆装。

通过带有导管 12 的密封件 11,冷却水和滑油从机体引入气缸盖。

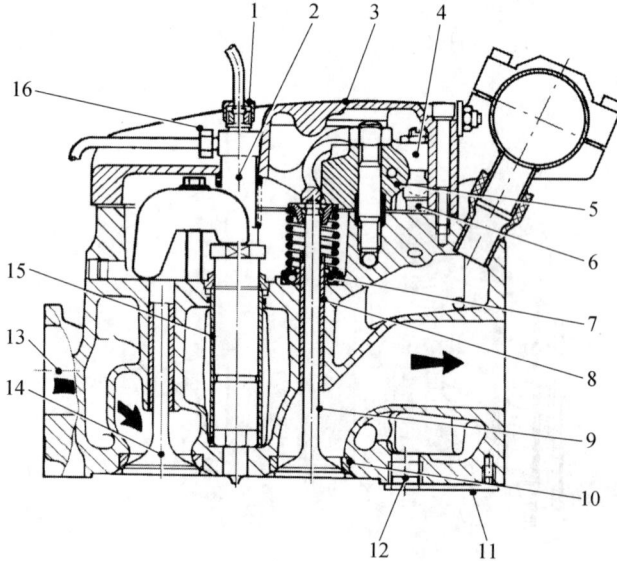

图 2-12 TBD620 柴油机气缸盖

1—高压油管接头;2—喷油器;3—气缸盖罩;4—阀桥;5—摇臂支架;6—推杆;7—弹簧座;
8—气阀导管;9—排气阀;10—气阀座;11—密封件;12—导管;13—进气阀;14—进气道;
15—喷油器护管;16—回油管接头。

2.4 活 塞 组 件

活塞分为筒形活塞和十字头式活塞两大类。筒形活塞组件由活塞本体、活塞环和活塞销组成,十字头活塞组件由活塞本体、活塞环和活塞杆组成。

活塞组的作用有以下几种:

(1)承受燃气的作用力,并通过连杆传给曲轴。

(2)保证燃烧室的密封性,防止燃气漏入曲柄箱,同时防止滑油窜入燃烧室。

50

（3）在二冲程机中，控制气孔的开闭。

所以要求如下：

（1）密封。活塞与缸套之间既要作相对运动又要保持燃烧室内高温、高压的气体不会大量漏泄而影响内燃机有效作功。当缸内气压较低时，又要防止曲柄箱内的润滑油漏进燃烧室而增大滑油的消耗和在燃烧室内结胶。

（2）散热。通过适当散热以控制组件承受的热负荷在允许范围内。

（3）强度。在减小活塞质量的同时，保证活塞有足够的强度与刚度，使组件能可靠运行。

（4）耐磨。减少磨损以降低传递动力过程中的能量损耗，延长使用寿命。

2.4.1 活塞

柴油机工作时，巨大的气体压力作用在活塞顶上，活塞的运动速度不但很高，而且它的大小和方向不断迅速变化，所以惯性力很大。惯性力随活塞重量和曲轴转速的增加而增加。此外，活塞在工作时，由于连杆倾斜所产生的侧推力使它紧压在气缸壁上，该力的方向和大小不断变化，因而使活塞时而冲击气缸的这一边，时而冲击另一边（指连杆摆动平面上），加之润滑条件较差，使得活塞和气缸之间摩擦严重。活塞顶部直接与高温燃气接触，由于活塞的散热条件较差，因而顶部温度较高，而且各处的温度差别也较大。上述情况说明，无论是受力方面还是受热方面，对活塞来说，都是比较严重的，这也是影响活塞工作可靠性和使用寿命的根源。

1. 活塞结构

活塞本体由活塞头部和活塞裙部两部分组成。

头部，包括直接承受高压、高温燃气的活塞顶部，以及安装防漏环的防漏部。

裙部，包括承受侧推力的圆柱面以及安装活塞销的毂部。

这两部分的分界，没有严格的统一规定，一般根据防漏部最下一道活塞环的位置来确定，从这一道活塞环开始，以上部分称为头部，以下部分称为裙部。

（1）活塞头部结构。活塞顶承受燃烧气体的压力，所以应具有足够的机械强度。采用分开式燃烧室的柴油机，大部分用平顶活塞。采用整体式燃烧室的柴油机其活塞顶具有各种不同的形状，如图 2-13 所示。什么样的形状合适，是根据压缩比、喷油器的位置、气缸的尺寸、可燃混合气形成的方法等综合确定。

在近代中、高速强载柴油机中，最高爆发压力已达 15~18MPa，为了保证活塞顶部具有足够的机械强度以及足够的刚度，不致使上部环槽变形太大，应该保证其一定的厚度，但顶部的加厚会引起热应力的增大。因此，从减小热应力的角度，则希望顶部尽可能薄些。为了解决这一矛盾，采取的措施之一就是采用"薄壁强背"多支承结构,同时还采取适当的冷却措施,如图 2 - 14 所示。这样既可以增加活塞顶的强度,又可以增大其散热面积。

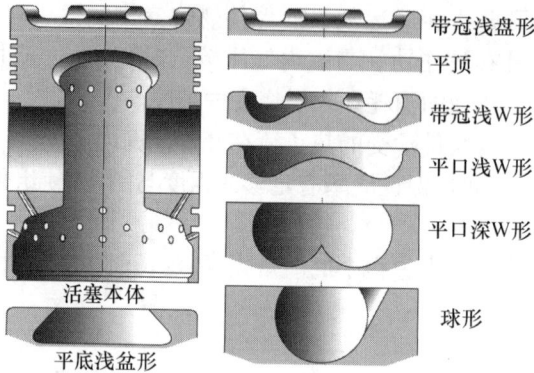

图 2 - 13　柴油机活塞顶的形状图

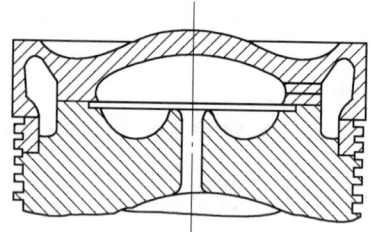

图 2 - 14　活塞的薄壁强背结构图

在活塞顶部下方制有环槽,槽中装有活塞环,能有效地防止燃气的漏泄,保证燃烧室的密封性。

在非水冷活塞中,高温燃气传给活塞顶部的热量,大部分是通过活塞环经气缸套传给冷却水,如图 2 - 15 所示。为了热量能够顺利散走,顶部和环槽的内壁都设计得较厚。

在头部的环形槽中,安装一定数量的防漏环。它除了保证燃烧室的密封性以外,在没有专门冷却装置的活塞中,高温燃气传给活塞顶部的热量,主要是通过活塞环经过气缸壁传给冷却水,由于环槽背后的壁部较厚,这样保证了热流能够顺利通过。

由于柴油机工作时的气缸压力较高,因此柴油机的活塞环槽数较多。一般在前几道环槽中安装防漏环,其余的环槽中安装刮油环,此外,在活塞裙部也安装了刮油环。

(2)活塞裙部结构。活塞裙部也叫活塞的导向部,它的作用是把活塞的动力传给连杆,承受活塞的侧压力,并使活塞在气缸内保持上下方向运动时的稳定。

活塞裙部有活塞销座,用来安装活塞销。为了增大强度,销座通常具有与防漏部连着的肋条或凸出部。

裙部的长短影响着整个活塞组的重量,从而影响工作时产生的惯性力,同时也影响着传递侧推力的承压面积,这两个方面的影响是相互矛盾的。在高速机中由于要求活塞具有较小的重量,以便减小活塞组件产生的惯性力,所以裙部长度与直径之比一般较中速机小。但在二冲程机中,裙部长度一般应能保证活塞到达上止点位置时,下端仍能盖住气缸上的气孔。

为保证活塞在气缸中的正常运动,活塞侧表面与气缸套之间必须留有间隙,间隙的大小对活塞和气缸套的使用寿命产生很大影响。在柴油机工作时,由于活塞各部分的受热程度不同,其温度从顶部开始自上而下逐步降低,为适应这一特点,活塞侧表面加工成各种型线,如图2-16所示,加工时,活塞的直径从下而上逐步略有缩小。这样在工作时,各部分的膨胀量,会使活塞的外侧表面形状向圆柱面形状变化,从而保证了正常间隙。

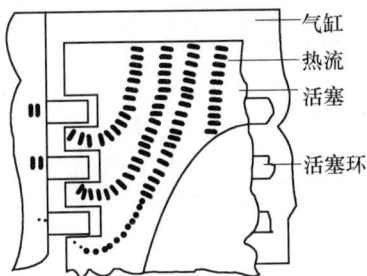

图2-15　非冷却活塞热流图

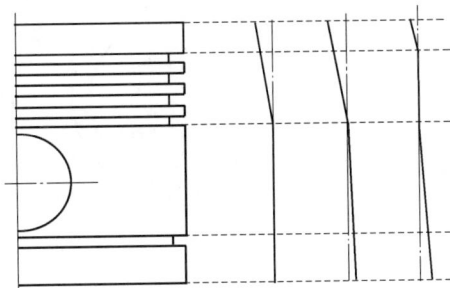

图2-16　活塞型线

活塞工作时,裙部也会发生不均匀变形,原因如下:

(1) 销座附近的材料分布不均匀。即使在温度不是很高时,活塞由于受热膨胀,也会破坏裙部正确的圆柱面形状,使它成为椭圆形,其长轴沿着活塞销中心线方向,如图2-17(a)所示,图中实线是裙部受热前的外形,虚线是受热膨胀后的外形。

(2) 侧推力的作用使裙部变成图2-17(b)所示的椭圆形。

(3) 顶部承受气体压力所引起的变形如图2-17(c)所示。

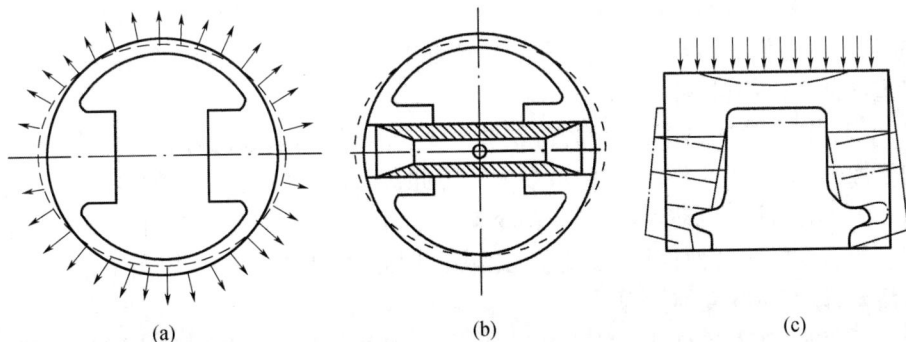

(a)　　　　　　　　　(b)　　　　　　　　　(c)

图2-17　活塞裙部的变形

53

上述变形有可能使裙部与气缸之间的间隙局部消失,引起强烈的摩擦。在特别严重的情况下活塞会卡死在气缸内,以至于造成连杆的弯曲或折断。

为避免上述情况的发生,一般采取如下措施:

(1) 将裙部事先作成椭圆形,其短轴沿活塞销中心线方向(图2-18(a))。

(2) 将裙部外侧靠近销座附近的材料剜去一层(图2-18(b))。

采取这些措施后,即使裙部出现机械变形和热变形,它也仍能保持正常的工作间隙。

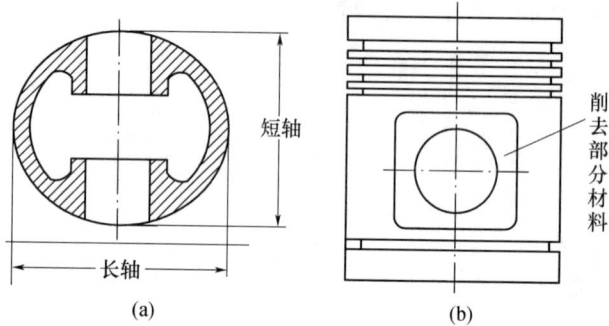

图2-18 保证活塞正常间隙措施

2. 活塞的材料

活塞目前常用的材料主要有铸铁(合金铸铁、球墨铸铁)、钢(碳钢、耐热合金钢)和铝合金。

(1) 铸铁易于浇铸,工艺性好,耐磨、耐腐蚀性好,机械强度较高,价格低廉,线膨胀系数小。

铸铁活塞线膨胀系数与缸套很接近,故活塞与气缸套间允许有较小的间隙。它是制造发动机活塞最基本的材料。其缺点是密度大,导热性比铝合金差。

(2) 钢的机械强度高,但耐磨性较差,成本较高。主要用于大功率中低速柴油机,因为它们的活塞机械负荷和热负荷都很高,往往用耐热合金钢作为受热最严重的活塞头部材料。

(3) 铝合金的密度小,仅为铸铁的1/3左右,导热系数比铸铁高2倍左右,利于散热,但热强度差,线膨胀系数大。因此,活塞与气缸套之间的冷态间隙要求较大,造成冷车启动困难,并且在冷车启动和低负荷时使活塞对缸套的撞击加剧。铝合金的耐磨性也较差,成本也较高。因此,仅用于制造中小型高速柴油机的活塞,以减少往复惯性力。

近年来,随着单缸功率的不断提高,柴油机的强化程度越来越大,目前高强化柴油机的平均有效压力已达到 1.6 ~ 2.4MPa,使活塞所承受的最大爆发压力超过 20MPa,其机械负荷和热负荷也越来越高,因而越来越广泛地采用不同材料制造组合式活塞。即活塞头部用耐热合金钢制成,以减小活塞顶厚度,降低热应力。裙部则用铝合金制造,以减小重量和惯性力。顶部与裙多采用螺栓连接形式,连接时要具有足够的预紧力。

在螺栓连接的结构中,连接螺栓可以直接从活塞顶部拧入活塞裙部,螺栓由优质耐热钢精制而成,为了防止由于螺栓材料与被连接的铝质裙体两者线膨胀系数不同而产生连接松弛,以及铝合金螺栓经不起多次拆装,在裙体内往往镶以耐热钢制的防松压帽螺套与螺栓相连接。这种连接的主要优点是便于清洗、检查,在更换活塞顶、清洗冷却腔、更换活塞环时,不需将整个活塞吊出缸外。主要缺点是螺栓破坏了原有燃烧室的形状,同时螺栓头部要有一定的防漏、隔热措施,使连接件结构复杂,加工装配工艺要求较高,一般应用在 200mm 以下缸径的高速大功率柴油机的组合式冷却活塞中。另一种是连接螺栓从活塞裙倒拧入活塞顶的连接方式,如图 2 - 19(a)所示。这样可以避免螺栓与燃气接触,热膨胀影响也小,并保持了活塞顶燃烧室的完整性。但螺栓的布置受到销座尺寸的限制。这种连接方式在大功率中速柴油机中较为普遍。

还有一种形式为单螺栓连接,如图 2 - 19(b)所示。连接螺栓制成中空,可兼作活塞顶冷却油通道。为了避免由于裙部的轴向变形对活塞顶产生较大应力,采用蝶形弹簧垫圈以提高螺栓弹性。这种连接的主要特点是结构简单、可靠,连接元件少,但连接所需预紧力较其他连接方式大,扭紧力矩一般为 300 ~ 500N·m。

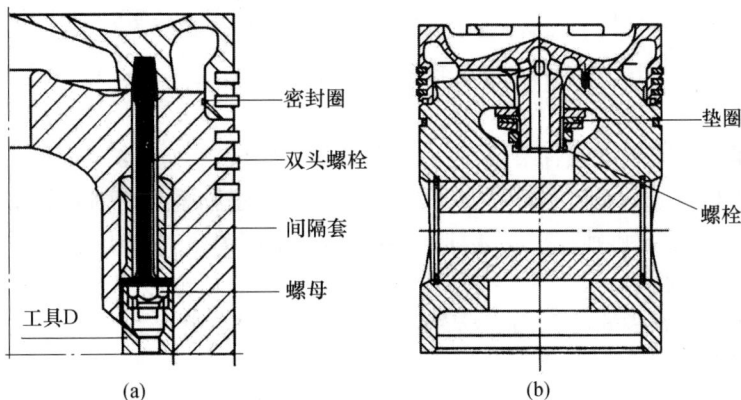

图 2 - 19　组合活塞螺栓连接方式

1—密封圈;2—双头螺栓;3—间隔套;4—螺母;5—垫圈;6—螺栓。

3. 活塞的冷却

随着柴油机强化程度的提高,燃烧室组件的热负荷和机械负荷也相应增加,成为影响柴油机工作可靠性的重要问题之一。当温度超过一定限度时,活塞环槽(尤其是第一道环槽)就会积炭和结胶,从而引起活塞环卡死和拉缸,另外,材料的强度也会因温度的过高而迅速降低,因此在国内外大功率柴油机中,冷却式活塞的应用越来越广泛。

冷却活塞所采用的冷却液为滑油或淡水。在箱式柴油机中普遍采用滑油,在十字头式柴油机中,有的采用淡水。

在冷却式活塞中,燃气传给顶部的热量,主要由冷却液体带走,因此它的头部结构与非冷却式活塞的结构有着明显的区别。图2-20(a)所示为非冷却式活塞,图2-20(b)所示为冷却式活塞。冷却式活塞的结构特点是:顶部厚度较薄,并有若干筋条。这样在保证足够强度条件下,可以扩大热交换面积,提高冷却效果。此外,与头部的交界处设有环形槽,这样既加强了活塞顶边缘部分的冷却,又限制了活塞顶导向气环的热流,从而改善了气环的工作条件。

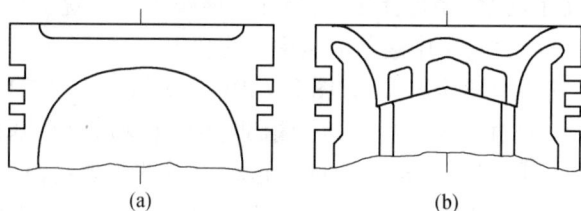

(a)　　　　　(b)

图2-20　冷却活塞与非冷却活塞头部结构

油冷活塞的结构有整体式和组合式两种。在组合式活塞中,活塞的不同部分,根据其不同的工作条件,采用不同材料制造,然后连接成一体。这种结构形式当前应用很广泛。

冷却液的输送方式有两种:一种是在曲轴箱中设置固定的滑油喷管,喷管对准运动着的活塞冷却腔进口喷射滑油;另一种是由主轴承经曲轴内部油孔、连杆大端、连杆中心钻孔到连杆小端轴承,再经活塞销和销座中的孔道送至活塞头冷却空间,目前大多采用后者。冷却后的滑油都泄回曲轴箱。

按照冷却方式的不同,油冷活塞分为三种形式:喷淋冷却、振荡冷却和循环冷却。

(1)喷淋冷却。图2-21为用于GM6-71型柴油机的油冷活塞。滑油在压力作用下,经过连杆杆身的内部油道,从喷嘴1中喷出,喷出的油流冲刷着活塞顶中央部分的背面,并吸收热量,然后掉入曲柄箱。在油流冲刷顶部过程中,使活塞得到冷却。这种冷却形式制造简单,但冷却不均匀,顶部的冷却效果较好,但对环带部分的冷却较差。

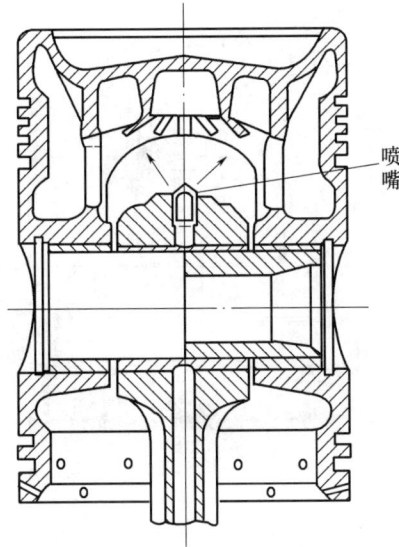

图 2–21　喷淋冷却式活塞

（2）振荡冷却。这种冷却方式的主要特点是:在活塞头部设有冷却腔,其内部的滑油(或水)保持一定的液面,但不完全充满。当活塞高速往复运动时,冷却腔内的滑油(或水)产生强烈的振荡,并冲刷着顶部的内表面,从而有效地冷却活塞顶。这种方式和自由喷射式比较,环带部分的冷却效果较好。

图 2–22 为 12PC2–5 柴油机活塞。头部 1 用合金钢制成,裙部 5 用铸铝制成,两者用双头螺栓 11 和螺母固紧。头部和裙部之间构成冷却室,并用密封圈 3 防漏。密封环用耐热耐油的合成橡胶制成。为了保证顶部的凹槽与气阀的位置相对应,头部和裙部的相对位置由定位销 13 来保证。

活塞销 7 用合金钢制成,表面进行热处理和渗碳,两端安装挡圈 6 来限制其轴向移动。销内安装有套管 9,两者之间构成一条滑油通道。套管与销的接触面处安装密封圈 10,并用卡圈 8 来限制套管的轴向移动。

滑油从连杆上头部经活塞销中部的油孔进入活塞销和套管之间的油道,然后经活塞销两端的油孔流向销毂上的油槽。滑油从这里经裙部的油孔进入冷却室的外部环形空间,然后经过油孔进入头部的中央,最后经中心孔流出。油流路线如箭头所示。

该活塞采用 4 个防漏环 2 和 2 个刮油环 4。刮油环的背部安装弹簧,用来控制刮油环的弹力,同时刮油环都安装在裙部上面,这样既控制了滑油的耗量,也能保证裙部的良好润滑。

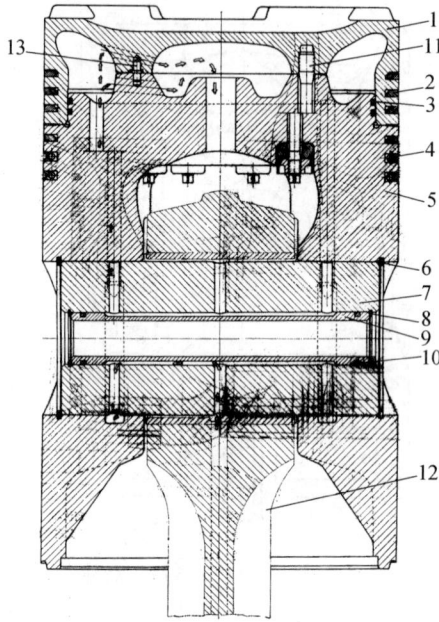

图 2 - 22 振荡冷却式活塞

1—头部;2—防漏环;3—密封圈;4—刮油环;5—裙部;6—挡圈;7—活塞销;8—卡圈;

9—套管;10—密封圈;11—双头螺栓;12—连杆;13—定位销。

(3)循环式油冷活塞。这种方式的主要特点是:压力油均匀地在头部的冷却油道内流动,使头部各处得到均匀有效的冷却。

图 2 - 23 为 12VE390ZC 柴油机活塞。头部由钢制的活塞顶、防漏部和底部三部分焊接而成。在活塞顶内开有三圈环形冷却槽,当上述三部分焊在一起后,环形槽互相沟通并形成一条蛇型油道。裙部用铸铁铸成,在外表面上镶有三道耐磨铜环,以提高活塞的工作寿命。头部和裙部用 6 只螺栓连成一体。活塞销座用铝锻制,装入裙部以后用卡环卡住,以防脱出,并通过上下两柱面来保持与裙部的正确相对位置。上肩面与裙部接触处安放垫片,用来调整燃烧室高度,从而调整压缩比。活塞销装在销座上的衬套内。销座的顶部有一个柱形空间,通过杯形座与连杆上头部的油路连通。杯形座的下端弧形面借弹簧的弹力紧贴在连杆上。柱形空间由两个水平油道与冷却室连通。

工作时,压力油从连杆上头部经杯形座进入柱形空间,再经水平油道进入环形油室,首先冷却环带部分,然后经油孔进入蛇形油道冷却活塞顶,最后从顶部

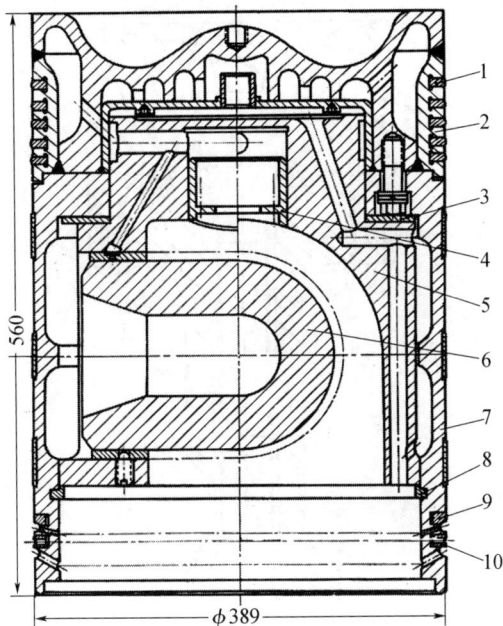

图 2-23　循环冷却式活塞

1—活塞环；2—头部；3—调整垫片；4—杯型座；5—活塞销座 6-活塞销；7—裙部；8—卡环；
9—密封刮油环；10—刮油环。

中央流出，经油道排入曲柄箱。

在新型 Sulzer RTA 系列柴油机中，采用了如图 2-24 所示的喷射—振荡式冷却方式。冷却油通过喷嘴直接喷射到活塞顶下部的冷却钻孔中，并且在排出冷却腔之前在冷却腔内振荡，喷射和振荡的双重效果确保了低的活塞表面温度并避免表面的烧蚀。

4. 十字头活塞

十字头式活塞用于大型低速柴油机，由于其相对散热面积很小，热负荷和机械负荷都很高，因而普遍采用耐热合金钢活塞头和耐磨合金铸铁裙部的组合式结构。活塞头、裙部和活塞杆用柔性螺栓连接。活塞顶部有平顶、凸形或凹形顶，这取决于燃烧室形状、扫气要求和气阀在气缸盖上的布置。

由于侧推力由十字头滑块承担，为减轻重量，裙部做得较短，只有在需要用裙部来控制进排气口的某些弯流扫气的柴油机才采用长裙部活塞。

十字头式活塞均为强制冷却式（轴向散热型），冷却液有滑油、淡水和蒸馏水。滑油的比热小，散热效果差，在高温状态下易在冷却腔内产生结焦，但它不存在因泄漏而污染曲轴箱油的危险，故对输送机构的密封性要求不高；淡水和蒸

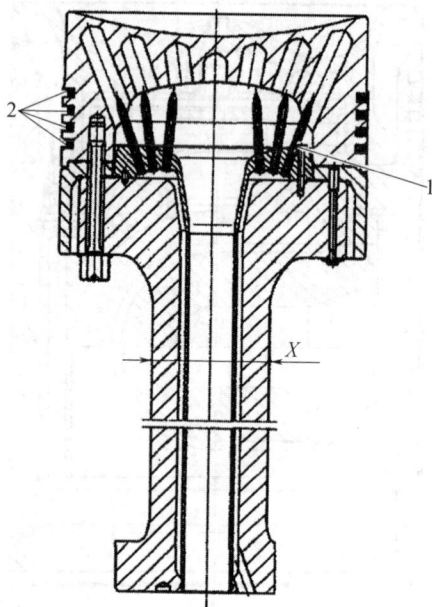

图 2 - 24　喷射—振荡式冷却
1—喷嘴；2—活塞环。

馏水的水质稳定，比热大，散热效果好，并可采用水处理解决其腐蚀和结垢的缺陷，但对输送机构的密封性要求高。

图 2 - 25 所示为 MAN - B&W LMC 直流扫气柴油机活塞结构，主要由活塞头、活塞裙、活塞杆、活塞环等组成。活塞头用螺钉 7 紧固在活塞杆上端法兰上，活塞裙用螺钉 6 紧固在活塞头下端，有 4 道斜接口活塞环。

活塞头由耐热铬钼钢铸成，下凹形顶面有利于燃油与空气的混合，也有利于扫气和受热后自由膨胀。顶背铸有冷却腔，用滑油冷却。活塞头采用内支承环形凸台，将气体压力传递到活塞杆上，大大提高了承受机械负荷的能力，所以活塞顶部和环带都比较薄，有利于冷却和降低热应力，体现了薄壁强背的原则。

活塞头上有 4 道安装气环的环槽，每个环槽上下端面都镀硬铬，使之耐磨，活塞头顶端的周向凹槽供拆装活塞起吊工具之用。

活塞裙为合金铸铁，并表面处理，有利于磨合。活塞裙与活塞头、活塞杆之间有密封圈 3 和 5，以防冷却油泄漏。由于是气阀式直流扫气，活塞在上止点时不存在新鲜空气从排气口泄出的问题，故活塞裙可做得很短，以减轻重量及降低发动机吊缸高度。

活塞杆由锻钢制成，上下端都是平面法兰，分别用螺钉与活塞头和十字头紧

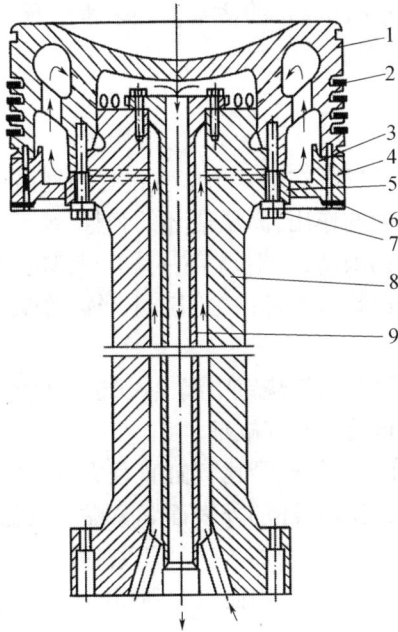

图 2 – 25　十字头式活塞

1—活塞头；2—活塞环；3、5—密封圈；4—活塞裙；6、7—螺钉；8—活塞杆；9—回油管。

固连接,杆身为圆柱空心体,外表面硬化处理,以提高耐磨性,内装有回油管 9,形成活塞冷却油的进出通道。

冷却油通过连接在十字头上的一根伸缩套管引入,经十字头与活塞杆底部的钻孔进入活塞杆中滑油管外的环形空间,沿回油管外周的环形通道向上经活塞杆上部的 4 个水平小孔进入活塞冷却腔。首先冷却活塞顶部四周的环带部分,然后从活塞头内支承上一周小孔喷向活塞顶中央内表面,以提高流速,增加冷却效果。

活塞杆承受气体力和惯性力的作用,一般不受拉力只受压力,应有足够的抗压强度。又因其长度与直径的比值较大,故还需满足压杆稳定性要求。活塞杆的底部用 4 个螺栓与十字头连接,并由十字头上的凹槽定位。为适应不同工况,可在活塞杆与十字头之间装配调节垫片以调整压缩比。

2.4.2　活塞环

活塞环按功用可分为气环(密封环)和油环两种,油环又有刮油环和布油环之分。因筒形活塞式柴油机中气缸采用飞溅润滑,甩到缸套表面的滑油较多,故筒形活塞上装有密封环和刮油环,布油环仅在部分柴油机中使用。十字头式活塞上一般只装密封环,在裙部较长的活塞上还装承磨环。某些老式十字头式柴油机活塞上也安装有布油环。

1. 气环

1)工作条件

活塞环特别是第一道气环在活塞顶部直接受到高温、高压燃气的作用,其他各环也受到燃气不同程度的作用,高温使环的弹性、疲劳强度等机械性能降低。活塞环的润滑条件也受到限制,特别是第一、二道气环的润滑条件最差,处于边界润滑状态,使得它与缸套、活塞环槽之间产生严重的摩擦和磨损。

2)功用

气环的功用是阻止气体从燃烧室中漏出,保证燃烧室的良好密封性,同时把活塞顶吸收的热量有效地传给与气缸壁。

在自由状态下,气环的平均直径比气缸直径大,装进气缸以后,处于弯曲变形状态。由于材料的弹性作用,环的外表面紧紧贴在气缸套内壁上。工作时作用在环背的燃气压力,也进一步增加了这种压紧程度。由于气环紧压在气缸壁上而且处于润滑不良条件下工作,因而受到强烈的摩擦作用,外表面产生严重的磨损。

气环之所以能起防漏作用,主要是由于在活塞和气缸之间的缝隙中,装上气环以后,构成了一个曲折的不连续的气道,把燃烧室和曲柄箱隔开,如图 2–26 所示。高压燃气经活塞头部与气缸之间的间隙漏出时受到气环的阻挠,只能进入环槽与环之间的端面间隙、环内径与环槽底外径间的径向间隙和气环的开口间隙才能逸出。通过这条曲径气体的压力会因节流效应而降低。如第一道环槽

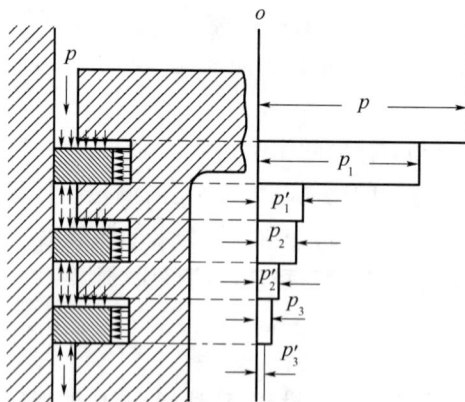

图 2–26　活塞环密封原理

内的压力为 p_1，第二道环槽内压力为 p_2，如此逐级降压而起到防漏作用。p_1 和 p_2 也形成了将环进一步压向缸套和环槽端面的压紧力，使气环能形成更好的密封带。显然，环数越多密封效果越好，同时也增大了活塞与气缸间的磨擦损失和活塞组的尺寸重量。此外，气环与气缸的贴合情况，端面与环槽的贴合情况，以及气环接口形状和各道环接口的相互安装位置，对防漏效果也有一定的影响。

在不采用专门冷却装置的活塞中，燃气传给活塞顶的热量绝大部分从气环传给气缸，这样，工作时气环就处于较高温度下，尤其是第一道环显得更加突出。因此，制造活塞环的材料，应该具有很高的机械强度和弹性，而且高温条件下能保持稳定，还应具有良好的耐磨性，与气缸表面配合工作时，能很快地与气缸表面磨合。

3）要求

活塞环应有良好的密封性，耐磨，特别是抗黏着磨损的性能要高，要有适当的弹性，足够的强度和热稳定性。活塞环的表面硬度以稍高于气缸套为宜。

4）制造材料

制造气环的材料要弹性较好、摩擦系数小、耐磨、耐高温，有良好的初期磨合性、储油性和耐酸腐蚀，一般用合金铸铁、可锻铸铁、球墨铸铁。为提高气环的工作能力常采用镀硬铬以提高耐磨性，采用松孔性镀铬以提高表面润滑性与利于磨合，内表面刻纹以提高弹性，环外表面开设蓄油沟槽，环外表面镀铜以利磨合，喷镀钼以防粘着磨损等。

5）结构

气环的截面一般为矩形，长边为半径方向以增大弹性。为了改善气环与缸套表面的径向磨合和接触要求，有图 2 – 27 所示的各种截面形状。用（d）所示的斜圆柱面可以减少密封带的面积增大压紧力，（e）、（f）两种截面的弯曲中性轴与气缸中心线间有交角存在，环在弯曲后会发生如图 2 – 28 所示的扭转变形，也能起到（d）环那样的改善密封作用。筒状环（h）、嵌铜环（g）、（i）和柱面开槽

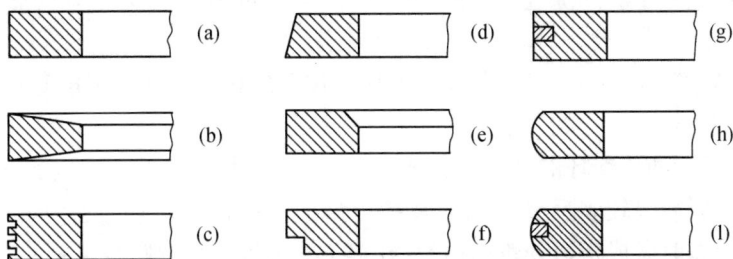

图 2 – 27　气环截面形状

63

环(c)可以避免环与缸套表面之间的拉伤。梯形环(b)需与梯形环槽配合,主要用于环槽温度高的第一道气环。当侧推力方向改变使活塞横向移动时,梯形气环在环槽内横向移动有利于清除环槽内的异物,防止气环在环槽内卡滞。

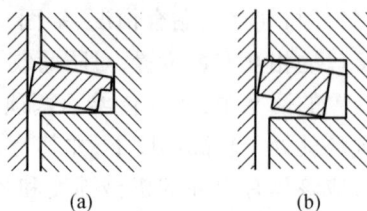

图 2-28　扭曲气环的工作原理

活塞环的切口形状有三种,如图 2-29 所示。最常见的是直切口,它的特点是制造方便,但密封性稍差。搭接切口密封性较好,但制造复杂,多用于大型低速柴油机。斜切口的性能介于两者之间,斜切口的角度通常为 30°～45°。

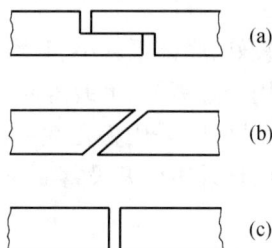

图 2-29　活塞环的切口形状

活塞环的间隙分为开口间隙、平面间隙(端面间隙)及环背间隙。开口间隙为工作状态下切口的垂直距离。平面间隙为环端面与环槽上或下面的垂直间隙。该间隙值有一定规定要求,活塞环的平面间隙和开口间隙一般为第一、二道环最大,依次减小。间隙过大造成漏气严重,间隙过小,活塞环受热膨胀时,又会造成卡死或折断事故。

活塞环安装在活塞上时,各道环的切口位置应相互错开一定角度,不可装在一条直线上,否则会影响气密性。

二冲程柴油机在环的搭口部分要倒角,以防止与气口挂碰。但倒角不宜过大,否则会因漏气较多反易折断。某些机型采用搭口校正环,使用时环不作倒角,它在冷态时做成搭口处略向内弯,在热态时伸展与缸壁贴合。要注意上两道环的校正值较大,安装时不要装错。

气环的数量应该足以保证燃烧室的一定密封性要求。从燃烧室漏出的气量,随着燃烧室气体压力的增加而增加,随着活塞运动速度的增加而减小。具体数量根据柴油机的不同特点来确定,一般为2~5道,高速机所采用的数量较少。

2.刮油环

1)功用

柴油机工作时,保证活塞组与气缸之间正常润滑的滑油一般通过飞溅(有的通过压力供给)方法来供给。飞溅到气缸壁表面的滑油数量相当多,而且分布不均匀。气环在完成密封作用的同时,还存在不断地把大量滑油送进燃烧室的"泵油"作用,这不仅会造成滑油的浪费,而且还会影响柴油机的正常工作,因此必须安装刮油环。

气环的"泵油"过程如图2-30所示。当活塞向下运动时,环在某段时间内,靠在环槽上端面处(图2-30(a)),缸壁上的滑油被挤进环槽下面和内侧的间隙中。当活塞向上运动时,在某段时间内,环靠在环槽下端面处(图2-30(b)),滑油从间隙挤进上方。这个过程的不断重复,滑油便不断地进入燃烧室。

刮油环的功用是:把气缸壁上多余的滑油刮回曲柄箱,以防止大量滑油进入燃烧室,同时让足够的滑油均匀分布在气缸壁上,保证活塞侧表面和气环的润滑需要。

为较好地完成刮油作用,要求刮油环具有较高的径向压力、良好的弹性、合理的截面形状及畅通的回油通道。刮油环的环背几乎没有什么气体压力,故应设法提高环的弹力。

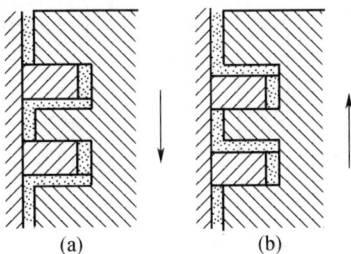

图2-30　活塞环的泵油过程

2)结构

刮油环与气环比较,结构上有以下特点:

(1)与气缸壁的接触面较小,以保证较大的单位面积压力。

(2)环与槽之间的端面间隙较小,以减小环的抽吸作用。

(3)具有收集滑油的空间,让滑油从这里经活塞上油孔流进曲柄箱。

图 2-31 所示为各种刮油环的断面形状,但是它们的工作过程不外乎以下两种方式。

(1)带锥面的刮油环的刮油过程(图 2-32)。当活塞上行时,滑油在锥面上形成油楔,迫使刮油环离开气缸壁而形成一道缝隙,让滑油留在气缸壁上,这样避免了滑油进入燃烧室;但当活塞下行时,由于没有油楔作用,因而刮油环紧紧贴在气缸壁上,将过多的滑油刮下,并从活塞上的回油孔中流进曲柄箱。在安装时,带锥面的边必须向着燃烧室,否则将产生相反的结果。

(2)不带锥面的刮油环的刮油过程(图 2-33)。当活塞下行时,被刮油环下边缘刮下的滑油,通过油孔 3 流进曲柄箱;从下边缘和气缸壁之间穿过的滑油,通过小孔 2(或切槽),流到环的背面也最后流进曲柄箱。当活塞向上运动时,刮油环的上边缘刮下的滑油,也能从孔 3 流进曲柄箱。

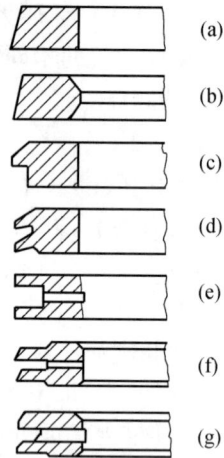

图 2-31 刮油环的形状

刮油环的数目一般为 2~3 个,一般布置在箱部的上下端,但在二冲程柴油机中刮油环一般全装在活塞裙部的下端,当活塞位于上死点位置时,刮油环仍能位于气孔的下边缘以下,这样可以减小滑油经气孔的漏泄量。但在某些四冲程高速强载的柴油机中,刮油环全装在裙部的上端,这样有利于裙部的润滑。

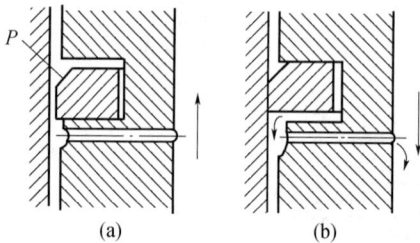

图 2-32 锥面刮油环的工作过程

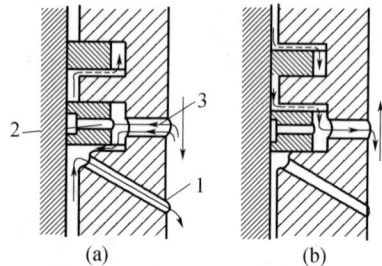

图 2-33 无锥面刮油环的工作过程

2.4.3 活塞销

活塞销的功用是连接活塞和连杆,并把活塞上的作用力传给连杆。活塞销连接活塞和连杆小端并传递周期变化的气体力和惯性力,还受到连杆小端和销座的摩擦和磨损。活塞销受活塞限制,本身尺寸小,脉动冲击性机械应力很大。活塞销作为连杆小端的摆动轴,工作时相对滑动速度不大,但由于活塞传递热量,工作温度较高,同时承压面比压较大以及销座和活塞销工作时变形,都对润滑油膜起破坏作用,润滑条件较差。

活塞销工作条件恶劣,因此要求活塞销有足够的刚度和耐疲劳强度、抗冲击韧性,耐磨损和重量小。此外,还应具有较高的形状和尺寸精度,较高的表面光洁度。

为了适应这种工作条件,要求活塞销具有高的强度、韧性、耐磨性,一般采用优质碳钢或合金钢锻造,外表面通过渗碳、淬火、氮化等措施使表面硬度高而内部韧性好,以提高耐磨性。为减轻重量,活塞销都做成中空结构,或把内孔加工成一定的锥度,常见结构如图2-34所示。

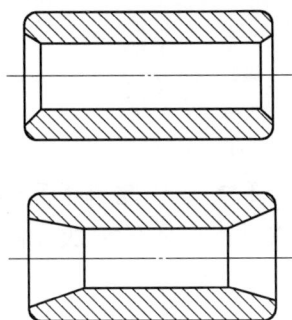

图2-34 活塞销

根据活塞销与活塞和连杆连接方式的不同,活塞销的安装方式分为固定式和浮动式两种。

在固定式安装中,活塞销和活塞之间或者和连杆上头部之间没有相对运动。但在浮动式安装中,活塞销与活塞以及连杆上头部之间都能产生相对运动。当前船用柴油机中,广泛采用浮动式。这是因为该方式结构简单,由于摩擦表面相对滑动速度小,因此磨损较小,而且也比较均匀。

为了防止浮动式活塞销工作时产生轴向移动而损伤气缸套表面,通常用图2-35所示的挡圈或铝合金制的挡盖作轴向定位。其中图2-35(a)中挡圈卡入活塞销座的环形槽中,用于限制活塞销左右窜动,图2-35(b)中的挡盖采用软金属制成,卡紧在活塞销两端,防止活塞销轴向窜动划伤气缸套。

在浮动式中,活塞销与销座孔之间的配合精度要求很高。因为间隙过大,会引起额外的冲击载荷,间隙过小,又不能保证润滑,甚至引起销与销座孔咬死。在铝制活塞中,由于铝合金的热膨胀系数比钢大,因而,工作时,活塞销与销座孔之间的配合间隙变大。为保证工作时两者之间仍保持较小的配合间隙,在冷状态下装配时两者的配合比较紧,有时出现过盈配合。因此,装配时必须将活塞加热,使销孔尺寸胀大后,再将活塞销装入。严禁采用冷敲方法强硬压入,以免拉

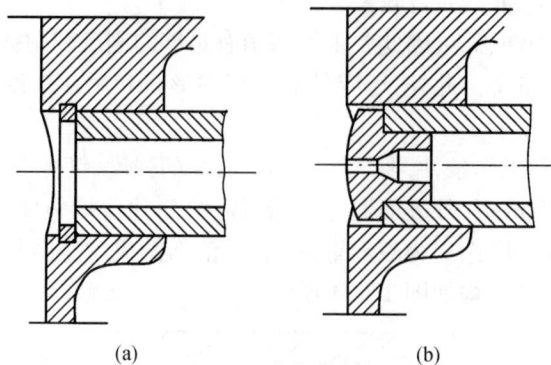

图 2 - 35　活塞销的轴向定位

伤销孔表面,破坏配合精度。

　　活塞销的损坏可能引起严重事故,因此制成后要经过严格检验,带有润滑油孔的活塞销更要注意。常用磁性探伤和 X 射线来检查金属中是否有隐蔽的缺陷,如表面裂痕、内部裂缝和含有杂质等。

　　活塞销依靠连杆小头上的孔或活塞销座上小孔中流下来的润滑油进行润滑。有的柴油机连杆上有油道,滑油由连杆大头输送到小头,润滑活塞销。

第3章 动力传递组件

动力传递组件包括活塞组、连杆和曲轴。它们的共同任务如下：

（1）把燃气的作用力传递出去，带动推进器、发电机或其他装置运转。

（2）把活塞的直线往复运动转变成曲轴的旋转运动。

工作时，它们都处于高速运动条件下，而且运动比较复杂，同时承受着气体压力和惯性力的共同作用，在相对运动的接触面之间（连杆小端和活塞销之间、大端与曲柄销之间、主轴颈与主轴承之间）摩擦非常剧烈。

为保证动力传递组件的正常工作，必须解决好以下几个主要问题：

（1）各部分的连接安装必须正确可靠，否则，会降低柴油机的使用寿命，甚至带来严重的事故。

（2）具有足够的强度和刚度，以便能承受负荷的作用。

（3）采用有效的减磨措施，以保证柴油机的可靠运转和性能的充分发挥，并延长使用寿命。

3.1 连 杆

连杆是活塞或十字头与曲轴之间的连接件。通过连杆将活塞的往复运动转变为曲轴的回转运动，并将作用在活塞上的气体力和惯性力传给曲轴，使曲轴对外输出功。

连杆由小端、大端和杆身三部分组成，用碳钢或合金钢锻制。小端和大端的结构形式取决于柴油机的类型（箱式或十字头式）和气缸排列（单列或多列）。

连杆的工作状态如下：

（1）连杆承受由活塞传来的周期性气体压力和活塞连杆组的往复惯性力的作用。在四冲程柴油机中连杆大部分时间受压、小部分时间受拉，二冲程增压柴油机连杆始终受压。在四冲程机中，在排气行程末期和进气行程初期的一段曲轴转角内，由于向上的惯性力大于气体力，使连杆受拉，而在其余时刻均受压，所以在四冲程柴油机中，连杆有时受拉、有时受压。

（2）在连杆摆动平面内，受到连杆本身运动惯性力引起的附加弯矩的作用，连杆大/小端轴承与曲柄销、十字头销(或活塞销)存在摩擦与磨损。

(3)连杆的小端随活塞作往复运动,大端随曲柄销作回转运动。杆身在小端和大端运动的合成下,绕着往复运动的活塞销或十字头销摆动,杆身上任意一点的运动轨迹近似呈椭圆。

根据连杆的工作状态,要求如下:

(1)连杆必须耐疲劳、抗冲击,具有足够的强度和刚度(尤其是抗弯强度)。

(2)连杆轴承工作可靠、寿命长。

(3)连杆长度尽量短,以降低发动机的高度和总重量。

(4)连杆要重量小(特别是中高速机)、加工容易、拆装修理方便。

根据柴油机结构形式的不同,柴油机连杆可分为单列式连杆、V形连杆和十字头式连杆。

3.1.1　单列式柴油机连杆

图3-1是单列式连杆的典型结构。

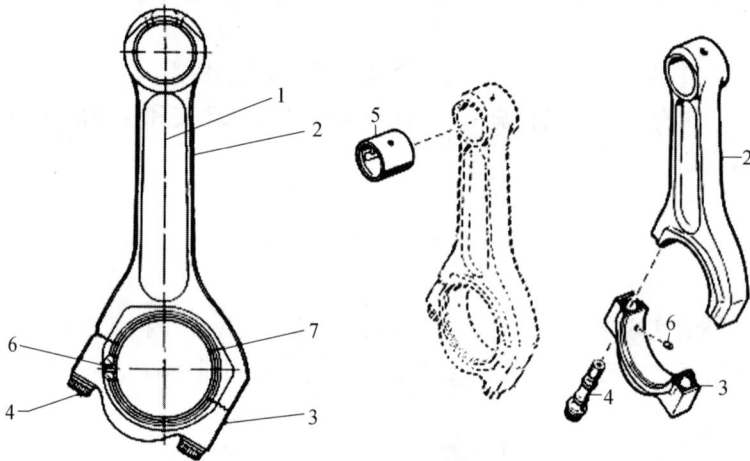

图3-1　典型单列式柴油机连杆

1—连杆总成;2—连杆杆身;3—大端轴承盖;4—连杆螺钉;
5—活塞销衬套;6—轴瓦定位销;7—大端轴瓦。

1. 小端

连杆小端是活塞销的轴承,通过活塞销与活塞连接,一般与杆身制成一体,小端孔内压入锡青铜衬套或浇有轴承合金的衬套。

连杆小端主要结构如图3-2所示。圆柱形连杆小端用于工字形杆身,由模锻而成,如图3-2(a)所示;球形连杆小端用于圆形杆身,由自由锻造毛坯车削加工成形,如图3-2(b)所示。

由于四冲程柴油机的连杆小端上部要承受往复惯性力的拉伸作用,因此,有用偏心圆弧来增加顶部中央截面抗弯能力的结构,如图3-2(c)所示。图3-2(d)和图3-2(e)是采用锥形或阶梯型活塞销座时相适应的连杆小端结构形式,其连杆小端下部主要承压面被增大。

二冲程柴油机的活塞销总是压在小头下半轴承上,因此其连杆小端衬套内表面制有许多油槽,以保证轴承内有充裕的润滑油,如图3-2(f)所示。

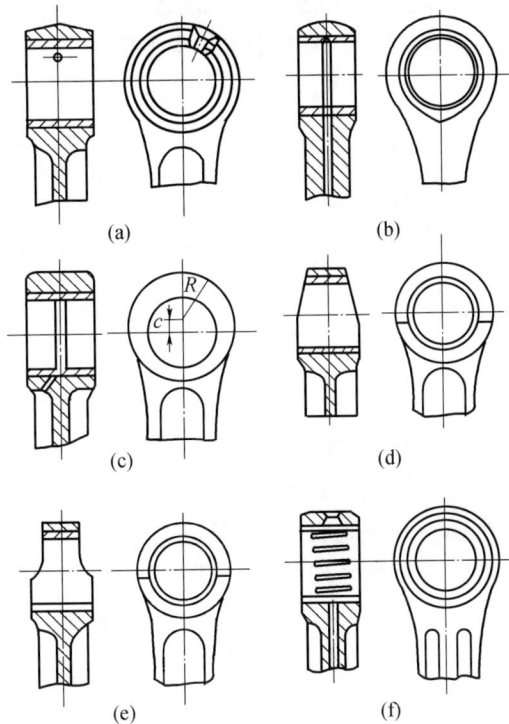

图3-2 连杆小端的主要结构形式

向衬套供给滑油的方式有以下两种:

(1)飞溅润滑。在小端的上方或侧方钻有油孔,曲轴箱内飞溅起来的滑油通过该孔进入衬套工作面。高速四冲程柴油机多采用这种方式。

(2)压力润滑。在连杆杆身内钻有油道,将连杆大端与小端连通,滑油通过该油道从大端进入衬套内。中、低速四冲程柴油机和二冲程柴油机多采用这种方式。

为保证从启动到正常运转的各种情况下都能获得良好的润滑,避免严重磨损,衬套表面通常开有纵向油槽,以帮助滑油的分布。有的衬套只在下半部开有油槽,有的则整个表面开有油槽。油槽形状分直线和螺旋线形两种。

2. 杆身

杆身是连接小端和大端的部分。它的截面形状主要有圆形、工字形两种基本结构,杆身形状如图 3 - 3 所示。轻型高速柴油机的连杆杆身通常采用工字形截面。工字形截面在一定截面面积条件下,与圆形比较,其抗弯性能好,具有小的重量和大的刚度。圆形截面多用于低速机的连杆,杆身虽然它在材料分布上不大合理,但在制造加工方面则比较简便,有些中速机的连杆杆身也采用这种截面。

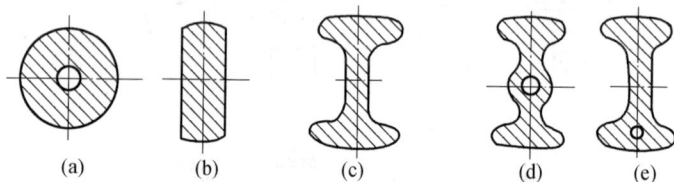

图 3 - 3　连杆杆身截面形状

3. 大端

大端是连杆与曲柄销的连接部分,通过轴承中心剖分成上下两部分,一般采用螺栓(或螺钉)连接成一体。检修装配柴油机时,为便于活塞—连杆组从气缸中向上抽出,一般上半部与杆身制成一体,但在中速和低速机中,有的上半部与杆身分制,其优点是便于制造和修理,利用分界面的垫片可调整燃烧室高度,从而调整压缩比,但主要缺点是下头部重量增加。为保证连杆中心线通过下头部中心,在杆身与下头部结合面上有定位凸台。

大端剖分的方式有以下两种:

(1)平切口剖分。剖分面与连杆中心线垂直。

(2)斜切口剖分。剖分面与连杆中心线成 30° ~60°夹角。

斜切口剖分这种方式的主要优点是使连杆的下部横向(与连杆中心线垂直方向)尺寸缩小,从而保证了在曲柄销直径较大情况下,连杆仍能通过气缸套进行拆装。

连杆大端应具有足够的刚度,以保证轴承内表面具有准确的圆筒形。这是保证大端获得有效润滑的重要条件。为保证两部分的装配精度,工作时不产生位置的错动,在连接时除要求螺栓具有一定的预紧力外,还要求它们之间具有可靠的定位。定位方法通常采用图 3 -4 所示的以下几种:

（1）利用连杆螺栓上的柱面定位(图3-4(a))。

（2）利用销钉定位(图3-4(b))。

（3）利用套筒定位(图3-4(c))。

（4）利用凸肩定位(图3-4(d))。

（5）利用锯齿面定位(图3-4(e))。

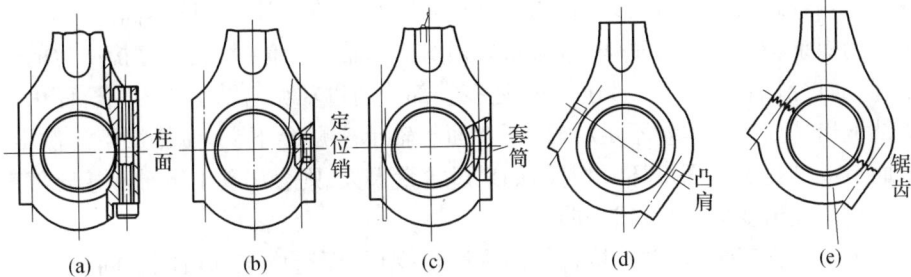

图3-4　连杆大端定位方式

在斜切口结构中,以锯齿定位的方法应用最多,因为它具有较高的抗剪切能力。

大端轴承一般为滑动式轴承,轴瓦由两半组成。它的背垫材料主要是低碳钢,有的采用青铜或铸铁。轴瓦正面浇铸一层减磨合金层,它是保证轴承正常工作的关键组成部分。为了改善合金层表面性能与疲劳强度,在其表面再覆盖一层极薄的软金属合金。在低速柴油机的连杆大端中,有的将合金层直接浇铸在轴承孔的表面。轴瓦的表面可以是平整的,也可以在其上面开布油槽。柴油机使用的轴瓦合金有巴氏合金、铜基合金和铝基合金三大类。大型低速船用柴油机以往常使用巴氏合金作为轴承合金材料,但现在已很少采用,主要采用高锡铝合金。高锡铝合金具有良好的机械性能和耐腐蚀性能,承载能力强。在高速大功率柴油机和中速柴油机的轴承中,铜铅合金得到了广泛的应用。其优点是承载能力大,耐疲劳性能好,而且其机械性能受温度变化的影响不明显;缺点是其表面性能(如抗咬合性、嵌藏性等)差。铜铅合金中的铅易受酸腐蚀。

根据轴瓦壁厚的不同,轴瓦可分为厚壁和薄壁两种。区分厚薄的标准目前尚无统一规定。有的资料提出,厚壁轴瓦的壁厚 $t \geq 0.095$ 轴承内径 D,薄壁轴瓦的壁厚 $t = 0.02 \sim 0.065$ 轴承内径 D。

厚壁轴瓦背垫刚度大,本身能保证轴承孔具有一定的形状和尺寸,但互换性差。这种结构仅用于大型低速船用柴油机中。薄壁轴瓦的背垫薄而且富于弹性,装配时依靠较大的过盈量紧贴在轴承座孔内。轴承的尺寸和精度完全由轴承座孔和背垫的精度来保证,结构十分紧凑、重量小、互换性好、成本低,合金层较薄,能提高它的疲劳强度和承载能力。它是目前中、高速柴油机轴瓦的主要结构形式。

上下轴瓦安装在轴承座和轴承盖之间,当通过螺栓以一定的预紧力把轴承盖扣紧在轴承座上时,轴瓦的外圆柱面与轴承座和轴承盖所构成的内孔紧密配合,并产生一定过盈量,牢固地连接成一体,轴瓦内孔形成一个具有一定精度的轴孔。当轴颈安装在轴孔以后,构成具有一定间隙的相对运动摩擦面。

为保证轴承的正常工作,过盈量必须适当。轴瓦工作时,由于摩擦产生的热量,除通过滑油带走的一部分以外,还有一部分通过轴瓦与轴承座的贴合面由下头部散出。如果过盈量不足,则轴瓦背面与轴承座贴合不良,使热量不易散走,因而造成轴瓦工作面烧坏。相反,如果过盈量太大,则会出现上下轴瓦接合部产生严重的突出变形,以致损伤曲柄销。

为了防止安装时,轴瓦接合部出现突出变形,而造成该部位配合间隙过小,通常采用如下措施:

(1)将轴瓦靠近接合部附近的厚度减薄。

(2)将接合部附近削成一条斜槽。该槽的宽度约为轴瓦宽度的2/3,两端留有一定边缘,以免滑油流失。此外,该槽还有以下作用:储存一部分滑油,以便更好地分布到整个轴承的宽度范围,同时把滑油中的杂质储存在这里。

为了保证轴瓦相对于轴承座不产生轴向移动和转动,常采用如图3-5所示的措施来定位:

(1)将轴瓦的分界面处冲压出一个小唇部,它高出于瓦背,利用它卡在轴承座或轴承盖的凹盖内,如图3-5(a)所示。

(2)靠装在轴承座和轴承盖上的销钉定位,如图3-5(b)所示。

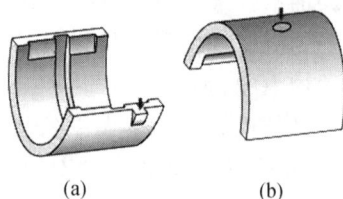

(a)   (b)

图3-5 轴瓦的定位

4. 连杆螺栓

连杆螺栓工作时承受着交变负荷的作用,是保证大端可靠连接的重要零件。连杆螺栓的脱落、松弛和折断,将会带来极其严重的后果,它不仅会使连杆本身遭到破坏,而且还可能导致整个柴油机的报废,甚至危及人身安全。因此,对连杆螺栓的设计、安装和维护,都应引起充分注意。

连杆螺栓主要有螺钉型和螺栓型两大类。螺钉型的特点是:螺钉穿过连杆大端盖上的孔,直接旋入连杆大端上的螺纹孔中,斜切口的大端,常采用这种形式。螺栓型的特点是:螺栓穿过连杆大端和连杆大端盖上的螺栓孔,然后用螺母固紧。图 3 - 6 为几种典型连杆螺栓结构。

连杆螺栓一般采用优质合金钢锻制,其数量为 2 ~ 6 个。

为保证大端的可靠连接,安装连杆螺栓时采取如下措施:

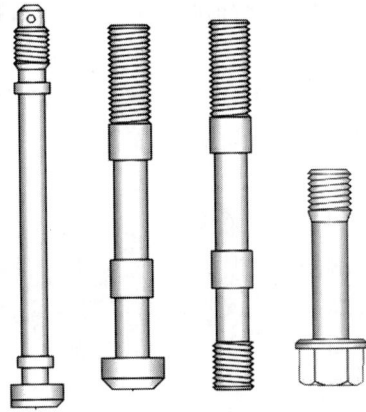

图 3 - 6　典型连杆螺栓

(1) 保证各螺栓有一定的预紧力,而且各螺栓受力均匀。

(2) 保证连杆螺栓的止松装置处于良好状态。

连杆螺栓预紧后,由于载荷的冲击和柴油机的振动,螺栓会逐渐松开,致使预紧力减小甚至消失,因此必须设置止松装置,常见的止松方法如下:

① 用开口销锁紧,开口销的尺寸必须合乎标准,否则容易脱落,每次拆装时要求换新。

② 螺母用锁紧挡圈锁紧,防止转动。

③ 螺纹镀铜,镀铜层的厚度一般为 0.008 ~ 0.012mm。由于铜的质地较软,螺栓旋紧后会产生塑性变形,从而保证了结合面更好地结合在一起。增强了自锁能力。

④ 用防松剂,拧螺母时,先涂上防松剂,然后拧紧。

(3) 避免螺栓承受附加作用力。这就要求螺栓中心线与支承面必须保持垂直,两侧受力必须均匀,以免安装时产生弯曲。

3.1.2　V 形柴油机连杆

在 V 形柴油机中,两排对应气缸的连杆安装在曲轴的同一曲柄销上。与单列式柴油机连杆相比,其结构方面的特点主要反映在连杆大端上。按连接方式的不同,其连杆主要有如图 3 - 7 所示的三种基本结构形式。

1. 主副式连杆(又称关节式连杆)

图 3 - 7(a) 为主副式连杆。其特点是:一排气缸的连杆大端直接安装在曲柄销上,该连杆称为主连杆,另一排对应的连杆称为副连杆,它的下端通过圆柱

销(副连杆销)连接在主连杆的大端。

这种形式的优点是:大端刚度较好,两排对应气缸的中心线处于同一平面上,气缸中心距短,曲柄销的轴承负荷较小。其缺点是:两排气缸的活塞连杆组的运动规律不相同,主、副连杆所在气缸的活塞行程不一样,主连杆的杆身以及主连杆所在气缸承受着副连杆传来的附加载荷,而且结构复杂,造价较高。

2. 叉片式连杆

图3-7(b)为叉片式连杆,两个连杆都安装在同一曲柄销上,其中一个连杆的大端作成叉状,称为叉式连杆,另一个连杆的结构与单列式柴油机连杆相同,在大端插装在叉形部的空挡内,称为片式连杆。虽然叉片式连杆的两个连杆结构不同,但两个连杆的运动规律完全一样,而且两排对应气缸的中心线位于同一平面上。它的缺点是:主连杆大端的刚性较差,而且结构也较复杂,因而应用甚少。

3. 并列式连杆

图3-7(c)为并列式连杆,两排对应气缸的两个连杆大端并排地装在同一曲柄销上。其主要特点是:左右两排气缸所采用的连杆结构完全相同,这给制造和维修带来极大方便,而且两排缸的活塞连杆组的运动规律完全相同。该类型存在的问题是:两排对应气缸的中心线不在同一平面上,而是沿曲轴方向错开一段距离,因此曲轴和机体的纵向尺寸加长,造成曲轴的刚度降低,机体结构变得复杂。但由于它的结构简单,便于生产和维修,因而,在现代柴油机中应用相当普遍。

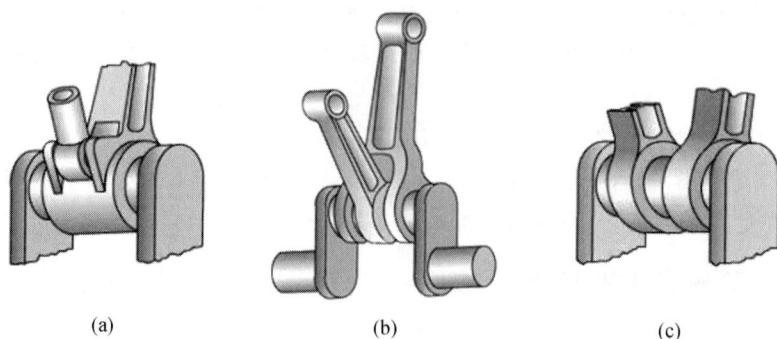

(a)　　　　　　　　　　　(b)　　　　　　　　　　　(c)

图3-7　V形连杆大端的连接方式

4. V形连杆实例

1)MTU956柴油机连杆

MTU956柴油机采用并列式连杆,即左右两侧的连杆完全相同,经模锻、全表面机加工并水平剖分而成。相对两缸的连杆并排布置在曲轴的同一曲柄销上。图3-8为MTU956柴油机的连杆结构。

可更换的大端轴瓦是两半的且无凸肩，靠压力油润滑。压力油经过曲轴内的的油道供给轴瓦。青铜衬套作为活塞销轴承压入连杆小端。大端端盖用连杆螺栓和螺母固定在连杆杆身上。

MTU956柴油机的连杆小端衬套供给润滑油的方式采用压力油润滑。在机体上有一供应润滑油的喷嘴，该喷嘴提供活塞以及连杆小端衬套的润滑。

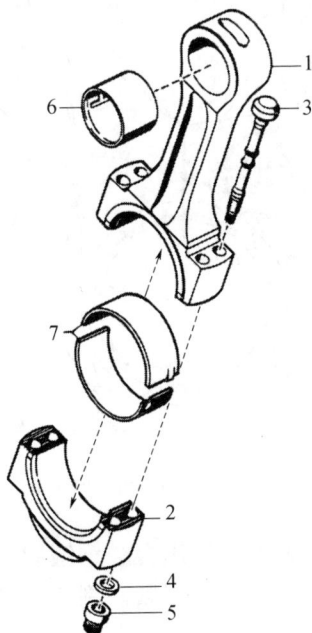

图3-8　MTU956柴油机的连杆

1—连杆;2—大端轴承盖;3—连杆螺栓;4—垫圈;5—连杆螺母;6—小端衬套;7—大端轴瓦。

2）12VE390ZC柴油机连杆

图3-9为12VE390ZC柴油机连杆结构,该连杆属于主副式连杆。副连杆活塞的冲程比主连杆活塞的冲程长7.7mm。下头部结构的主要特点是副连杆的下头部安装在轴承盖的凸耳上。主连杆下头部的分界面与主连杆中心线的夹角为200°,结合面用锯齿定位。副连杆销中心与曲柄销中心之间的连线和主连杆中心线之间的夹角为530°。轴承盖用2个螺栓和4个螺钉固紧。为保证一定的预紧力,规定拧紧螺栓时的力矩值为螺栓190kg/m、螺钉120kg/m。为防止松动,螺钉用铁丝缠紧,而螺栓则用齿形止动帽和两个小螺钉止动。小螺钉拧在螺栓端部,把止动帽压紧,并用铁丝把小螺钉缠紧。主副连杆用合金钢锻制,杆身

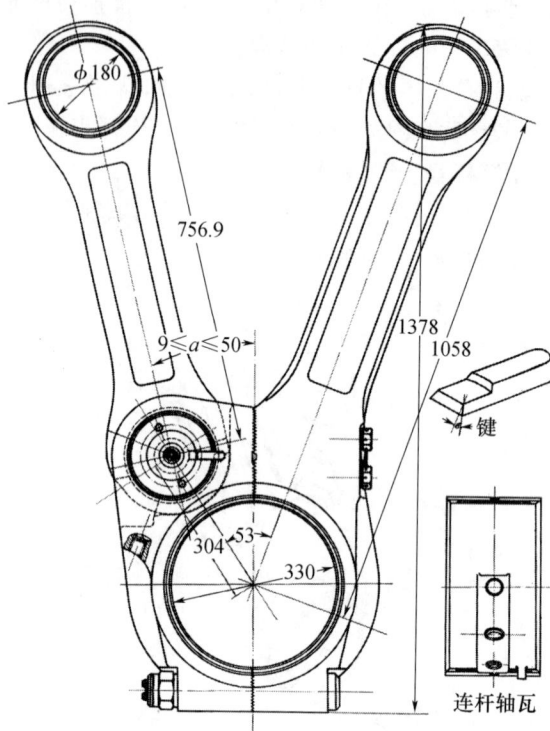

图 3 - 9   12V - 390ZC 柴油机连杆

为工字形,内部钻有油道。副连杆销用合金钢锻制,表面氮化,内部空心,两端用挡盖封住形成油腔,挡盖通过螺栓固紧。副连杆销除由两端凸耳支承外,中间还设有支承座,以保证足够的刚度。销上有 3 个油孔,两端的油孔分别与轴承盖上凸耳的油孔连通,下头部轴承的滑油经过这些油孔流进销子内部的油腔,中间的油孔与副连杆上的油道相通,油腔内的滑油从该油孔流向副连杆的上头部。

为了防止副连杆销产生轴向移动和转动,在销子的一端装有锥面键(锥度为 8°),在销子的端面上以及轴承盖的侧面上开有和锥面键相适应的键槽。安装时,把锥面键卡在这两部分键槽内,从而消除了副连杆销与轴承盖产生任何相对运动的可能性。锥面键装好以后,借助挡盖的阻挡,可防其自动滑脱。

上头部压入衬套,表面开有纵向油槽。衬套为钢背垫,涂高锡铝合金,合金厚度为 0.7mm ± 0.2mm,加工后高锡铝合金表面还镀一层铅锡合金,以改善磨合性能,其厚度为 0.015 ~ 0.02mm。

主连杆大端轴瓦背垫采用工业纯铁,表面涂高锡铝合金,厚度为 0.5mm ±

78

0.2mm，最后镀锡。轴瓦背面镀铜，厚度为 0.005～0.01mm，以保证轴瓦和轴承窝之间有足够的贴合面，从而提高散热效果。轴瓦的左下半部和右下半部均有油槽，而且各有 3 个油孔，并与轴瓦背部位置的油道相连通（油道开在连杆体和轴承盖上）。来自曲柄销的滑油通过上述油槽和油孔分别经过杆身流向连杆上头部，以保证连杆上头部的润滑和活塞的冷却。为防止轴瓦的轴向移动和转动，除在轴瓦背面冲有凸出部，让它卡在连杆本体上的槽中以外，还在两轴瓦的结合面上设置挡片，挡片的一部分用小螺钉固定在连杆本体上，另一部分伸向轴瓦结合面上的缺口之中。

3）GM12 - 567 柴油机连杆

图 3 - 10 为 GM12 - 567 柴油机连杆结构，连杆为叉片式。由叉形连杆（主连杆）和片状连杆（副连杆）组成。该连杆的主要结构特点是：两个连杆的下头部都没有轴承盖，而上下轴瓦是用折叠式轴瓦盖通过螺栓固定在主连杆的上面，

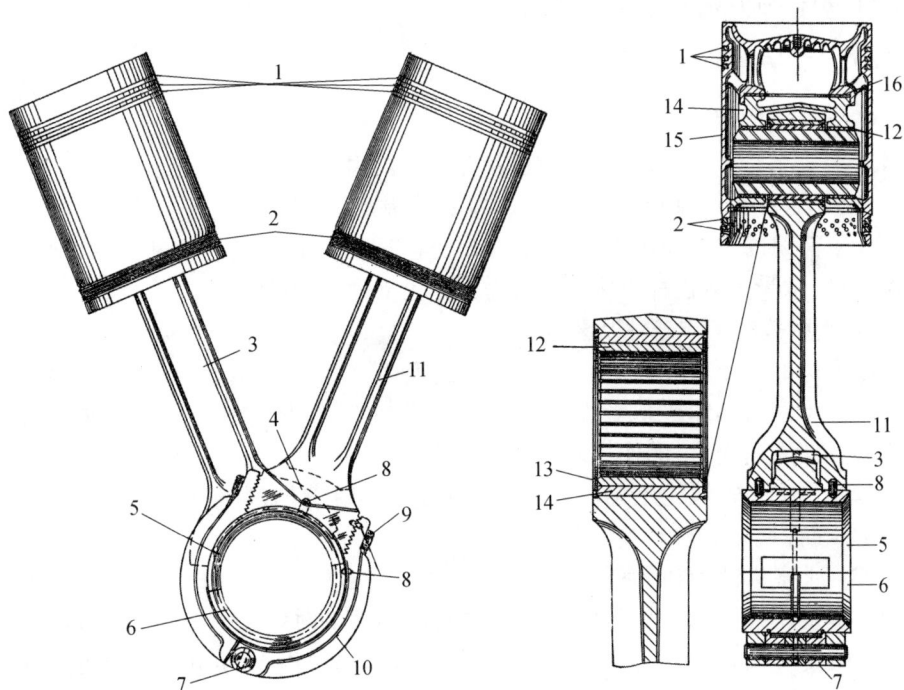

图 3 - 10　GM12 - 567 柴油机连杆

1—气环；2—刮油环；3—副连杆；4—长趾；5—上轴瓦；6—下轴瓦；7—固定销；
8—定位销；9—连杆螺栓；10—轴瓦盖；11—主连杆；12—浮动衬套；
13—卡环；14—托架；15—活塞；16—推力垫圈。

轴瓦盖可绕固定销分开和合拢。副连杆则利用下端的长趾,穿过主连杆下端的空挡,支承在上轴瓦的背部,并卡在主连杆下端的滑槽中,从而保证两个连杆可靠连接。轴瓦盖与主连杆的结合面为锯齿形,这样既可保证它们的紧配合,同时也可避免螺栓在工作时承受剪力。螺栓上好后,用铁丝止松。由于 GM12 – 567 是二冲程柴油机,连杆下头部轴承主要是上半部承受负荷,因而采用轴瓦盖这种方式,仍能保证足够的刚度和强度。上轴瓦采用钢制背垫,内外摩擦面上都涂铜铅合金,而下轴瓦用铜铅合金制成,轴瓦用定位销定位。工作时,轴瓦的内表面与曲轴销之间产生相对滑动,而副连杆下端的长趾则在上轴瓦的外表面相对滑动。为保证连杆轴承和上轴瓦背部的润滑,在下轴瓦的内表面和上轴瓦的外表面都铣有油槽。从曲轴油孔流来的滑油,一部分润滑内表面,另一部分进入上轴瓦的外表面。

连杆上头部采用浮动衬套,安装在套管内,两侧用卡环挡住。衬套内表面开有多个纵向油槽,以保证滑油的分布。

3.1.3 十字头式柴油机连杆

1. 十字头作用

十字头组是十字头低速柴油机特有的部件,由十字头销、十字头滑块和十字头轴承(即连杆小端轴承)等组成。十字头导板则固定在机架上。

十字头组的主要作用是连接活塞杆与连杆组件,将燃气压力和活塞惯性力传给连杆,承受曲柄连杆机构的侧推力并作为活塞运动的导向。

2. 十字头的工作条件及要求

十字头的工作条件主要包括以下几方面:

(1)十字头本体要承受强大的冲击负荷,十字头滑块则需承受侧推力(其大小和方向周期变化)的作用。

(2)十字头轴承比压大。十字头销的直径、长度受限制,尺寸较小,其负荷大而承压面积小。

(3)十字头销和轴承座在工作时的变形会导致轴承负荷分布不均匀。十字头销在爆发压力作用下产生弯曲变形,连杆的小端也向外张开,使十字头轴承下瓦的内侧受力较大,即在连杆小端轴承内侧形成应力集中,并破坏油膜的正常建立。

(4)轴承润滑条件差且单向受力。十字头销在轴承内作摆动运动,相对速度小,活塞在上下止点位置时,摆动角速度最大,而曲柄销在左右水平位置时,摆动角速度为零,且单向受力,使销始终压在轴承下瓦上,不利于滑油的供给和油膜的形成,十字头轴承常处于边界润滑状态。

（5）十字头销与轴承及滑块与导板间均存在着摩擦和磨损。根据十字头的工作条件，要求十字头具有足够的强度、刚度、耐冲击性，以及很低的表面粗糙度和耐磨性，滑块和导板要求有足够的强度、刚度和耐磨性。十字头销一般用优质碳钢（40 号、45 号钢）锻造，有时也用合金钢。滑块用铸钢制造，导板则常由铸铁制成。

3. 十字头的结构特点

图 3-11 为十字头式柴油机的结构示意图。十字头销 3 与曲轴平行布置，它将活塞杆 2 和连杆 7 连接在一起，连杆小端可绕十字头销摆动，在十字头两端配置有滑块 4，每个滑块沿设在机架上的导板 5、6 表面上滑动。导板 5 承受正车膨胀行程（以及倒车压缩行程）的侧推力，称正车导板。导板 6 承受倒车膨胀行程（以及正车压缩行程）的侧推力，称倒车导板。正、倒车导板分设在十字头左右两侧的结构形式称双导板式。

正、倒车导板处在十字头同一侧的形式，称为单导板式，如图 3-12 所示。单导板式结构简单、制造安装方便，布置较紧凑，受力较合理。但由于导板、滑块位于连杆摆动平面上，使检修困难，且倒车导板承压面积小，工作可靠性下降，现已很少采用。

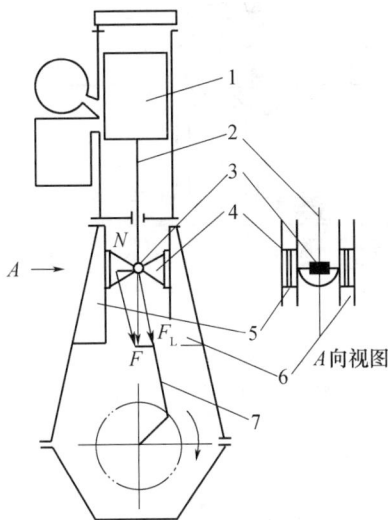

图 3-11　十字头式柴油机示意图
1—活塞；2—活塞杆；3—十字头销；4—滑块；
5—正车导板；6—倒车导板；7—连杆。

双导板式正、倒车承压面相同，工作平衡可靠性好，导板设在机架的横向隔板上，连杆摆动平面宽敞，由机器的两侧进行检修较为方便，应用广泛。

图 3-13 为 RTA 型柴油机十字头和导板，为双导板式结构。十字头由十字头销 2（十字头本体）和滑块 7 组成。十字头销由锻钢制造，做成中空结构以减小重量。活塞杆下端插入孔 12，并由螺母固连。十字头销粗大的圆柱部分，由连杆小端轴承支承。两端较细的圆柱部分插入滑块的孔中。滑块在正平导板5、倒平导板 10 中滑动，导板由螺栓紧固在机架横隔板 8 上。

滑块与导板的接触平面，和十字头销滑动配合的内孔表面，以及与小导板相接触的工作表面上都浇铸有白合金。滑块在十字头销上的位置由止动盖板 6 限定，在导板上的位置由小导板 3 限定。改变导板背面的垫片可以调整十字头

（或活塞）的横向间隙与位置,改变小导板 3 的垫片,可以调整十字头（或活塞）的纵向间隙与位置。

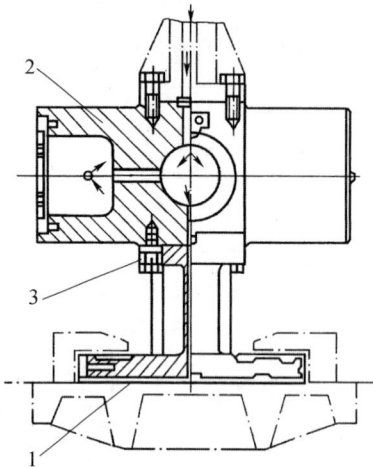

图 3 - 12   单滑块式十字头导板
1—滑块；2—十字头销；3—螺栓。

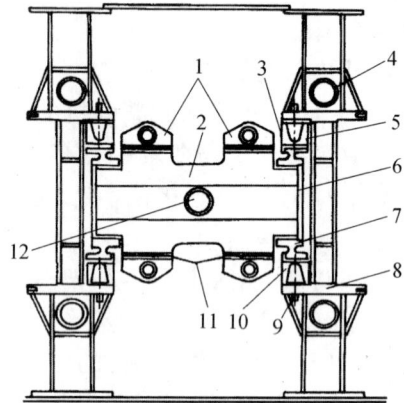

图 3 - 13   RTA 双滑块式十字头导板
1—连杆小端轴承座；2—十字头销；3—小导板；
4—贯穿螺栓；5—正车导板；6—止动盖板；7—滑块；
8—机架横隔板；9—导板固定螺栓；10—倒车导板；
11—连杆小端轴承薄壁轴瓦；12—活塞杆插入孔。

　　另外还有一种为圆导板式（圆筒形滑块式）,它易于保证工作气缸与筒形导板的对中,但筒形导板在连杆摆动平面上,而且前后都有,维修拆装不便,故只用于特殊情况。如有些柴油机在活塞杆下端连一扫气泵活塞,圆筒形滑块兼做扫气泵使用。扫气活塞直径大于动力活塞直径,这样柴油机不需任何辅助装置也能在低负荷下稳定运转。国产 ESDZ 30/55 型柴油机即用此种结构。

　　十字头的润滑油采用铰链机构或套管机构供给。滑油由铰链机构或套管机构进入十字头后分成三路：第一路去润滑导板与滑块；第二路沿活塞杆中油路上行冷却活塞顶后沿另一中心通道下行流出活塞杆；第三路滑油润滑连杆小端轴承后沿连杆杆身中油路下行以润滑曲柄销轴承。滑油最后均分别流入曲轴箱。

　　4. 提高十字头轴承可靠性的措施

　　十字头轴承在比压大、润滑条件差、单向受力且受力不均的情况下工作,是柴油机中工作条件最恶劣、故障最多的轴承。因此,该轴承允许有细小裂纹存在,而不必急于换新。许多大型主机工作一段时间后,在冲击性机械负荷和不良润滑条件下,十字头轴承逐渐损坏,白合金由细小的裂纹发展成"龟裂",最后不得不换新轴承。为提高其可靠性,一般从结构、材料、工艺等方面考虑,采取以下的措施：

（1）减小轴承比压。

① 限制柴油机最高爆发压力，使其不过高。

② 加大十字头销直径，以增大承压面积并提高刚度；加大轴颈与轴瓦的接触包角。

③ 采用全支承式轴承，如图 3 – 14 所示，在轴颈的全长上都设轴承承压面，以增大承压面积。

（2）使轴承负荷分布均匀。

① 采用弹性结构。通常情况下，由于活塞传递气体压力的作用，十字头销与轴承座的变形使其接触面变形不均匀，导致轴承负荷分布不均匀，如图 3 – 15（a）所示。图 3 – 15（b）所

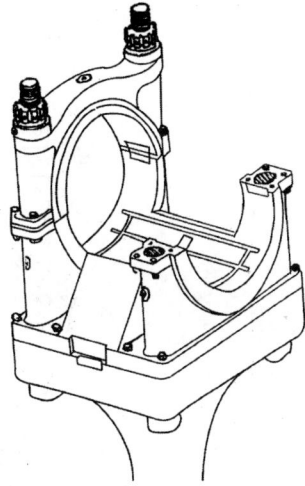

图 3 – 14　全支承式十字头轴承

示为一种使负荷分布均匀的自整位式轴承，这种轴承座的支承壁呈向外侧偏置的工字形，因而使轴承座的变形和十字头销的变形相协调，从而保证它们之间的良好接触，使轴承负荷沿轴线均匀分布。有些结构十字头销的两端开有一定深度的减轻孔，可改善工作时的适应性。

② 采用刚性结构。提高十字头销与轴承座的刚度，减少其变形。如采用短而粗的十字头销，杆身的大端采用台式结构，将轴承的支承加强，以提高十字头部件的刚度。

③ 采用反变形法拂刮轴瓦。在拂刮十字头轴承时在轴承座与连杆杆身凸缘结合面内侧加一定厚度的垫片，刮好轴承后将所加垫片去掉，使轴承内侧降低，于是，当十字头销受力发生塌腰变形时，销与轴承内侧不会发生过大接触应力，从而使负荷均匀。

④ 增大承压面的贴合面积。通过拂刮或精密加工方法，使轴承与销间的贴合包角在 90°～120°，避免局部比压过高。

（3）良好的润滑和冷却。

① 保证油压。普遍采用铰链机构或套管机构，直接把滑油送至十字头销和轴承。有的柴油机设专用十字头滑油升压泵提高油压，滑油压力达 1.6～2.3MPa，实现液体静力润滑。

② 合理开设油槽。在轴承下瓦承压区内需合理地开设纵横布油槽和输油槽，轴向油槽不能开到边缘，以防止滑油流失，在油槽边缘应开有楔形斜面以免锐利的棱边刮去滑动表面上的滑油，为了获得最佳油膜厚度，楔形斜面必须具有

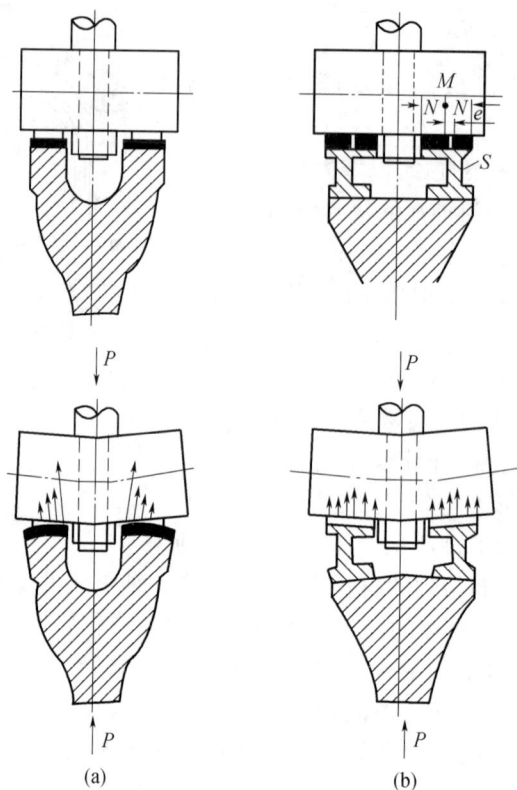

图 3 - 15　十字头轴承受力分析和改进

适当的角度和长度。

　　油槽数太多,将使承压面削弱太多,槽数太少,则布油不均匀,油槽尽量减至最低限度,以减小比压。现代超长行程柴油机的薄壁十字头轴瓦上,在其轴向油槽端部大多开有泄油槽以加强轴承的冷却。轴承油槽的布置和形状,对润滑油膜的形成和轴承承载能力有很大影响。

　　③ 合适的轴承间隙。轴承间隙过大,油压不易建立,油膜不易形成。间隙过小,轴颈不易浮起,热量不易带走,轴承容易抱轴。

　　④ 缩短连杆长度。以增加十字头轴承摆动角度和角速度,改善轴承的润滑条件。

　　(4) 采用薄壁轴瓦提高抗疲劳强度,采用抗疲劳强度高的轴承材料。新型柴油机十字头轴承大多采用锡基白合金薄壁轴瓦和高锡铝合金薄壁轴瓦。

　　(5) 降低十字头销表面粗糙度。表面粗糙度对油膜形成影响极大,并影响十字头销抗疲劳强度。更换轴承时,必须同时检查测量和抛光轴颈,并提高轴承内圆的加工精度。

3.2 曲 轴

曲轴的作用就是通过连杆将活塞的往复运动转变成回转运动,汇集各气缸所作的功并向外输出,带动柴油机的附属设备,如喷油泵、气阀、启动空气分配器、离心式调速器,在中、小型柴油机中,为了简化系统,曲轴还带动滑油泵、燃油泵、冷却水泵等,少数柴油机曲轴还带动空气压缩机。

曲轴是柴油机中最重要的机件之一,也是受力最复杂的机件。其工作条件主要有以下几个特点:

(1)受力复杂。曲轴受到各气缸交变的气体力、往复惯性力和离心力及其产生的弯矩和扭矩的作用,使曲轴产生很大交变的弯曲和扭转应力与变形。

(2)应力集中严重。曲轴形状弯曲复杂,截面变化急剧,使曲轴内部应力分布极不均匀,尤其在曲柄臂与轴颈的过渡圆角处及油孔周围产生严重的应力集中现象。曲柄臂与曲柄销的过渡圆角处应力集中最为严重。

(3)附加应力大。曲轴形状又细又长,刚性很差,是一个弹性体,在径向力、切向力和扭矩的作用下会产生扭转、横向和纵向振动。当曲轴的自振频率较低时,在发动机工作转速范围内可能出现共振,使振幅大大增加,产生很大的附加应力。扭振将引起传动齿轮的噪声和疲劳,使柴油机定时不准,导致工作过程恶化。横向振动会因曲轴弯曲过大使轴颈与轴承磨损加剧甚至不能正常工作。

(4)轴颈磨损。曲轴承受交变冲击性负荷的作用,以及经常启动、停车,使轴承不易保证良好的润滑状态,导致轴颈磨损,严重时引起轴承烧损。特别是在润滑不良、机座或船体变形、轴承间隙不合适、超负荷运转或频繁起停柴油机时,轴颈磨损将明显加剧。

因此,对曲轴要求如下:

(1)足够的强度和刚度,工作时变形小,使轴承负荷均匀。

(2)轴颈应具有足够的承压面积(轴承比压低)。

(3)轴颈应具有良好的耐磨性、加工精度和较低的粗糙度,并允许多次车削修复。

(4)具有合理的曲柄排列和发火顺序,以减小曲轴及主轴承的负荷,使柴油机运转平稳,平衡性好,扭转振动小,有利于增压系统的布置。

3.2.1 曲轴的组成及基本构型

1. 曲轴的基本组成

曲轴由若干个单元曲柄、自由端（前端）和功率输出端（后端）组成，图3-16(b)为典型曲轴组成结构图。

1）单元曲柄

曲柄是曲轴的基本单元,它由曲柄销、曲柄臂和主轴颈组成,如图3-16(a)所示。

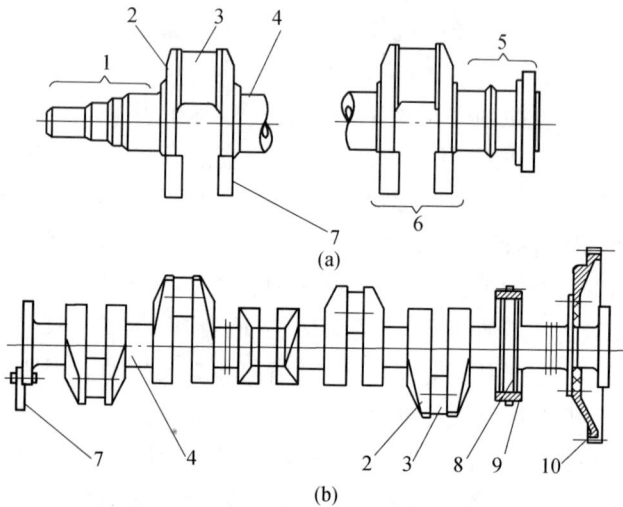

图 3-16　曲轴的基本组成

1—自由端；2—曲柄臂；3—曲柄销；4—主轴颈；5—功率输出端；6—单位曲柄；

7—平衡块；8—推力环；9—齿轮；10—飞轮。

曲柄销和主轴颈一般均制成空心可以减小重量,又能保证其有足够的扭转和弯曲刚度。钢制轴颈的外圆表面一般均硬化(淬火、喷丸)抛光以保证其疲劳强度和提高耐磨性。

润滑主轴颈和曲柄销的滑油,一般先由主油路分别送入主轴承,然后通过内部的油路进入曲柄销,润滑连杆大端轴承。图3-17为几种输油的方式。

当利用曲柄销内孔作为油道时,可利用离心力的作用使滑油进一步净化,其原理如图3-18所示。进入曲柄销内腔的滑油,随曲柄销一起高速旋转。在离心力的作用下,滑油中的固体杂质和胶质物,被甩向内孔外侧(距主轴颈中心较

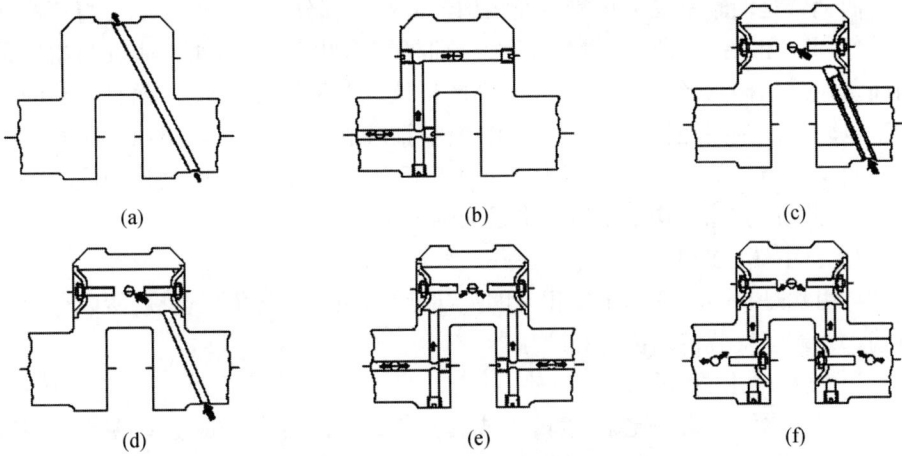

图 3 - 17 曲轴内部油路的各种形式

远的一侧），干净的滑油则通过短油管流向轴颈表面。附在内壁的杂质必须定时进行清除。

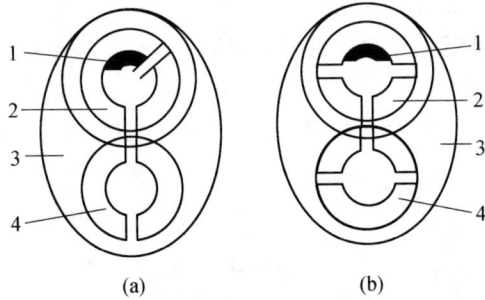

图 3 - 18 机油的净化

1—杂物；2—曲柄销；3—曲柄臂；4—主轴颈。

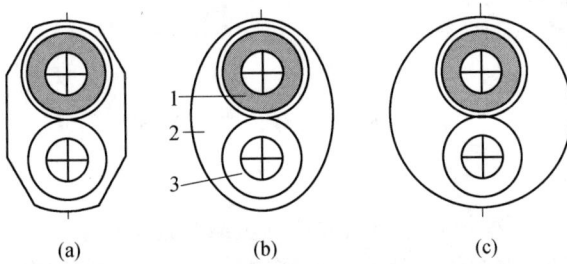

图 3 - 19 曲柄臂结构形状

曲柄臂是曲轴中受力最复杂而结构最薄弱的部分。工作时它承受着弯曲和扭转作用。图 3 – 19 所示是常见的几种曲柄臂形状。中、高速柴油机的曲柄臂断面普遍采用椭圆形,因为它具有较高的抵抗弯曲和扭转的能力,而且材料的利用率也较高。某些轻型高速柴油机的曲柄臂断面为便于加工制造而采用圆形。

曲柄臂与主轴颈、曲柄销连接处,由于断面的突然变化,易引起严重的应力集中,为此,这些地方均采用适当半径的圆弧来连接。

2）自由端(前端)

自由端是指与功率输出端相对的一端,因为该端不与负载连接,所以称为自由端。该端多安装传动齿轮和减振器。

3）功率输出端(后端)

功率输出端是指与尾轴、发电机或其他负载相连接的一端,这一端也安装着飞轮和传动柴油机其他附属装置的齿轮,所以也称飞轮端。

曲轴的功率输出端与负载设备的连接有以下几种方式:

（1）键连接。曲轴与从动部分用平键(或花键)连接,并用螺母压紧,如图 3 –20(a)所示。

（2）静液压锥面过盈配合连接。曲轴的功率输出端为一光滑圆锥,利用液压把带有锥孔的轮毂撑开并套入锥体上,依靠一定的过盈量紧密地压合在一起,如图 3 –20(b)所示。

（3）螺栓连接。输出端有凸缘,通过螺栓将曲轴与从动部连成一体,如图 3 –20(c)所示。

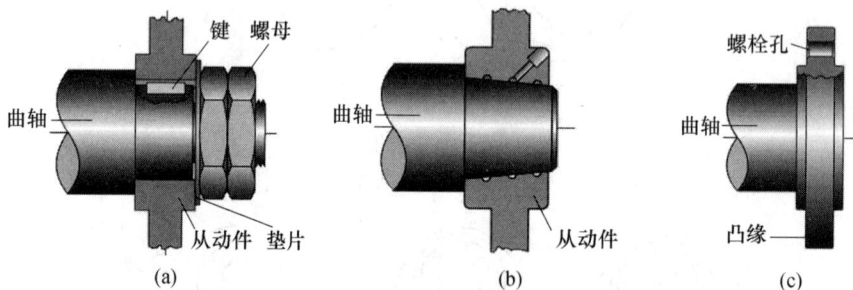

图 3 –20　功率输出端连接方式

4）曲轴的油封

曲轴是要从曲柄箱外壳体伸出才能与负载相连接的。为了减少滑油自曲轴箱的两端向外漏泄,在曲轴上设有油封装置。常见的油封装置大致有以下几种:

（1）填料油封。利用具有一定弹性的填料(如油毛毡、石棉绳等)与轴颈的表面贴合,以防止滑油外漏。通常在机体罩壳上加工有梯形截面槽,将填料均匀连续地放在槽内,如图 3 − 21(a)所示。

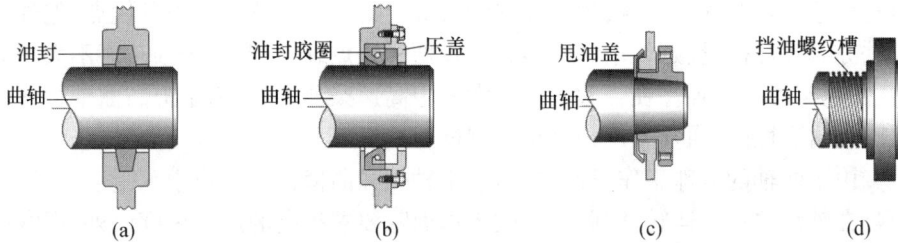

图 3 − 21　曲轴油封装置

（2）橡胶弹簧式油封。它是依靠橡胶材料和弹簧的弹性,以一定的压力贴合在轴颈的表面上,以阻止滑油外漏,如图 3 − 21(b)所示。

（3）甩油盘。利用离心力作用来实现油封。甩油盘为一喇叭口状,装在曲轴上并靠近罩壳内侧。当滑油流到甩油盘与曲轴的连接处时,滑油在离心力的作用下,沿甩油盘外表面向外缘甩出将滑油挡在壳体内,如图 3 − 21(c)所示。

（4）挡油螺纹槽。它是在与机体罩壳相配合的一段轴颈表面上车制出矩形螺纹槽(有的将螺纹槽加工在单独的零件上,然后安装在轴颈上)。螺纹槽随曲轴旋转时,由于滑油的黏性而附着在罩壳上,不能随曲轴旋转,从而利用螺纹斜槽上轴线方向的分力,将滑油推挤回壳体内。这种装置只能按一种转向工作,如图 3 − 21(d)所示。

在许多高速柴油机中,往往是同时选用上述两种或多种防漏方式,以便获得更好的效果。

2. 曲轴的基本结构形式

曲轴的结构分为整体式和组合式两大类。

（1）整体式曲轴。整体式曲轴是把所有的曲柄以及自由端和功率输出端做成一个整体机件。它的优点是具有较高的强度和刚度、结构紧凑、重量小。缺点是加工复杂。整体式曲轴在大功率高、中速柴油机中普遍采用。

（2）组合式曲轴。组合式曲轴是把整个曲轴分成若干部分,分别进行加工,然后组装成一体。它的优点是加工方便,便于系列产品通用。缺点是结构的刚度和强度较差,装配工作较复杂。组合式曲轴的组合方式多种多样,有的把曲柄销、曲柄臂、主轴颈分别制造,然后套合成一体,这种形式的曲轴,往往将曲柄臂和主轴颈合为一体,并采用滚动轴承。

3. 制造曲轴的材料及热处理工艺

曲轴常用碳钢或合金钢锻制,或用球墨铸铁铸造。

一般柴油机的曲轴用优质碳素钢进行锻造就可以满足机械性能的需要,球墨铸铁铸造的曲轴,在疲劳强度上与碳钢曲轴差不多,同时它还具有价格低廉、容易铸造成最合理的形状,耐磨性好和对应力集中的敏感性较小等优点,但球墨铸铁亦有弹性模量、延伸率和冲击韧性较低等缺点,所以常用于强载度不太高的中、高速柴油机曲轴。在强载度比较大的中高速柴油机中,为了提高曲轴的疲劳强度和耐磨性能,通常采用合金钢来制做曲轴。

由于曲轴的特殊工作条件的需要,主轴颈和曲柄销在工作中承受巨大载荷,而且在轴承中高速运转,因此它们的工作面除要求很高的加工精度以外,通常还要进行淬火、氮化处理,以提高耐磨性,同时保持材料内部的弹性和韧性。

3.2.2 曲柄的排列及发火次序

曲轴的曲柄是以气缸的缸号命名的。气缸的缸号排列方式有两种:一种由自由端排起;另一种由功率输出端排起。我国和大多数国家采用自由端算起。多缸机各曲柄的排列与柴油机的冲程数、气缸数和发火顺序有关。曲柄排列应考虑以下几点:

(1)各缸发火间隔角应相等,使柴油机动力输出均匀。二冲程柴油机相邻发火的两个缸的曲柄夹角为 $360°/i$,四冲程机为 $720°/i$,i 为柴油机气缸数。

(2)应尽量避免相邻气缸连续发火,以减轻相邻气缸间的主轴承负荷。

(3)要使柴油机有良好的平衡性。合理的曲柄排列可使引起振动的力和力矩减至最小。

(4)要使曲轴扭转振动的振幅最小。

(5)在脉冲增压柴油机中,为了防止排气互相干扰,各缸的排气管要分组连接,要求柴油机有相应的发火次序,便于各缸排气管分组连接和增压器的布置。

要同时满足上述要求往往是不可能的,只能满足某些主要要求而兼顾其他。

图 3-22 为常见的二冲程六缸柴油机曲柄排列及曲柄端视图。其较佳发火顺序为 1—6-2-4-3-5,由图可知,发火间隔角相等,即 $360°/6 = 60°$,另外,若将排气管分为 1、2、3 和 4、5、6 两组,每组和一台增压器相连,排气不会相互干

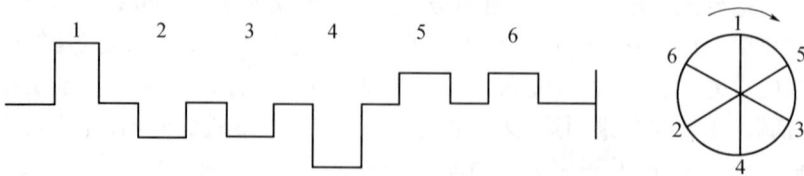

图 3-22　二冲程六缸柴油机曲柄排列

扰(因为同组各缸的排气间隔角为 120°,而二冲程柴油机的排气持续角也约为 120°),并使结构简单、紧凑,又便于拆装。当已知某一缸曲柄的位置时,可由曲柄端视图判断其他各缸的工作状态,如图中所示,当第 1 缸处于发火上止点时,第 6 缸压缩、第 5 缸膨胀、第 4 缸进气。

图 3 - 23 为常见的六缸四冲程柴油机的曲柄排列图,由图可知发火顺序有 4 种方案,即

① 1 - 5 - 3 - 6 - 2 - 4;②1—5 - 4 - 6 - 2 - 3;③1—2 - 3 - 6 - 5 - 4;④1—2 - 4 - 6 - 5 - 3

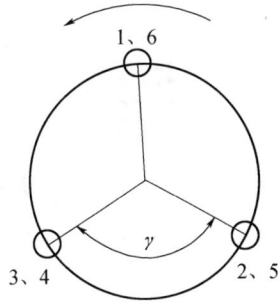

图 3 - 23 六缸四冲程机曲柄排列

发火间隔角为 720°/6 = 120°,但方案②、③、④都有相邻气缸连续发火的现象,按曲柄排列的要求,方案①较佳。

按方案①,气缸 1、3、2 和 5、6、4 的排气间隔都是 240°,而四冲程柴油机的排气持续角也约为 240°。因此,每 3 个相邻的气缸 1、2、3 和 4、5、6 都可以接到一起,共连一台增压器,而不会发生排气干扰,符合上述的第(5)项要求。

由此可见,四冲程奇数缸数和二冲程单列式柴油机的曲轴每个曲柄都处在不同的方向上。四冲程偶数缸数的单列式柴油机的曲轴,必然出现两个曲柄处在同一方向上。如图 3 - 23 所示,第 1 缸与第 6 缸的曲柄夹角是 0°,但工作相位却相差 360°。当第 1 缸处于发火上止点位置时,第 6 缸吸气,第 5 缸压缩,第 2 缸排气,第 3 缸吸气,第 4 缸膨胀。

V 形柴油机的曲柄排列,则普遍采用插入式发火,即两列的发火顺序及发火间隔彼此完全相同,而总的发火顺序则为这两列的发火顺序根据气缸间的夹角关系进行穿插形成。

例如,八缸 V 形四冲程柴油机,每列四缸,每列的发火间隔都是 720°/4 = 180°,发火顺序均为 1—2 - 4 - 3。为避免混乱,第一列用 $1_I - 2_I - 4_I - 3_I$ 表示,第二列用 $1_{II} - 2_{II} - 4_{II} - 3_{II}$ 表示。气缸夹角为 γ。若气缸 1_{II} 比气缸 1_I 落后 γ 角发火,则其总的发火顺序为 $1_I - 1_{II} - 2_I - 2_{II} - 4_I - 4_{II} - 3_I - 3_{II}$。若气缸 1_{II} 比气缸 1_I 落后 360° + γ,亦即 1_I 发火后跟随着的是 1_{II} 进气,1_I 与 1_{II} 不连续发火,则对轴承负荷有利。此种情况下总的发火顺序为 $1_I - 4_{II} - 2_I - 3_{II} - 4_I - 1_{II} - 3_I - 2_{II}$。

3.2.3 曲轴实例

1. PA6 - 280 柴油机曲轴

PA6 - 280 柴油机曲轴如图 3 - 24 所示。曲轴本体为铬钼合金钢的自由锻

件,全部表面均进行切削加工。曲轴的主轴颈直径为 230mm,曲柄销直径为 210mm,因此具有较大的重叠度($\varepsilon_K = 0.33$)。轴颈表面经过高频淬火,而在轴颈与曲柄臂过渡圆角处不淬硬。整根曲轴的轴颈均为实心,只钻有通滑油的钻孔,分别用闷塞堵住工艺孔口,所以曲轴本体的刚度与疲劳强度比较好。

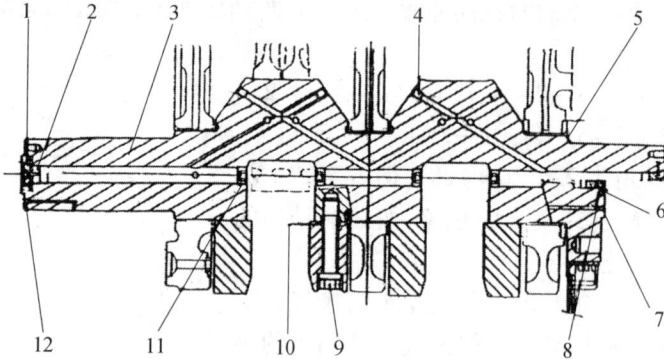

图 3-24 PA6-280 柴油机曲轴

1、6—液压装卸孔;2、8、11—螺塞;3—曲轴;4—油道;5—轴瓦;
7、12—密封堵头;9—螺钉;10—平衡块。

曲轴上装有平衡重块,用螺钉 9 固定在曲柄臂上。各缸的曲轴平衡重块并不一样,其中第二、第五缸的平衡重块较小,其余的较大。可以看出,在实现内力和内力矩平衡时,是兼顾了全平衡和半平衡两种方案。

曲轴的两端均加工有一个 1/80 的圆锥面,并设有相应的液压装卸孔 1 和 6。自由端锥面上用液压紧配了扭振减振器和定时传动齿轮。输出端的锥面上则用液压紧配了弹性联轴节。

2. 8-300 柴油机曲轴

8-300 柴油机曲轴如图 3-25 所示,它用碳钢锻制,轴颈表面进行磨光。在曲柄臂和轴颈连接处做成小圆角,全部主轴颈和曲柄销都制成空心,作为滑油通道。空心部的两侧用挡盖 4 封住,然后用拉杆螺栓 2 和螺母拉紧。挡盖和轴颈的接触面上垫有石棉橡胶板,以保证油腔的密封。曲柄销和主轴颈的油腔由油道 5 相互连通。轴颈上有径向油孔 3,以便主轴承的滑油流进内部油腔,同时让内部油腔的滑油流到连杆大端轴承。曲柄销上油孔 3 的位置与曲柄臂中心线方向垂直,这样便于滑油进一步净化。

在曲轴的功率输出端,有连接凸缘 7,通过螺栓和从动部分连接。靠近凸缘处装有对开齿轮 6,凸轮轴通过它来传动。在曲轴自由端装有齿轮 1,通过它来传动滑油泵、燃油泵和水泵。

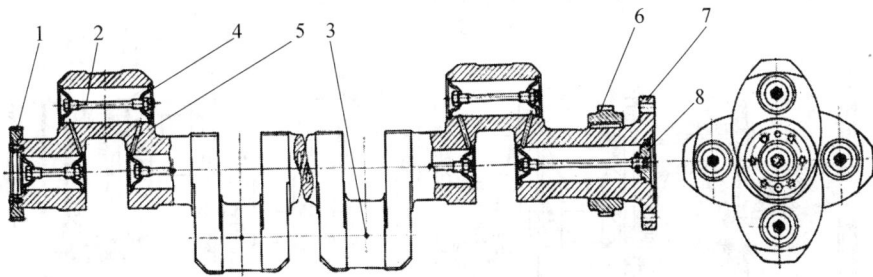

图 3 – 25 8 – 300 柴油机曲轴

1—齿轮；2—拉杆螺栓；3—油孔；4—挡盖；5—油道；6—齿轮；7—凸缘；8—挡盖。

3. 12VE230ZC 柴油机曲轴

12VE230ZC 柴油机曲轴如图 3 – 26 所示，它用合金钢锻制，并经热处理，表面渗氮。主轴颈和曲柄销都制成空心，每一个主轴颈向两旁的曲柄销各有一个斜钻孔，由主轴承来的滑油经过斜钻孔进入连杆大端轴承，然后通过杆身向连杆小端流去，以保证连杆小端的润滑和活塞的冷却。减振器安装在曲轴的自由端，压气机以及各种泵都从这一端传动。功率输出端通过齿轮传动供油装置和配气机构。早期的 12VE230ZC 曲轴的内部油路是利用曲轴的内部空腔，用挡盖和拉紧螺栓把空心轴颈的两端封死。中间主轴颈作为止推轴颈，用来限制曲轴的轴向移动。

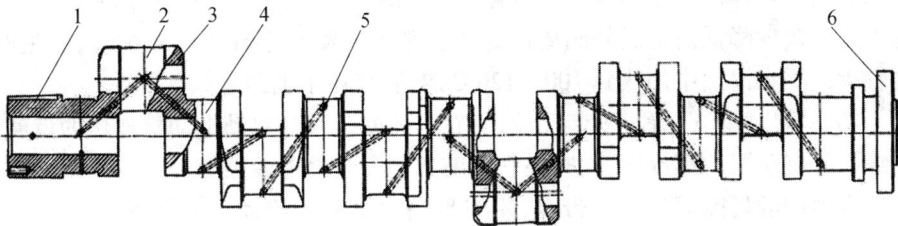

图 3 – 26 12V230ZC 柴油机曲轴

1—前端；2—曲柄销；3—曲柄臂；4—主轴颈；5—油孔；6—后端。

4. 6 – 135 柴油机曲轴

6 – 135 柴油机曲轴如图 3 – 27 所示，它采用圆盘组合式曲轴，用球墨铸铁铸造。整根曲轴由 6 个曲柄（圆盘形曲柄臂兼作主轴颈用）和功率输出端、自由端组成。各段用 6 个螺栓固紧（螺栓材料为 40 铬钢）。连接螺栓分两种：一种是带有定位圆柱面的紧配螺栓（定位螺栓），但定位圆柱面和螺栓孔之间仍有 0.05 ~ 0.118mm 的间隙；另一种是只起连接紧固作用的连接螺栓。所有螺栓除了贯穿中间两个曲柄销轴颈的螺栓采用槽形螺母和开尾销防松外，其余螺栓均用镀铜螺母固紧，以防松动，螺母镀铜层厚 0.005 ~ 0.02mm。每段曲柄的两端结合面要求光滑清洁和不受损伤,以保证安装质量。

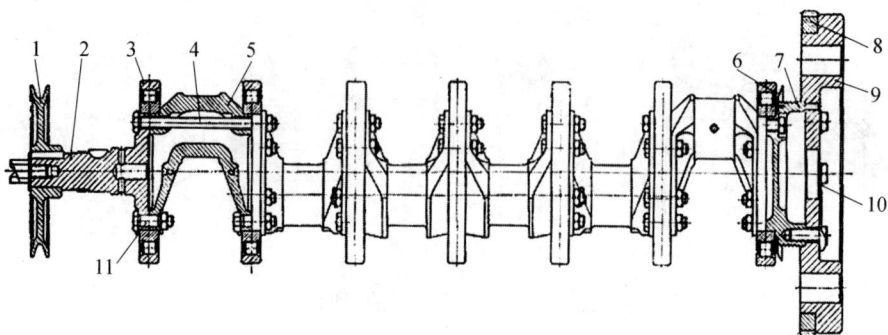

图 3 - 27　6 - 135 柴油机曲轴

1—皮带盘;2—前轴;3—滚动轴承;4—连接螺栓;5—曲柄;6—甩油盘;
7—曲轴法兰;8—启动齿圈;9—飞轮;10—锁片;11—定位螺钉。

　　曲柄制成空心,装配好的曲轴内腔形成主油道。压力滑油从自由端的两个径向油孔进入,沿着内部油道经曲柄销上的滤油管流出,润滑各个连杆下头部轴承。为了防止内部油腔的滑油漏泄,在通过曲柄销的长连接螺栓两端垫有 0.8mm 的紫铜垫片。

　　主轴承采用滚动轴承。轴承外圈与机体主轴承孔为过渡配合,两端用锁簧来限制它在机体内的轴向移动。维修时,如果不十分必要,应避免拆卸,否则,容易引起过盈度降低而造成外圈周向游动。轴承内圈与主轴颈热压配合,装配时将轴承内圈在滑油中加热到 100 ~ 120℃ ,然后套在主轴颈上。

　　功率输出端的凸缘上安装飞轮,飞轮上还安装有与启动电动机连接的齿圈。凸缘上开有防漏的螺旋槽,同时在它的前方还安装着甩油圈。

　　自由端的最前面安装皮带盘,用来带动发电机。传动附属装置的齿轮(传动凸轮轴、高压泵、油水泵等)也压装在自由端,并用半圆键连接。自由端也安装甩油圈,它的作用是防止滑油沿着曲轴前进并通过前盖板的橡胶油封处渗漏。

3.2.4　曲轴减振器

　　柴油机的曲轴及其所带动的轴系是一个具有一定质量和扭转刚度的弹性系统。在周期变化的外力矩作用下该系统就会按照外力矩的频率产生强迫的扭转振动。当外力矩的频率变化与某一振型固有频率相等时,系统就会发生共振。共振时,振幅会不断增大,从而使轴系产生很大的附加应力。当该附加应力达到或超过该轴的疲劳极限时,就会造成曲轴的损坏,甚至折断,还会使传动齿轮系的噪声增大、齿面点蚀等。

安装减振器是消除扭振威胁的一项有效措施。减振器的结构多种多样，但是基本上可以分为以下三类：

（1）阻尼型。其主要特点是用阻尼来消除激振能量以实现减振的目的，硅油减振器就属此例。

图3-28所示就为硅油减振器的结构。壳体内密封着惯性很大的惯性盘3，它们之间有狭小的间隙，并充满着高黏度的硅油。曲轴匀速运转时，减振器追随曲轴一起转动。当轴系发生扭振时，固定在曲轴自由端上的壳体1因惯量小随曲轴一起扭振，但惯性盘由于惯量大，与壳体又无机械联系，故仍按原速旋转，因此它们之间就产生了相对角位移，这样，高黏度的硅油就在狭隙中产生了阻尼，将激振能量变成硅油与惯性体和壳体之间的摩擦阻尼消耗掉，迫使扭振振幅大大减小，并限制在允许的范围内。

（2）动力型。动力型减振器的特点是利用共振时的动力效应产生一个与干扰力矩大小相等、方向相反的反抗力矩改变系统的振动形式来实现减振的目的，摆式减振器就属此例。

摆式减振器的基本工作原理如图3-29所示。摆块安装在曲柄臂上，它可绕 A 点摆动。

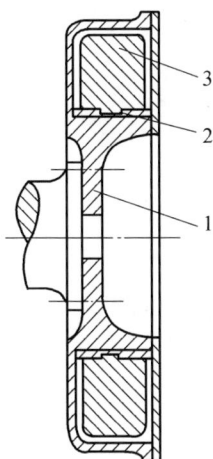

图3-28　硅油减振器

1—壳体；2—盖板；3—惯性盘。

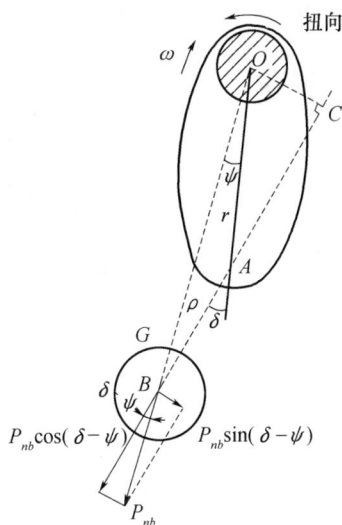

图3-29　摆式减振器原理

当轴在干扰力矩作用下产生扭振时，由于摆的惯性，它并不位于曲柄臂的 OA 线上，而总是落后一个角度。这时摆块所产生的离心力 P_{nb} 可分解成切向力

95

$P_{nb}\sin(\delta-\Psi)$ 和径向力 $P_{nb}\cos(\delta-\Psi)$,切向力 $P_{nb}\sin(\delta-\Psi)$ 使摆块摆动。径向力 $P_{nb}\cos(\delta-\Psi)$ 对曲轴中心 O 形成一个与振动方向相反的力矩来平衡干扰力矩,从而使某个振型的扭振得到减弱甚至消除。

在实际使用中,多采用双销摆,如图3-30所示。在摆块和轮毂上均开有两个孔,孔径均为 D ,用两个销子相连。销子的直径为 d ,但比孔径小。当摆块受离心力向外靠时,摆块孔中心与轮毂孔中心之间就有一段距离 ρ (也就是摆长),当轴系带着轮毂扭振时,摆块则像浪桥中的浪木一样作平面运动,

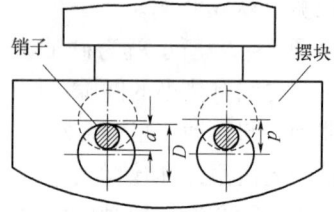

图3-30 双销摆简图

其方向和轮毂的扭振方向相反,起到消减某一振型的扭振作用。

(3)混合型。混合型减振器兼有上述两种减振器的特点,既有阻尼的减振效果,又有较大的柔度,靠改变振型来减振。

图3-31所示是MTU956柴油机的混合型减振器,它与硅油减振器的主要区别是在曲轴自由端上的主轮毂1与惯性体(或次轮毂)4之间不是放硅油,而是安放了8组叠片弹簧组8,每组弹簧由若干片不同直径的开口圆筒形弹簧片组成。每个弹簧组中间装有行程限位销7,用来限制弹簧片的变形量。

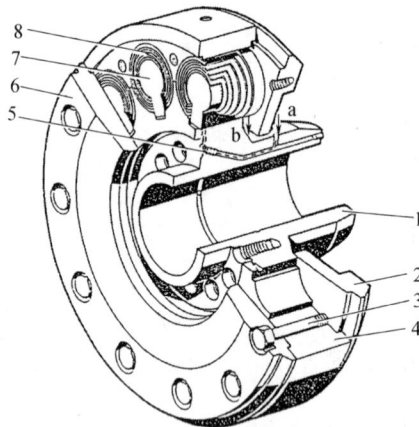

图3-31 MTU956减振器

1—主轮毂;2—两半式侧板;3—螺栓;4—次轮毂;5—节流阀;6—整体式侧板;
7—行程限位销;8—叠片弹簧;a—滑油进油;b—滑油回油。

它通过主轮毂液压装配在曲轴自由端。次轮毂通过叠片弹簧与主轮毂弹性连接。叠片弹簧由多只轴向剖分的卷筒式弹簧钢片组成。行程限位销防止叠片弹簧组旋转,限制叠片弹簧的行程和负荷。

减振器的主轴毂与曲轴刚性连接并与曲轴一起作旋转运动。次轮毂通过叠片弹簧与主轮毂连接并且同步运行。曲轴扭振时,轮毂与惯性体之间的相对运动使弹簧片受挤压和弯曲。一方面,由于各片弹簧的直径不同,因而变形情况不同,弹簧片之间会发生相对运动,产生摩擦,加上弹簧片之间有润滑油的吸入与挤出构成减振阻尼。另一方面,由于弹簧的柔度较大,从而可以通过改变系统的振型来达到减振作用。

进入叠片弹簧腔室的滑油可以减轻叠片的摩擦和由摩擦引起的磨损。叠片弹簧排出的滑油带走热量,减弱振动。叠片弹簧在滑油中发生的摩擦实际上很小。由曲轴连续不断流入的滑油防止减振器过热。滑油经减振器侧板的内表面上的环形间隙流回油底壳。

3.3 机 体

机体是柴油机最重要的部件之一,它的作用是提供曲轴、主轴承、燃烧室以及各种辅助机械及系统的安装和固定位置,提供整机在船舶上的安装支座等。

3.3.1 机体的主要结构形式

机体主要由气缸体和曲轴箱两大部分组成。气缸体是安装气缸的构架,也是组成水道或气道的一部分。曲轴箱是支承曲轴的构架,也是曲轴的运转空间,按照这两部分的组合方法的不同,机体的主要结构形式基本上可区分为以下几类:

(1)气缸体—曲轴箱体式。如图 3 - 32(a)所示,气缸体和曲轴箱分开制造,然后用螺栓连接成一体。安装曲轴的主轴承悬挂在曲轴箱的下方,承油盘安装在底部。

(2)机架 - 承油盘式。如图 3 - 32(b)所示,气缸体和曲轴箱合制成一体(机架),一般称这种结构的机体为机架。主轴承的安装采用悬挂式,承油盘安装在机架底部。

(3)机架—机座式。如图 3 - 32(c)所示,气缸体和曲轴箱合制成一体(机架),主轴承安放在机座上,机座还具有承油盘的作用。机架和机座之间用螺栓连接。

(4)隧道式机体图。如图 3 - 32(d)所示,气缸体和曲轴箱合制成一体,其主要特点是有完整的主轴承孔。在小型柴油机中,承油盘与上述部分制成一体,但在大功率柴油机中,承油盘分制,然后用螺栓固定在机体的底部。这种形式的机体的强度和刚度都较好,但制造和维修较复杂,例如,拆装曲轴时,要求把机体侧向竖立起来。

以上的区分是一般情况。但在有些柴油机中,选用了各种特殊的形式。例如,在 6 - 390 型柴油机中,曲轴箱和机座合制成一体,在 42 - 160 型柴油机中,

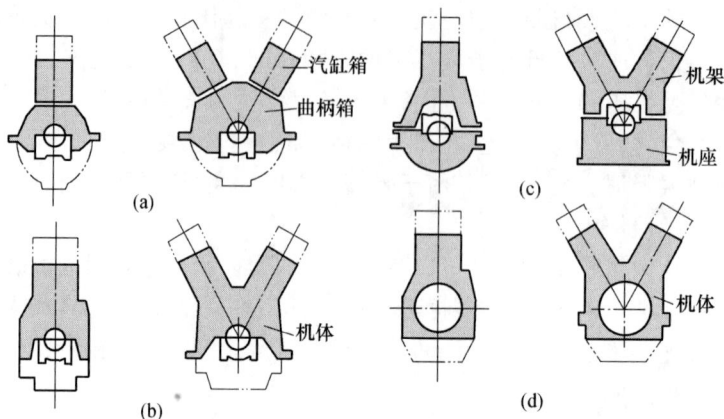

图 3 - 32　机体的主要结构形式

气缸体和气缸盖合制成一体。

　　机体的材料一般采用铸铁、铸铝、铸钢或钢板(焊接)。有的机体部分采用铸件,部分采用焊件,再将二者结合成一体。在船用柴油机中,铸铝机体只用于具有特殊要求的高速轻型机中。在大功率柴油机中,采用钢材制造机体非常普遍,特别是在生产批量不大的中、低速柴油机时应用更多。

3.3.2　贯穿螺栓

　　贯穿螺栓是柴油机中最长、最重要的螺栓,主要用于大、中型柴油机。它的作用是将机座、机架和气缸体三者或其中二者连成一个刚性整体,使这些固定机件只承受压应力而不承受拉应力。这是因为固定机件的结构较复杂,若在结合面处用短螺栓连接,在拉力作用下,各部分受力将很不均匀,难以准确计算。采用贯穿螺栓结构,拉力由贯穿螺栓承担,螺栓的作用力可以准确计算。在安装后气缸体、机架与机座三者只受压应力不受拉应力,这样既合理利用了材料抗压能力优于抗拉能力的特点,又提高了柴油机整体的刚度和承受机械负荷的能力。

　　贯穿螺栓采用优质钢制成,强度高,可承受很大的拉伸应力。贯穿螺栓并不起定位作用,在被连接的各固定件之间仍有定位销或紧配螺栓,以便装配时对中和防止柴油机运转时这些机件之间产生横向移动。

　　如图 3 - 33 所示,贯穿螺栓位于每个主轴承两边相等距离处。在贯穿螺栓的两头车有螺纹,配置上螺母 2 和下螺母 3,在螺母上紧后就将机座、机架和气缸体三者压紧在一起。在顶端还有供液压拉伸器拉伸用的附加螺纹头。

　　大型低速柴油机的贯穿螺栓又细又长,易产生纵向、横向振动而断裂。为改变贯穿螺栓振动频率(使振动频率提高),防止发生共振,通常在其中部装有防振夹箍4,在水平方向有两个支头螺钉,在贯穿螺栓完全上紧后将其顶紧在气缸体上。在使用中,支头螺钉不能有松动,应每年检查一次。

大型低速柴油机贯穿螺栓都采用液压拉伸器上紧和松开。以螺栓的伸长量衡量其预紧度的大小,预紧度的大小要符合规定,以保证发动机工作时机件不出现拉伸应力,维持各联结件的紧密性,保证运动机件的正常工作。

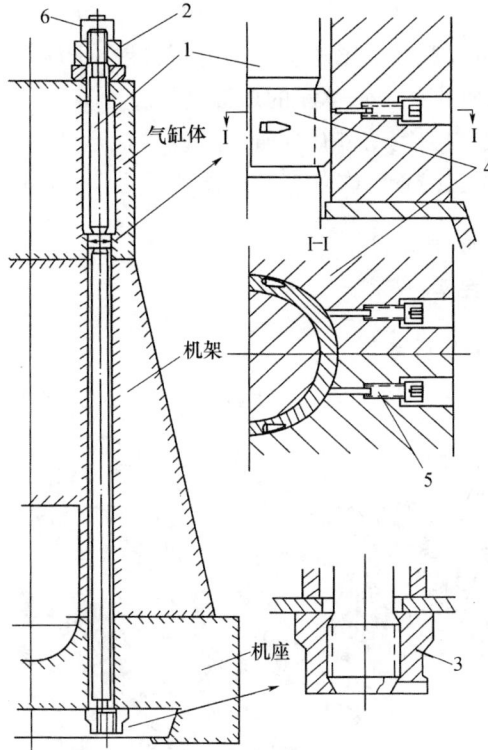

图 3 - 33 贯穿螺栓

1—贯穿螺栓;2—上螺母;3—下螺母;4—防振夹箍;5—支头螺钉;6—保护罩。

贯穿螺栓要按一定的顺序均匀上紧,上紧顺序是从中央到两端交替成对地上紧,如图 3-34 所示。上紧分为两个阶段进行,每个阶段应达到的螺栓伸长量或泵油压力应符合说明书规定。贯穿螺栓上紧后,应检查螺母、垫圈与气缸体上支承面之间的贴合状况,不允许用 0.05mm 的塞尺插入。通常用测量曲轴拐挡差的方法来验证贯穿螺栓的紧固质量。

有的柴油机贯穿螺栓,如 S - MC - C 型柴油机,以双贯穿螺栓取代了传统的单贯穿螺栓,而且不再一直插到机座底部,而是拧入到机座顶部的螺孔之中,这样就大大缩短了贯穿螺栓的长度。研究表明,采用这种双贯穿螺栓结构,可以减

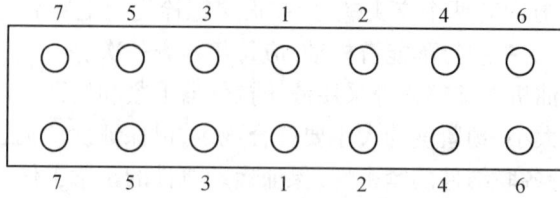

图 3-34 贯穿螺栓上紧顺序

小主轴承座孔由于贯穿螺栓上紧所引起的变形,减小十字头导板变形并改善滑块的滑动状态、简化机座和主轴承座的焊接过程。

贯穿螺栓的预紧力应定期进行检查。新发动机运转一年后,应全部检查一次。以后一般每 4 年应检查一次。贯穿螺栓预紧后应注意将其中部的连接套或止动螺钉固紧。

3.3.3 典型机体结构

1. MTU956 柴油机的机体

MTU956 气缸呈 60°V 形布置,因此机体的结构也与此相对应,如图 3-35

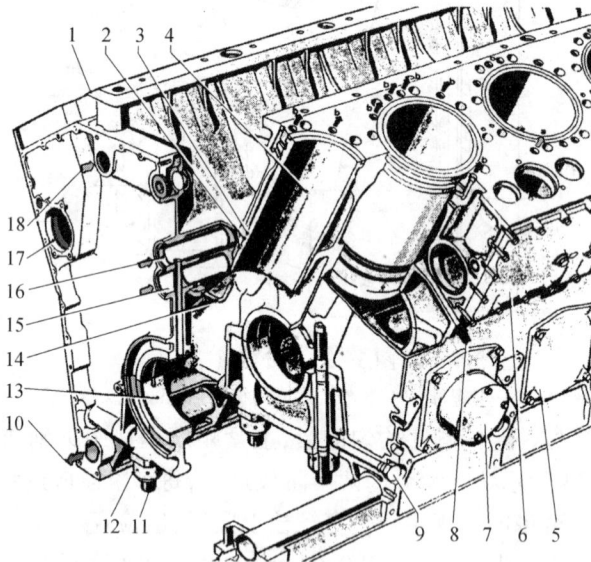

图 3-35 MTU956 柴油机机体

1—机体;2、3—密封圈;4—气缸套;5—检视孔盖;6—凸轮轴箱盖;7—防爆门;8—来自冷却水总管;
9—横向拉紧螺栓;10—至发动机滑油泵;11—主轴承盖螺栓;12—主轴承座螺母;13—主轴承;
14—活塞冷却油喷嘴;15—活塞冷却油主油道;16—运动件滑油主油道;17—凸轮轴轴承;
18—来自传动齿轮箱的活塞冷却油;a—至缸盖的发动机滑油;b—至缸盖的发动机冷却水。

100

所示。该机机体是铸钢焊接结构,气缸体和上曲轴箱做成一个整体,两排气缸体成60°夹角布置。

每排缸体上平面为机加工面,各有10个气缸孔以安装水套,缸套从上方装入机体。机体与缸套之间形成水腔,气缸衬套周围形成近乎柱面的冷却水套,水套上部由缸套凸缘与缸孔上的机加工平面配合、中间加密封圈以保证密封。缸套下部装密封环,它与机体下部对应的配合带配合保证水套下部和曲轴箱上部的密封,如图3-36所示。

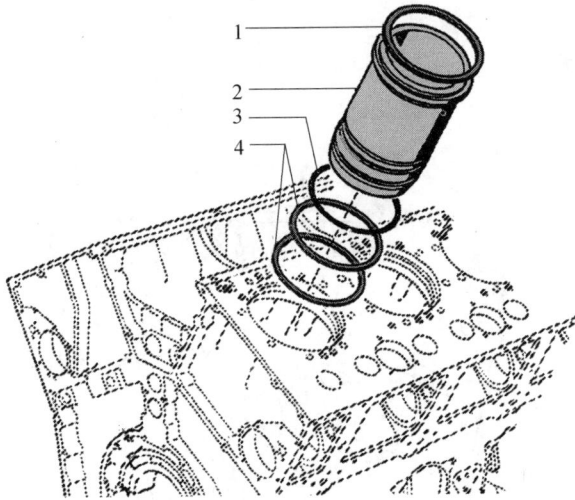

图3-36　气缸套在机体上的安装
1—软铁气缸盖垫片;2—气缸套;3、4—密封环。

机体下部法兰面上由螺钉固定油底壳,油底壳是薄钢板焊接件吊挂于机体上。该机为湿式曲轴箱滑油循环系统,所以油底壳既是汇集柴油机各部分溅落的滑油,又是内循环系统的油箱。油底壳封闭了曲轴箱的下部并且用作发动机润滑油的储油箱。充油、抽油、预供油管都经动力输出端与油底壳连接。

机体上部两侧各有一个凸轮轴箱,其内部布置凸轮轴、高压油泵供油量控制轴及传动摇臂机构、进排气阀传动挺杆等机件。凸轮轴箱上平面上有纵向孔安装高压油泵。凸轮轴箱两端有法兰盘和盖板。

机体下部两侧,即曲轴箱两侧各有10个检查孔,检查孔是用来目视检查运动件的。每个由检查孔盖板密封,其中右排第2、5、9缸对应的检查孔盖上装有防爆门,在机体内超压时会开启,防止曲轴箱爆炸。

机体不仅安装各类固定机件,还布置许多内部滑油油道。15、16分别是两根向冷却活塞和主轴承润滑系统供油的主油管。主油管通过各挡主轴承隔墙上的钻孔将滑油送往主轴承孔,而主油管经布置于其下部的喷嘴,向各个活塞喷油。凸轮轴箱上还有向高压油泵传动机构、气阀传动机构输送滑油的钻孔。机体下部两侧各有一根油管,用于抽出曲轴箱内的滑油。

2. PA6-280 柴油机机体

图 3-37 为 PA6-280 柴油机机体,整体球墨铸铁铸造的机身由顶部两个缸体顶板、侧壁直平板和连续的底板形成纵向的承载构件。每挡主轴承的横隔板形成基本的横向承载构件。在机体与轴承盖之间用横向的螺钉固紧以加强横向刚度。

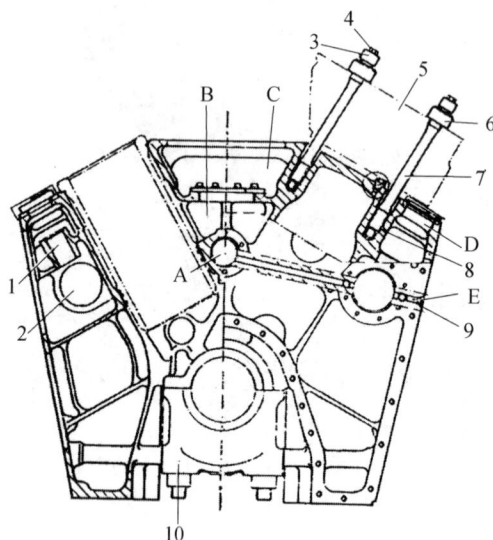

图 3-37　PA6-280 柴油机机体

1—挺柱导套;2—凸轮轴承座;3—固紧螺帽;4—防松螺帽;5—气缸盖;6—缸盖螺帽;
7—缸盖螺栓;8—防松剂;9—螺钉;10—主轴承;A—主滑油管;B—水腔;C—空气总管;
D—喷油泵座孔;E—润滑油通道。

气缸套安装在机体相应的镗孔内,缸套的外侧设有安装凸轮轴的挺孔形成轴承座。挺柱的导套和喷油泵的座孔均开在机身两侧。V 形夹角空间分成 3 个相互分隔的空腔。最下部是润滑油主油路,它与主轴承和凸轮轴承间的油路均通过钻孔 D 来连通。中间为冷却水腔 B,由淡水泵压入气缸的冷却水经此分别进入各气缸的下部,冷却水则经机体顶板上每缸 4 个通道进入气缸盖。水腔顶部用密封盖板 18 封闭。上部为空气总管 C,中冷器出口的空气进入后经过上盖的接口进入气缸盖的进气口。

3. MTU396 柴油机机体

MTU396 柴油机的机体包括上曲轴箱和中间体,内部容纳着曲柄连杆机构,并对发动机附件和发动机支座提供附着点。为了进一步加强刚度,机体选用优质灰铸铁制成单体铸件,通过横隔板得到加强,如图 3 - 38 所示。

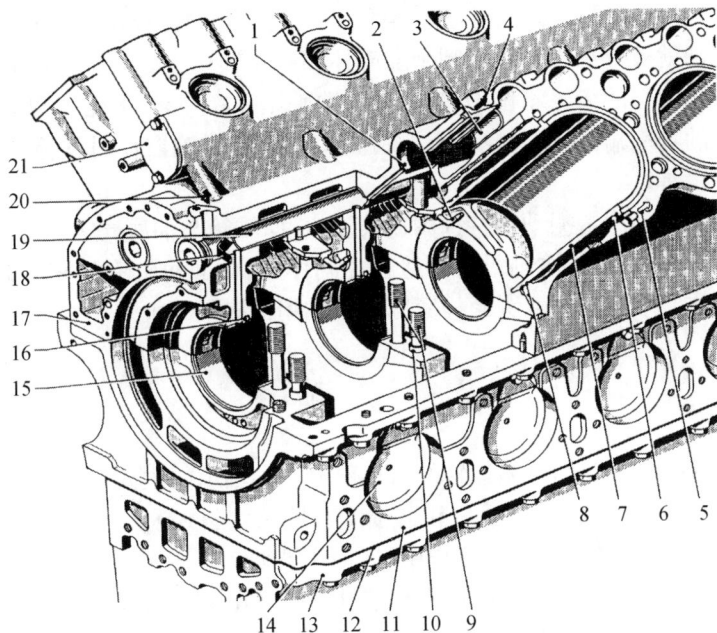

图 3 - 38　MTU396 柴油机机体

1—凸轮轴轴承;2—活塞冷却油喷嘴;3—挺柱导向套;4—缸盖进油孔;5—缸盖进水孔;6—O 形圈;
7—气缸套;8—密封圈;9—主轴承盖双头螺柱;10—定位套;11—曲轴箱中间体;12—衬垫;
13—油底壳;14—检查孔盖;15—曲轴瓦;16—定位销;17—上曲轴箱;18—滑油入口;
19—主油道;20—到分配块的滑油;21—凸轮轴轴承端盖。

　　两排气缸呈 V 形,夹角为 90°。曲轴箱上方用中间隔板封住,气缸套下部配合面插入中间隔板。为了导出活塞环漏入的废气,机体上装有曲轴箱呼吸器。冷却水腔上方靠顶板(气缸盖支承面)密封。气缸套的上配合面插入顶板,凸轮轴箱布置在机体上方 V 形夹角的左右两侧,并用镶入的闷盖封住。

　　曲轴的主轴承盖用双头螺栓紧固在曲轴箱的横隔板上,曲轴支承在轴瓦上,轴瓦安装在由横隔板和主轴承盖或中间体组成的座孔内。

　　机体上滚压入的一钢管作为润滑的主油道。活塞冷却油的喷嘴用螺钉固定在润滑油主油道的下方的曲轴箱上。

　　气缸套为特种铸铁离心铸造,它从机体上部压入曲轴箱内,气缸内与机体之间的空间形成水腔,上部由气缸盖上的凸肩和一个O形密封圈密封,下部由下支承带和装在气缸套下部的密封圈密封。

油底壳采用轻金属浇铸,它封住曲轴箱的下部并作为柴油机润滑油的油箱。

在曲轴箱自由端右侧布置一台滑油分离器用作为曲轴箱呼吸器,它通过管路与涡轮增压器的进气弯管相连。空气—废气混合物流经滑油分离器后,混合物中的滑油就被分离出来并经呼吸器壳体回到曲轴箱。

安装齿轮系的齿轮箱位于定时端,与曲轴箱铸在一起,飞轮壳则由螺栓固定在曲轴箱的功率输出端,飞轮壳上的检查口便于对联轴器作目视检查和安装发动机盘车工具。

对于需耐高冲击振动的特种用途柴油机,曲轴箱与油底壳之间有一中间体,中间体为整体式,全部主轴承均铸造在中间体上,侧面每缸有检查维修用的孔,用盖板封住。中间体用双头螺栓紧固在曲轴箱的横隔板上。

3.4 主 轴 承

主轴承是支承曲轴可靠运转的重要部分。主轴承的主要作用是:支承曲轴,保证曲轴的工作轴线,减小摩擦和磨损。有些柴油机还有一道主轴承(常为最后一道)起着曲轴轴向止推定位作用,称为止推轴承。

主轴承工作时它承受气体压力和惯性力的作用,而且在工作面上摩擦剧烈。其工作条件主要有以下几个特点:

(1)承受曲轴传来的气体力、惯性力的作用,轴承负荷大。

(2)摩擦、磨损,主轴承合金的硬度和强度远低于轴颈,因此比轴颈有较大的磨损。

(3)摩擦还使轴承发热,轴承还受到变质滑油的腐蚀。

因此,对主轴承要求如下:

(1)足够的强度、刚度和承载能力,在工作温度下有足够的热强度和热硬度。

(2)良好的耐磨性和耐腐蚀性,并能均布滑油和散走摩擦热量。

(3)有正确而固定的位置,精确的尺寸与轴承间隙。

3.4.1 主轴承的结构形式

主轴承按摩擦方式可分为滑动轴承和滚动轴承两大类。按主轴承安装方式可分为三种。

(1)座式。该结构用于机架—机座式机体中。轴瓦安装在机座上,然后用轴承盖扣紧。扣紧的方法也有两种：一是利用螺栓在轴承盖的两侧,如图 3 - 39(a)所示,称为旁压式,如 8 - 300 型柴油机的主轴承;是利用撑杆螺栓(它们的长度可调节)顶在轴承盖上,如图 3 - 39(b)所示,称为顶压式,如 RND 型、RTA 型柴油机主轴承。

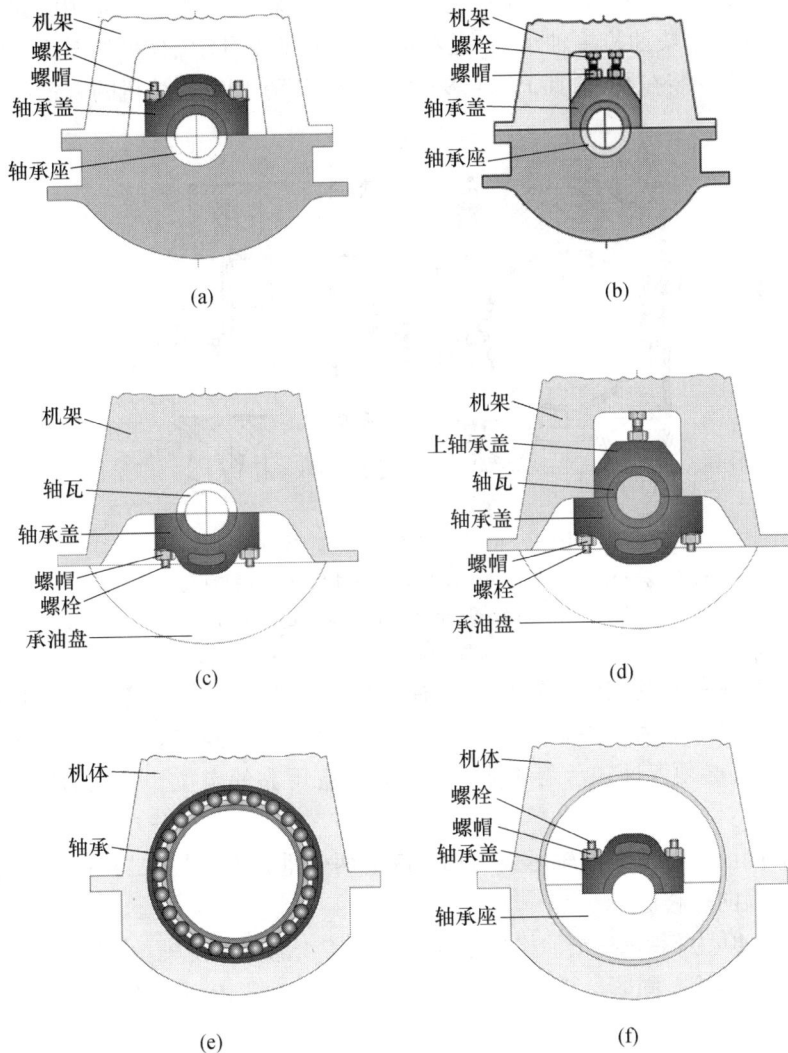

图 3 - 39　主轴承的安装方式

(2)悬挂式。该结构用于机架—承油盘式和气缸体—曲轴箱式机体中。轴瓦利用轴承盖悬挂在机架或曲轴箱的横隔板上。如图 3 - 39(c)所示是这种形

105

式的典型结构,其应用相当普遍。图 3 – 39(d)所示的主要特点是,它除采用悬挂式轴承盖(相当轴承座)以外,上部还利用另一轴承盖通过撑杆螺栓来顶紧,如 PC2 – 5 型、GM16 – 278 型等柴油机的主轴承。

(3)隧道式。它用于隧道式机体中。主轴承采用两种类型:一是采用滚动轴承,如图 3 – 40(e)所示,按一定配合要求将轴承装进轴承孔中,如 12 – 180ZC、135 型等柴油机主轴承;二是在隧道孔中安装滑动轴承,如图 3 – 40(f)所示,轴承座安装在孔中,如 PA4V185 型、UEV42/56 型等柴油机的主轴承。

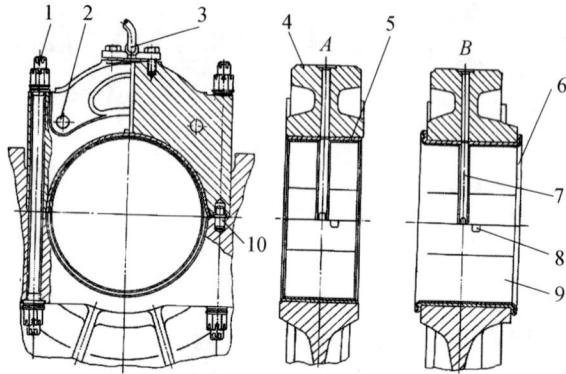

图 3 – 40 8 – 300 柴油机主轴承
1—螺栓;2—孔;3—油管;4—轴承盖;5—轴瓦;6—止推轴瓦;7—油槽;
8—凸出部;9—薄壁轴瓦;10—定位销。

滑动轴承的轴瓦安装在轴承座和轴承盖之间,然后用螺栓或支承螺柱固紧,并采取锁紧措施。为使主轴承孔保持必要的几何精度,除安装时符合规定的扭紧力矩外,还必须保证轴承盖和轴承座之间具有可靠的定位。常见的定位方法有以下几种:

(1)侧面定位。利用轴承盖与轴承座的两侧垂直面定位,二者紧密配合,保证不产生横向错移。

图 3 – 40 为 8 – 300 柴油机主轴承。轴承盖 4 的侧面与轴承座紧密配合,采用 4 个双头螺栓 1 固紧。该轴承属于旁压式。定位销 10 用来防止轴承盖纵向错动。

薄壁轴瓦 9 的背垫为青铜,表面浇巴氏合金,轴瓦采用凸出部 8 定位。主油道滑油从油管 3 经轴承盖输入,并沿着油槽 7 分布到整个轴瓦表面。上下轴瓦不能互换。

孔 2 用来安装吊卸轴承盖的工具。

106

图 3-41 为 12PC2-5 柴油机主轴承,其主要结构特点是悬挂式和顶压式相结合。轴承座 1 用螺栓 5 和螺母 8 固定在机体上,并用开尾销 9 止松。轴承座的两侧利用两个横向螺栓 7 将它和机体固紧,以保证足够的强度。轴承盖 2 通过支承体来压紧。轴承盖和轴承座之间利用两个侧面来定位。支承体由下述零件组成:支承螺柱 14 上拧有螺母 13,支承螺柱的顶面通过球面块 15 和垫块 16 压在机体的支承面上,而螺母 13 的底面通过球面垫圈 12 压在轴承盖的顶面上,当旋转螺母 13 时,则可将轴承盖压紧或放松。支承螺柱和螺母 13 的相对位置,由止动垫片 4 来限制,该垫片用螺钉 3 固定在螺母 13 的顶面上。润滑主轴承的滑油经支承体的中心孔进入。

支承体对轴承盖的压紧和放松,用液压装置来控制。支承螺柱底部安装有活塞 11,而活塞的下部有油腔 10,当液压装置的压力油经螺塞 17 处进入油腔时,通过活塞将支承螺柱和螺母 13 一道顶起,使螺母与轴承盖脱离接触,从而可以松动螺母。压力油排出时,两者又保持接触,轴承盖处于压紧状态。

轴瓦的背垫为碳钢,内表面浇铜铅合金层和铅锡镀层,外表面镀锡。

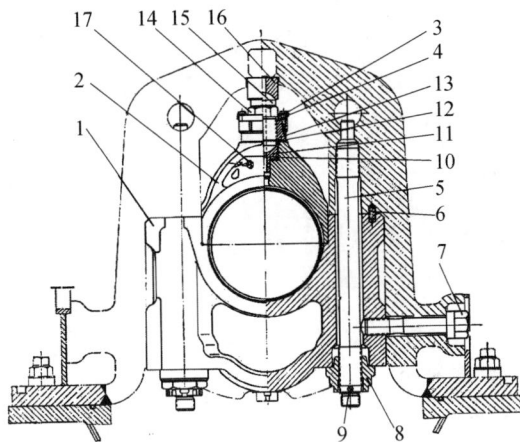

图 3-41　12VPC2-5 柴油机主轴承

1—轴承座;2—轴承盖;3—螺钉;4—止动垫片;5—螺栓;6—销子;7—横向螺栓;
8—螺母;9—开尾销;10—油腔;11—活塞;12—球面垫圈;13—螺母;
14—支承螺柱;15—球面块;16—垫块;17—螺塞。

(2) 锯齿面定位。轴承盖和轴承座的结合面加工成锯齿形,安装时二者互相紧密咬合在一起。

图 3-42 为 12VE230ZC 柴油机主轴承。该轴承属于悬挂式,结合面为锯齿形。螺栓中部有柱面,与螺栓孔相配合。

薄壁轴瓦采用钢背垫,表面浇铜铅合金,并镀有巴氏合金层(0.020 ~ 0.025mm),背部用凸出部定位。上轴瓦表面有油槽3,主油道的滑油经油孔进入槽内,上下轴瓦不能互换。

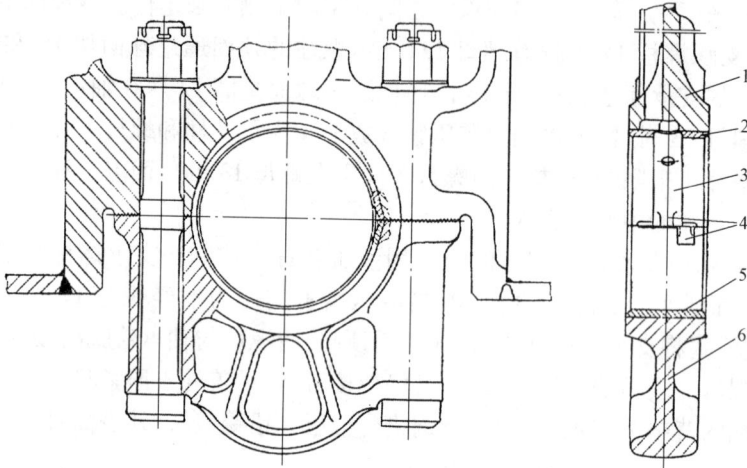

图 3 - 42　12VE230ZC 柴油机主轴承

1—轴承座;2—上轴瓦;3—油槽;4—凸部;5—下轴瓦;6—轴承盖。

(3)套筒(或定位销)定位。在轴承盖或轴承座之间安装套筒(或定位销)。图 3 - 43 为 MB820Db 柴油机主轴承。轴承盖用 4 根螺栓固紧在机体上,固

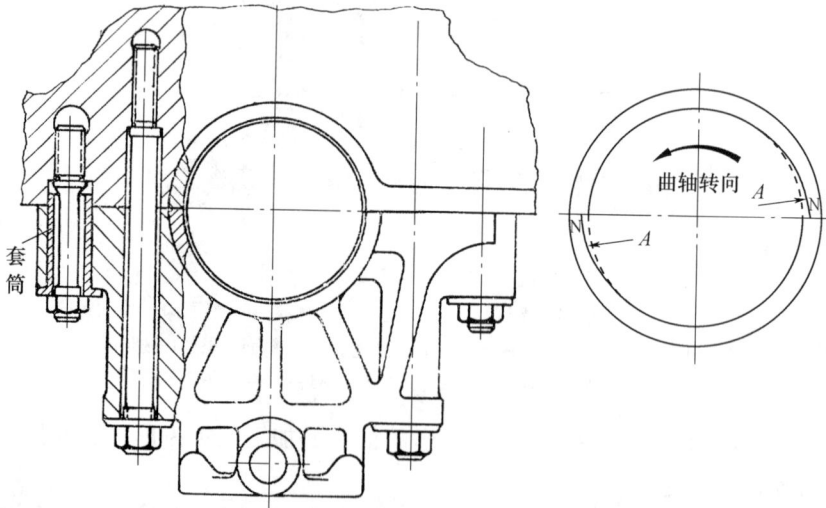

图 3 - 43　MB820Db 柴油机主轴承

108

紧螺母的螺纹均采用镀铜方法来止松。在两个螺栓孔中装有定位套筒,该套筒的圆柱面与轴承座以及轴承盖上的孔紧密配合。

轴瓦浇铜铅合金,表面镀铅(厚度0.02~0.03mm)。下轴瓦采用定位销定位,上轴瓦采用凸出部定位。轴瓦表面成楔形,在表面 A 处轻微凹下,以保证滑油能沿整个宽度均匀分布。凹下部分刻有"N"标记,安装位置与曲轴转向的关系如图。

3.4.2　轴瓦与轴瓦合金

中小型柴油机主轴承大多用薄壁轴瓦,大型低速机的主轴承仍较多采用厚壁轴瓦,但有向薄壁轴瓦发展的趋势,薄壁轴瓦最突出的优点是抗疲劳强度高。

两半式主轴承的厚壁瓦结构(下瓦)如图3-44(a)所示。为保证合金与瓦背结合牢靠,在锻钢瓦背内表面开有燕尾槽,浇铸时合金嵌入槽内。上轴瓦设有径向油孔和周向油槽,以便由上部油管引入的润滑油通过上轴瓦的油孔和油槽流至下轴瓦。一般主轴承的布油槽开设在轴承负荷较小的上轴瓦,下轴瓦不开油槽;连杆大端轴瓦的布油槽设在轴承负荷较小的下轴瓦,上轴瓦不开油槽。

上下轴瓦内侧铣有油槽,以储积滑油并把滑油分布到轴承的全部宽度范围内,同时也起着沉积机械杂物的作用,故又称"垃圾槽",油槽的宽度约为轴瓦的2/3,其两端要留出一定的边缘,防止滑油外流过多。

轴瓦的卷边用来防止它的轴向移动。为了防止轴瓦在瓦座中转动,以致阻断润滑油路,刮伤轴瓦和轴颈表面,轴瓦要在瓦座中采取周向定位措施。厚壁轴瓦用定位销实现周向定位;薄壁轴瓦则在轴瓦的接合面处冲压出一个小凸肩(定位唇),如图3-44(b)所示,在轴承座和轴承盖的相应位置铣出凹槽(定位槽),轴瓦的小凸肩即可镶嵌在凹槽中,用来周向定位。

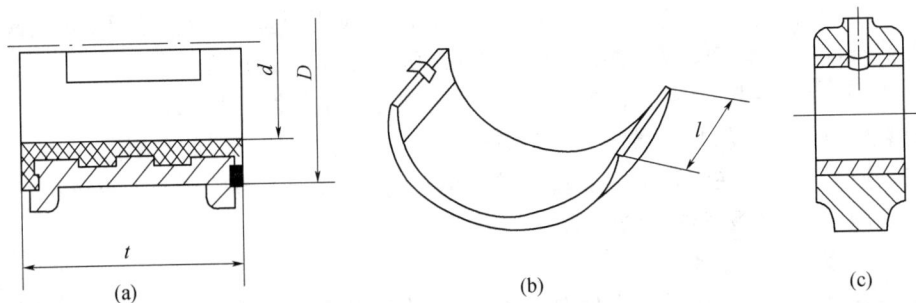

图3-44　轴瓦结构

柴油机滑动轴承使用的轴承合金有三大类:巴氏合金(白合金)、铜基轴承合金和铝基轴承合金。它们的机械性能(如疲劳强度、热强度等)、表面性能(如抗咬合性、嵌藏性、顺应性等)、耐磨性、耐腐蚀性等均有差异,应根据柴油机的用途进行相应的选择。

1. 巴氏合金

它是一种传统的轴承合金材料,质地较软,表面性能、耐磨性、耐腐蚀性均较好,应用较广泛。其缺点是机械性能差,如疲劳强度和承载能力较低、耐热性能差。白合金可浇铸在钢瓦背(一般用低碳钢)或衬套上使用,也可直接浇铸在轴承孔内。

(1)锡基巴氏合金。锡基巴氏合金是在软质体锡中加入少量的硬质锑、铜合金而形成。

主要优点是摩擦系数小,耐磨性很好,导热性、抗蚀性和铸造性、瓦背附着性也均好。广泛应用于船舶柴油机中,作为船用低中速柴油机的主轴承、大端轴承、十字头轴承及轴系的中间轴承、尾轴承等。

(2)铅基巴氏合金。在基本体铅中加入锑、锡和铜而形成。主要优点是抗压性、耐磨性、嵌藏性等较好,而其他性能如疲劳强度、导热性、耐蚀性、铸造性等均不如锡基巴氏合金好。其价格因含锡量少而较便宜。一般用作中小型中等负荷柴油机的轴承材料。在大型柴油机的某些主要轴承(如凸轮轴承)中也有应用。

2. 铜基轴承合金

铜基轴承合金是在质地较硬的铜基本体中加入少量软质的铅或锡而形成铅青铜(即铜铅合金)或锡青铜。

(1)铅青铜。铅青铜也称铜铅合金,最突出的优点是具有较高的疲劳强度和较大的承载能力,耐磨、耐热性能也好。缺点是耐蚀性、磨合性、嵌藏性及抗咬合性不如巴氏合金。在中、高速大功率柴油机上应用很多,特别适合于高速、高负荷柴油机中承受交变和冲击负荷,并在高温下工作的重要轴承。

(2)锡青铜。具有较高的疲劳强度、耐蚀性和耐热性(可在280℃下工作)。耐磨性也好,且锡的含量越高,则越耐磨,还具有优良的抗疲劳性和耐蚀性,并可在高温下工作。在锡青铜中加磷就成为磷青铜,可进一步提高其耐久性和硬度,适于做高速、强载柴油机的轴承。

3. 铝基轴承合金

它是以铝为主体的合金材料,根据加入的材料不同,分为锡铝合金和铝锑镁轴承合金。

(1)锡铝合金。其优点是密度小、导热性好、疲劳强度高、耐蚀性好且价格低廉,缺点是表面性能(磨合性、嵌藏性和抗咬合性)较差,是很有发展前景的轴承材料。

低锡铝合金是含锡量在10%以下的铝基轴承合金,具有承载能力强、疲劳强度高,但减磨性差的特点,适用于中、高速和重载轴承。

高锡铝合金是含锡量在17.5%~22.5%以上的铝基轴承合金。它的承载能力大、疲劳强度高,耐热性、耐磨性、耐蚀性好,且使用寿命长、加工性好、成本低,在常用的轴承材料中,其耐疲劳强度最好,广泛用于船用高速、高负荷柴油机主要轴承。

随着锡含量的提高,表面性能可得到改善,但疲劳强度会降低。为适应大型低速柴油机轴承的需要,可将合金中的含锡量提高到30%~40%,此种高锡铝合金具有与巴氏合金相近的性能。所以含锡量40%的高锡铝合金已成为船用大型低速柴油机的轴承合金材料。

(2)铝锑镁轴承合金。具有较高的疲劳强度和耐蚀性,较好的耐磨性,但承载能力较小,应用受到限制。主要用于低速、中等负荷的柴油机轴承。

为提高轴瓦的强度和表面性能以适应高速大功率和强载发动机的要求,目前已在中、高速机上广泛采用三合金轴瓦。三合金轴瓦通常是以低碳钢作为瓦壳,以铜铅合金或铝合金为中间轴承材料,再在其上镀一层软金属,其厚度为0.02~0.04 mm。软金属层作用主要是提高轴瓦表面的磨合性能,延长其使用寿命。三层合金轴承表面不能用布重擦,以免损坏很薄的镀层。

3.4.3 推力轴承

一些小型机和轴向推力不大的柴油机(如发电柴油机),在其飞轮端的最后一个主轴承座上通常设有止推轴承,起曲轴的轴向定位作用,如图3-45所示。在最后一道主轴瓦上作出翻边,并浇有减磨合金,使其与主轴颈两侧的小圆台阶相配合,以限制曲轴轴向移动。当曲轴受热变形时,曲轴可向自由端伸长。

船用主机通过轴系带动螺旋桨。螺旋桨圆周向所受到的力形成的扭矩,即为柴油机所要克服的阻力矩,而作用在螺旋桨上的轴向力就是使船舶前进的推力(或后退的拉力)。上述止推轴承显然无法承受如此巨大的轴向力,

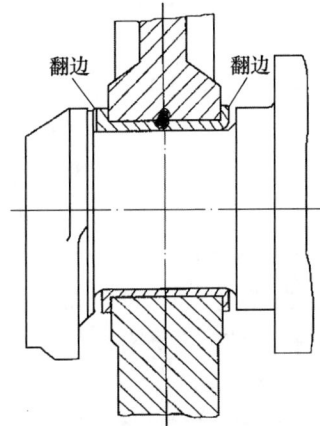

图3-45 止推轴承

为此,在柴油机飞轮端专门设置一个推力轴承。螺旋桨的推力通过尾轴、中间轴和推力轴作用到推力轴承上,并通过推力轴承传给船体,推动船舶前进。因此,推力轴承的作用是传递轴系轴向推(拉)力,并为轴系轴向定位。

在曲轴和推力轴直接连接时,推力轴承也起到曲轴轴向定位作用。

1. 推力轴承的结构与工作原理

推力轴承有滚动式及滑动式两种。滚动式推力轴承由于承受的推力较小,多用于中小型柴油机,大中型柴油机多用滑动式。滑动式推力轴承又有多环式和单环式之分。多环式由于其可靠性差,已不再使用。目前广泛使用的是单环式推力轴承,如图3-46所示。

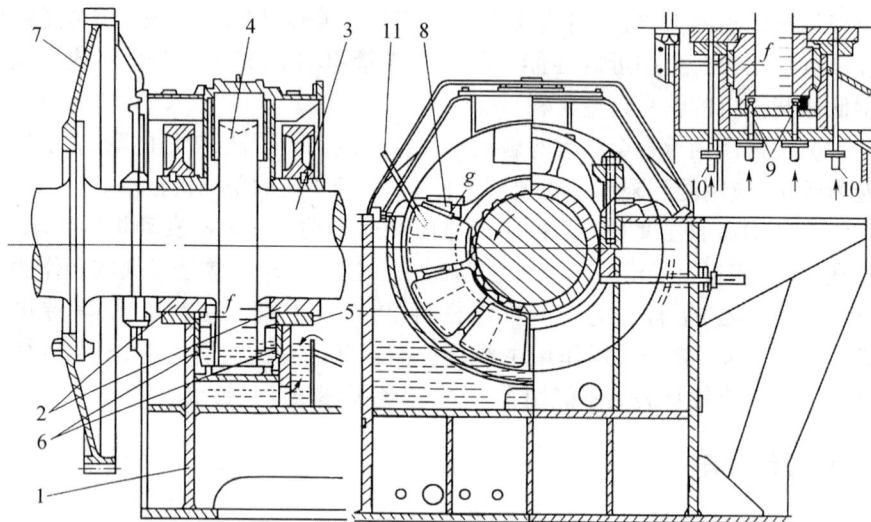

图3-46 单环式推力轴承

1—推力轴承座;2—支持轴承;3—推力轴;4—推力环;5—扇形推力块;6—调整垫圈;7—飞轮;
8—压板;9—喷管;10—滑油管;11—温度计。

单环式推力轴承主要由推力轴承座1、推力轴3、扇形推力块5、调整垫圈6和支持轴承2等零件组成。推力轴承座1一般与发动机机座连成一体。推力轴3由优质钢锻造而成,与曲轴可用紧配螺栓连接或红套成一体,现代新型超长行程柴油机的推力轴都与曲轴一体锻造并位于机架内部,可减小柴油机的轴向尺寸。推力轴中部锻有一个圆盘形的推力环,推力环位于支持轴承2之间,与推力块相接触。

推力轴承的关键部件是推力块,它分布在推力环两侧,每排沿圆周方向设置6块(一般6~12块),排成约占2/3圆周的扇形面。位于主机端的一排承受主机正车时的轴向推力,称为正车推力块,位于飞轮端的一排承受主机倒车时的轴向推力,称为倒车推力块。推力块结构随机型的不同而有所差别,但工作原理相同。

正车运转时,螺旋桨的轴向推力通过尾轴和中间轴传到推力环,推力环通过正车推力块和调整垫圈6(推力盘)将推力传给柴油机机座,又通过地脚螺栓传给船体,推动船舶前进。

为防止推力块跟随推力环转动,在正、倒车推力块的上方都设有压板8来定位。推力环与推力块之间由滑油润滑,滑油来自主轴承滑油系统。润滑和冷却滑油从喷管9不断地喷到正、倒车推力块和推力环上,润滑以后的滑油落入油池中,并经溢流口流入发动机机座油底壳中。

溢流口的位置较高,使得油池总有部分存油浸润着推力块和推力环,即使断油,也不致损坏轴承,为防止滑油从轴颈处漏出机外,在轴颈上还设有轴封。

图3-47(a)为一种推力块的立体图。推力块为一个扇形块,在靠近推力环的工作面上浇有减磨合金7,并在进油边缘5处制有圆角或斜面6,在调节圈一侧有高、低两个面1和3。高低面相交的棱边2为工作时的摆动支承刃,工作时它与调节圈工作面靠在一起。推力块两个侧面上都有凸台4,起着推力块间支承和定位的作用。推力轴承运转时处于全液膜润滑状态下工作。

图3-47(b)为启动时推力块的状态。正常运转时的状态如图3-47(c)所示,推力块绕支持刃偏转一个小角度,使推力块与推力环的工作面间形成楔形空间,滑油被推力环带入楔形空间,产生了动力油压,形成全液膜液体动压润滑。推力环的推力通过动力油压传递到推力块上,再经过支承刃传递到调节圈上。

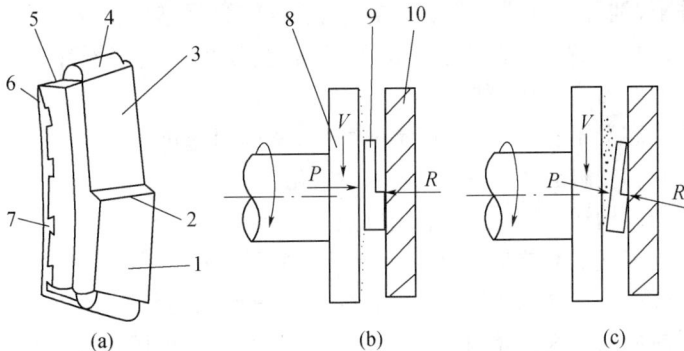

图3-47　推力块及其工作原理

1—支承凸肩;2—摆动支承刃;3—低位面;4—凸块;5—进油边缘;6—小斜面;
7—减磨合金;8—推力环;9—推力块;10—轴承座。

2. 推力轴承的调整

(1)压板间隙的调整。图3-46中,正、倒车推力块在左右两侧均用压板8

定位。推力块互相紧靠在一起时，在左、右侧压板与推力块处留有一定间隙 g。此间隙数值保证了推力块绕支持刃摆动的灵活性，两侧间隙之和应符合说明书的规定。其大小可通过增减压板处的垫片来调整。

（2）推力块与推力环轴向间隙的调整。推力块与推力环之间应有一定的间隙，以保证形成油膜。该间隙由正、倒车推力块背面的调节垫圈 6（推力盘）进行调整（图 3-46），该垫圈同时也可用来调整曲轴与主轴承之间的轴向相对位置。此间隙是用力把推力环压紧在正车推力块上时，用塞尺在倒车推力块与推力环间测量出来的间隙（也可在推力环任意自由状态下测量正、倒车推力块与推力环之间的间隙，然后相加而得），此间隙应符合说明书要求。若不符，则可通过调节圈进行调整。作为临时性的应急措施，也可在调节圈后加垫片进行调整。

在安装推力块时，调节圈应按下述要求进行调整：当推力环与正、倒车推力块之间各为 1/2 装配间隙时，靠近推力轴承的最后一个曲柄的中心线，应向推力轴承方向偏移一个规定的数值。这样做是为了补偿曲轴在运转中的热膨胀，从而尽可能地使各曲臂与主轴承之间的轴向间隙保持均等。为适应柴油机工作时曲轴的受热伸长，离推力轴承越远，则连杆大端轴承的轴向间隙应越大。

3.5 曲轴箱防爆装置

当柴油机工作时，流落到运动部件上的滑油被高速甩出，在曲轴箱内四处飞溅，使整个曲轴箱内充满着油雾。由于轴承、气缸套等部件的温度都较高，在一定温度条件下，油雾蒸发成油气，并与空气混合成为可燃混合气。当它的浓度到达着火限度，而曲轴箱内有"热点"出现时，就会发生曲柄箱爆炸。曲轴箱内通常是由于下列原因会产生"热点"：

（1）轴承润滑不良，产生不正常的摩擦，从而引起过热。

（2）活塞和气缸套工作不正常，产生拉缸。

（3）传动机构运转不正常，造成过热。

（4）活塞和气缸套之间的密封性不良，高温燃气漏入曲轴箱。

在柴油机正常运转条件下，总会有少量燃气漏入曲轴箱。其漏泄量随活塞和气缸套磨损量的增大而增加。这样，一方面加速了滑油的老化，另一方面更增加了曲轴箱爆炸的危险性。

3.5.1 曲柄箱防爆装置

随着柴油机增压度的不断提高，热负荷也显著增大，曲轴箱爆炸的可能性也增加。为此，曲轴箱上都采用了相应的防范措施，如安装防爆门、通风装置、监测装置等。

1. 防爆门

防爆门就是曲轴箱上的安全阀,通常安装在检查孔盖上。当曲轴箱内油雾与空气的混合物达到一定的浓度和温度而着火燃烧时,由于压力升高而自动开启,让气体溢出。随着压力的降低,它又迅速地自动关闭,从而防止曲轴箱爆炸。

2. 通风装置

将曲轴箱内腔与外部连通,让内部气体流出,其目的是延长滑油的使用期限,并减小曲轴箱爆炸的危险性。最简单的办法是在曲轴箱的较高部位设置通气口,让气体排向大气。但在增压柴油机和二冲程柴油机中,通常用一根管子将曲轴箱与压气机的进气口相通,工作时压气机将油气吸出来,并使曲轴箱内保持一定真空度。在管路上有的设置油气分离器,将油气中滑油分离出,并流回曲轴箱。

3. 监测装置

监测装置主要有两种:

(1) 油雾侦测器。它的作用是侦测油雾浓度。当油雾浓度到达危险浓度时,进行报警,或者自动操纵灭火装置将二氧化碳灌入曲轴箱。

(2) 差示压力计。它的作用是测示曲轴箱内的压力。当该压力升到一定程度时,它能使柴油机自动停车。

3.5.2 典型柴油机防爆装置结构

1. TBD620 柴油机防爆装置

TBD620 柴油机曲柄箱通风装置能有效地解决曲柄箱排放的污染,从而保护机器和环境。这个系统具有以下的几个功能:

(1) 保持柴油机各部位的清洁。

(2) 保证进气管增压器和中冷器不受阻塞。

(3) 提高柴油机的可靠性和可维护性。

(4) 减少对环境的污染。

(5) 减少烟气和对环境气味的直接污染。

在这个过滤系统中,污染的曲柄箱排放物进入柴油机通风装置即 CCV 的入口。废气通过曲柄箱呼吸器进入滤芯,如图 3-48 所示。这个阀可以调节曲柄箱内的压力使其保持一定的负压,然后气体通过过滤介质,碳烟和其他污染物被介质吸附,油从空气中分离出去。油收集在过滤室的底部以便重新送回滑油箱。在管道上装有一个止回阀防止滑油倒流。过滤后的气体从 CCV 的出口流出。CCV 的出口和螺纹管或空气过滤器相连使过滤后的气体重新进入进气管。当需要更换过滤元件时,在CCV顶部会出现过滤服务指示。

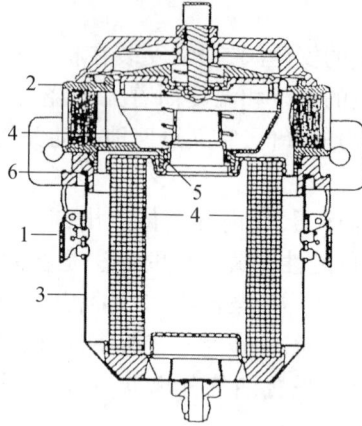

图3–48　TBD620柴油机曲柄箱呼吸器
1—插销;2—压盖;3—容器;4—滤芯;5、6—O形圈;7—端帽。

CCV系统维护的主要任务就是更换过滤器芯。用于柴油机的过滤器芯的使用时间一般为750h,使用中的负荷情况、机器磨损状况、曲柄箱排放物中的流质和浮质的凝结情况与积炭等会影响它的使用时间。

CCV系统上装有一个红色的过滤指示器。当因为堵塞而使过滤器不能正常工作时,压力增加使调节阀膜片上升,从而使过滤服务指示器出现。这就表示需要更换过滤器。更换过滤器后,拧松塑料盖,把指示器按下使其复位,再把盖子拧紧。具体方法如下:

(1)松开固定容器与压盖之间的插销。

(2)拿下容器出过滤器芯,在底部会有一些油,小心溅出。

(3)往下拉移掉过滤器芯把它放好,确保滤芯顶端压帽上的O形圈和压盖底部的O形圈被拿掉。

(4)在压盖底部安装新的O形圈。

(5)确定新的O形圈放在新滤芯的顶端压帽上,把滤芯元件按到位置并把顶端压帽固定在压盖底部中间的孔中。

(6)重新把容器与压盖固定好。

2. MTU396柴油机防爆装置

(1)曲轴箱呼吸器。MTU396曲轴箱呼吸器有如图3–49所示的两种结构。

MTU396曲轴箱通过安装在柴油机定时端右侧的润滑油分离器通气,并由外部管道连接到涡轮增压器的进气接管上。

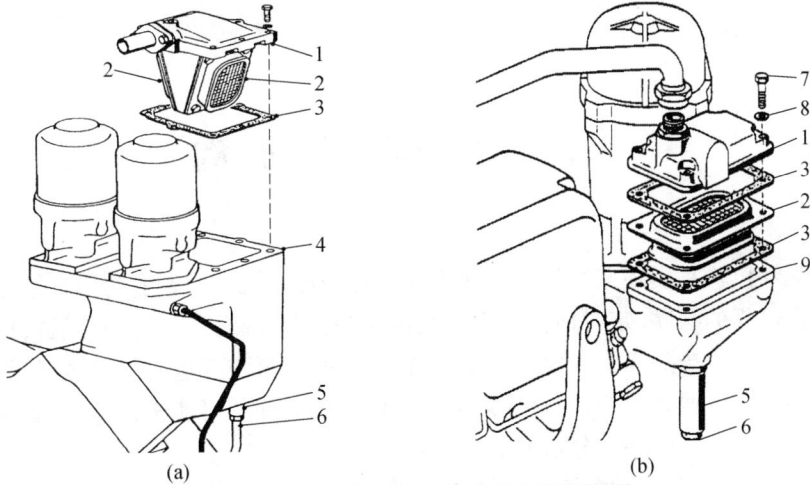

(a)   (b)

图 3-49   MTU39616VTE54 用曲轴箱呼吸器

1—盖；2—滑油分离器；3—衬垫；4—通气壳体；5—虹吸管；6—回油管；
7—螺栓；8—垫圈；9—呼吸器壳体。

润滑油分离器具有填充的金属滤网,滑油和废气的混合气体通过该分离器,悬浮在混合气体里的润滑油由它分离出来,沿呼吸器外壳流回曲轴箱内。

油的分离分为两级:第一级,沉淀区域,较大的油滴被分离,通过减低的流速,确保油滴不被带上去,通过重力的作用,这些油滴流回到油底壳;第二级,由金属网填充物构成,微小油滴被金属网挡住并且流到下面。

（2）防爆门。MTU396 柴油机的防爆门由阀体、检查孔盖、阀片和火焰防护罩组成,如图 3-50 所示,它布置在机体检查孔上。阀体对阀片起导向作用。阀片和阀体之间是弹簧,使得阀片压住检视孔盖上的密封圈以密封曲轴箱。阀体用螺栓和螺母固定在检查孔盖上。在检查孔盖的内侧是火焰防护罩以防止火焰窜出。若机体内超压,阀片在达到开启压力（0.02MPa）时压缩弹簧并开启阀门。压力下降时阀门在弹簧作用力下重新关闭。阀门的排气截面积约为 $71cm^2$。

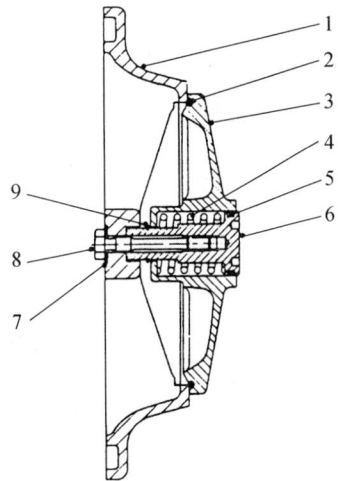

图 3-50   防爆门结构示意图

1—检视孔盖；2、5—O 形圈；3—阀体；
4—弹簧；6—导销；7—垫圈；
8—拉紧螺栓；9—弹性挡圈。

117

第4章 配气机构

配气机构是实现柴油机进气和排气过程的控制机构。它的功用是按照柴油机工作过程的顺序,定时地打开或关闭进、排气阀,让新鲜空气进入气缸,把膨胀作功后的废气排除出去。要确保废气排得干净、新鲜空气进得尽量多,气阀必须有足够大的流通截面积,而且在最大开度停留的时间尽可能长,所以气阀开关的时间和开关的速度都十分重要。

图4-1为典型的配气机构简图。柴油机的配气机构一般由下列部分组成:

(1)气阀机构。气缸盖上的进、排气孔,分别由进气阀1和排气阀2控制。

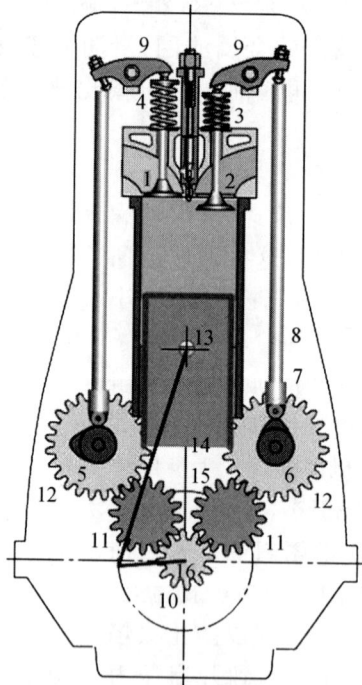

图4-1 配气机构简图

1—进气阀;2—排气阀;3—弹簧;4—弹簧承盘;5—进气凸轮;6—排气凸轮;

7—从动部;8—推杆;9—摇臂;10、11、12—传动齿轮。

弹簧3通过弹簧承盘4的作用使气阀紧密地关闭着气孔,让燃烧室与外界隔绝。当把气阀顶开时,废气可经排气孔排出,新气也可经进气孔进入气缸。

(2)凸轮轴。气阀的开启由凸轮轴上的凸轮来控制。凸轮轴上的凸轮5和6分别控制进气阀和排气阀。它们按照工作循环和发火次序的要求,适时地开启进、排气阀,完成缸内的换气任务。

(3)传动装置。它的功用是保证曲轴带动凸轮轴旋转,同时保证凸轮轴根据一定的相位控制气阀的开启和关闭。曲轴对凸轮轴的传动通过齿轮10、11、12来实现,凸轮轴对气阀的传动通过从动部7、推杆8和摇臂9来实现。

4.1 气 阀 机 构

气阀机构由气阀、阀座、气阀导管、气阀弹簧和气阀旋转器等部件组成,气阀机构根据其结构特点可分为不带阀壳式和带阀壳式两大类,图4-2为一种船用大功率中速柴油机的进、排气阀结构图,其进气阀为不带阀壳式结构,排气阀采用阀壳式结构并用水冷却。不带阀壳的气阀机构直接装在气缸盖上。这种气阀机构不用水冷,结构简单。但当气阀需要修理时,必须先拆下气缸盖才能拆下气阀,一般多用于中小型柴油机;带阀壳式的气阀机构是将气阀、气阀座、气阀导管和气阀弹簧等部件都装配在独立的阀壳中,再把阀壳用强力双头螺栓紧固在气缸盖的阀孔中,阀壳式气阀机构多用于大功率中低速柴油机。

阀壳一般由本体、流道和阀座组成。这三部分之间有定位销定位和垫片防漏,阀座与本体分开制造的目的在于阀座为易损部件,损坏时调换方便。阀杆上有从油道流入的滑油起润滑阀杆的作用,缸盖冷却水经弯管进入阀壳流道,对阀座进行强制循环冷却。

与不带阀壳式气阀机构相比,带阀壳式气阀机构有如下特点:

(1)气缸盖结构简单。

(2)拆装、维修气阀方便。

(3)有利于气阀的冷却。

(4)气阀机构结构较复杂。

4.1.1 气阀

气阀是直接控制进、排气通道开启和关闭的零件,由阀盘和阀杆组成。

气阀的工作条件十分恶劣。它经常和高温燃气接触,吸收的热量主要通过阀座、导管传给冷却水,一小部分则通过阀杆上部散发到大气,散热条件差。特别是排气阀,在排气过程中还要受到高温和具有腐蚀性气体的高速冲刷,平均温

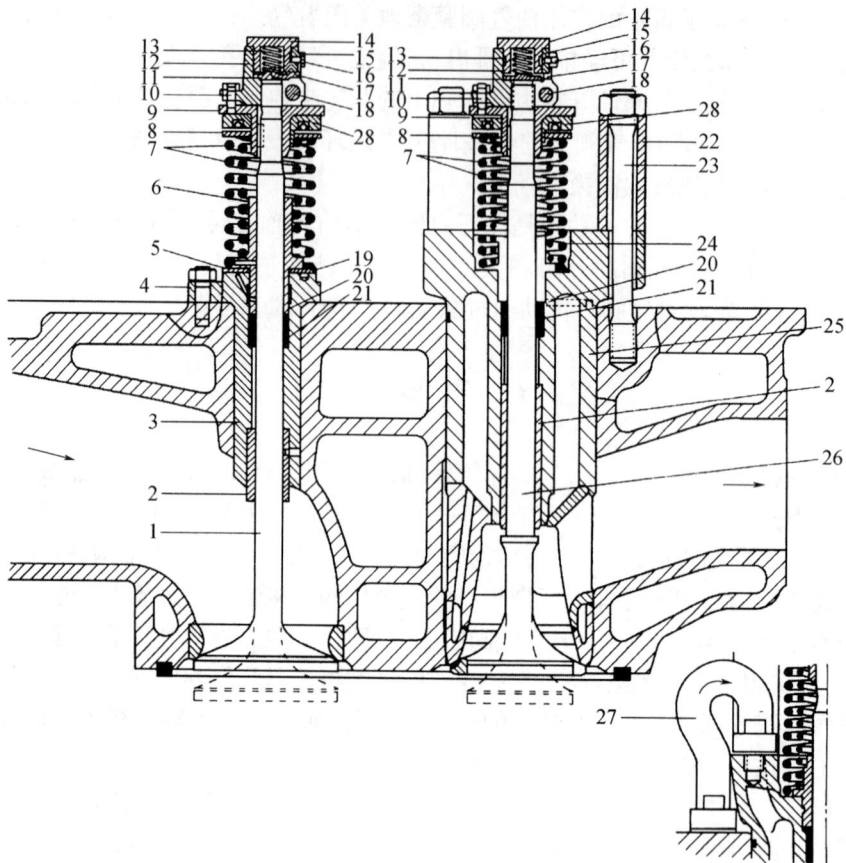

图 4-2　气阀机构

1—进气阀；2、6、24—气阀导管衬套；3—气阀导管；4—螺柱；5—弹簧板；7—气阀弹簧；8—滑键；
9—弹簧盘；10—锁紧螺栓；11—圆片；12—紧固件；13—推力弹簧；14—推力件；15—座；
16—定位螺栓；17—固定件；18—紧固螺栓；19—定位销；20—紧固环；21—密封环；
22—套管；23—双头螺栓；25—阀壳；26—排气阀；27—弯管；28—气阀旋转器。

度高达650～800℃,进气阀平均温度也高达450～500℃,过高的温度会使材料的机械性能降低,从而引起阀盘的挠曲变形,甚至造成阀杆在导管中卡滞,这些都会使阀盘和阀盘的接触面贴合不紧,影响燃烧室的密封性。燃气中的硫、钠、钒氧化物的聚合物对高温的气阀和阀座金属表面有腐蚀作用,可加速锥面的磨损。

　　工作过程中气阀不断地作往复运动,在惯性力和弹簧力的作用下,阀盘和阀座承受着巨大而且频繁的冲击,阀杆与气阀导管在润滑不良条件下工作,磨损比较严重,阀杆顶部与传动件之间也存在着严重的冲击磨损。

120

根据气阀的工作条件,为保证它工作良好、使用可靠而且寿命较长,在结构材料方面应满足以下要求:

(1)具有足够的热强度,在高温条件下能承受较大的冲击负荷,并保证良好的密封性。

(2)具有合理的外形尺寸,气流阻力小,同时能将吸收的热量顺利地传递出去。

(3)具有良好的耐磨性和抗腐蚀性。

气阀普遍采用耐热合金钢材料制造,阀座采用合金铸铁或者耐热合金钢材料。为了使阀面和座面耐磨和耐腐蚀,高增压和燃用重油的柴油机气阀在阀座和阀面上采用堆焊钴基硬质合金等。

阀盘是气阀的核心部分,其形状不仅影响气流流动阻力、气密性,同时也对其温度场、刚度和强度有重要影响。常用的阀盘形状如图4-3所示。

(1)平底阀盘(图4-3(a))。其形状简单,受热面较小,有一定刚度,在各类柴油机中应用最为广泛。为了减小流动阻力,可适当增加气阀盘面与阀杆间过渡圆角半径,在提高阀盘刚度的同时,也使气阀盘不易变形,但这将使气阀重量增加。

(2)凹底阀盘(图4-3(b))。其特点是可以获得较大的过渡圆角半径,减小气流流动阻力,但其受热面积增大,刚度减小,因此多用于小缸径柴油机。

(3)凸底阀盘(图4-3(c))。其特点是可增大气阀刚度,减小变形,改善气流流动性能,但其重量及受热面加大,多用于高速大功率柴油机的排气阀,排气阀内可中空充钠以改善其冷却。

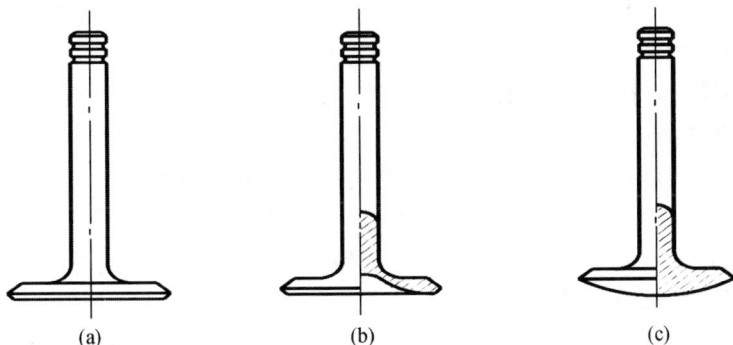

图4-3 气阀头部形状

阀杆是气阀运动的导向部件,为了保证阀盘与阀座的良好贴合,阀杆与阀盘必须同心,并且与阀盘准确垂直;此外,阀杆和导管之间的间隙,在保证正常运动的条件下,应该尽量的小,这不仅是保证阀盘和阀座贴合的需要,同时也是为了满足顺利散热的要求。阀杆顶端与传动零件接触,承受着频繁的冲击和摩擦,磨损比较严重,因而常采用如下措施来提高耐磨性:淬火;采用硬度较高的阀帽;堆焊特种合金。

阀盘锥面的锥角,安装时和阀座一道进行研磨配合,形成一条密封带。阀盘和阀杆之间采用大半径的圆弧连接,这样,一方面减小了气流的阻力,另一方面也提高了刚度,使阀盘不容易产生变形。

气阀的数量根据气流通道截面积的需要来确定。在气阀直流式二冲程柴油机中,排气阀一般采用2个或4个,个别采用1个。在四冲程柴油机中进气阀(或排气阀)一般采用1个或2个,也有采用3个气阀的。为了改善换气效果,气阀阀盘的尺寸一般在气缸盖的结构尺寸允许条件下,尽可能增大。有的柴油机进气阀和排气阀结构尺寸以及材料完全相同,这样它们可以互换使用,制造也较简单。但有的柴油机进排气阀的结构尺寸和材料不一样,一般进气阀的阀盘直径比排气阀的阀盘直径大,这主要是为了获得更高的新气充填效果。

4.1.2 气阀导管和气阀座

气阀导管的功用是作为气阀运动的导向面,保证气阀正确地落在阀座上,不致造成歪斜而发生漏气现象。另外,气阀所吸收的部分热量,也通过它传递出去。导管是一个压入气缸盖内的圆筒体,一般用外圆上的凸肩来定位。有的没有凸肩,但规定有一定的压入深度。

工作中气阀导管的温度较高,容易积炭,从而阻碍着气阀在导管内的运动,同时导管是在半干摩擦条件下工作,因此要求导管材料具有良好的耐磨性和良好的导热能力,一般采用铸铁,有的采用青铜和铁基粉末冶金。

气阀导管内孔与气阀阀杆的配合精度要求较高,而且间隙应适当。如果间隙过大,则气阀运动时产生摇摆现象,使阀座摩损不均匀,传热效果下降,同时也会出现漏气和漏油现象,而漏油是造成柴油机滑油耗量增加的重要原因之一。相反,如果间隙过小,则易产生气阀卡死现象。在某些柴油机中,为减小漏气和漏油现象的发生,在导管的内孔中装有青铜管,这样可以使得气阀导管内孔与气阀阀杆间的间隙较小。

气阀阀盘锥面与气缸盖上支承面(阀座)之间,必须研磨配合,使两者配合面之间形成一圈密封带。由于工作时气阀与阀座之间存在着严重的冲击,对排气阀来说,还遭受着废气的腐蚀,因此阀座部分的材料要求具有较好的耐磨性和耐腐蚀性。

当采用铝合金气缸盖时,为了提高支承面的耐磨性,避免软金属表面被打坏,通常采用单独镶入的阀座。在采用铸铁气缸盖的非强化柴油机中,一般没有单独的阀座,但在一些强化的柴油机中,即使气缸盖采用铸铁制造,也采用单制的阀座,阀座常选用较基体金属硬而且耐热性较好的材料,一般采用铸铁、青铜和钢。

阀座在气缸盖上的固定形式常见的有图 4-4 所示的几种:

(1) 圆柱面过盈配合。装配时利用液态氮作为冷却剂,将阀座冷缩后装入气缸盖的座孔中,如图 4-4(a) 所示。

(2) 锥面过盈配合。利用锥度把阀座压入座孔中使其保持一定的过盈量,并采用如下措施防止阀座脱落。

① 阀座的外表面等环形槽。当把阀座压入气缸盖时,缸盖的材料被挤入槽中,如图 4-4(b) 所示。

② 阀座的大端倒角。在阀座压入座穴以后,将气缸盖材料敛缝,如图 4-4(c) 所示。

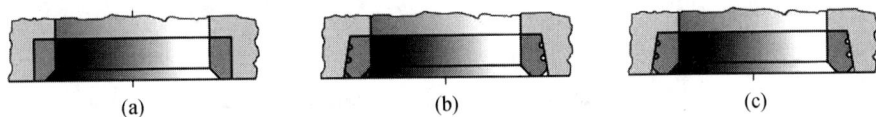

| (a) | (b) | (c) |

图 4-4 气门阀座的固定形式

4.1.3 气阀弹簧

气阀弹簧的作用如下:

(1) 在气阀关闭时,保证阀盘与阀座之间的密封。

(2) 在气阀开启时,保证传动机构不因运动件质量惯性力的作用而互相分离。

工作中,气阀弹簧承受着频繁的交变负荷的作用,容易造成疲劳破坏而断裂。为保证正常工作,气阀弹簧必须具有足够的弹力,但也不能太大,否则会造成气阀落座时,出现严重的冲击。此外,气阀弹簧还必须具有较高的疲劳强度。

气阀弹簧采用优质弹簧钢绕制而成,表面进行抛光或喷丸处理,以提高它的疲劳强度。为防止在使用过程中因锈蚀而造成疲劳破坏,气阀弹簧表面通常进行氧化或镀锌等保护处理。拆检时,应将气阀弹簧清洗干净,仔细检查表面有无裂纹或严重锈蚀现象,进行及时处理,否则弹簧断裂,不仅影响柴油机的正常换气,而且气阀落入气缸后,将会撞击活塞顶面和缸内群面,影响其正常工作。气阀弹簧长期在较高温度条件下工作,会造成弹力下降,从而使气阀和阀座配合不严,出现漏气现象,甚至引起锁紧装置脱导。

气阀弹簧多采用等螺距圆柱形螺旋弹簧,即相邻两圈的距离相等。通常每个气阀采用2根弹簧,中小型柴油机的气阀常采用单根弹簧,少数轻型高速大功率柴油机采用3根弹簧。采用多弹簧时,由于两个弹簧的自振频率不同,可以防止共振造成断裂的危险;另外,即使其中一根弹簧断裂,其他弹簧还可以支承气阀,不致落入气缸内而造成重大事故。采用多弹簧时,通常内外弹簧的旋向相反,以防止一根弹簧断裂后卡入另一根弹簧圈内。

为了更有效地防止气阀弹簧因共振引起断裂,有的柴油机采用变螺距弹簧,即弹簧相邻两圈的距离是变化的,在工作时,工作圈数和自振频率不断变化着,因而可以避免共振。安装时,弹簧螺距大的一端应该朝上放置。

气阀弹簧装在阀杆的外侧,一端支承在气缸盖上,另一端支承在弹簧承盘上。弹簧承盘与阀杆之间的连接有以下几种方式:

(1)锥形块连接(图4-5(a))。阀杆的上端制有安放锥形块的环形槽。锥形块由两半组成,外部表面为锥形,中间空心部分为圆形。锥形块的中间空心部分卡在阀杆的环形槽内,外面的锥形面卡在弹簧承盘的锥形孔内。这种方法结构简单、工作可靠、拆装简便,应用极为广泛。

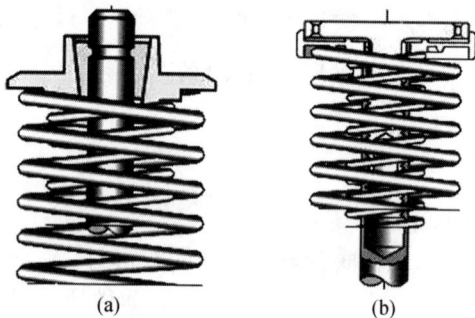

图4-5 气阀弹簧承盘与阀杆的连接

(2)螺纹连接(图4-5(b))。弹簧承盘通过内螺纹拧在阀杆上端的外螺纹上,用锁紧螺母和制动垫圈锁紧。制动垫圈的一端弯到锁紧螺母的一个棱面上,而另一端则嵌入弹簧承盘的孔中。这种结构目前应用并不普遍,不仅由于结构繁锁,而且螺纹凹口往往造成阀杆断裂。

4.1.4 气阀旋转器

气阀机构在柴油机工作中,由于条件恶劣,容易造成气阀锥面与座面之间腐蚀、磨损不均、密封性能下降等问题,为此,在某些大功率中高速柴油机上装有气阀旋转器,使气阀在开关的过程中缓慢旋转。

1. 气阀旋转器作用

气阀旋转器的作用是使气阀作缓慢旋转运动,从而有利于以下方面:

(1)改善其散热条件,可使气阀工作温度下降30℃左右。

(2)使气阀头部受热均匀,改善气阀头部温度场和热应力状态。

(3)减少或消除燃烧残余物在气阀锥面上的沉积。

(4)改善阀杆与气阀导管之间的润滑条件。

2. 气阀旋转器的工作原理

图4-6为气阀旋转器结构。当气阀处于关闭状态时,气阀弹簧的张力通过座盘、碟形弹簧片、座帽和锥形块传给气门,使气阀盘与气阀座紧密贴合。这时,钢球位于槽的浅端,碟形弹簧片也处于压缩变形状态。

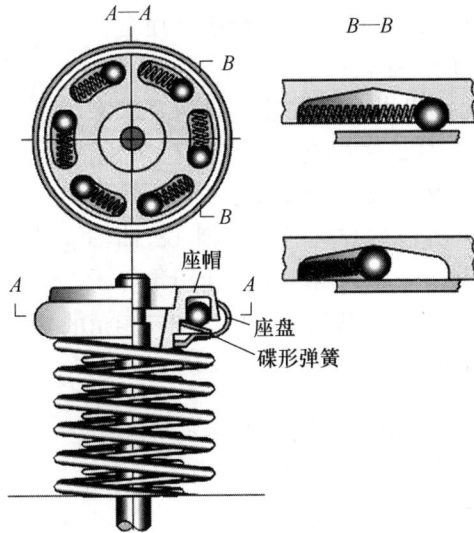

图4-6 气阀旋转器

当气阀开启时,气阀弹簧和碟形弹簧片受到压缩,碟形弹簧片发生变形,并迫使钢球由槽的浅端朝深端方向滚动。于是,通过小弹簧推动座帽旋转一定角度,通过锥形块的作用,气阀也跟着旋转相同的角度。气阀旋转器使气阀每分钟旋转5~15rad。

当气阀关闭时,碟形弹簧片对小钢球卸载。于是,在小弹簧的作用下,小钢珠由深处滚向浅处,为下一次旋转气阀作准备。

4.2 凸轮轴

凸轮轴上安装有一定数量的凸轮,并按一定的顺序排列。它的功用是:准确地按时开启和关闭气阀,保证柴油机的正常换气。

4.2.1 凸轮的外形及其在轴上的排列

凸轮是组成凸轮轴的基本部分,它的外形如图4-7所示。图中 R 为凸轮基圆的半径,h 为凸轮尖的高度,决定气阀开启的最大开度,θ 角为凸轮的作用角,决定气阀开启的总时间。当凸轮沿箭头所示方向旋转,a 点与传动机构接触时,气阀开启,到 c 点时气阀开度最大,然后开度逐渐减小,直到 b 点气阀完全关闭。

凸轮的外形应该保证气阀能够快速地开启和关闭,并尽可能地在全开位置停留较长时间,从而使得气阀有较大的开启时间和面积,而且配气机构的惯性力也不会太大。这样才能保证配气机构换气质量良好,工作可靠,而且使用寿命较长。

凸轮作用角的大小根据进排气总的时间要求来确定,也和机型有关。对二冲程直流式柴油机来说,曲轴转一圈,排气阀打开一次。所以凸轮的作用角等于排气过程的曲柄转角。对四冲程柴油机来说,曲轴转两圈,进排气阀各开一次。所以凸轮的作用角等于进排气过程曲柄转角的1/2。凸轮作用角与配气相角的关系如下:

图 4-7 凸轮的外形

进气凸轮作用角为

$$\theta_1 = \frac{1}{2}(180° + \alpha_1 + \alpha_2)$$

排气凸轮作用角为

$$\theta_2 = \frac{1}{2}(180° + \beta_1 + \beta_2)$$

式中:α_1 为进气阀开启提前角;α_2 为进气阀关闭延迟角;β_1 为排气阀开启提前角;β_2 为排气阀关闭延迟角。

为了保证柴油机各缸工作循环的顺利进行,每缸的凸轮与曲轴必须保持严格的相对位置,同时各缸的同名凸轮(控制进气的凸轮或控制排气的凸轮)的相对位置必须与柴油机发火次序相对应。

4.2.2 凸轮轴的结构和材料

工作时凸轮的外表面与传动装置之间为线接触,而且承受冲击力的作用,因此凸轮的表面必须具有较高的耐磨性。凸轮轴要求具有足够的韧性和刚度,能

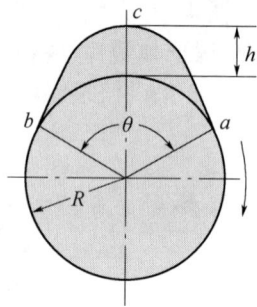

承受冲击载荷,受力后变形较小。

凸轮轴一般采用优质碳钢或合金钢锻制,有的采用球墨铸铁制造。凸轮工作面和轴颈表面进行精加工,并经淬火渗碳表面硬化处理,以提高其耐磨性。

凸轮和轴可以制成一体(整制式),也可以分开制造,然后固定在轴上(分制式)。轻型高速柴油机中多用整制式,分制式一般用于缸径较大的中速大功率柴油机中。

分制凸轮在轴上的安装方法分有键和无键两种:

(1)无键连接。凸轮的内孔与轴外径之间保持一定的过盈量,如图4-8(a)所示。安装时采用如下方法:

① 事先将凸轮加热,然后把它套在轴上。

② 采用专用工具(在凸轮轴的一端安装一段锥形轴),利用滑油压力把内孔胀大,然后把凸轮推到规定位置。在凸轮内孔的中部有环形槽,因油孔与外部连通,当把压力滑油输入内部时(采用专用工具),内孔胀大,这时就可以把凸轮调整到规定位置。当把滑油卸压后,凸轮就固紧在轴上。

(2)键连接。采用键连接时,有以下两种情况:

① 整制凸轮。在轴和凸轮上布有键槽,安装时将凸轮加热,放在规定位置,如图4-8(b)所示。由于凸轮内孔与轴之间有一定过盈量,因而二者紧固成一体。为防止轴向移动,用小螺钉定位。

② 分制凸轮。凸轮由两半组成。轴上装有套筒,并用键固定在轴上。套筒的端面有一圈齿牙,与凸轮端面的齿牙相对,安装时使它们互相啮合。然后通过套环、止推环和压紧螺钉把凸轮固定在套筒上,如图4-8(c)所示。

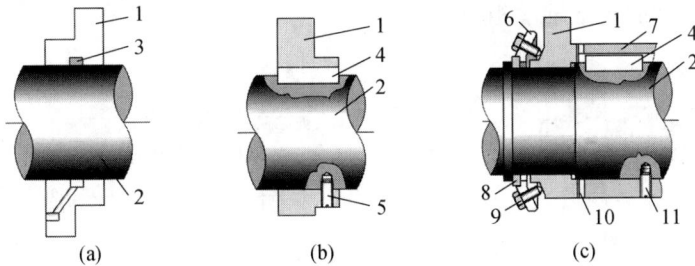

图4-8 分制凸轮在轴上的安装方式
1—凸轮;2—轴;3—环形槽;4—键;5—螺钉;6—套环;7—套筒;
8—止推环;9—压紧螺钉;10—齿牙;11—止位螺钉。

当凸轮轴较长时,常采用分段制造,通过凸缘和螺栓连接成一体,如图4-9所示。为保证轴承中心线对中,减轻轴承负荷,在两轴段的结合面处制有对中凸肩。此外,为保证两轴段中的凸轮位置符合工作循环的要求,在凸缘上还设有定位销。

凸轮轴分空心和实心两种。采用空心结构时，内部空腔可以用来作向凸轮轴轴承输油的通道，滑油经径向钻孔分别流向轴颈和凸轮的工作面。

凸轮轴安装在机体内部或气缸盖上的轴承中。凸轮轴轴承的结构形式有以下几种：

（1）有盖轴承。轴承分为两半（轴承座和轴承盖），凸轮轴放在轴承座上，然后用螺栓通过轴承盖扣紧。

（2）无盖轴承。主要特点是在机体内或其他部位镗制隧道式的轴承孔，然后把凸轮轴沿着各轴承孔轴向安装。为了保证能让全部凸轮穿过通孔，结构上采用如下措施：

① 凸轮轴颈的直径做得较大，其尺寸大小要做到轴上全部元件（如凸轮、连接凸缘）的轮廓不超出轴颈外表面的界限。为了满足这一要求，有的凸轮轴把轴颈直径加粗，有的凸轮轴另制一个轴颈圈，然后用键或热套法装在轴上，如图4 - 10(a)所示。

② 凸轮轴颈的直径不加大，而把轴承做成两半。轴承装入轴颈后，用螺栓把它们连接成为一体。轴承的外径比轴上各元件的轮廓稍大，同时与轴承通道之间有一定的间隙，这样保证了凸轮轴顺利地穿过通道。为防止轴承在通道内产生相对运动，每个轴承都用螺钉固定，如图4 - 10(b)所示。

为了防止凸轮轴产生轴向窜动，它的一端设有止推轴承。凸轮轴的止推轴承结构与曲轴的止推轴承相类似。

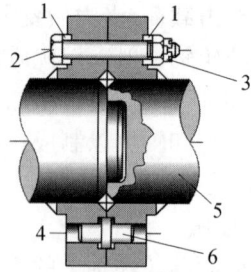

图4 - 9　凸轮轴的连接
1—垫圈；2—螺杆；3—螺母；
4—凸轮轴左段；5—凸轮轴右段；
6—定位销。

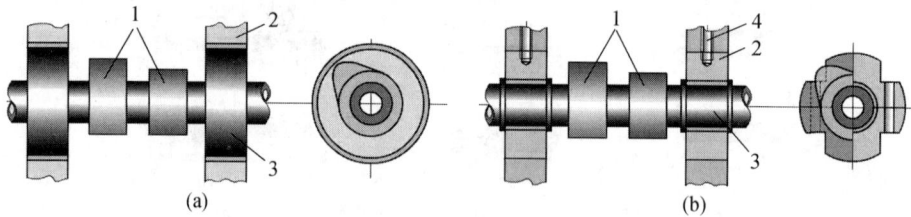

图4 - 10　凸轮轴轴承结构
1—凸轮；2—轴承；3—轴颈；4—定位螺钉孔。

4.2.3　凸轮轴实例

1. PA6 - 280 柴油机凸轮轴

PA6 - 280 柴油机机体左排和右排各布置了一根凸轮轴，两根凸轮轴不能互

128

换。每根凸轮轴均分为两段,两段之间用12个螺栓2和盖形螺母3连接,如图4-11所示。两段凸轮之间用弹性销4定位,以保证定时的正确性。每根凸轮轴有7个经过渗碳淬硬的轴颈,两轴颈间布置了进、排气和供油凸轮。凸轮的工作表面也经过渗碳淬硬。整根凸轮中心有输送润滑油油道。输出端用内六角螺塞5堵死。自由端用有钻孔的内六角螺塞1堵死。润滑油从输出端的轴颈油槽进入轴心流至各个轴颈润滑,并允许滑油从自由端溢出以润滑定时齿轮。自由端的端部布有安装定时齿轮的螺钉孔和定位销孔。

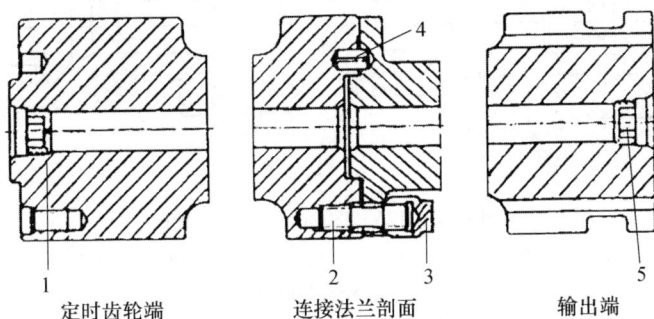

图4-11 PA6-280柴油机凸轮轴

1—带孔螺塞;2—连接螺栓;3—螺母;4—定位销;5—螺塞。

2. 12VE230ZC 柴油机凸轮轴

图4-12为12VE230ZC柴油机凸轮轴,12个排气凸轮2采用碳钢制成,表面渗碳淬火,通过热套法用键固紧在轴4上,并用螺钉9制动。凸轮轴用7个轴承支承,最前面的轴承为止推轴承,最后一个轴承与轴制成一体,其余的轴颈皆为表面淬火的轴颈圈3。轴颈圈采用热套法并用键固定在轴上,然后用螺钉制动。

限制凸轮轴轴向移动的止推板8用螺钉固定在轴颈圈1的端面上。轴颈圈1的另一端面有齿轮,用来传动调速器。凸轮轴做成空心,作为滑油的通道。前端用螺塞6堵死,螺塞6旋入凸轮轴的尾部,用螺帽7固定,并用止松垫片5防止松动。螺帽7在固紧螺塞的同时,也把止推盘进一步压紧在轴颈圈的端面上。

外部的滑油沿着最后一个轴颈表面的环形槽和径向孔进入凸轮轴的内部油道,然后沿着轴和轴颈圈上相对应的径向油孔流向各个轴承。

凸轮轴后端的凸缘与柴油机换向装置连接,由曲轴通过齿轮系来传动。

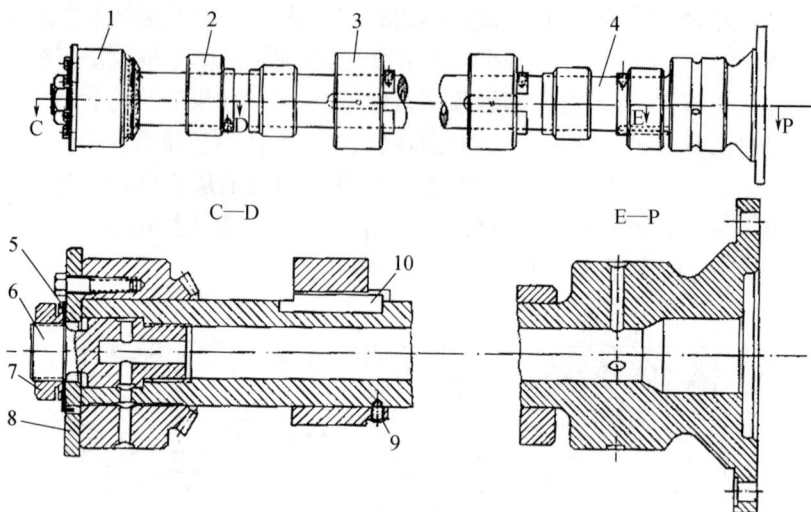

图 4-12 12VE230ZC 柴油机凸轮轴

1、3—轴颈圈；2—排气凸轮；4—轴；5—垫片；6—螺塞；7—螺帽；
8—止推板；9—螺钉；10—键。

4.3 传 动 装 置

　　气阀机构的动作由凸轮轴控制,而驱动凸轮轴的任务则由曲轴来完成。配气机构的传动装置包括以下两部分:凸轮轴对气阀机构的传动装置;曲轴对凸轮轴的传动装置。

　　由于凸轮轴在机体中安装位置的不同,传动装置的结构形式也有多种。

4.3.1　凸轮轴对气阀机构的传动

　　凸轮轴对气阀机构的传动,当前有以下两种基本形式:机械式和液压式。

1. 机械式气阀传动装置

1）机械式气阀传动装置的三种基本形式

　　凸轮轴在机体中的位置不同,它对气阀机构的传动各异。凸轮轴的位置由总体布置、机型特点、制造维修等方面因素来确定。但从最基本的特征看,凸轮轴对气阀机构的传动有如下三种基本形式。

　　（1）通过推杆、摇臂来传动气阀机构,如图 4-13(a)所示。在这种形式中,凸轮轴比较靠近曲轴,这样使得曲轴对凸轮轴的传动比较简单;同时这种结构本身也不复杂,因而这种形式的应用极为普遍。无论是大功率还是小功率、单列式

130

或 V 形、二冲程或四冲程、中速机或高速机都普遍应用。即使是某些特殊用途的轻型高速大功率柴油机也采用这种传动形式。

（2）凸轮轴直接传动气阀机构，如图 4－13(b)所示。在这种形式中，凸轮轴和气阀机构之间，没有产生变速往复运动和摆动的机件，可以减小作用在气阀传动装置中的惯性力，因而在轻型高速机中得到应用。但这种形式有如下缺点：在开启气阀时，阀杆和导管之间存在着较大的侧向力，从而增加它们之间的磨损；另外，曲轴对凸轮轴的传动机构复杂，这给制造和安装都带来困难。

（3）通过摇臂传动气阀机构，如图 4－13(c)所示。这种形式的特点介乎前两种之间，采用这种形式的多为二冲程柴油机。由于不用推杆，可给布置扫气室带来有利条件。在有些二冲程柴油机中，虽然也采用第一种形式，但凸轮轴布置在扫气箱的上方，因而推杆的长度可相对缩短，有的四冲程高速机也采用这种形式。

上述三种形式的区分，只是从它们最本质的特征而言的。但在多气阀的条件下，根据凸轮轴数量的不同，中间传动的结构形式也多种多样。

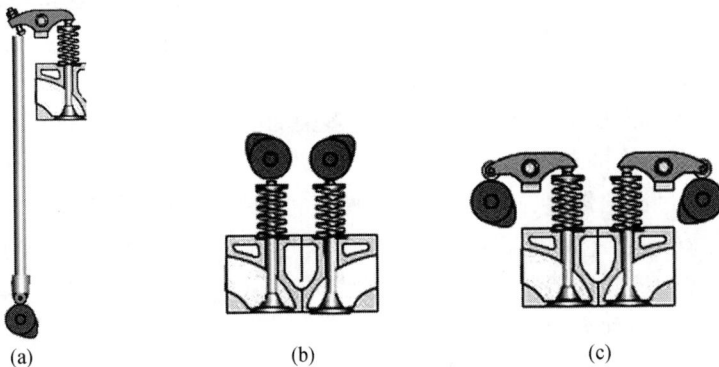

(a)　　　　　　　(b)　　　　　　　(c)

图 4－13　气阀机构的传动形式

2）传动装置的间隙和液压缓冲器

气阀和高温气体接触，受热后膨胀伸长，为保证气阀受热后有膨胀余地而不影响燃烧室的密封性，在气阀传动装置中留有一定大小的间隙，习惯上称该间隙为气阀间隙。

随传动装置形式的不同，气阀间隙安排在不同的部位，如图 4－14 所示。图 4－14(a)间隙 C_1：安排在气阀顶端与摇臂顶头之间；图 4－14(b)间隙 C_2：安排在凸轮基圆与滚轮之间；图 4－14(c)间隙 C_3：安排在弹簧承盘与凸轮基圆之间。

合理的间隙值应该是在保证气阀严密关闭的前提下尽可能小些，过大的间

131

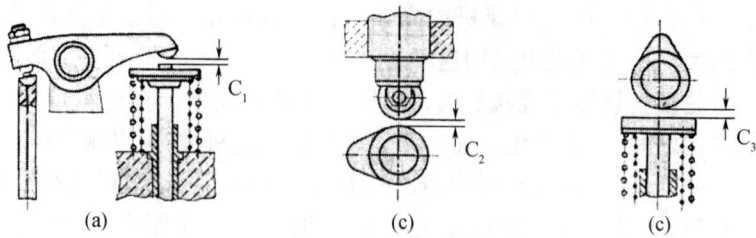

图 4 - 14   气门间隙的位置

隙会使各零件之间的冲击磨损加剧,噪声增加。具体的间隙大小决定于柴油机的类型和结构特点,有的柴油机其进、排气阀的间隙值相同,而有的柴油机的排气阀间隙比进气阀的大。

在内燃机工作中气阀间隙会因零件的磨损、振动等原因而发生变化,为此,在传动装置中设有专门的调整零件。调整间隙时必须保证气阀处于关闭状态(活塞位于动力冲程或压缩冲程)。调整间隙一般在两种情况下进行:一种是冷机条件下进行,此间隙称为冷间隙;另一种是柴油机的油水温度达到一定值后停车进行,此间隙称为热间隙。例如,TBD620 型柴油机规定:发动机冷态间隙,排气阀为 0.50mm,进气阀为 0.40mm。

为减小零件间的冲击磨损和噪声,许多柴油机在气阀机构的传动装置中设有液压缓冲器。它的基本工作原理是:在传动装置的间隙内保持一封闭的滑油层,作用力通过滑油传递,同时滑油层的厚度可根据气阀的热膨胀而自动调整。这样保证了传动装置中不存在机械间隙,可以减小气门机构工作时的冲击、振动、磨损和噪声该装置可设在摇臂前端和气阀接触处,也可设在挺柱内,前者称为液压顶头,后者称为液压挺柱。

(1)液压顶头实例。图 4 - 15 为典型液压顶头结构。液压油缸压装在摇臂前端的横臂上,油缸内有一活塞,并有卡环防止脱落。活塞内的弹簧上端顶住弹簧座,下端顶住活塞,使活塞与阀帽保持接触。弹簧座下端有油孔 4 与上端的凹槽相通,凹槽中有一球阀。当它落在阀座上时,从摇臂和横臂来的滑油经油孔 1 和油孔 4 进入油缸,当球阀堵住油孔 1 时,油缸与外部隔绝。

当开启气阀时,凸轮通过传动机构顶压横臂,由于动作迅速,球阀因惯性不立刻随横臂下行而把油孔 1 堵死,油缸封闭。其后横臂继续下行,油缸内压力增大,活塞随之下行,打开气阀。

气阀落座后,球阀让开油孔 1,滑油进入油缸,补偿从活塞和油缸之间漏泄的少量滑油。

(2)液压挺柱实例。图 4 - 16 为最简单液压挺柱结构。挺柱体内有一柱塞,柱塞上端与推杆相连,柱塞下端与挺柱体内底面构成油腔 A,其中装有弹簧承盘和弹簧。柱塞内的油腔 B 通过孔 D 与外部润滑油相通,由油孔 E 经单向阀与油腔 A 相通。

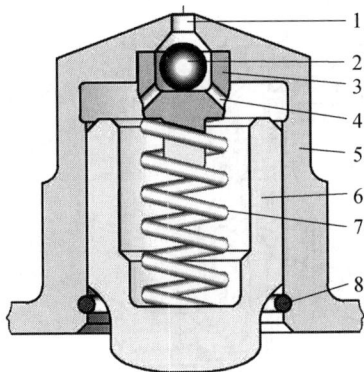

图 4 - 15　液压顶头实例
1—油孔 1；2—球阀；3—弹簧座；4—油孔 2；
5—液压缸；6—活塞；7—弹簧；8—卡圈。

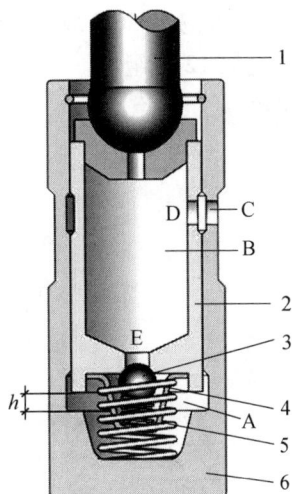

图 4 - 16　液压挺柱实例
1—推杆；2—柱塞；3—单向阀；
4—弹簧承盘；5—弹簧；6—挺柱体。

气阀关闭过程中,弹簧向上顶起柱塞,向下压挺柱体靠近凸轮,使气阀传动机构各零部件相互接触,同时可补偿间隙值 h 的增大。润滑油由油孔 C 经油腔 B 和单向阀进入油腔 A 形成油垫。当凸轮顶起挺柱时,油腔 A 内油压迅速升高,使单向阀关闭,于是,凸轮的作用力通过油腔 A 内的油垫传给柱塞、推杆等部件使气阀开启。在气阀开启过程中,油腔 A 内的润滑油沿挺柱体与柱塞之间的间隙被挤出去一些,这可以减小间隙 h,有利于气阀的可靠关闭。下一次的关闭气阀过程又在弹簧的作用下使 h 值增大,润滑油又由油孔 C 经油腔 B 和单向阀补充进入油腔 A。同样,当柴油机负荷增大时,油腔 A 的润滑油随各部件膨胀而被挤出,使 h 值减小,当柴油机负荷减小,油腔 A 中的润滑油自动得到补充,h 值增大。这种液压补偿装置既保持了气阀机构的无间隙运转,又保证了气阀的可靠关闭,但其结构复杂,对加工精度和润滑油质量要求高。

2. 液压式气阀传动装置

液压式气阀传动装置当前在一些大型低速二冲程直流式柴油机中获得应用,如 B&W 的 KGF 型以及 RTA 型等柴油机。其主要优点是:能消除气阀的侧推力,气阀落座平稳,噪声降低,寿命增长,总体布置比较自由。

图 4-17 所示为 RTA58 型柴油机的气阀传动装置结构简图。该装置由两大部分组成,即柱塞式输油泵(由凸轮驱动)和工作油缸(借油压通过活塞来传动气阀),两者通过高压油管连接。图中顶头处的液压传动器由顶头 3、顶杆 4、套筒 5、柱塞 6、安全阀 7、补油阀 8 等组成。气阀处的液压传动器由缓冲销 10、柱塞 11、套筒 12 等组成。空气弹簧装置由活塞 13、气缸 14 等组成。由启动空气瓶来的经减压的空气进入空间 N。

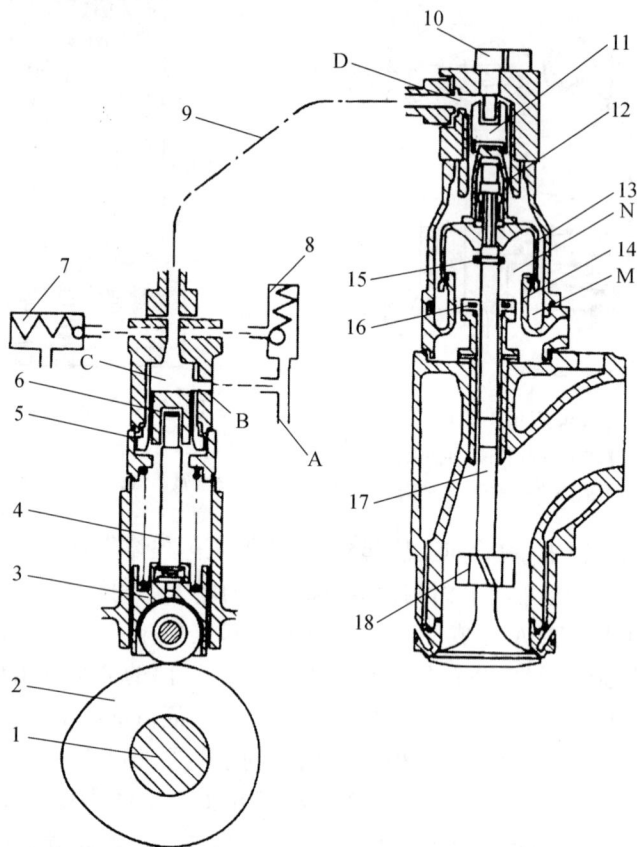

图 4-17 液压式气阀传动装置
1—凸轮轴;2—凸轮;3—顶头;4—顶杆;5—套筒;6—柱塞;7—安全阀;8—补油阀;9—油管;
10—缓冲销;11—柱塞;12—套筒;13—活塞;14—气缸;15—卡环;16—弹簧板;17—气阀;
18—转翼;A—补油管;B—补油孔;C、D—油空间;M、N—气体空间。

当凸轮 2 通过顶头 3、顶杆 4 顶起柱塞 6 时,C 空间的油被压缩建立起油压并经油管 9 泵入 D 空间,作用在柱塞 11 上面,压力油推动柱塞 11 下行并推动活塞 13 下行,将空间 N 内的空气压缩,在压缩空气作用下打开气门 17。当顶头沿凸轮向下运行时柱塞 6 下行,油压下降,D 空间的油流回到 C 空间,气阀 17 在 N 空间内气体压力(空气弹簧)的作用下关闭,液压柱塞 11 往上行,缓冲销 10 进入柱塞 11 上面孔内将孔中的油挤出。由于油的阻尼作用,减小了气阀与阀座的撞击。液压传动机构在运行时经柱塞和套筒间隙漏泄的油,由管道 A 和补油阀 8 补充。机构中的油由十字头轴承润滑油系统经减压后供给,当机构中的油压过高时,油由安全阀 7 泄掉。当 N 空间没有压缩空气时,柱塞 11 会在油压作用下下移,气阀被打开,但当卡环 15 落在弹簧板 16 上时便不再下移,避免气阀与活塞发生撞击。

这种液压驱动传动机构总体布置自由,由于不用摇臂,所以拆装方便,维修量少,除了空间小、质量小、机构布置自由等优点外,由于取消了摇臂,排气阀只作单纯的垂直运动,没有侧推力,从而也改善了气阀的工作条件。采用空气弹簧装置后更使气门工作时噪声低、阀杆磨损小,但其密封及调试均较困难。

4.3.2 曲轴对凸轮轴的传动

曲轴对凸轮轴的传动,有以下三种形式。

(1)圆柱齿轮传动。这种传动形式在各种类型的船用柴油机中应用极为普遍。因为它不仅工作可靠,而且结构和安装工艺也较简单。为了保证气阀机构与曲柄连杆机构的运动协同配合,传动齿轮之间的尺寸必须保持一定的比例关系,以保证在四冲程柴油机中,曲轴转两转而凸轮轴转一转,在二冲程柴油机中,曲轴转一转而凸轮轴也转一转。图 4 – 18 为直列式柴油机的传动,其中图 4 – 18(a)、(b)为四冲程机,图 4 – 18(c)为二冲程机。图 4 – 19 为 V 形柴油机的传

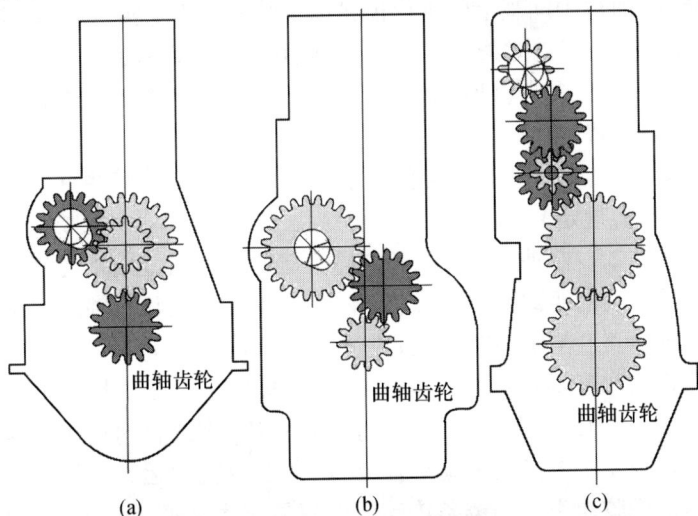

曲轴齿轮　　　　　曲轴齿轮　　　　　曲轴齿轮

(a)　　　　　　　(b)　　　　　　　(c)

图 4 – 18　直列机的圆柱齿轮传动

动,其中图 4-19(a)为四冲程机,图 4-19(b)为二冲程机。此外,还必须保证凸轮轴齿轮、曲轴齿轮以及中间齿轮的正确连接,为此,相啮合齿轮之间刻有定位记号,如图 4-20 所示。安装时一定要对准记号,否则会改变定时,从而影响柴油机性能的充分发挥,甚至造成气阀与活塞相碰,出现严重事故。

为了增加齿轮啮合的平滑性,减小传动噪声,一般采用斜齿轮。在某些特殊要求的条件下,才采用直齿轮,例如,在直接换向的柴油机上为了减小移动凸轮轴的轴向力,而采用直齿轮。

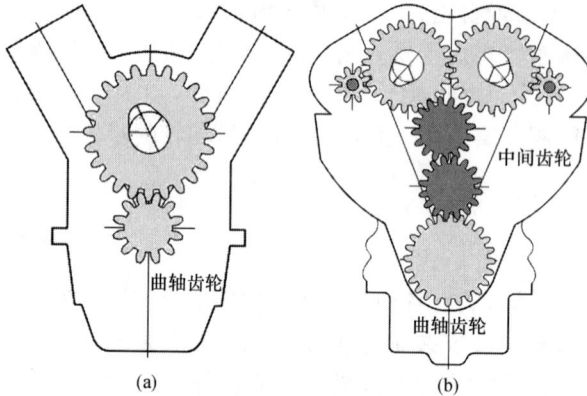

图 4-19　V 形机的圆柱齿轮传动　　　图 4-20　齿轮定位记号

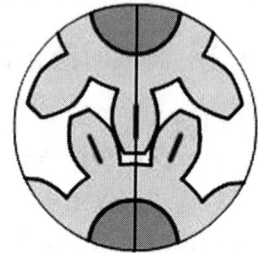

（2）锥形齿轮加中间轴传动。图 4-21 所示为这种传动的布置简图。曲轴上的锥形齿轮,通过中间轴上的锥形齿轮以及其他齿轮来实现对凸轮轴的传动,其中图 4-19(a)为直列式柴油机,图 4-19(b)为 V 形柴油机。

这种传动的特点是:传动可靠而结构紧凑,但结构较复杂而装配工艺要求较高,因而采用并不普遍。

这种装置中,传动件之间的定位一般通过特殊模板或某些具体规定来达到（在说明书中都有规定）。

（3）链条传动。曲轴上的链轮和凸轮轴链轮之间通过链条连接,如图 4-22 所示。由于链轮间的距离可以不受限制,所以在凸轮轴和曲轴之间的距离较大时,采用链传动可使结构简单和布置方便,而且还便于传动其他附件。但链条在工作中由于振动和磨损容易伸长,从而使链条松弛。这不仅影响传动的准确性,而且会产生噪声,为此,在链条传动中设有张紧轮,该链轮通过缓冲器调整链条的松紧程度。为减少链条的振动和摆动,链条在导轨中运转。该导轨由导轨板及其上的耐油橡胶块组成。链条传动一般只用于大型低速柴油机,目前大功率的中速和高速柴油机中,几乎都已不采用这种传动形式。

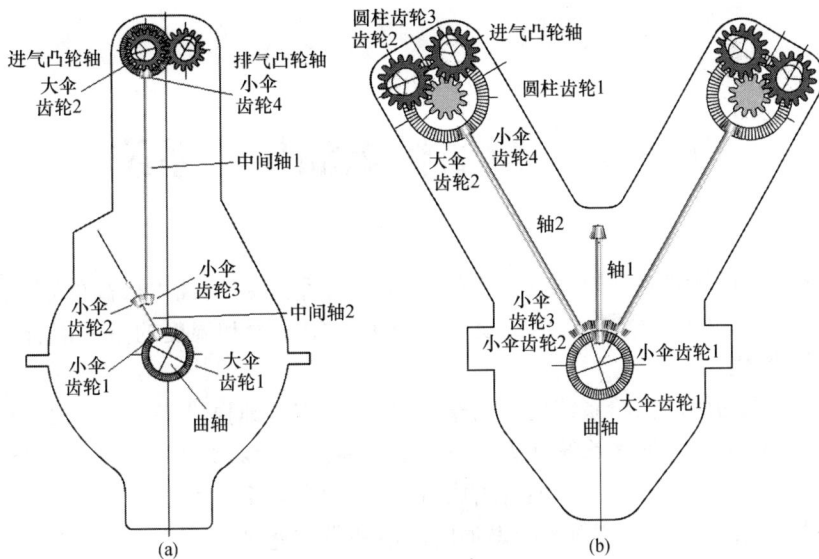

图 4-21　V 形机的圆柱齿轮传动

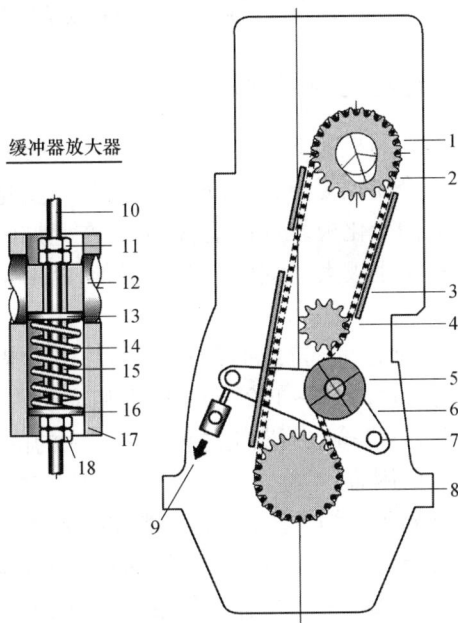

图 4-22　链传动

1—凸轮轴链轮；2—链条；3—导轨；4—中间轮；5—张紧轮；6—支架；7—支架轴；
8—曲轴链轮；9—缓冲器 10—拉杆；11—限位螺母；12—支持轴；13—弹簧承盘；
14—弹簧；15—限位套；16—弹簧承盘；17—缓冲体；18—锁紧螺母。

137

第5章 柴油机燃油供给系统

柴油机燃烧是在燃烧室内进行的,通过供油装置将柴油以极高的喷射压力(15~200MPa)喷入燃烧室,与燃烧室内具有一定压力和温度的空气混合,并自行发火、燃烧。

柴油机的燃油供给系统用来给柴油机定时、定量地提供清洁的燃油,它由高压喷射系统和低压输送系统两大部分组成。高压喷射系统由凸轮机构、喷油泵、喷油器以及连接它们的高压油管组成;低压燃油供给系统由低压输送泵、过滤器等部件组成,保证高压喷射系统燃油的清洁和供应充足。

5.1 柴油机燃烧过程及燃烧室

5.1.1 柴油机燃烧过程特点及阶段

柴油机燃烧过程对柴油机的动力性、经济性以及可靠性具有关键性的影响。

柴油机的燃烧是一个变化复杂,条件困难的过程。变化复杂不仅因为在此期间缸内的温度和压力的变化极大且迅猛,还因为在此期间缸内工质的成分及其物理和化学性质也都发生极大的变化。条件困难,是由于柴油机的燃烧具有以下的特点:

(1)燃烧过程是间歇性的,持续时间极短促。如当柴油机转速为200~2000r/min,若整个燃烧过程占60~120℃A时,则相应所占的时间仅为0.05~0.01s,这样短促的时间,不仅给改善燃烧过程带来很大的困难,而且也给观测和研究燃烧过程带来极大的困难。

(2)柴油机的发火属于压缩发火,燃油只能在喷入燃烧室后才开始与空气接触,时间短促,难于混合完全。缸内可供燃烧的空气量有限,且随着燃烧的进行,可供燃烧的空气逐渐减少,废气逐渐增多,更增加了混合和燃烧的困难。

要保证喷入气缸的燃油尽可能完全燃烧,必须充分利用缸内的空气,过量空气系数 φ_{at} 即可反映缸内空气的利用程度,它的定义是:为了燃烧喷入燃烧室内的 Fkg 燃油,实际供应的 G_1kg 空气量与 Fkg 燃油完全燃烧理论上所需的最低空气量 G_0kg 之比,即 $\varphi_{at} = G_1 / G_0$。对一个循环来说,有

$$\varphi_{at} = g_1/14.3g_f \qquad\qquad (5-1)$$

式中:g_f 为每循环喷油量(kg);14.3 表示每千克燃油完全燃烧需要 14.3kg 空气。

显然,在柴油机边混合边燃烧的条件下,φ_{at} 必须大于 1,才有可能实现完全燃烧。φ_{at} 越大,表明供气越充分,指示效率 η_i 越高。同样,在保证良好燃烧的情况下,多供气可以增大射油量,以提高升功率。

图 5-1 为一典型燃烧过程的展开示功图。图中 p 为气缸内压力,T 为缸内温度,h_n 为喷油器针阀升程,x 为放热系数,g_f 为循环喷油量。

根据缸内压力和温度的特征,一般将整个燃烧过程分为 4 个阶段,即滞燃阶段(准燃阶段)、急燃阶段(速燃阶段)、稳燃阶段和后燃阶段。

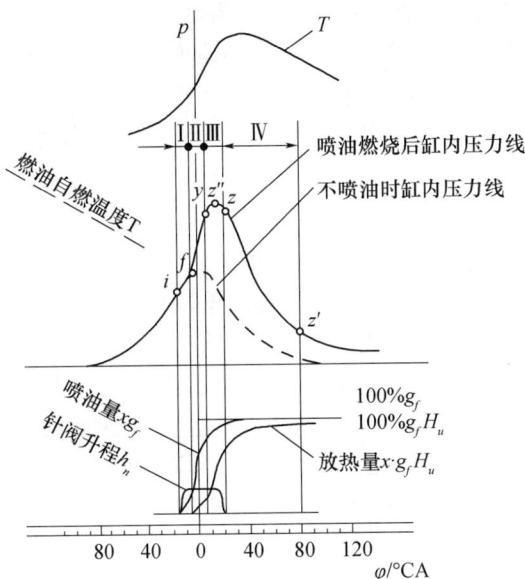

图 5-1 燃烧过程示意图

(1)滞燃阶段(i-f)。滞燃阶段是指从燃油喷入缸内的 i 点起到缸内压力与纯压缩压力线明显分离的点 f 为止的这段过程。它也称为准燃期或着火延迟期,其特征是缸内压力的变化与纯压缩线基本一致,整个阶段没有明显燃烧。在这一段时间里,虽说缸内的温度和压力基本上与纯压缩线一致,但是,并非没有什么变化,实际上,喷入的燃油在这段时间里进行着从喷散、雾化、吸热、蒸发、扩散与空气混合到分解、缓慢氧化等一系列发火前的物理化学准备,为后面的剧烈燃烧准备了条件,并对下一阶段的燃烧的进行产生决定性的影响。

着火延迟期包括物理延迟期 τ_{ph} 和化学延迟期 τ_{ch},后者又包括冷焰 τ_1、蓝焰 τ_2 和热焰 τ_3 3 个过程,总的着火延迟期表达式为

$$\tau_i = \tau_{ph} + \tau_{ch} = \tau_{ph} + \tau_1 + \tau_2 + \tau_3 \tag{5-2}$$

实际上,物理延迟期和化学延迟期是互相重叠的。τ_i 主要取决于燃料品质、燃料浓度以及相应的温度和压力条件。在标定工况下,着火延迟期一般为 1.3 ~ 3.0ms。温度越高,化学反应速度越快,τ_{ph} 越小。另外,影响着火延迟期的因素还有喷油提前角、转速、压力和空燃比等。

(2)速燃阶段($f-y$)。速燃阶段是指从压力开始急剧升高的点 f 起,到压力上升速度变为平缓的点 y 止。本阶段最显著的特征是缸内的压力和温度迅速上升。这是因为在滞燃期内准备好的大量混合气加上本阶段准备的混合气一起参加燃烧,而活塞又处于上止点附近,气缸容积很小所致。速燃阶段虽只有 6 ~ 7℃A,但燃烧释放的热量占整个射油量发热量的20% ~30%。由于是在高温下燃烧,对提高热效率十分有利。但是它也使燃烧室组件以及曲柄连杆机构承受较大冲击和机械负荷,当压力增长率和最大爆炸压力很大时,有时会产生类似金属敲击和强烈振动,这种现象称为柴油机"敲缸"。为了保证柴油机有较高的效率,同时又运转平衡,一般对爆炸压力和平均压力增长率的值都作了限制。

(3)稳燃阶段($y-z$)。稳燃阶段是指缸内压力由迅猛上升变为缓慢上升的点 y 起,到压力迅速下降的点 z 为止。这一阶段活塞下行,缸内容积明显增大,但因燃烧速度仍然很高,缸内温度处于最高的水平,燃油与空气形成可燃混合气的速度很高,燃油有时可以边喷边烧,这时只要保证有足够的空气,燃烧对运转平稳和效率都有利。这个阶段释放出的热量达整个燃油发热量的40% ~60%,缸内压力可达 8.0 ~18.0MPa,且变化不大,最高温度可达 1700 ~2000℃。由于缓燃阶段的燃烧具有非常明显的优点,所以希望它持续时间长一些,组织得更好一些,能燃烧更多的燃油。

(4)后燃阶段($z-z'$)。后燃阶段是指从缸内压力开始明显下降的点 z 起,直到燃烧基本结束的点 z' 为止。后燃是指稳燃以后的燃烧,实际上整个膨胀过程都存在后燃,只是随着膨胀过程的进行,后燃越来越弱,后燃一直持续到上止点后 80 ~100℃A,甚至直到排气阀打开为止。引起后燃的原因很多,如喷油太晚、突加负荷、喷油压力太低及在大负荷时的高温析碳等。后燃放出的热量占整个燃油发热量的10%左右,后燃对柴油机性能极不利,它使热效率降低,排放指标恶化。

5.1.2 柴油机燃烧室

柴油机的燃烧室是柴油机中柴油与空气混合、燃烧,实现由燃油的化学能到

热能这一能量转换过程的主要场所,它对柴油机的功率、经济性、空气利用率、工作可靠性以及排放污染等技术指标有着重大的影响。一般情况下,对柴油机的燃烧室应有如下一些要求:

(1) 能在较小的过量空气系数条件下,使喷入的燃油及时、完全地燃烧,即提高空气的利用率。

(2) 燃烧室内的散热和流动等附加损失少。

(3) 工作平稳,压力增长率和爆发压力适当。

(4) 能在较大的转速和负荷范围内正常工作。

(5) 启动可靠。

(6) 黑烟、噪声和有害气体等排放少。

(7) 结构简单可靠,布置合理。

(8) 对喷油要求不高并对燃油品质不敏感,便于使用多种燃油。

柴油机燃烧室的形式很多,要求在同一个燃烧室中同时达到上述全部要求是困难的,只能根据不同柴油机的类型和用途来决定主次和取舍,而且有不同的分类方法。按结构形式可分为两大类,即统一式燃烧室和分隔式燃烧室。

1. 统一式燃烧室

统一式燃烧室或称直喷式燃烧室,其基本结构特点是燃烧室由气缸盖底面、气缸壁和活塞顶面之间一个统一的空间组成。它又可分为开式与半开式两种。

(1) 开式燃烧室。开式燃烧室形状简单工作可靠,燃烧室的面容比 F/V 小,所以流动和散热损失小,热效率高。工作可靠,但其混合气形成主要是依靠燃油的雾化和分布,喷油峰值压力达 $100 \sim 150\text{MPa}$。这种燃烧室在大、中型柴油机上得到广泛应用。因此,对喷射系统要求较高,不仅要求燃油雾化良好,而且应使油注形态与燃烧室形状密切配合。喷油器一般采用多孔喷嘴 $6 \sim 12$ 个,孔径在 $0.25 \sim 0.8\text{mm}$,喷孔与中轴线夹角为 $135° \sim 155°$,喷油压力较高,启喷压力一般都在 $20 \sim 40\text{MPa}$。

图 5-2 为两种形状不同的开式燃烧室。图 5-2(a) 为浅盆形,法国 PC2-5 柴油机采用此类燃烧室。图 5-2(b) 为浅 ω 形,更适应油注的形状,MTU956 柴油机和 PA6-280 柴油机采用此类燃烧室。

(2) 半开式燃烧室。半开式燃烧室也称深坑式燃烧室,它由两部分空间组成:一部分是位于活塞顶面与气缸盖底面之间的空间;另一部分是位于活塞顶较深凹坑内的空间,后者为主要部分,深坑喉口直径 d_k 较大,面积一般为活塞顶面积的 $40\% \sim 60\%$。

半开式燃烧室燃油与空气的混合仍以空间混合为主,但对喷射系统的要求比开式燃烧室低,喷孔数为 $3 \sim 4$ 个,启喷压力为 $18 \sim 25\text{MPa}$,有较强的挤压和膨

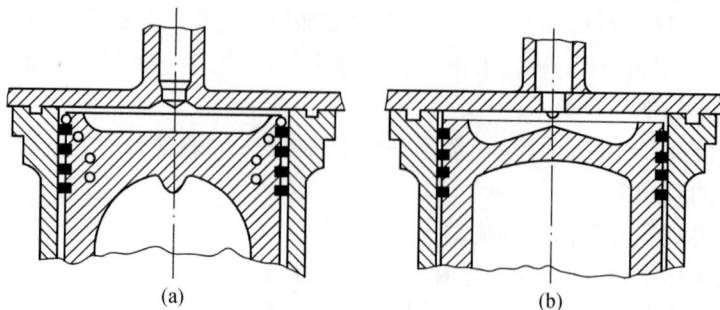

图 5 - 2　开式燃烧室

胀涡流,所以空气利用率高,在 $\varphi_{at} = 1.3 \sim 1.5$ 时,仍能保持良好燃烧。图 5 - 3
为两种半开式燃烧室的典型结构。

　　图 5 - 3(a)为 ω 形,其凹坑比开式燃烧室的浅 ω 形深,为国产 135 系列柴油
机采用。图 5 - 3(b)的凹坑比图 5 - 3(a)还深,其挤压和膨胀涡流更强。另外,
它还能组织较强的进气涡流,即使在过量空气系数较小的情况下,仍能保持燃烧
无烟。

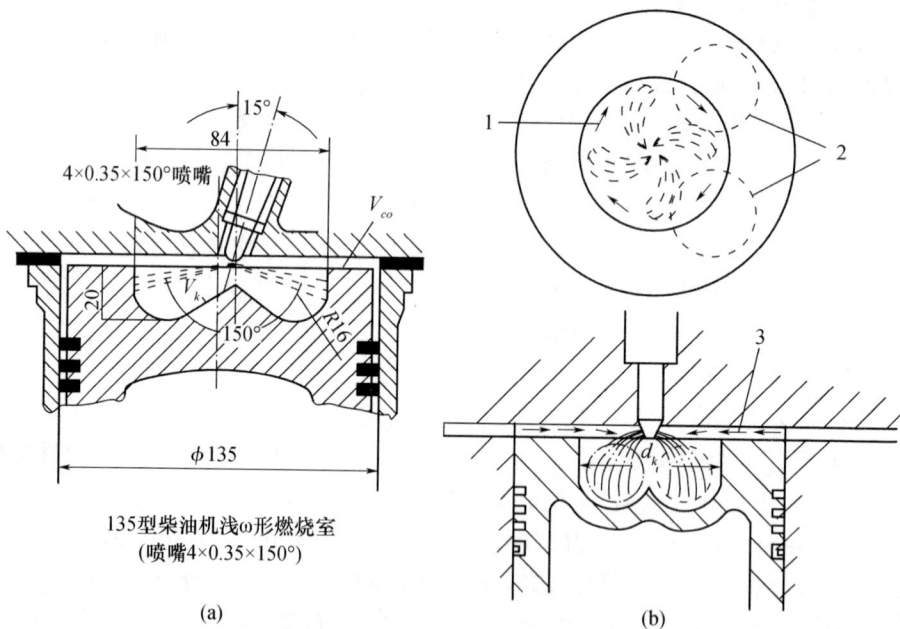

135型柴油机浅ω形燃烧室
(喷嘴4×0.35×150°)

(a)　　　　　　　　　　　　　　　　(b)

图 5 - 3　半开式燃烧室
1—进气涡流;2—导气屏进气阀;3—挤压涡流。

142

半开式燃烧室的凹坑容积 $V_k = (75 \sim 85)\% V_{co}$，凹坑太深，不仅对清除其中的废气不利，而且喉口处热负荷增高，活塞易损坏，喷油器针阀也可能因过热卡死。在半开式燃烧室中，希望油注有足够的射程，使燃油冲击壁面再反射回来，造成在空间的再分散，进一步改善混合和燃烧。如果射程太短，则直接喷射在空间的燃油增多，燃烧与开式接近，不仅空气利用率低，而且工作粗暴。

（3）球形燃烧室。球形燃烧室又称 M 燃烧室，是半开式燃烧室的一个特例。如图 5 - 4 所示，活塞顶内的燃烧室是球形，燃油的 90% ~ 95% 以上靠燃烧室的气流和特殊的喷油器均布于球形燃烧室表面，形成厚度为 15 μm 的一层油膜，油膜在燃烧室壁加热和涡流作用下快速蒸发形成可燃混合气。另有 5% ~10% 的燃油直接喷入燃烧室空间，形成火焰中心。这种特殊的油膜燃烧方式，其燃烧的平稳性和完全性较开式和半开式更好，但是对气流的组织和

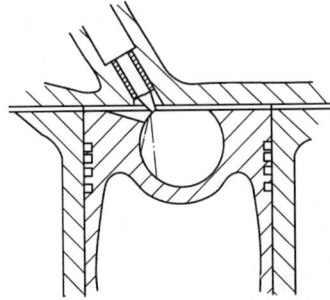

图 5 - 4　M 燃烧室简图

喷射控制要求较高，工况适应性差，启动困难，现已极少应用。

2. 分开式燃烧室

分开式燃烧室由分隔开的两部分燃烧室组成：一部分位于气缸盖底面和活塞顶之间，称为主燃烧室；另一部分位于气缸的侧上方或气缸盖上，称为辅助燃烧室。两部分由一个通道或若干个小孔连通。它利用燃烧时产生的涡流达到混合油气的目的。根据利用涡流的性质不同，它又分为涡流燃烧室和预燃燃烧室两大类。

（1）涡流燃烧室。它由球形涡流室和主燃室两部分组成，二者由与一球形燃烧室相切的圆形或椭圆形截面通道连通。它主要利用压缩过程的能量产生涡流，所以称涡流室，如图 5 - 5 所示。与活塞顶部主燃室的通道相对涡流室切向布置，涡流室的容积占整个燃烧室容积 V_{ce} 的 50% ~ 80%（$V_{ce} = V_{co} + V_{ck}$），通道面积为活塞面积的 1.2% ~3.5%，所以在压缩过程中空气通过通道进入涡流室产生强烈的涡流。燃油喷入涡流室形成较均匀的混合气并在涡流室内发火燃烧，燃烧后涡流室内的压力迅速升高超过主燃室，导致整个可燃混合气一起高速流回主燃室，产生强烈的涡流并形成二次混合，进一步改善了燃烧。

涡流室的空气利用率高，在 $\varphi_{at} = 1.2 \sim 1.3$ 时，仍能保持良好燃烧；它对喷射系统要求低，可用轴针式喷油器，启喷压力为 10 ~15MPa。最高燃烧压力出现在涡流室内，主燃室压力上升平稳。最大的缺点是缸内流动和散热损失大，通道节流损失大，油耗较高，达 258 ~280g/（kW·h），启动困难，燃烧室机件热负

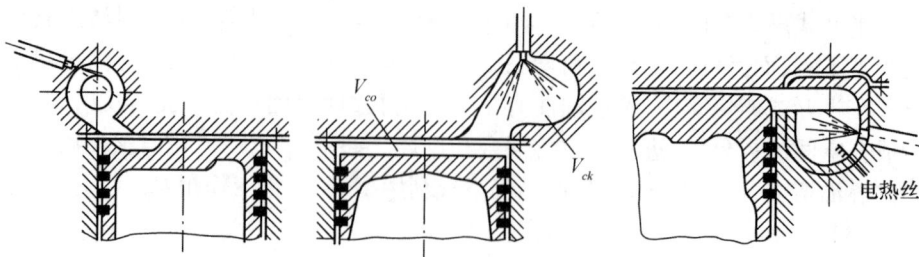

图 5 - 5　涡流燃烧室

荷大。

（2）预燃燃烧室。与涡流燃烧室不同，预燃燃烧室主要是利用燃烧过程的能量产生涡流，所以预燃室的容积只占整个燃烧室容积的 25% ~40% ，它可以适当减少燃烧室内的流动损失。如图 5 - 6 所示，预燃室和主燃室之间的喷孔与主燃室的形状相匹配。图 5 - 6（a）为中心布置的预燃室，有 6 个孔径为 5.5mm 的喷孔与主燃室浅 ω 形状匹配;图 5 - 6（b）为斜置的预燃室，用单孔与偏置的浅球型主燃室相配合。

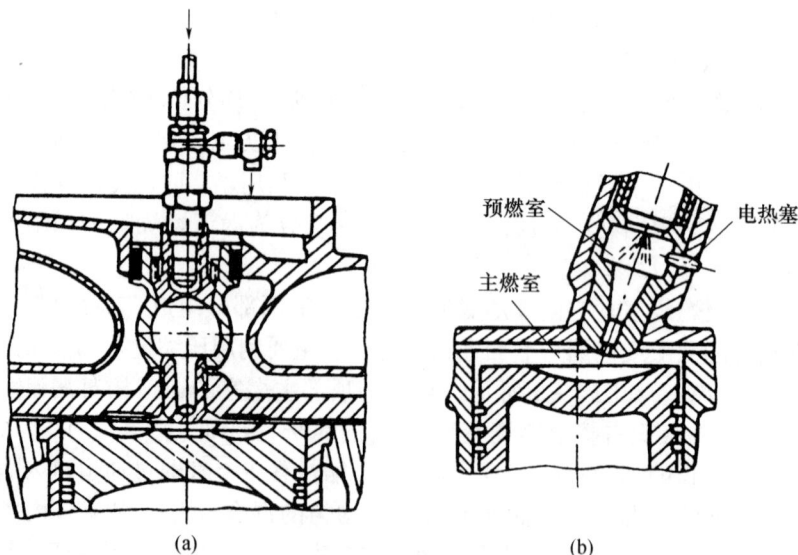

(a)　　　　　　　　　　　　　　(b)

图 5 - 6　预燃燃烧室

在压缩过程中只有少部分空气压入预燃室，且涡流也不很大，燃料喷入预燃室内，以较小的过量空气系数形成浓混合气，发火燃烧后预燃室内压力升高，以几个兆帕的压差流入主燃室，燃油在主燃室内进一步混合燃烧。显然，预燃室的流动损失要比涡流室小,但是喷嘴的热负荷大,容易出现严重故障。

为了进一步减少节流损失,改善喷嘴的热负荷,人们研究出可变通道预燃室,如图5-7所示。预燃室喷嘴中心只有一个大孔,而活塞顶中心设一凸柱,只有当活塞在上止点附近,凸柱与喷孔配合才形成环状的喷孔。这既能使燃气通过环状喷孔达到混合好的目的,又能在凸柱退出时的流动损失降低。海军工程大学曾针对重12V180CaD柴油机研究了超小型水滴状预燃室,将预燃室的相对容积减少至20%左右,既降低了喷嘴的热负荷,特别是低负荷时燃油消耗率明显下降,又减小了故障发生率。

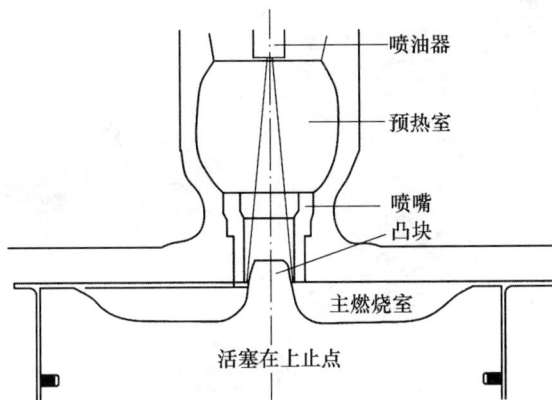

图5-7 可变通道截面预燃室示意图

与统一式燃烧室相比,分开式燃烧室有如下优缺点:

(1)油、气混合主要依靠挤压气流和燃气扰动,不仅可以提高空气的利用率,在过量空气系数较小的情况下仍能实现良好的燃烧,可以降低对供油装置的要求。

(2)对燃油品质不太敏感,适于使用多种燃油,尤其适宜于燃烧重质燃油。

(3)分开式燃烧室压力升高率小,运转平稳。

(4)由于相对散热面积F/V较大,散热和节流损失较多,耗油率较高,启动困难。

5.2 低压燃油输送系统及附件

柴油机燃油低压输送系统的作用是将符合使用要求的燃油畅通无阻地送到喷油泵入口端。柴油机燃油低压输送系统通常由低压输送泵、滤清器、燃油手动泵等组成。

图 5-8 为 MTU956 柴油机燃油系统组成及安装示意图。其燃油系统由燃油双联滤器、喷油器、喷油泵、高压油管、漏泄油箱、燃油回油管、燃油手动泵、止回阀等机件组成。

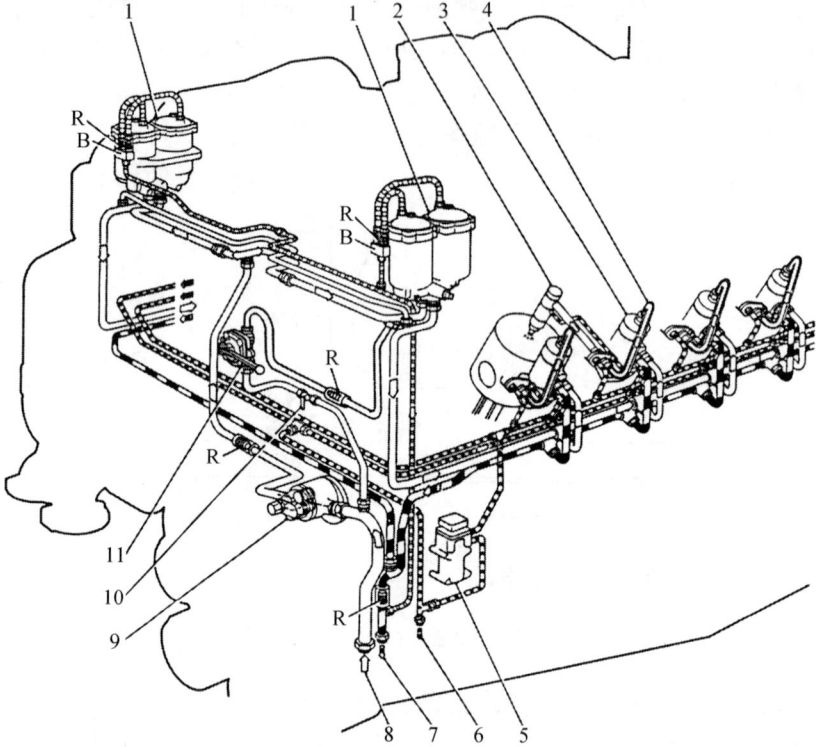

图 5-8　燃油系统组成

1—燃油双联滤器；2—喷油器；3—高压油泵；4—高压油管；5—漏泄油箱；6—燃油泄漏油管；7—燃油回油管；8—进油管；9—燃油输送泵；10—止回阀；11—燃油手动泵；B—分配盒；R—止回阀。

燃油输送泵安装在辅助传动装置上，通过齿轮由柴油机曲轴驱动。它将燃油从燃油箱吸出，经燃油粗滤器，经过 0.05MPa 开启压力的止回阀和燃油双联滤器送至喷油泵。

双联滤器安装于柴油机前端齿轮箱上。每一排缸对应一对滤器。双联滤器有持续放气口，当滤器内有空气夹杂，可将混有空气的燃油经止回阀和分配盒（阻气盒）送入回油管路并送至燃油箱。分配盒防止流经回油管路的燃油过多。

安装止回阀的目的是使柴油机在运行时可以更换滤芯。

根据所要求的柴油机功率（调速器设定），由喷油泵将一定量的燃油经高压油管和喷油器喷入气缸。喷油泵内多余的燃油回流溢流槽使送回燃油箱。在回油管路内装有一只 0.05MPa 开启压力的止回阀,它保证喷油泵工作所需要的最低供油压力。

在漏油的情况下经高压油总管将漏泄燃油送到漏泄油箱,泄漏油箱内装有一只泄漏监视器。油箱上侧连接漏泄溢流管路,它将溢出的漏泄燃油经回油管送至燃油箱。

为保证柴油机停车时注入燃油并且放气,装有一只燃油手动泵,它将燃油从燃油输送泵进油管中吸出并压入燃油输送泵的高压管路中。

5.2.1 燃油输送泵

输油泵的作用是将油柜的柴油提高到一定压力,以克服系统中的阻力,保证连续不断地向高压泵输送足够数量的柴油。船用柴油机输油泵的结构形式有齿轮式、柱塞式和叶片式等,但采用最多的是前两种。

1. 齿轮式输油泵

图 5 – 9 所示为齿轮泵的工作原理图。图 5 – 9(a)中两个相互啮合的齿轮将泵体的内腔隔成两个互不相通的空间。当齿轮按箭头所示的方向旋转时,吸入腔(靠进口一侧)和排出腔(靠出口一侧)的容积都发生变化。吸入腔容积因齿牙的不断分离而增大,因而内部压力降低,柴油不断流入,并充满齿牙的空间,该过程称为吸油过程。充满了柴油的齿间容积,在贴着外壳转动的过程中保持不变,并将燃油从进口向出口不断地传送,称为传送过程。排出腔的容积则在齿轮牙不断啮合的过程中逐渐缩小,就这样将柴油源源不断地从油柜中吸出来输送到柴油机的喷油泵低压油腔中去。

图 5 – 9(b)是正反转都能工作的齿轮泵原理图,主要用于能直接回行的主柴油机上。图 5 – 9(c)为另一种形式的齿轮泵,称为内齿轮泵。与前述外齿轮泵的一个主要区别是:它由一个大的内齿轮和一个较小的外齿轮,中间夹一个

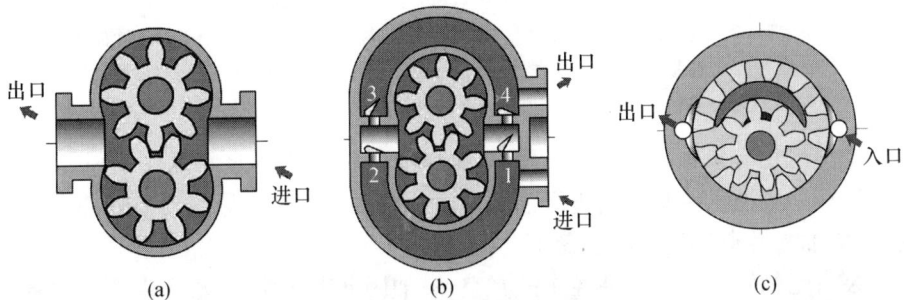

图 5 – 9 齿轮式输油泵

"月牙"形齿板组成,它们都安装在外壳中。外壳的内径与内齿轮的外圆柱面相切,间隙很小。内、外两齿轮相互啮合,内齿轮为主动齿轮,由原动机带动,外齿轮为从动齿轮,由主动齿轮带动旋转。月牙板的作用是将吸入腔与排出腔隔开。这样,当齿轮转动时,吸入腔因齿牙分开而容积增大,将燃油吸入,排出腔则由于齿牙的合拢而容积减小,压力升高,将燃油排出。燃油就这样不断地从内齿轮与外壳和月牙板处弧面之间、外齿轮与月牙板内弧面之间由进口传送到出口。

图 5-10 为 16V396TE94 柴油机的燃油输送泵。输油泵为一齿轮泵,由中心布置的轴驱动。法兰盘、齿轮支承板和端盖由螺栓固定在一起,未装衬垫。泵体部件由锥销定位,限压阀装在盖中。

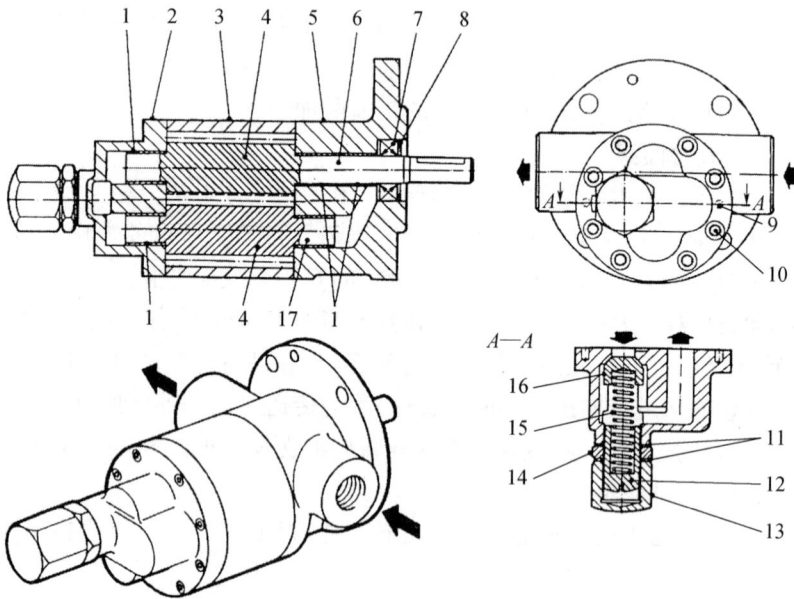

图 5-10　16V396TE94 柴油机输油泵

1—轴承套;2—端盖;3—齿轮支承板;4—齿轮;5—法兰盘;6—驱动轴;7—自紧油封;
8—卡环;9—锥形销;10—内六角螺栓;11—密封圈;12—阀芯轴;13—凸缘螺母;
14—管螺母;15—弹簧;16—阀锥体;17—泵齿轮轴。

泵斜齿轮与泵轴制成一体。驱动轴和传动轴由法兰盘与盖中的轴承套支承。循环的柴油供给轴承套进行强制润滑。驱动轴由一自紧油封与外部进行密封,自紧油封由卡环装在法兰盘中。

泵齿轮的转动造成吸油腔中的真空,燃油因此吸入泵中,流入由齿轮支承板封住的齿隙部位进入压力侧,这使得燃油强制流出输油泵。如果供油压力超过限压阀的限制压力,阀在弹簧力作用下开启,过量燃油回到泵的吸油侧。限压阀的开启压力为 0.65MPa。

2. 柱塞式输油泵

图 5 – 11 为柱塞式输油泵的结构示意图。在泵体的圆孔中安装柱塞,柱塞的上端支承着弹簧 2,该弹簧的另一端支承在螺塞 2 上;柱塞的下端经传动杆、从动部上的滚轮与凸轮联系,该凸轮一般装在高压泵的凸轮轴上。工作时,由于凸轮和弹簧的相互作用,使柱塞在泵体中产生往复运动。在泵腔的进出油道上各装一个单向阀,它们分别依靠弹簧 1 和弹簧 3 紧贴在阀座上。在泵体和传动杆之间有泄油孔,用来排除沿传动杆和泵体之间的间隙处漏泄的柴油,避免流入输油泵的凸轮处,而污染润滑油。

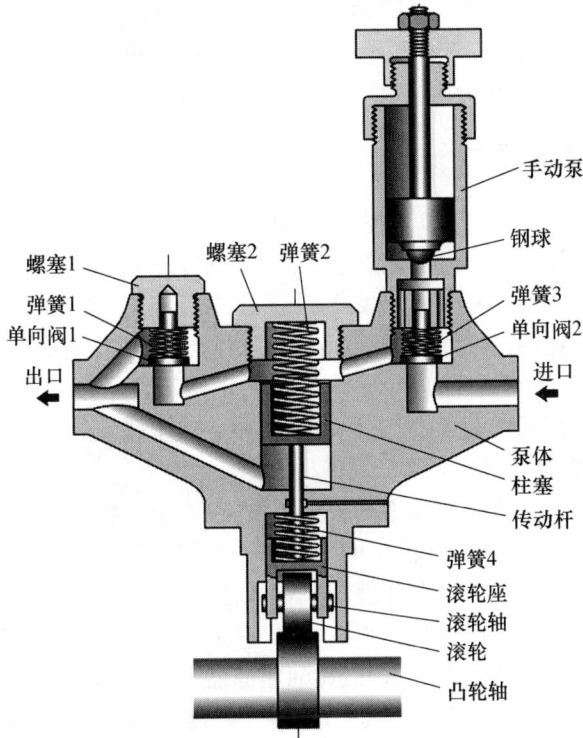

图 5 – 11　柱塞式输油泵

当凸轮顶点转过滚轮后,弹簧 2 和 4 迫使柱塞、传动杆和从动部向下移动,这时柱塞上方的容积增大,而压力下降,柴油由进口推开单向阀 2 经进油道进入柱塞的上方空间,这就是泵的充油过程。与此同时,柱塞下方空间的柴油受压缩排出,实现输油过程,这时单向阀 1 关闭。当凸轮推动柱塞向上运动时,柱塞上方空间的油压升高单向阀 2 关闭,而单向阀 1 开启,与此同时,柱塞下方空间容积增大,因而从单向阀 1 流出的柴油经油道进入该空间。当柱塞再次下移时,又将下方的柴油从出口排送出去,柱塞每往复运动一次,向外泵油一次。

该泵的主要特点是能自动地调节输油量,因此不需安装定压阀。由于柱塞每次的输油量决定于它的行程,它的行程随出口油压的变化而自动变化。当输油量超过需要时(或者油路堵塞),出口油压增加(即柱塞下部空间的油压增加),这时,柱塞将不能回到最低位置,而是在较小的行程范围内工作。如果压力超出某一范围,则柱塞将停留在最高位置,这时,尽管凸轮仍迫使从动部和传动杆往复运动但对柱塞不产生影响。

输油泵上还设有手动泵,用来排除燃油系统中的空气。柱塞的头部装有钢球,柱塞由传动杆带动,不工作时传动杆的上端旋紧在外壳的螺纹上,依靠钢球来堵塞油孔,使用时松开螺帽使柱塞往复运动,柴油就可从进油单向阀 2 吸入,并从输油单向阀 1 排出。

5.2.2　燃油滤清器

柴油在储存、输送以及加油过程中,难免混进一些机械杂质和硬质微粒,如果不清除这些杂质,让它随同柴油进入各精密机件(喷油泵与喷油器等)内,便会造成零件的磨损加剧和喷孔堵塞等问题,直接影响柴油机的正常工作。柴油机燃油系统中设置的柴油滤清器,功用就是清除柴油机中的各种机械杂质和硬质微粒,保证柴油的清洁度,以免影响柴油机正常工作。按照过滤效果不同,滤清器有粗滤器和精滤器两大类,它们在系统中一般串联安装。

1. 柴油粗滤器

柴油粗滤器只能清除柴油中的较大机械杂质,位于精滤器的前方,有的柴油机不单独设置粗滤器,而是在油柜的出口加过滤网,起到粗滤作用。常见的粗滤器类型有网式、带状缝隙式、叠片缝隙式等数种。

图 5-12 为 MTU396 柴油机的粗滤器,它是包含两个滤器的双联式粗滤器,用于过滤杂质和分离燃油中的水分,燃油粗滤器有分配阀和备用冲洗装置。

燃油从入口进入粗滤器,流经滤清器壳体、离心体、油污杯、滤芯,进行 5 级过滤。

第 1 级:燃油进行旋转进入滤清器壳体下部,离心作用使大部分水份和杂质分离出来并收集到收集杯的下部。

第 2 级:在滤杯中反向旋转,水分和杂质进一步分离。

第 3 级:燃油经过滤杯的内部与外部夹层进入引导和吸油通道。持续的离心作用将水份和杂质分离使其进入滤杯底部。

第 4 级:旋转运动的燃油进入滤清器壳体下部的一个通道,通道内残留水分杂质汇集并且体积增大,当达到某一体积时,这些颗粒物向下移动由返回通道被引入滤杯底部。

第5级:燃油从下向上穿过纸滤芯,滤出燃油中仍保留的细微水分杂质,过滤后的燃油由出口流出。

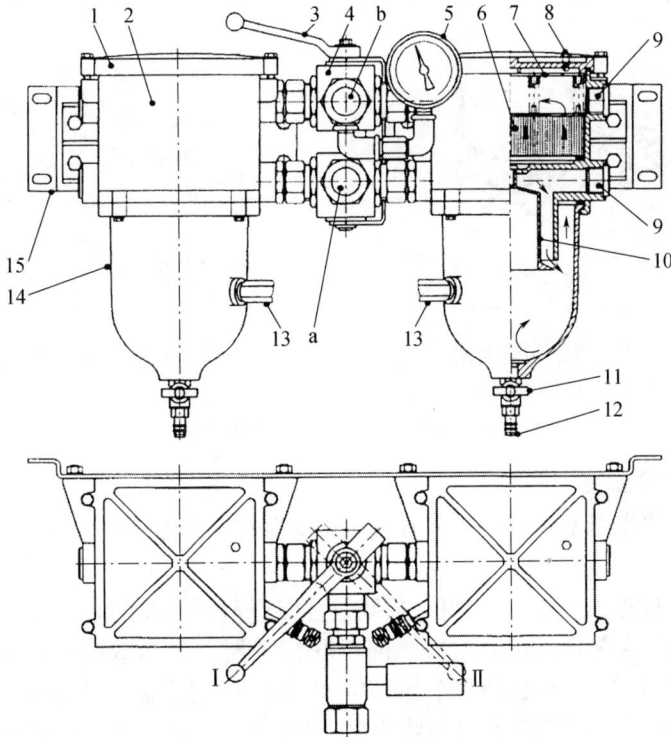

图 5 - 12   MTU396 燃油粗滤器

1—滤清器盖;2—滤清器壳体;3—分配杆;4—球塞;5—压力表;6—滤芯;7—弹簧盒;
8—放气塞;9—螺塞;10—离心滤;11—排放/过滤阀;12—油污排放口(与排放/过滤阀相连);
13—水位测头;14—收集杯;15—支架;a—燃油进油接头;b—燃油出油接头;
I—左侧滤工作;II—右侧滤工作。

图 5 - 13 为 MTU956 柴油机的粗滤器,它也是带转换阀的双联式滤器,装于燃油输送泵的进油管路中,容量约为 1.5L。滤器由壳体、滤芯、罩盖和转换阀等机件组成。滤芯由盘网迭串而成,过滤颗粒直径为 0.063mm。滑油从滤网外部进入,过滤后从滤芯中心管流出。滤器壳体下部是污油集油室用于收集被过滤下来的油泥。转换阀置于不同位置可使两滤器同时工作或一个工作另一个通过螺钉排放污油、清洗或更换滤芯。各滤器处于何种工作状态可由转换阀端面的"T"字形槽指示。图 5 - 14 为各种工作状态下转换阀的位置。

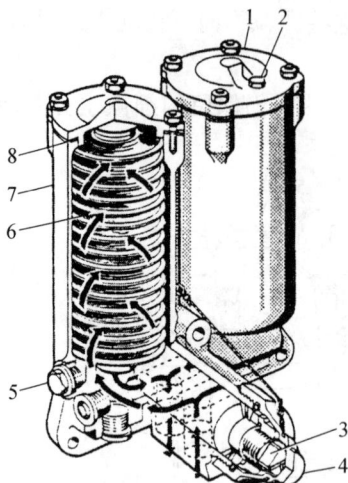

图 5 – 13　燃油粗滤器图

1、4—盖；2—放气旋塞；3—转换阀；5—放油旋塞；
6—盘网式滤芯；7—滤器壳体；8—垫片。

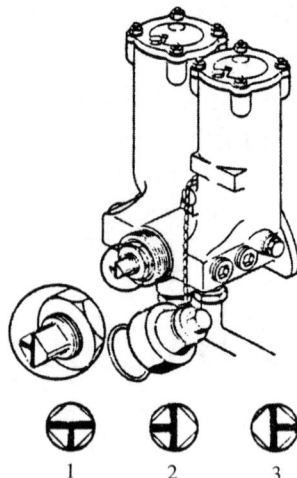

图 5 – 14　燃油粗滤器工作状态选择

1—两个滤器同时使用；2—右滤器关闭，
左滤器工作；3—左滤器关闭，右滤器工作。

2. 柴油精滤器

精滤器的作用是将柴油中非常细微的杂质清除掉，保证各精密偶件的正常工作。

精滤器的滤芯一般采用毛毡、棉线、过滤纸等材料，有的采用铜基粉末冶金。

图 5 – 15 为 MTU396 柴油机燃油双联精滤器。燃油双联滤器装在柴油机上，壳体由两个滤杯组成，在每个滤杯中装有滤芯，每个滤杯用盖封住。壳体也可用作滤清器清洗时的泄漏燃油收集槽，泄漏燃油从收集槽最底部排掉，收集槽由护罩封住。

燃油从外向内流经滤芯，燃油中悬浮的杂质被过滤在滤芯的外部，然后收集在滤杯的底部。两个滤杯可以通过调节分配阀位置而使两个滤杯各自单独工作，这样可以在柴油机运行时进行一个的清洗和滤芯的更换。

双联滤可持续放气，任何可能产生的气泡经过止回阀和壳体顶部的节流器流到燃油箱，节流器防止滤清器燃油过量损失。

图 5 – 16 为 MTU956 柴油机双联精滤器，自带转换阀，其外部结构与粗滤器基本相同，容量约为 5.3L，其滤芯为微孔式滤芯元件。

滤器盖子上有两个放气螺塞 1 和 2，分别用于放掉滤芯外部和内部油腔中的空气。放气接头 3 用管子连接止回阀和节流孔用于系统工作时连续放气。微孔式滤芯元件由定位销对中后由上下壳体压紧密封。下部转换阀可实现双联滤器的转换工作，放油塞用于放泄过滤杂质。

152

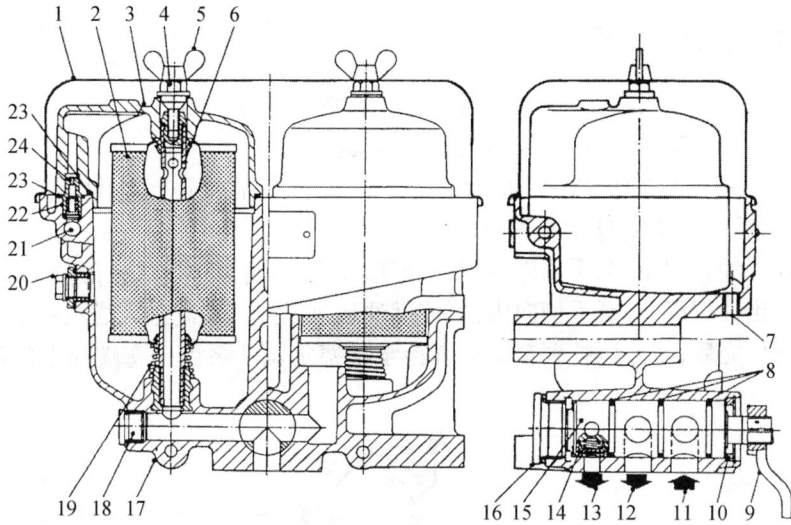

图 5 - 15　MTU396 柴油机燃油双联精滤器

1—护罩；2—滤芯；3—盖；4—螺栓；5—蝶形螺栓；6—管；7—泄漏燃油排放口；
8—密封圈；9—杠杆；10—垫圈；11—燃油入口；12—燃油出口；13—排放口；14—油封；
15—阀轴；16—螺塞；17—壳体；18、20—螺塞；19—压缩弹簧；21—放气道；
22—止回阀；23—O 形圈；24—节流器。

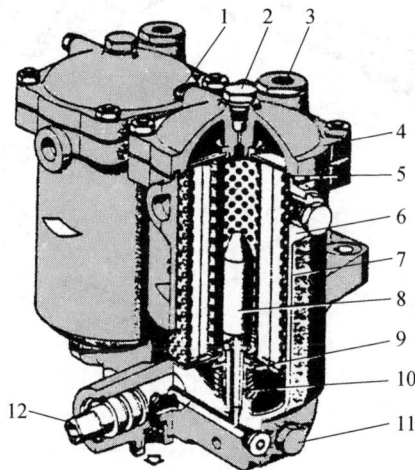

图 5 - 16　MTU956 柴油机双联精滤器

1—放气旋塞；2—放气螺塞；3—放气接头；4—罩盖；5、9—密封环；6—壳体；
7—微孔滤器；8—定位销(对中)；10—弹簧；11—放油塞；12—转换阀。

5.2.3 燃油手动泵

燃油手动泵的功用是在启动柴油机前,将燃油以一定的压力压入供油系统以消除系统中的空气,而使柴油机容易启动。

图 5 - 17 为 MTU396 柴油机燃油手动泵,它为柱塞泵。通过操作手柄实现吸油和出油,柱塞由 O 形圈密封。

在吸油行程中,泵手柄向外拉,内部形成真空,将燃油吸入泵腔。

在出油行程中,泵手柄向内推,使燃油从泵腔经出油阀进入燃油系统中。

操作完后,将后柄拧到套筒上进行泵柱塞定位。泵由柱塞端面上的衬垫密封住。

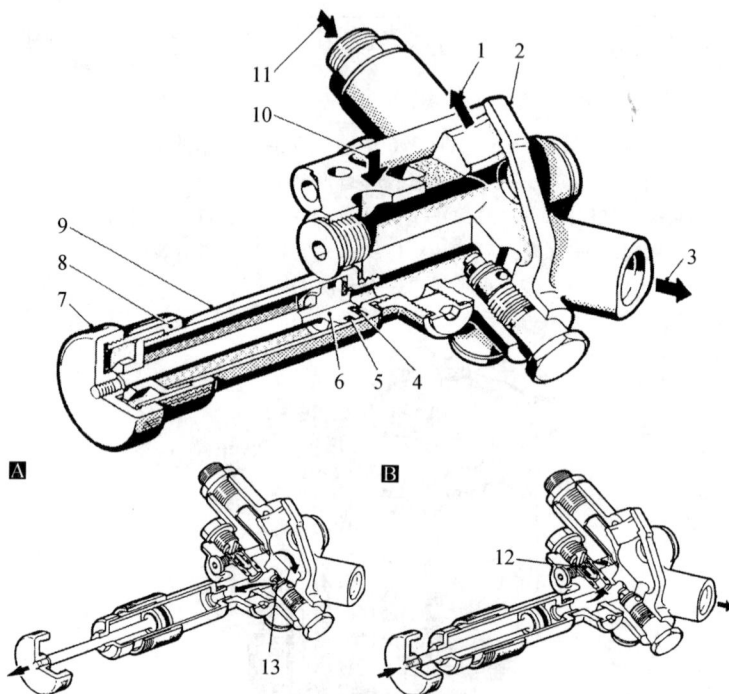

图 5 - 17   MTU396 柴油机燃油手动泵

1—到燃油输油泵;2—燃油集油腔;3—到双联滤;4—衬垫;5—O 形圈;6—柱塞;
7—手柄;8—套筒;9—泵体;10—从燃油箱来;11—从燃油输出泵来;12—吸油阀;
13—出油阀;A—吸油行程;B—出油行程。

图 5 - 18 为 MTU956 柴油机手动泵,它为膜片泵。当摇动泵的手柄时,膜片交替执行一个吸入过程和一个压出过程,每 100 个压出升程其输出量为 6 ~ 7L。

吸入过程中膜片向外拉伸,由于形成真空,燃油通过吸入阀吸入。压出过程时膜片向里压紧,燃油经压力阀输送至燃油系统。操作完后,泵手柄必须重新压紧到支架上。

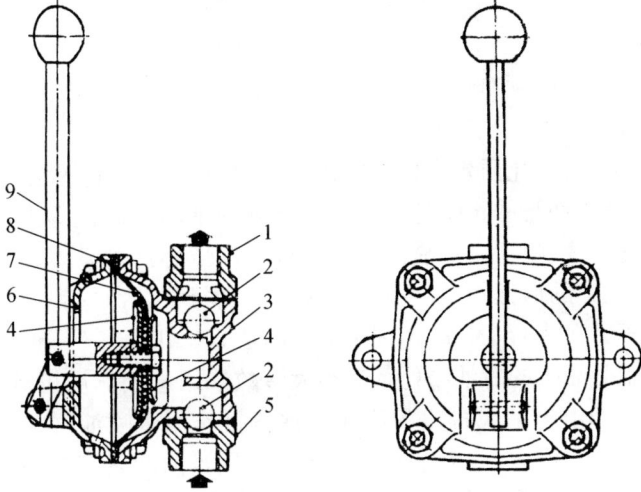

图 5-18　MTU956 柴油机燃油手动泵

1—压力阀法兰接头;2—球阀;3—下泵体;4—膜片挡板;5—吸油阀法兰接头;
6—上泵体;7—膜片;8—密封圈;9—手柄。

5.3　高压燃油喷射系统

　　喷射系统的任务是按柴油机各缸的发火顺序在最适当的时期内将数量严格规定的清洁柴油以恰当的雾化形态和规律喷入燃烧室,并保证油与空气的良好混合。喷射系统工作的好坏决定着燃油在气缸内与空气混合的质量和燃烧过程进行的完善程度,因而在相当大的程度上影响着柴油机的功率和经济性。

　　根据喷射系统的任务,工作时它应满足下列要求:

　　(1)喷油开始时间(即喷油提前角)及喷油持续时间必须准确无误,多缸机各缸的喷油提前角应当相同,其最大差值不得大于 $0.5°CA$。若不在此范围内,应当进行调整。

　　(2)根据外界负荷大小能自动调节喷油量。各缸的供油量应当相同。各缸供油量的差异可用供油量不均匀度(即各缸供油量的最大差值占各缸平均供油量的百分比)来衡量。在标定工况时各缸的供油量不均匀度,高速机不得大于

155

3% ~4%,中、低速机不得大于3.5% ~4.5%。

（3）根据燃烧室型式和混合气形成方法的不同要求,建立一定压力,保证喷出的燃油雾化质量符合要求,而且能与燃烧室中的空气均匀混合,开始喷油和结束喷油时要干脆利落,不得发生滴油渗漏现象,油束的形状和喷射方向也应与燃烧室相配合。

（4）喷油规律必须符合燃油燃烧的要求,以保证柴油机发出最大的功率和保持较好的经济性。

柴油机的喷射雾化质量和供油规律,主要受到供油凸轮的型线、喷油泵和喷油器的结构、高压油管的长短与内外径尺寸和喷油压力高低等因素的影响。其中供油凸轮的型线、喷油泵和喷油器的结构及高压燃油管系等是设计人员所决定的,而喷油压力的保证却是使用管理人员应当经常注意检查调整的。一般柴油机的喷油压力在8 ~50MPa,个别柴油机高达200MPa。

现代船用柴油机的燃油喷射系统绝大多数采用直接作用机械驱动式（或称直接喷射式）,即由喷油泵排出的高压燃油直接作用于喷油器并喷入气缸。这种喷射系统由于结构简单、工作可靠被普遍应用当前的各型柴油机上。该喷射系统除低压燃油输送系统外,高压喷射系统主要包括高压油泵、高压油管和喷油器。

5.3.1　高压油泵

高压油泵的作用是保证准确而可靠的供油定时、准确而可调的供油量、足够高的供油压力和合理的供油规律。根据其结构和油量调节方式不同,高压油泵一般分为柱塞斜槽式、阀调节式和分配式等。柱塞斜槽式高压油泵又称为波许泵,广泛应用于大功率高、中、低速柴油机上,而阀调节式高压油泵主要用在某些船用大功率低速二冲程柴油机上,分配式通常用于车用中小型柴油机上,本书中不预介绍。

船用柴油机中应用最多的为高压柱塞泵,根据每个柱塞泵所包含的柱塞数目不同,柱塞泵分为单体泵和整体多柱塞泵。单体泵是每个柱塞泵只有一副柱塞套筒,柴油机上的每个气缸安装一个单体泵,这种结构可以最大限度地减小高压油管长度,以降低压力波动效应,为目前大功率中、低速机和大多数大功率高速柴油机所采用。整体多柱塞泵是一个高压油泵中装有多副柱塞套筒,多为小型高速柴油机和部分中高速大功率柴油机所采用。

1. 柱塞斜槽式高压油泵

1）基本结构

柱塞斜槽式高压泵的结构简图如图5 -19所示。柱塞和柱塞套是一对精密

156

偶件。柱塞表面开有环形斜槽,斜槽又通过直槽与柱塞顶油腔相通,柱塞套上开有油孔,高压油泵的吸油和泵油由柱塞在柱塞套内的往复运动来完成。

2)工作原理

柱塞斜槽式高压油泵泵油过程如图5-20所示。当柱塞在弹簧作用下向下运动到柱塞顶部油腔通过油孔与外部油室相连通时,低压油便进入柱塞腔,进行充油。充油过程直到柱塞上行盖住进油孔为止,如图5-20(a)所示。

柱塞继续上行,油压升高,出油阀在油压作用下开启,燃油进入高压油管。当喷油器中油压上升到一定值时,喷油器开启,如图5-20(b)所示。

当柱塞上的斜槽与柱塞套上的油孔相通时,如图5-20(c)所示,油腔内的燃油经柱塞上的直槽从油孔向外流出,压力迅速降低,喷油器关闭,喷油停止,出油阀在弹簧和高压油管内的油压作用下关闭。从柱塞顶平面关闭进油孔至斜槽打开泄油孔的柱塞运动行程称为有效行程。

在输油过程中,燃油压力很高,因而为保证良好雾化和均匀分布创造了有利条件。例如,TBD620型柴油机最高喷油压力达105MPa,12PC2-5型柴油机最高喷油压力达90MPa,有的柴油机最高喷射压力更高。高压泵之所以能建立这样高的压力,有三个原因:一是从高压泵到喷油器之间的整个充油空间里,各配合面之间都非常紧密;二是喷油器的喷孔面积相对于柱塞的面积很小;三是柱塞在柱塞套内的运动速度很高。

正由于高压泵和喷油器各配合面都非常精密,而且喷孔又很小,因此工作中必须保证燃油的过滤质量,以减小各配合面的磨损和防止喷孔堵塞;装拆过程中还要防止配合面的碰伤。

3)油量调节

根据负荷的需要,高压油泵的供油量必须能从最大值调整到零值。由于柱塞运动的总行程是不变的(由凸轮的升程确定),因此调节油量的方法就是利用

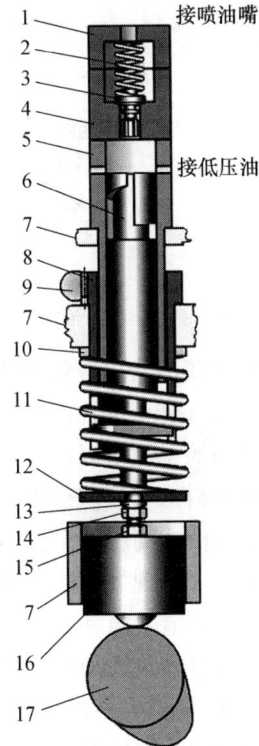

图5-19 柱塞斜槽式高压油泵简图
1—油室盖;2、11—弹簧;3—输油阀;
4—阀座;5—柱塞套;6—柱塞;
7—泵体;8—调油套筒;9—齿条;
10—上承盘;12—下承盘;13—接头;
14—调整螺钉;15—固定螺帽;
16—从动部;17—凸轮。

157

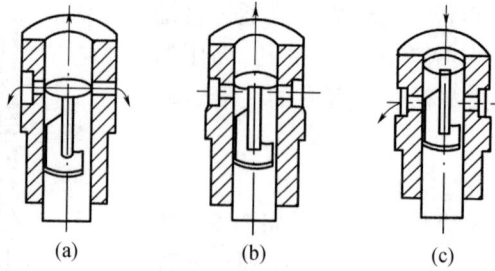

图 5 - 20 泵油过程

斜槽来改变供油的有效行程。在图 5 - 19 所示的这种结构的喷油器中,柱塞顶面盖住柱塞套上油孔的时间是固定的(即开始供油的时间不变),而斜槽与油孔连通时间的早晚可以改变(即停止喷油的时间可以提早或延迟)。因此,通过改变柱塞上斜槽与柱塞套上油孔的相对位置,就可以改变每循环的供油量。

在斜槽式高压油泵中,喷油量调节是通过改变柱塞上斜槽柱塞套上油孔的相对位置来实现的,这一任务由一套旋转柱塞的机构来完成。旋转柱塞机构由带齿圈的调节套筒和调节齿杆组成。调节套筒套装在柱塞套的外圆柱面上,它的下部开有较长的缺口,其缺口卡在柱塞下部的凸耳上,这样通过调节套筒就可以转动柱塞,且不会影响柱塞的往复运动。调节套筒的齿圈与调节齿杆相啮合,调节套筒的转动可以通过调节齿杆的移动来控制。

在斜槽式高压油泵中,供油量的调节有如图 5 - 21 所示的 3 种方式。

(1)供油之初调整。保持供油终点不变,使供油始点随柴油机负荷的变化而变化,如图 5 - 21(a)所示。

(2)供油之末调整,即供油始点不变,使供油停止点随柴油机的负荷变化而变化,如图 5 - 21(b)所示。

(3)混合调节。随负荷的变化,同时改变供油始点和终点,如图 5 - 21(c)所示。

供油时间的变化不仅影响着喷油提前角、喷油持续时间和供油规律,而且也影响着柴油机的燃烧过程和整个工作过程质量。每一型号的柴油机根据它所带负荷的性质来选用具体的调节方法。一般带发电机的柴油机采用供油之末调节,而作推进主机的柴油机,供油之末调节和混合调节两种方式都可采用。

4)主要零件的结构形式

(1)柱塞偶件。柱塞偶件由相互研磨配对的柱塞和柱塞套组成,为保证高压油泵的正常工作,既要保证柱塞能在柱塞套内自由滑动,又能使它们之间的燃油漏泄量最小。

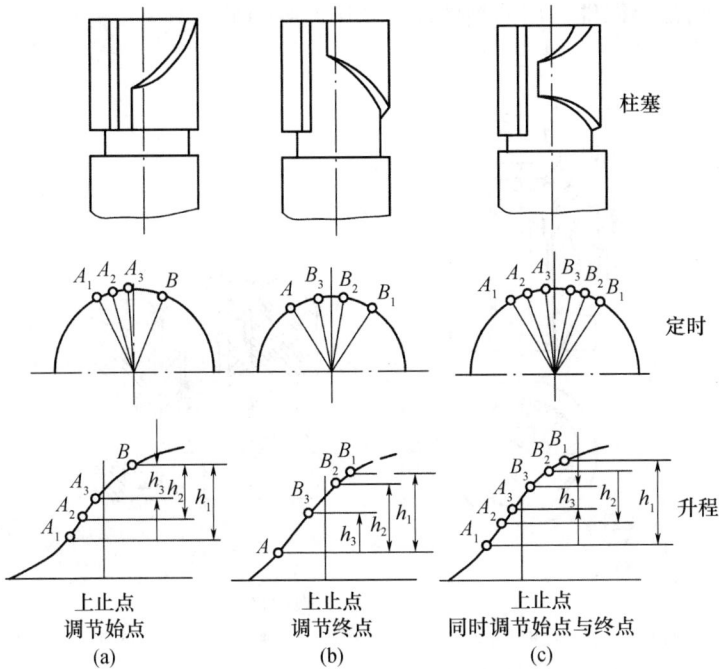

图 5 - 21 油量调节的 3 种方式

图 5 - 22 所示是常见的几种柱塞偶件的结构形式。调节油量的斜槽有的布置在柱塞的两侧,如图 5 - 22(c)、(d)所示;有的非对称布置,如图 5 - 22(a)、(b)所示。斜槽与油腔的连通可以用侧表面开直槽(图 5 - 22(a)),或中心钻孔(图 5 - 22(b)、(c)、(d))的方法。在采用对称布置的斜槽时,高压油作用在柱塞上的侧向力能得到平衡。

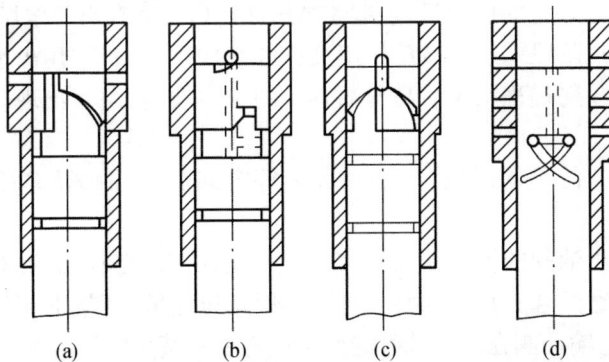

图 5 - 22 柱塞偶件

（2）出油阀偶件。出油阀偶件是高压油泵的另一对重要偶件。它由出油阀和阀座组成，如图 5 - 23 所示。

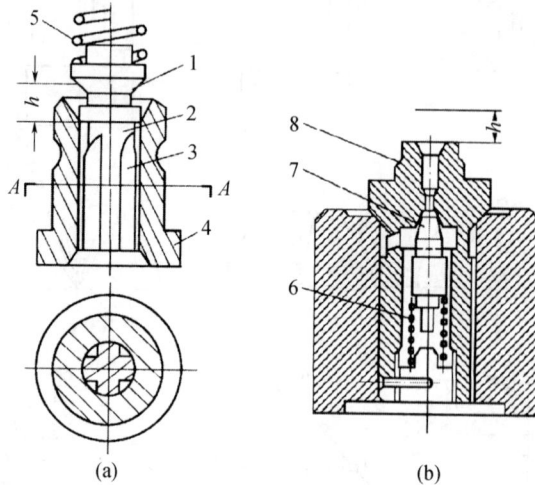

图 5 - 23   出油阀偶件

1—密封锥面；2、8—出油阀；3—铣槽；4—阀座；5—弹簧；6—卸载弹簧；7—卸载阀。

出油阀偶件是通过出油管接头以规定力矩紧密贴合在柱塞套筒的上端面上。再出油管接头下端面与阀座肩部之间有一铜制密封垫，以防止高压燃油的泄漏。

出油阀偶件有蓄压、止回和减压的作用。蓄压作用是指在柱塞泵油行程中，使高压油泵的供油压力逐渐累积，只有油压克服出油阀弹簧的作用力才顶开出油阀开始供油，从而使高压油泵获得较高的初始供油压力。止回作用是指在柱塞的吸油行程中，出油阀自动落座，有效地防止高压油管中的燃油倒流入泵腔，从而保证柱塞有一定的供油量，也能使高压油管内始终存有一定压力的燃油，这样就使喷油延迟阶段缩短。减压作用又称卸载作用，是指利用出油阀的卸载容积有效地控制喷射过程结束后高压油管中的压力波动，防止出现二次喷射和燃油滴漏现象。

按卸载方式的不同，可将出油阀分为等容卸载出油阀及等压卸载出油阀两种。

等容卸载出油阀的结构如图 5 - 23(a) 所示。出油阀 2 的头部有密封锥面 1，与阀座 4 研磨配合。密封锥面下有圆柱形减压环带，环带下面的阀尾部上铣有 4 个铣槽 3。输油阀在高压油管的残余压力和弹簧 5 的作用下，使阀 2 紧压在阀座 4 上。在柱塞吸油行程时，输油阀将泵腔与高压油管分开，避免高压油管的燃油倒流入泵腔，起到了止回的作用，提高了循环供油量。当柱塞压油时，泵腔中油压升高,克服弹簧力及高压油管残余压力,将输油阀向上压,由于出油阀减压环带的阻隔作用,虽然出油阀已离开了阀座,但泵腔并未马上向高压油管供油,直到出油阀上升 h 距离减压环带离开导向孔之后,燃油才能经过四个铣槽流入高压油管。由于出油阀上减压环带和弹簧的作用,使油泵供油时刻延迟到出油阀上升 h 距离之后,从而使喷油泵获得较高的初始供油压力,起到了蓄压的作用。当柱塞有效行程结束,回油孔开始泄油时,减压环带先行进入导向孔,将泵腔与高压油管分隔开来,出油阀继续下降距离 h(h 应从锥面中间密封带算起),使高压油管中的容积增加 $\pi d^2/h/4$,使管中燃油压力因容积增大而迅速降低,喷油迅速停止,缩短了燃油喷射过程的滴漏阶段并可避免重复喷射。由于这种卸载容积在柴油机各种转速下都是不变的,所以称等容卸载出油阀。

等容卸载输油阀结构简单、应用广泛,不足之处是高压油管中的剩余压力随柴油机工况而变化,尤其是当低负荷运转时容易因卸载过度而引起空泡和穴蚀。

等压卸载出油阀的结构如图 5 – 23(b)所示。等压卸载的出油阀上无减压环带,但在其内部设有一个由卸载弹簧 6 控制的锥形卸载阀 7。当出油阀关闭后,若高压油管中的油压高于卸载阀的开启压力,则卸载阀开启使燃油倒流入喷油泵工作空间,直到同卸载阀的关闭压力相等时为止。由此,可减小高压油管中压力波的波幅值。

等压卸载出油阀由于不存在卸载容积,而是利用卸载阀对高压油管总的燃油起着降压作用,因而若卸载阀开启压力调节适当,不但可避免重复喷射而且可避免穴蚀的产生。当负荷发生变化时,高压油管中的剩余压力基本保持不变,但其结构相对比等容卸载出油阀复杂。等压卸载出油阀在中、高速大功率柴油机中使用较多。

图 5 – 24 为 MTU396 型柴油机采用的等压出油阀。当高压油泵供油时,压力油孔 4 充满高压燃油,在压力油的作用下,出油阀弹簧被压缩,球阀被顶开,出油阀抬起,燃油进入高压油管。这时泄压阀 3 在高压油和弹力作用下保持关闭状态。当高压油泵供油结束,柱塞顶油腔的压力解除,出油阀在弹力和高压油压力作用下关闭,而泄压阀则在高压油管内可能产生的过高压力作用下打开,使高压油管内的压力迅速下降,以避免喷油器滴油和二次喷射。当高压油管内压力降至小于泄压阀弹簧弹力时,泄压阀关闭。

5)单缸喷油始点调整装置

高压油泵开始喷油的时间,必须处于各型柴油机

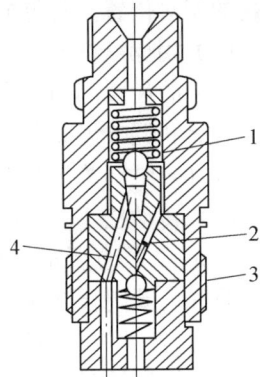

图 5 – 24   MTU396
柴油机出油阀

1—出油阀;2—节流孔;

3—泄压阀;4—压力油孔。

所规定的范围,并能通过一套装置来调整。开始喷油时间是否准确,就是看当曲柄位于该缸规定的开始喷油提前角时,柱塞是否正好盖住柱塞套上的油孔。正好盖上时,说明开始喷油时间准确,如果尚未盖上,说明开始时间比规定的晚,如果早已盖上,说明开始喷油时间比规定的早。

单缸开始喷油时间的调整,一般采用以下两种方法:

(1)利用从动部上的调整螺钉。如图 5 – 19 中把调整螺钉拧出时,柱塞向上移动,开始喷油时间提早;当把调整螺钉拧进时,柱塞向下移动,开始喷油时间延迟。工作时,调整螺钉用固定螺母锁紧。这种方法在各种型号的高压油泵中应用极为普遍。

(2)利用可以与凸轮轴作相对转动的喷油凸轮。当把凸轮在轴上顺工作转向相对旋转一定角度时,则开始喷油时间提早,反之,则开始喷油时间延迟。喷油凸轮一般通过端面齿与轴上的端面齿啮合,然后加以固定。这种调整方法一般用于单体式的高压油泵上,在这种装置中,每相对转动一个齿所改变的喷油提前角度数与齿数有关。

6)单缸调整喷油量装置

为保证柴油机各缸负荷均匀,高压油泵各分泵的供油量必须保证一定的均匀性,即它们的差别不超出允许的范围,单缸调整喷油量装置就是为实现这一任务而设置的。由于各分泵的柱塞旋转机构都连接在一根共用的操纵轴(或杆)上,所以实现单缸喷油量调整在结构上所要解决的基本问题是在共用的操纵轴(或杆)位置不动的情况下,能单独转动柱塞,使其改变柱塞上斜槽与柱塞套上油孔的相对位置。常见的结构有以下类型。

(1)用操纵杆的移动来控制喷油量。图 5 – 25(a)所示的结构是各分泵调节套筒上的齿圈都啮合在共用的调节齿杆上的。为了能实现单缸调整喷油量,调节套筒和调节齿圈分开制造,然后用螺钉锁紧成一体。当调整某缸喷油量时,松开该缸分泵调节齿圈上的锁紧螺钉,使齿圈与套筒脱开,通过转动该分泵的调节套筒来转动柱塞。这种结构在组合式高压油泵中应用极为普遍。

图 5 – 25(b)所示的结构是各分泵采用的单独的齿杆来传动调节套筒,而调节套筒和齿圈则合制成一体。各齿杆通过传动臂与总操纵杆连接。在单缸调整喷油量时,拧动拉杆左端的螺母,压紧或放松弹簧,迫使调节齿杆、调节套筒带动该分泵的柱塞转动。这种方式多用于单体式高压油泵中。

(2)利用操纵轴的转动来控制喷油量。图 5 – 25(c)所示的结构是采用独立的齿杆来传动各分泵的调节套筒的。操纵轴通过支架(与轴固定成一体)、调节杠杆(自由地套在轴上)来传动调节齿杆。支架和调节杠杆上端的弹簧迫使调节杠杆紧靠在调节螺钉上,所以只要拧动调节螺钉就可改变调节杠杆与操纵

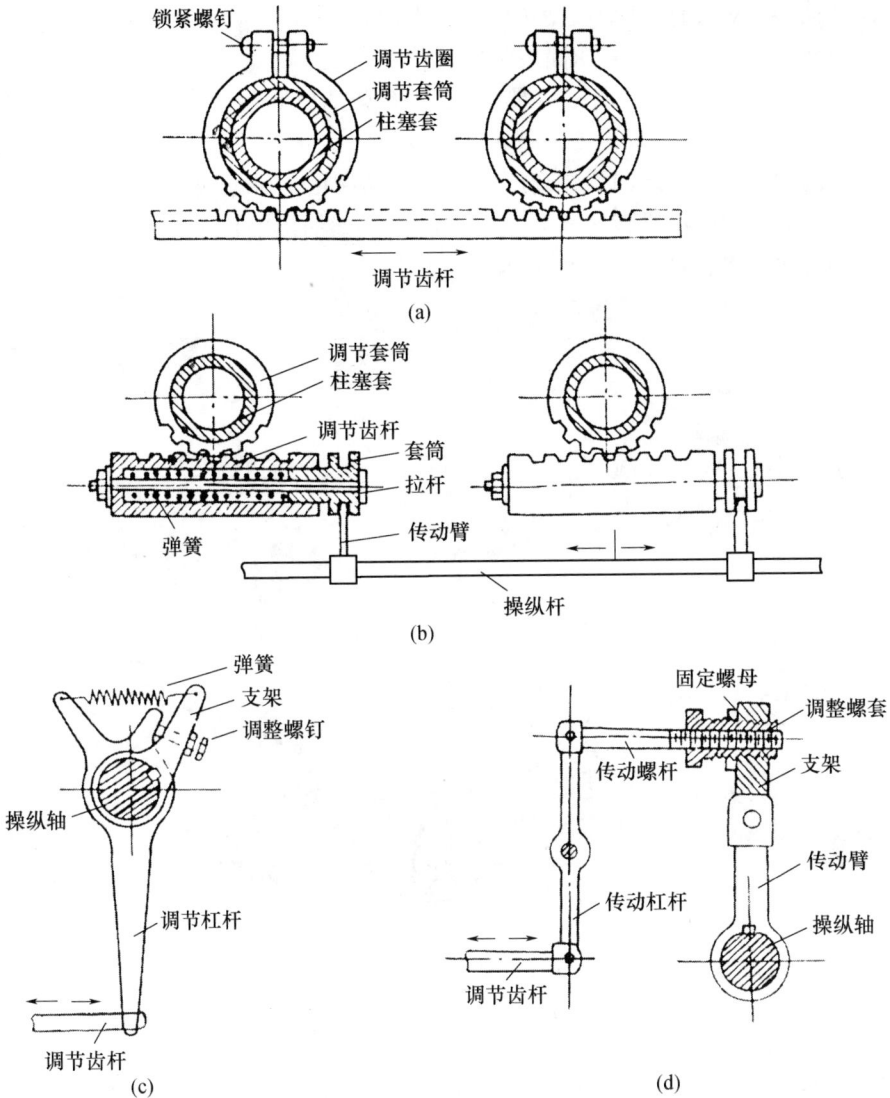

锁紧螺钉
调节齿圈
调节套筒
柱塞套
调节齿杆
(a)

调节套筒
柱塞套
调节齿杆
套筒
拉杆
弹簧
传动臂
操纵杆
(b)

弹簧
支架
调整螺钉
操纵轴
调节杠杆
调节齿杆
(c)

固定螺母
调整螺套
传动螺杆
支架
传动臂
操纵轴
传动杠杆
调节齿杆
(d)

图 5 - 25　单缸油量调整装置

轴的相对位置,从而就可以通过调节齿杆转动该分泵的柱塞,以改变该分泵的喷油量。

在图 5 - 25(d) 所示的结构中,各分泵也是采用独立的调节齿杆来传动的。在操纵轴对调节齿杆的传动机构中,装备有调整螺套,它通过外螺纹装在支架上,而传动螺杆则装在它的内螺纹孔中。转动螺套就可改变该分泵的调节齿杆

163

与操纵轴的相对位置,从而改变了分泵的喷油量。

7）典型柱塞斜槽式高压油泵结构

（1）MTU396柴油机高压油泵。MTU396柴油机高压油泵是行程不变的单作用式组合式柱塞泵,如图5-26所示。该泵设计成8缸和12缸直列泵,安装在柴油机的两排气缸之间。在高压油泵的驱动端由曲轴通过惰齿轮、传动轴和联轴节以1/2的柴油机转速驱动。8缸和12缸柴油机各自用一台高压油泵,而16缸机用两台8缸机的高压油泵串接。

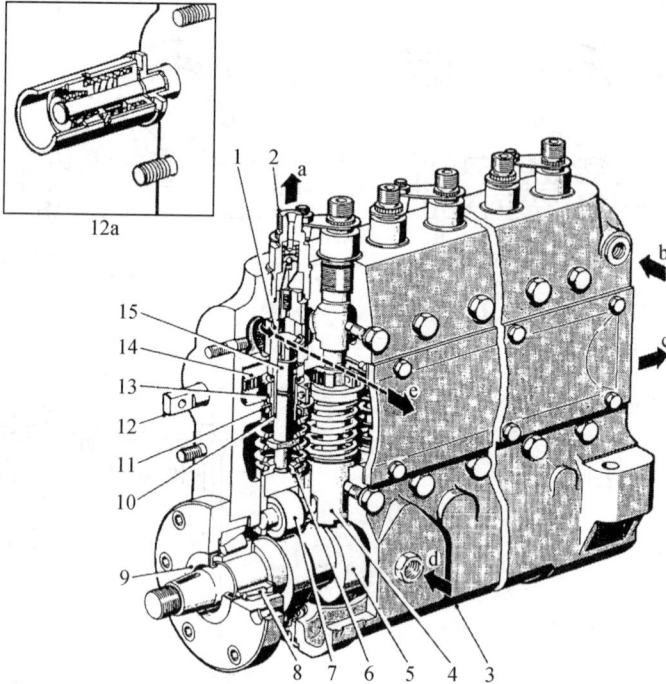

图5-26　MTU396柴油机高压油泵

1—柱塞套筒；2—等压出油阀；3—泵体；4—滚轮挺柱；5—凸轮轴；6—下弹簧座；7—滚轮；
8—锥形滚子轴承；9—自紧油封；10—控制套；11—止弹簧座；12、14—控制齿杆；
12a—停缸装置；13—控制套齿圈；15—柱塞；a—燃油出口（高压）；
b—燃油进口；c—滑油回油；d—滑油进油；e—燃油出口（回油）。

高压油泵随着柴油机负荷变化,通过喷油器在精确的时间间隔（喷油始点）往柴油机气缸里喷入一定计量的燃油。供油量由安装在调整器上的控制齿条来控制。

高压油泵的主要零部件是泵体、凸轮轴、滚轮挺柱、压缩弹簧、调节套、柱塞偶件（柱塞套和柱塞）、等压出油阀组件、整体式控制齿条或带液压停车油缸的伸缩管套式控制齿条。泵体由轻金属铸造。其上半部有吸油腔和装柱塞偶件的垂向孔，下半部则有凸轮轴腔和滚轮挺柱孔。

凸轮轴由两只圆锥滚柱轴承和一只中间轴承（支承轴承）支承在泵体内。凸轮的配置与柴油机的发火顺序相配。

滚轮挺柱置于泵体下半部的孔里，并用定位螺钉防止其转动。压缩弹簧经由柱塞作用在滚轮挺柱上，使滚轮和凸轮保持接触。在吸油行程中靠压缩弹簧将柱塞压向下行。

在柱塞套的下端安装调节套。调节套的上端带有扇形齿圈，与控制齿条相啮合。调节套的下端有纵向槽，嵌入柱塞的凸肩。

柱塞偶件包括一只柱塞和一只柱塞套，它装在泵体上部。柱塞从泵体的上方插入，并用定位销防止转动。柱塞和柱塞套之间配合精密，甚至在高压和低速时也保证密封而无需专门的密封件。柱塞上端铣出一道控制螺旋槽和一纵向直槽，用于确定泵油的开始和结束。柱塞套上有两只对置的横向油孔，使燃油由此油孔从吸油腔流入压力腔。柱塞套和柱塞上也具有能让漏泄燃油流回吸油腔的油孔和油槽。

每副柱塞偶件均用一只等压出油阀组件从顶上封闭。等压出油阀组件内有精密装配的泄压阀和出油阀。

控制齿条装在泵体上部相应孔中，并与装在高压油泵调节器端的柴油机调速器连接，齿条上的齿与调节套的扇形齿圈啮合，从而将齿条运动传递到柱塞。

伸缩套管式控制齿条包括一根主控制杆和一根带液压油缸的停缸控制杆。它装在泵体上部的相应孔中。齿条上的齿与调节套的扇形齿圈啮合，从而将齿条运动传递到柱塞。主控制杆与装在高压油泵调节器端的柴油机调速器连接。停缸控制杆可在主控制杆上作伸缩式套管运动，通过装在高压油泵驱动端的液压油缸与气缸停缸系统连接。柴油机的气缸停缸系统动作，使滑油压力作用在液压油缸上，停缸控制杆从主控制杆上脱开，并移动到停缸位置为止。这将带动一半的柱塞旋转至"零"供油位置。

高压油泵用的滑油由柴油机滑油系统通过外部油管和滑油输油阀供给。凸轮轴每旋转一次都使输油阀开启，让滑油流入凸轮轴油腔，凸轮轴油腔中布有最高油位，通过溢油管让多余滑油经由调速器壳体或过渡壳体流回机体。

燃油由输油泵经过滤器和燃油管流入高压油泵吸油腔。过量燃油经出油口、一只单向阀和燃油管返回燃油箱。

（2）PA6-280 柴油机高压油泵。PA6-280 柴油机高压油泵为单体柱塞泵，如图 5-27 所示。它由以下五部分组成：泵体、柱塞偶件、出油阀偶件及高压油管连接体、顶升机构、油量调节机构。

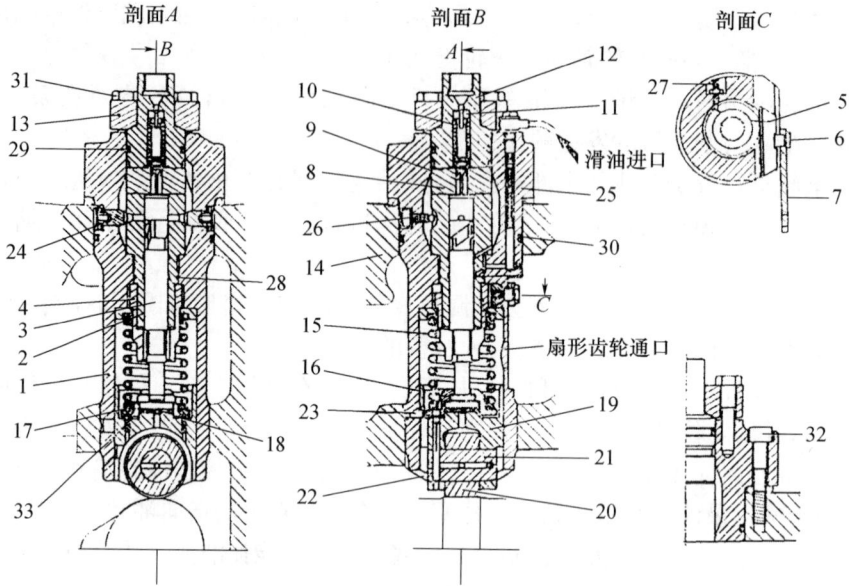

剖面A　　　　　　剖面B　　　　　　剖面C

图 5 - 27　PA6 - 280 柴油机高压油泵

1—泵体；2—柱塞套；3—柱塞；4—齿套；5—齿条；6—锁紧螺钉；7—齿条拉杆；8—出油阀座；
9—出油阀；10—弹簧；11—上推销；12—连接体；13—法兰；14—机体；15—弹簧；16—弹簧座；
17、18—垫片；19—挺柱；20—滚轮；21—滚轮销；22—制动销；23—销子；24—防溅螺钉；
25—滑油滤清器；26—止动螺钉；27—调节螺钉；28、29、30—密封圈；31、33—螺钉；32—固紧螺钉。

　　泵体 1 安装在机体的相应镗孔内，用螺钉固紧，与机体之间装有垫片，用来在安装时调整泵体的高度，它是保证正确喷油定时的措施之一。泵体与机体结合面上有定位销定位。

　　柱塞 3、柱塞套 2 组成柱塞偶件，安装在泵体内。柱塞上部铣有对称的两条斜边，为喷油之末调节，因此在柱塞套上也有对应的两个油孔。柱塞套上部外表面与泵体之间形成一个环形油腔，通过泵体上的钻孔与燃料系统的进、回油管相连。柱塞采用双斜边的目的是使油压对柱塞的侧向作用力互相平衡，以减少柱塞偶件间摩擦力。柱塞套在圆周方向的定位由止动螺钉 26 来完成，在与柱塞套回油孔相对应的泵体上装有两只防溅螺钉 24 用来承受回油时高压油的冲击。

　　在柱塞套的内表面上加工有两道环形槽，其作用是：上部第一道槽用来收集从柱塞偶件间隙中泄漏出来的柴油，通过柱塞套上的径向孔流回低压油腔；第二道槽在第一道的下面，从泵体的钻孔中引入经过滤清器 25 过滤的压力滑油，一方面形成一个环形密封带，另一方面提供了精密偶件间的润滑。

　　出油阀偶件由出油阀 9 及出油阀座 8 组成。出油阀的作用一是作为单向阀,当柱塞顶部空间压力减小时,弹簧10将出油阀的锥面压紧在阀座上,使顶部空间与高压油管隔开,防止柱塞吸油时高压油管的燃油倒流,另一个作用是利用其上部与出油阀座钻孔精密配合的减压凸缘,使出油阀在落座前已将柱塞顶部空间与高压油管隔开,并使高压油管封闭的空间略微扩大,使高压油管的油压迅速降低,避免喷油器在停止供油时出现滴油现象。止推销11既作为弹簧上承盘,也用来限制出油阀的升程。

连接体12通过其内螺纹与高压油管相连。法兰13通过螺钉31将连接体12、出油阀座8、柱塞套2一起压紧在泵体1上。

挺升机构由滚轮20、滚轮销21、挺柱19、弹簧座16、弹簧15等组成,它们在供油凸轮及弹簧力作用下作往复运动。

泵体上装有一只销子23正好插入挺柱的直槽中,可以防止挺柱转动,这只销子也可以保证当整个高压油泵从机体上拆下时,挺升机构不会从泵体中脱出。

制动销22使滚轮销装入挺柱后既不能转动,也不能脱出,滚轮20装在滚轮销上,可以灵活转动,在泵体、挺柱、滚轮销上钻有润滑油孔,保证运动零件的润滑。

弹簧座16用螺钉固定在挺柱19上,柱塞3尾端的凸耳插入它们之间的空隙中。不影响柱塞在一定范围内转动,当顶升机构作往复运动时,柱塞也跟着作往复运动。

垫片17、18用来调整柱塞相对于柱塞套的高度。它们将直接影响喷油定时,装配时有严格的选配要求。挺柱19上有孔 A,当因故障需要单缸停止供油时,用专用工具将它卡在上部位置。

油量调节机构由齿套4和齿条5组成。齿套4套在柱塞套2的下端,可以灵活转动,齿套的下端开有直铣槽,正好卡在柱塞中部的凸耳上,由于铣槽较长,不影响柱塞的往复运动。齿套4的齿与齿条5上的齿相啮合。这样,当拉动齿条时,便可以通过齿套使柱塞作回转运动,从而可以改变柱塞的有效行程,以达到改变供油量的目的。调节螺钉27用来确定柱塞的油量为零的位置,便于油量控制机构的安装。

2. 阀调节式高压油泵

1）结构特点

图5-28为回油阀式高压油泵及相应的燃油凸轮展开图。其油泵的柱塞3上不设斜槽与直槽,但具有进、回油阀7。进、回油阀由柱塞3通过摆杆10驱动。其供油量的改变是由进、回油阀的启闭早晚来实现的。与回油孔式高压油泵相同,根据供油量改变时,是改变了供油的始点、终点还是始终点,即根据回油阀摆杆支点的不同位置,将其分为始点调节、终点调节和始终点调节3种方式。

2）工作原理

（1）始点调节式高压油泵。图5－28（a）所示为始点调节回油阀式高压油泵的工作原理图。进油阀7、顶杆8、调节螺钉9与柱塞处于偏心轴11的两侧，当柱塞3处于最低位置时，摆杆10的右端和顶杆8处于最高位置，并将出油阀7顶在开启状态。当柱塞3从最低位置上行到一定位置时，摆杆10的右端和顶杆8下降到刚刚脱开进油阀7时，进油阀在弹簧力作用下关闭。这时，柱塞上部的燃油开始被压缩，此为高压油泵的几何供油始点（即进油阀关闭时刻）。柱塞继续上行，套筒内腔的燃油压力逐渐增大，当压力增大到超过高压油管中的剩余压力与出油阀弹簧压力的合力时，出油阀开启，高压燃油经高压油管流向喷油器。当柱塞上升到最高位置时，泵油终止，其柱塞有效行程为柱塞从进油阀关闭时刻运行到高位置所走过的行程。此时，摆杆右端和顶杆均处于最低位置，在进油阀和顶杆之间出现一间隙。此间隙值反映柱塞的有效行程的大小，亦即供油量，当柱塞在最高位置时，进油阀下面的间隙越大，表示柱塞有效行程越长，供油量越多。调节此间隙就可调节高压油泵的供油量。

柱塞到达最高位置对应供油终点。无论怎样调节油量，供油终点是不变的，而供油始点却随着有效行程的延长而提前，故称为始点调节回油阀式高压油泵。

（2）终点调节式高压油泵。图5－28（b）所示为终点调节回油阀式高压油泵的工作原理图。回油阀7、顶杆8、调节螺钉9与柱塞并列在偏心轴同一侧，当柱塞处于最低位置时，顶杆也在最低位置。此时，回油阀处于关闭位置，回油阀和顶杆之间存在一间隙，当柱塞从最低位置开始上升，泵腔内的燃油即被压缩，此为几何供油始点。柱塞继续上行至一定位置，当顶杆走完原有的间隙而刚刚顶开回油阀时，即为几何供油终点，柱塞有效行程为柱塞从最低位置运行到回油阀开启时刻所走过的行程。可见，回油阀在关闭位置时，在回油阀和顶杆之间的间隙值反映柱塞的有效行程的大小，亦即供油量，可以通过改变这一间隙值来改变供油量，间隙越大，柱塞的有效行程越大，则供油量越大，但无论如何改变此间隙，供油的始点始终是柱塞处于最低位置的时刻不变，供油终点却随着供油量的增大而迟后。故称为终点调节式高压油泵。

（3）始终点调节式高压油泵。图5－28（c）所示为始终点调节回油阀式高压油泵的原理图。它有两个油阀、两个顶杆、两个调节螺钉分别并列在偏心轴的两侧，左边一个是回油阀，控制着供油终点，右边一个是进油阀，控制着供油始点，相当于上述两种高压油泵共同调整。当柱塞处于最低位置时，右边顶杆处于最高位置，进油阀处于开启状态，左边顶杆处于最低位置，回油阀处于关闭状态，与顶杆之间有一间隙。柱塞从最低位置上行，进油阀随顶杆下降，当柱塞上行到一定位置时，进油阀关闭，而回油阀与顶杆之间仍有间隙，也处于关闭状态，则此时即为油泵的几何供油始点。柱塞继续上行，由于此时进回油阀均处于关闭状态，套筒内腔的燃油压力逐渐增大，当压力增大到超过高压油管中的剩余压力与出油阀弹簧压力的合力时，出油阀开启，高压燃油经高压油管流向喷油器。当柱塞上升到某一位置时，回油阀开启，高压油管中的燃油回流，此时，即为油泵的几何供油终点。显然，进油阀关闭时刻为供油始点，回油阀开启时刻为供油终点，柱塞有效行程为回油阀开启时刻柱塞上行行程与进油阀关闭时刻柱塞上行行程之差。调节进、回油阀与顶杆之间的间隙可改变供油始点和终点，亦即改变供油量。如转动偏心轴使进回油阀间隙增大时，进油阀提前关闭，回油阀延后打开，柱塞有效行程增大，供油量增大。回油阀始终点调节式高压油泵，在负荷改变的同时，喷油始点可提前也可延后，所以较适合于按变速、变负荷特性运转的柴油机。

由此可见，调节进、回油阀与顶杆之间的间隙就可以调节供油量的大小。一般调节供油量有两种方法：一是总体调节，即用燃油手柄控制偏心轴，转动偏心轴 11，改变摆杆 10 的偏心支点的高低位置来改变摆杆右端的高低使间隙产生变化；二是单独调节，转动调节螺钉，按顺时针方向将螺钉旋进，降低顶杆 8，间隙增大，喷油量增大，反之喷油量减少。

3）3 种油量调节方法的特点比较

由上述可知，回油阀调节式高压油泵按供油量调节方式的不同有始点调节式、终点调节式和始终点调节式 3 种调节方式。图 5-28 上方实线 S 为对应于 3 种调节方式的凸轮展开图，虚线 V 为柱塞运动速度线。S_1、S_2、S_3 为柱塞升程。由图可知，3 种调节方式的供油特性有以下特点：

（1）始点调节式的供油始点可调，而供油终点不可变。因此，其供油始点速度可变，接近最大上升速度，而其供油终点速度为零，因而，其供油始点的喷油压力足够高，供油终点的喷油压力低。

（2）终点调节式的供油始点不变，而供油终点变化。因此，其供油始点速度为零而供油终点速度接近最大值，因而，其供油始点的喷油压力低而终点的喷油压力足够高。

（3）始终点调节式的供油始点、终点均随负荷而变，其相应的柱塞速度均接近最大值，因而，其喷油压力也足够高，具有最好的供油特性。

4）回油阀式高压油泵的特点

与柱塞斜槽式高压油泵相比，回油阀式高压油泵有如下特点：

（1）密封性能好。由于其柱塞与套筒有较大的密封面，故密封性能较好，足以保证较高的喷油压力。

（2）耐磨性好。由于柱塞上没有斜槽，不承受侧推力，所以柱塞及套筒磨损

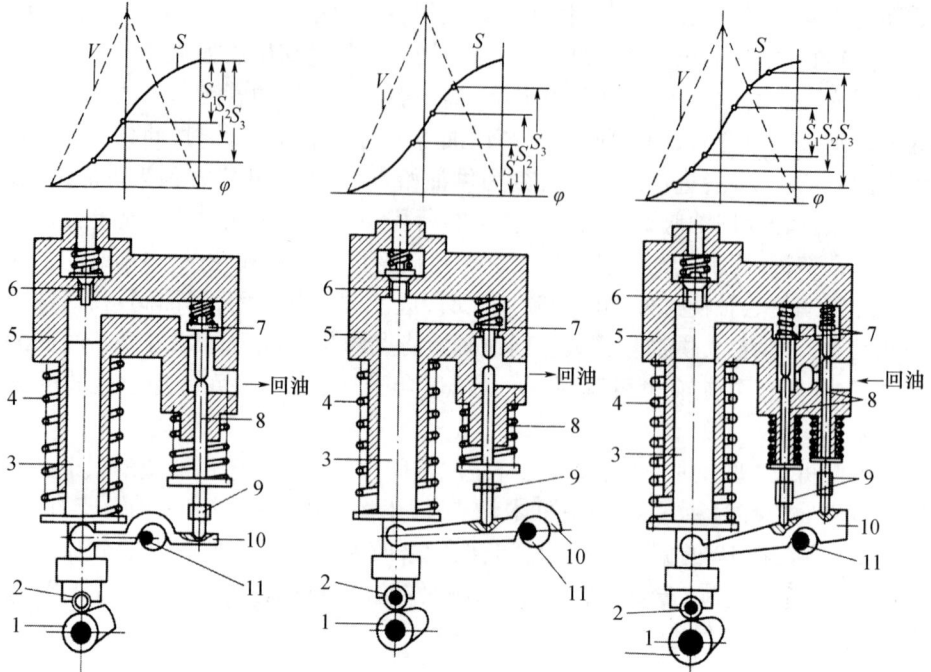

图 5-28　回油阀调节式高压油泵工作原理

（a）始点调节式；（b）终点调节式；（c）始终点调节式。

1—凸轮；2—滚轮；3—柱塞；4—弹簧；5—泵体；6—出油阀；7—进（回）油阀；

8—顶杆；9—调节螺钉；10—摆杆；11—偏心轴。

比较均匀,使用寿命较长。

（3）体积大。回油阀式高压油泵的体积较大,不适用结构紧凑的高速及中速柴油机使用,只能用于大型低速柴油机上。

（4）结构复杂。回油阀式高压油泵的结构比较复杂,故其造价较贵,且管理麻烦。

5.3.2　喷油器

喷油器是用来控制柴油进入气缸的通道。它将高压油泵提供的燃油按一定的方向、穿透燃烧室并以良好的雾化质量喷入燃烧室与高压高温空气形成良好的混合气。

柴油机喷油器可分为两大类:开式喷油器和闭式喷油器。开式喷油器虽然结构简单,但喷射压力低,雾化质量差,现已基本不采用。现代柴油机上使用的喷油器均为闭式喷油器。

1. 喷油器的结构及基本工作原理

图 5 – 29 所示为典型喷油器的结构
简图。喷嘴直接伸入燃烧室内,它的上面
开有一定数量的喷孔,孔径很小,柴油通
过这些小孔喷入燃烧室。针阀用来控制
这些小孔的打开和关闭,从而控制高压油
是否进入气缸。针阀的锥面与阀座之间
以及针阀阀杆与针阀体之间精密配合以
保证高压油路的密封性。弹簧通过承盘
和压杆将针阀紧压在阀座上,将喷孔关
闭,当针阀抬起后,柴油才能通过喷孔进
入气缸。

针阀的升起由油压控制,当柴油压力
升高到规定的喷油压力时,作用在针阀承
压锥面上的油压,克服弹簧的弹力,将针
阀向上顶起,针阀的密封锥面离开阀座,
高压油就通过喷嘴上的小孔喷入燃烧室。
当油压突然下降时,针阀在弹簧弹力的作
用下,迅速下落,由密封锥面将油路切断,
喷油迅速停止。弹簧的弹力(也就是喷
油器开始喷油的压力)可以通过调整垫
片改变弹簧的压紧程度来调整。为了减
小针阀对支承座座面的冲击磨损,提高喷
嘴的使用寿命,针阀的升程(抬高的高
度)由它上部的凸肩来限制。针阀和导
向部分(包括针阀座)是最主要的精密偶
件,可用单独研磨或选配的方法进行配
对,一般采用优质钢制成,并经热处理。

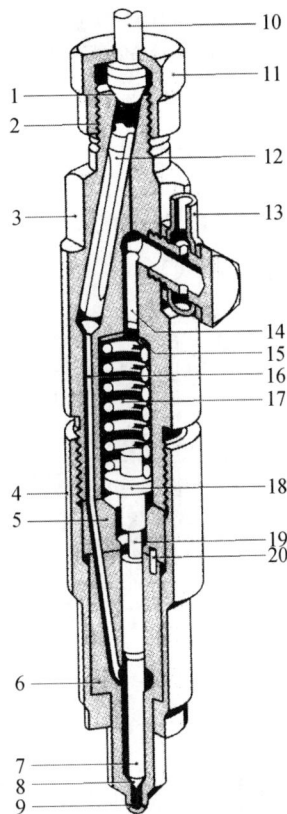

图 5 – 29 典型喷油器

1—密封圆锥体;2—连接螺母;3—喷油器体;
4—喷嘴座螺母;5—中间盘;6—喷嘴;
7—针阀;8—喷嘴密封面;9—喷油孔;
10—燃油入口;11—螺母;12—滤芯;
13—回油接头;14—回油口;15—调整垫片;
16—进油道;17—压力弹簧;18—弹簧座;
19—承压销;20—定位销。

2. 喷油器的结构形式

根据柴油机的类型和燃烧室形状的不同,闭式喷油器的形式多种多样,但彼
此之间的主要区别在喷嘴(喷油器体以下部件的总称)。根据喷孔数目可分为
轴针式和孔式喷嘴,根据有无强制冷却可分为冷却式和非冷却式喷嘴,根据喷嘴
针阀长短分为标准型和长型喷嘴。

171

1）轴针式和孔式喷嘴

图5-30(a)为轴针式喷嘴,轴针式喷嘴的针阀下端有一个小轴针,插在一个直径较大的喷孔中,与喷孔构成一个很小的环状间隙。当针阀抬起时,燃油通过这个间隙喷出。轴针形状有圆柱形和倒锥形两种,喷出的燃油根据不同的轴针形状而产生不同的喷雾状态。轴针式喷嘴主要用于分隔式燃烧室,因为它对燃油雾化的质量要求不高。由于孔径较大,同时工作中轴针又在喷孔中来回运动,故不容易积炭。

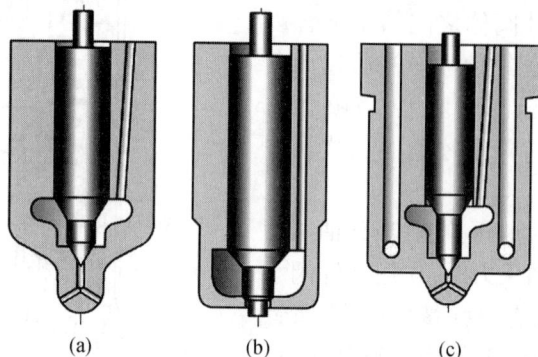

图5-30　喷嘴形式

图5-30(b)为孔式喷嘴,孔式喷嘴的针阀只起喷孔的启闭作用;燃油的喷射状态主要由喷孔数目、大小和方向来控制。喷孔数目一般为4~10个,喷孔直径一般为0.25~1.2mm。这些喷孔多数是均匀分布在喷嘴的圆周上,其中心线与喷嘴中心线成一定夹角。这种喷嘴应用于直喷式燃烧室中。其主要特点是雾化质量比较好,但由于孔径较小,工作中容易积炭而造成喷孔堵塞。

2）冷却式喷嘴和非冷却式喷嘴

所谓冷却式喷嘴就是在喷嘴部分设有冷却室,如图5-30(c)所示。冷却液(采用燃油或水)通过冷却室循环流动,把燃气传给喷嘴的热量带走。所谓非冷却式喷嘴就是不设冷却室的喷嘴。喷嘴吸收的热量主要通过喷入燃烧室的燃油带走。

喷油器工作的可靠性在很大程度上取决于喷嘴部分的受热状态,当温度超过允许限度时,会产生结焦现象而使喷孔堵死,同时也会引起热变形而破坏针阀的密封性,甚至使针阀卡死。因此在一些缸径较大的大功率柴油机中,通常采用冷却式喷嘴。

3）长型喷嘴和普通型喷嘴

长型喷嘴和普通型喷嘴的结构区别主要是以下几方面:

172

（1）长型喷嘴针阀的导向部分位置升高,离燃烧室较远,减小了由于热变形而卡死的可能性。

（2）长型喷嘴针阀的导向部分与顶部锥面之间有一段细长部分,具有一定的弹性,使得针阀在较轻微的变形条件时仍能保证良好的密封,这种喷嘴获得广泛的应用。

3. 典型喷油器结构

1）PA6-280柴油机喷油器

图5-31为PA6-280柴油机喷油器总成图,它由喷油嘴偶件、喷油压力调节机构和喷油器体三部分组成。

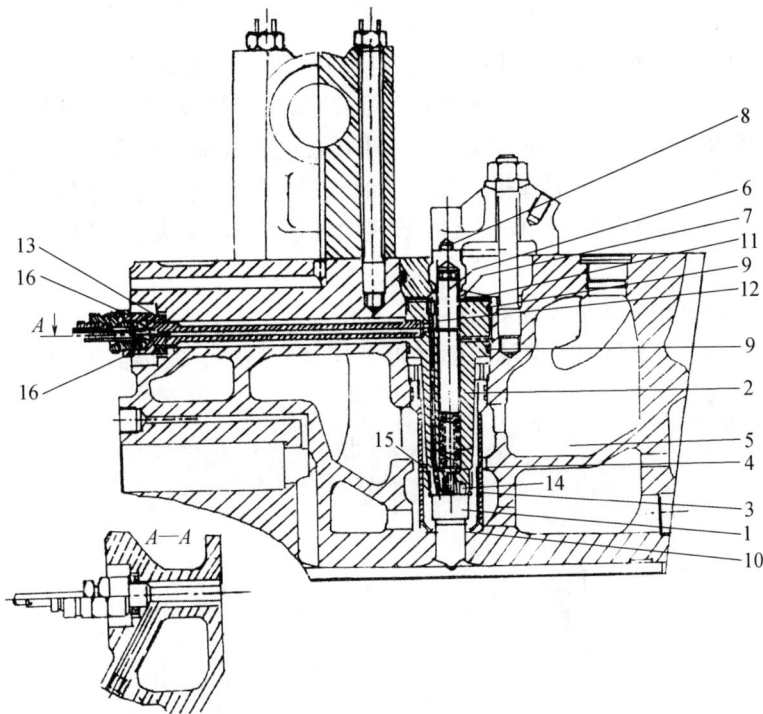

图5-31 PA6-280柴油机喷油器

1—喷嘴;2—喷油器体;3—固定螺母;4—弹簧座;5—针阀弹簧;6—调节螺钉;7—螺母;
8—闷头螺母;9、12、13—密封圈;10、11—垫圈;14—定位销;15—O形密封圈;16—连接管。

针阀导向部分直径为8mm,与针阀体之间的配合间隙为0.005~0.006mm,喷嘴上有9个ϕ0.5mm的喷孔,喷射的锥角为140°,喷嘴在距喷孔1mm以上的外表面镀铬,镀层厚度为0.04~0.08mm,以防止表面被腐蚀。此种针阀在导向部分与针尖之间有一段较细的颈部,使得导向部分离燃烧室较远,针阀不易被卡死,另一方面增强了针阀的弹性,有利于密封锥面的贴合。

喷油压力调节机构由调节螺钉 6 针阀弹簧 5 及弹簧座 4 组成,喷油开启压力为 32MPa,调节螺钉调节完后,用螺母 7 锁紧。此种调节机构调节螺钉比较长,弹簧位置为下置式,减小了弹簧座的质量,从而减轻了运动惯性力对针阀密封锥面的冲击。

喷油器体 2 支承着全部零件。喷嘴固定螺母 3 将喷嘴偶件压紧在喷油器体下平面上,并保持密封。为了保证喷油器体上的进油孔与针阀体上的油孔相通,装有两个定位销 14。喷油器体在弹簧座导向部分压入一套管,以保证弹簧座只能作垂直运动,减少了对针阀造成的侧压力,同时它的底平面也限制针阀的升程为 0.8mm。

整个喷油器装入气缸盖中心套筒内,并用压块、闷头螺母 8 将其压紧,在套管的底部装有垫圈 11,保证与燃烧室之间的密封。闷头螺母上的外螺纹用来安装喷油器的拆卸工具。在喷油器体的一侧,通过气缸盖的钻孔装入连接管 16,此管与高压油泵的高压油管相连接。喷油器漏泄的柴油通过喷油器体上部的横向钻孔,流入喷油器体与气缸盖之间形成的环形油槽,并从连接管 16 的外壁空间引出。

2）MTU396 柴油机喷油器

图 5-32 为 MTU396 柴油机喷油器结构及安装图,喷油器用止推套筒和气

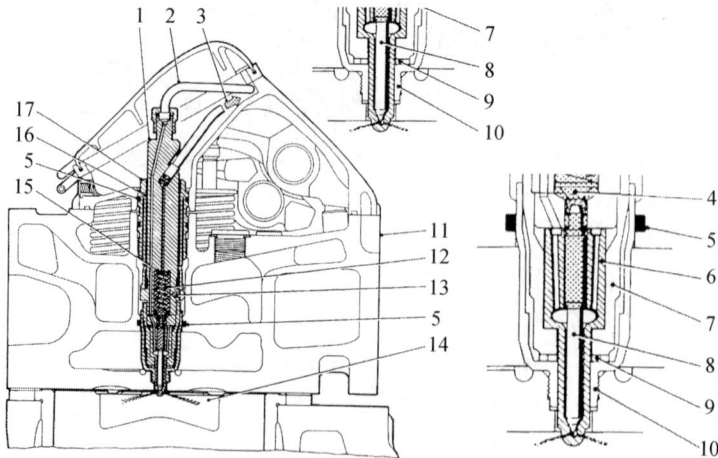

图 5-32 MTU396 柴油机喷油器

1—喷油器体；2—高压油管；3—泄漏燃油；4—止推销；5—O 形圈；6—喷油嘴体；7—螺母；
8—针阀；9—CE 环和支承环；10—保护套；11—气缸盖；12—压缩弹簧；13—定位销；
14—燃烧室；15—垫片；16—止推套；17—止推螺套。

174

缸盖上的喷油器螺纹套固定,将高压油泵供给的燃油喷入燃烧室。针阀偶件由针阀体和针阀组成。针阀体和针阀需研磨配合并且不能分开使用,更换时也需作为同时更换。针阀下端有一锥体作为阀座面(密封面)。针阀体上的喷孔是对称布置的,使燃油均布在燃烧室内。针阀偶件由针阀偶件紧帽通过中间垫块压紧在经平面磨削的喷油器体端部。

喷油器体上的压力弹簧通过止推销压在针阀上。通过改变弹簧的预紧力可调整喷油器的启喷压力。高压油管连接在喷油器体上。喷油器体内布有供油孔通向针阀体内的压力腔,保证高压油泵的高压油管与针阀偶件相连。

喷油嘴是多孔闭式长型喷嘴,喷嘴与针阀体制成一体。针阀的导向部分位置很高,减少了受热的影响。

喷油器的喷射靠燃油压力控制。当高压油泵在压力升高时,作用在针阀上的燃油压力大于喷油器体内压力弹簧的预紧力时,针阀从阀座上抬起,燃油直接喷射到气缸燃烧室内。由针阀体和针阀之间漏泄的部分燃油经止推销、喷油器体上的孔和漏泄管路送回到燃油箱。

5.3.3 泵—喷油器

泵—喷油器的主要结构特点是:取消了高压泵和喷油器之间的高压油管,将两者合制成一个整体,直接安装在气缸盖上。由于取消了高压油管,减少了高压泵与喷油器之间的高压容积,因而可以消除喷油过程中油管内压力波动所造成的不良后果(如喷嘴滴油等),另外还可以获得较高的喷油压力,消除高压油管破裂和接头漏油等故障。

1. GM 型柴油机泵—喷油器

图 5-33 为 GM 型柴油机泵—喷油器结构图。柱塞套 14 插在阀体 8 的圆孔中,它的下部开有油孔 13 和 22,柱塞套和阀体之间用销子定位。柱塞 24 上开有两条油量调节边 B 和 C,它们之间形成一圈凹槽,该凹槽经轴向油孔 28 和径向油孔 27 与柱塞顶部的油腔相通。斜边 B 控制开始供油时间,斜边 C 控制停止供油时间,属于混合调节方式调节喷油量。由于两斜边的斜率不同,因而转动柱塞变更斜边与柱塞上油孔的相对位置就可以调节喷油量。

其输油过程如图所示,当柱塞下行到顶面盖住油孔 22 时,油孔 13 仍然开启,因而柱塞顶部油腔的柴油经油孔 13 排出,(图(a))。当柱塞继续下行,斜边 B 把油孔 13 也盖住以后(图(b))才开始输油。直到斜边 C 开始让开油孔 22 时(图(c)),输油才停止。此后,柱塞虽然仍向下行(图(d)),由于油室始终经油孔 22 与外部相通,因而并不输油。

油量的调节借转动柱塞来实现。图中示出 4 种不同供油量的位置,供油量

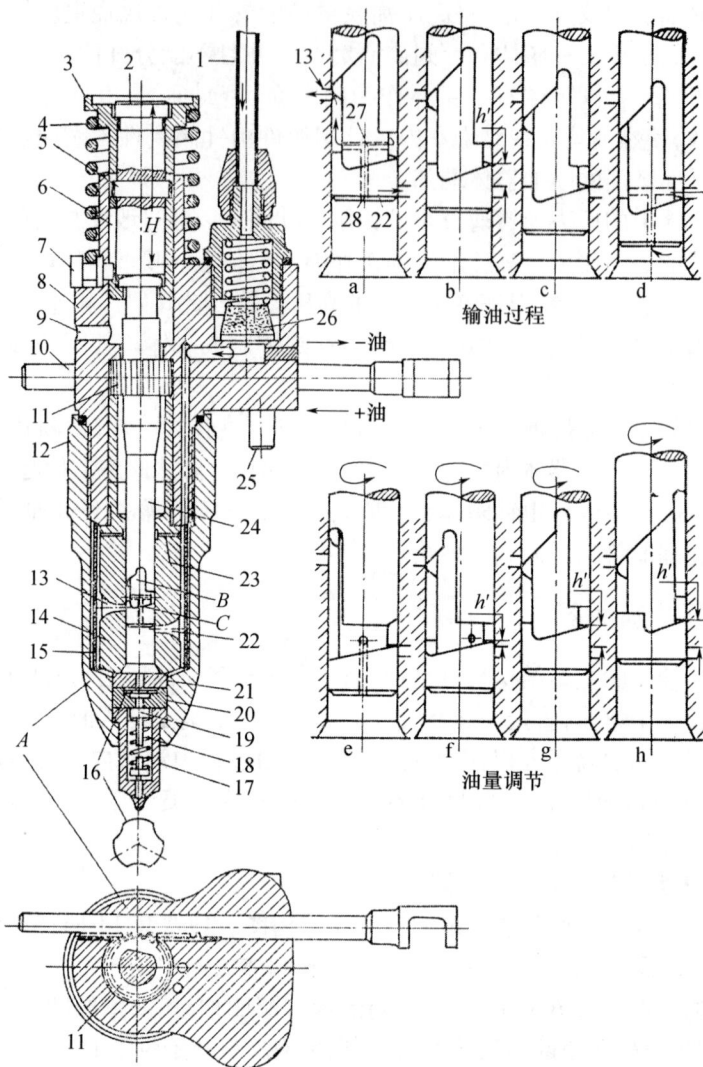

图 5 – 33 GM 泵—喷油器

1—进油管；2—推杆；3—推杆套筒；4—弹簧；5—销子；6—直槽；7—定位销；8—阀体；9—孔；
10—齿杆；11—齿圈；12—罩壳；13、22、23、27—油孔；14—柱塞套；15—套筒；16—薄片止回阀；
17—喷嘴；18—弹簧；19—菌状止回阀；20、21—阀座；24—柱塞；25—定位销；26—过滤器。

的多少，由有效行程 h' 来表示。图（h）表示柱塞位于最大供油量的位置，这时柱塞顶面盖住油孔 22，斜边 B 盖住油孔 13；图（e）表示柱塞位于供油量为零的位置，在柱塞顶面盖住油孔 22 以后，直到斜边 C 让开油孔 22 的整个柱塞行程中，

176

斜边 B 始终没有盖住油孔 13，油腔内也就不能建立高压，输油也就无法进行。图(f)、(g)表示在最大供油量和停止喷油的两个中间供油量的位置。

柱塞的顶端有凸缘，通过该凸缘将柱塞安放在推杆套筒的底部，然后装上推杆，其下端顶住凸缘，并用销子 5 固紧，使柱塞、推杆和推杆套筒连成一体。弹簧 4 的下端支承在本体上，上端作用在推杆套筒的承盘部，弹簧的作用力总是力图使柱塞保持在最上面的位置。装配成组件时，弹簧处于压紧状态。为了防止柱塞、推杆和推杆套筒被弹簧顶出，在推杆套筒的一侧装有定位销 7，由于推杆套筒在安装定位销处开有一定长度的直槽 6，因而并不妨碍推杆套筒和推杆带动柱塞进行往复运动。

柱塞的转动通过调节齿杆 10 和齿圈 11 来完成。齿圈自由地套在柱塞的中部，并由柱塞套的顶面来支承，由于齿圈的内孔与柱塞中部的横断面皆为半月形，所以柱塞既能在齿圈的内孔中往复运动，同时通过调节齿杆带动齿圈转动时，也能通过转动以改变喷油量。为保证安装的正确性，在调节齿杆和齿圈之间刻有定位记号。在柱塞套的外面自由地装有套筒 15，用来防止停止供油时，从油孔射出的高压柴油对罩壳 12 产生冲击。

喷嘴 17 上有 6 个喷孔，孔径为 0.15mm。菌状止回阀 19 借弹簧 18 的弹力压紧在阀座 20 上，弹簧的下端由喷嘴内的弹簧座来支承。菌状止回阀的作用是：保证开始和停止供油都比较迅速。在菌状止回阀的上部装有薄片止回阀 16，作用是保证在菌状止回阀密封性不良的情况下，阻止气缸内的燃气进入高压泵的高压油腔。薄片止回阀是一个有 3 个缺口的圆形薄片，当薄片紧贴在阀座 21 的平面时，阀座 21 中的油孔封死，气体不能通过该孔进入高压油腔；当薄片落在阀座 20 上时，高压油可以经薄片上的缺口和阀座 20 上的油孔流出。喷嘴和阀座的接触平面都经过研磨配合，以防漏油，并利用罩壳 12 上的螺纹把它们紧扣在本体 8 上。

泵—喷油器工作时，柴油经进油管 1 进入，通过金属过滤器 26 和阀体 8 上的油道进入柱塞套外的环形油腔；与此同时，一部分柴油从另一油道沿排油管排出（该排油管与进油管道平行，图中未示出）。这样，由于柴油在环形油腔中不断循环，从而保证了泵—喷油器的冷却。

2. 6 – 300 泵喷油器

图 5 – 34 为 6 – 300 柴油机的泵—喷油器。喷油泵安装在气缸盖中心孔内，并用两个螺柱和螺母固定。喷油泵的下锥形部分密封气缸腔，防止废气泄漏。喷油泵罩壳 31 的槽内安装橡胶环 38，以防滑油进入盖的中心孔。

喷嘴部分由喷油器喷嘴 1、有针阀 3 的针阀体 2、有弹簧座 4 的弹簧 6、调整垫圈 5、下夹环 7 和上夹环 8 组成。针阀体和针阀相互配对精确磨合，而且只能

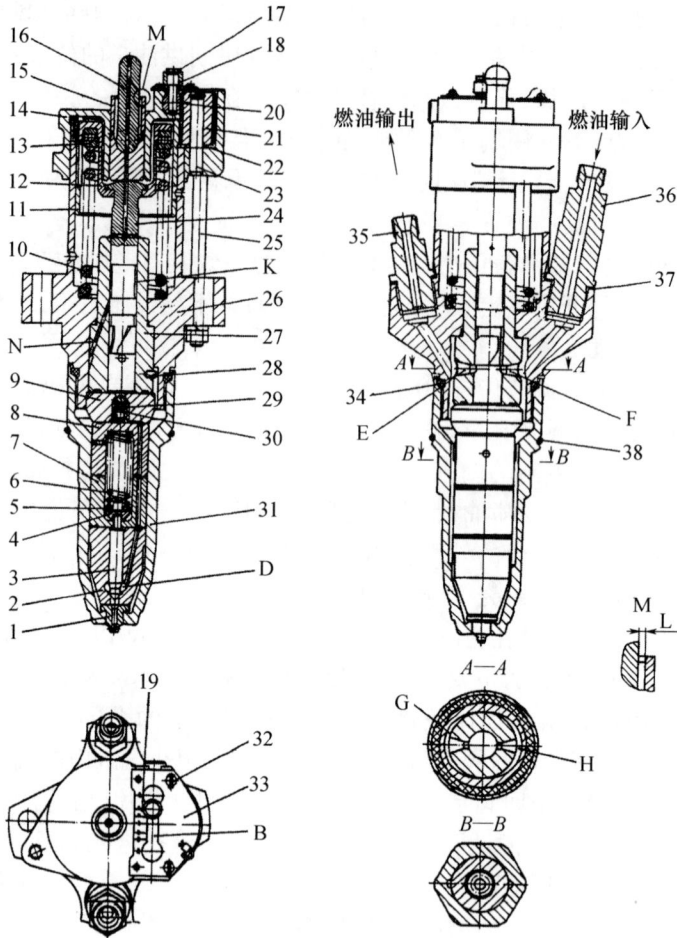

图 5 - 34　6 - 300 泵—喷油器

1—喷嘴；2—针阀体；3—针阀；4—弹簧座；5—调整垫圈；6、10、30—弹簧；7—下夹环；
8—上夹环；9—增压阀壳体；10—弹簧；11—齿环；12—导套；13—止推滚珠轴承；14—压盖；
15—高压油泵导筒；16—推杆；17—芯轴；18—滚轮；19—指示器；20—齿条；21—齿轮；
22、37—垫圈；23—销轴；24—柱塞；25—螺柱；26—壳体；27—柱塞套筒；28—定位销；
29—油阀；31—罩壳；32—螺钉；33—盖板；34、38—O 形圈；35—回油接头；36—进油接头。

成套更换。

　　喷嘴部分用罩壳 31 紧压于喷油泵的壳体 26 上。壳体和罩壳的接缝用橡胶环 34 密封。在罩壳的上圆柱形部分沿圆周均匀标出 48 个纵向分度，在罩壳上部的附近标有一条分度，用于装配喷油泵时检查罩壳的压紧力。

油泵部分因带柱塞 24 的柱塞套筒 27、有阀 29 及其弹簧 30 的增压阀壳体 9 等组成。套筒和柱塞相互精确磨合,只能成套更换。套筒在壳体 26 内的位置用销 28 定位。

套筒有两个孔 E 和 F,用于在柱塞吸入行程时,作为燃油输入柱塞上腔的通路和停止供油时排出燃油。泄漏在套筒和柱塞间隙内的燃油经槽道 N 排入喷油泵的吸入腔。

柱塞有两个油量调节边。柱塞插进导套 12,用扁平段定位。导套转动时,柱塞亦转动,改变切断边缘相对于柱塞套筒孔的位置,以此改变输入气缸的燃油量。

导套由齿环 11 带动转动,齿环 11 用齿轮 21 与齿条 20 连接。齿轮在压装于压盖 14 中的销轴 23 上自由转动,并支承在垫圈 22 上。盖与喷油泵壳体用两个螺柱 25 及螺母连接。在导套凸肩和弹簧 10 之间安装止推滚珠轴承 13。

齿条 20 可在压盖的槽 B 内移动。槽的上部用板 33 封闭,板 33 上,每隔 1mm 标有分度,并用数字标记。齿条上有指示器 19,在调节喷油泵和控制传动装置时使用。在压装于齿条中的芯轴 17 上自由旋转的滚轮 18,用于连接齿条与喷油泵控制传动装置。

燃油经螺纹管接头 36 输入喷油泵,而多余燃油经螺纹管接头 35 从喷嘴排出。

输入喷油泵的燃油注满柱塞套筒和壳体之间的腔和柱塞下面的腔。为保证冷却燃油经喷油泵流通,壳体内镗孔制成椭圆形,并布有两个腔 G 和 H。燃油由 H 腔流至柱塞下,而多余的燃油由腔 G 排至螺纹管接头 35,再进入低压燃油管路。

喷油泵由凸轮轴的燃油凸轮经双臂杠杆得到传动,双臂杠杆的端部布有调节螺栓。通过调节螺栓能调整喷油泵柱塞的最大行程,并在允许范围内改变喷油提前角。

柴油机工作时,凸轮轴的旋转带动燃油凸轮,经双臂杠杆作用于推杆 16 和喷油泵导套 15 上。柱塞向下运动,截断套筒上的孔 E 和 F,在柱塞下腔内形成燃油压力。增压阀 29 打开燃油流入喷嘴部分腔 D 的通道。柱塞继续向下运动时,腔 D 内的燃油压力急剧增大,当压力达到 29.42MPa + 0.49MPa 时,喷油器针阀克服弹簧 6 的弹力而抬起,燃油便经喷嘴头 1 的喷油孔喷入气缸。

在柱塞的油量调节边刚一打开孔 E 和 F 时,柱塞下的压力便急剧下降,针阀 3 在弹簧 6 的作用下,落在喷油器的壳体座上,于是停止向气缸喷射燃油。

向气缸喷入燃油的开始点是在喷油泵安装于柴油机上时由所调节的燃油输送提前角来确定。喷入气缸的燃油量,由柱塞压出行程值,即由相对其轴线的转动角或齿条的行程值所确定。为提高柱塞的寿命和可靠性，其精密表面由柴油机的润滑系统，经推杆16的孔和柱塞24的孔输送滑油润滑。

5.3.4　自动调喷器

柴油机的燃烧过程进行的好坏与喷油提前角直接有关，尤其在负荷较大时，这种影响体现得更加显著。因为燃油在高压油泵里建立压力再通过高压油管传递到喷油器端，需要一定时间 Δt，当转速 n 升高时，曲柄所转过的角度 $\Delta \varphi = 6n \cdot \Delta t$ 随之增大，所以，当喷油提前角不变时，转速增加，实际喷油时机要向后延迟，这样就使得整个燃烧过程向后延迟，造成热效率下降，排气温度升高，后燃增加，柴油机的动力性能、经济性能都有所下降。为了解决这个问题，在柴油机上一般都装有自动调喷器，它能够根据柴油机转速的变化，自动地相应调整喷油提前角，保证获得比较完善的燃烧过程。

图5-35为典型柴油机的自动调喷器。调喷器由传动元件和感应元件两大部分组成。

传动元件包括支架、后轴体和活塞体等部分。活塞体用两只平头螺钉与支

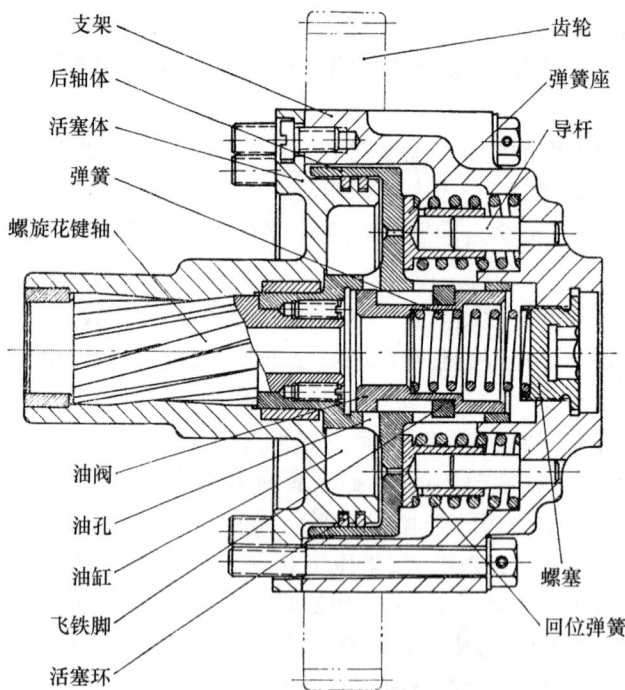

图5-35　典型柴油机自动调喷器

180

架连接,然后用 6 只长螺钉把它们固定在配气凸轮轴的齿轮上(该齿轮图中未表示出来),由配气凸轮轴带动旋转。活塞体做成空心,内孔加工有螺旋槽。后轴体的螺旋花键轴插入螺旋槽内,互相啮合。螺旋花键轴压紧在后轴体的孔中,并用销子使两者固紧成一体。后轴体用 6 只螺栓与自动调喷器的齿轮连接,该齿轮通过中间齿轮来传动高压泵的传动齿轮。由于配气凸轮轴和高压油泵凸轮轴之间经过花键轴来传动,因此,当后轴体和花键轴一道轴向移动时,就可迫使高压油泵的凸轮轴相对于配气凸轮轴旋转一定角度,从而改变了喷油定时,改变量的大小,决定于后轴体位移量的大小。

活塞体与后轴体之间的空间组成工作油腔,并装有两道活塞环以保证工作油腔的密封性。从配气凸轮轴中心油道流来的压力滑油可以经后轴体上的油孔进入工作油腔,该油孔由油阀来控制。后轴体的移动依靠滑油压力和回位弹簧来控制,回位弹簧通过弹簧座顶在后轴体上,弹簧座由导杆来导向。为减少后轴体与弹簧座之间相对运动时的摩擦,从油腔内引入少量滑油以保证润滑。

感应元件包括飞铁、弹簧和油阀等部分。在油阀的圆柱面上有凹槽,两个飞铁脚插在凹槽内,并作用在油阀的凸肩上,可以拨动油阀轴向移动,油阀的内部装有平衡弹簧。

当柴油机稳定工作时,调喷器由配气凸轮轴带动旋转,同时通过调喷器上齿轮和中间齿轮带动供油凸轮轴工作,这时飞铁产生的离心力和弹簧的弹力平衡,油阀刚好把后轴体上的油孔堵死,使活塞体与后轴体形成一个整体,两者之间不产生相对运动。

当柴油机的转速升高,飞铁产生的离心力就大于弹簧的弹力,因而它向外飞开,并通过飞铁脚拨动油阀右移,将后轴体上的油孔让开,这时压力滑油(0.15～0.2MPa)进入工作油腔。在压力油的作用下,克服回位弹簧的弹力,推动后轴体右移。在后轴体移动过程中,由于螺旋花键轴的作用,通过自动喷油器上的齿轮使高压泵传动齿轮相对旋转一个角度,使供油提前角加大。由于后轴体与油阀的移动一致,因而后轴体移动时,油孔逐渐关小,直到关闭。当油孔关闭后,后轴体停止移动,这时供油装置就稳定在新的喷油提前角条件下进行工作。飞铁的离心力与弹簧的弹力在新的工作点实现平衡。

当转速降低,上述零件的动作相反。

该调喷器在柴油机转速为 1000r/min 时开始起作用,当转速达 1500r/min,它使喷油提前角增大 12°曲柄转角。

图 5-36 为 MTU396 柴油机的自动调喷器。它安装在喷油泵的传动齿轮内的喷油泵的传动轴上,并用止推环和锁紧环固定在对接法兰上。当传动齿轮的转速升高时,正时器的飞块由于离心力增大而向外张开,此时,它使对接法兰向

着传动齿轮旋转的方向旋转。使在曲面元件上的止推弹簧朝正时器飞块的离心力方向作用,并使飞块在某一个成比例的转速下保持平衡。由于转速不断提高,传动轴朝前方向运转,喷油泵的供油始点在柴油机转速不断提高时也总是往前移动,即在所有转速范围内,燃油的喷射时间总是正确的。调喷器的调节范围最大为10°曲轴转角,即5°凸轮轴转角。

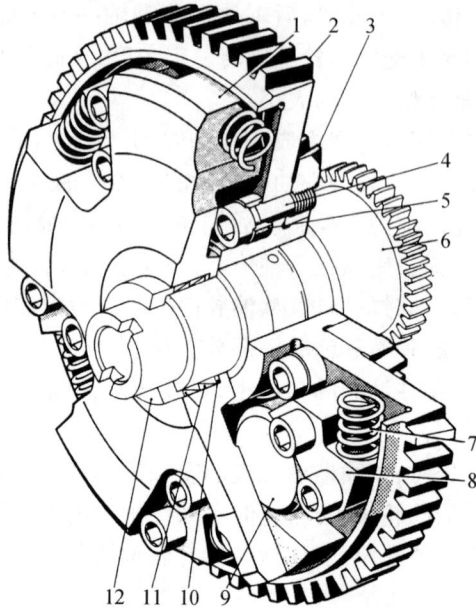

图5-36 MTU396柴油机自动调喷器
1—对接法兰;2—传动齿轮;3—惰轮;4—应力螺栓;5—隔离套筒;6—驱动轴;
7—弹簧;8—凸轮;9—飞铁;10—止推垫圈;11—弹性锁紧圈;12—定位套筒。

5.4 电控燃油喷射系统

5.4.1 概述

随着日益严峻的能源与环境问题的增多,人们对柴油机燃油经济性及排放越来越关注,为了提高柴油机的性能,降低排放,目前世界各国正在大力开发和研究电控燃油喷射系统。

柴油机电控燃油喷射系统经历了3个阶段,即位置式控制、时间式控制和压力—时间式控制。

1. 位置式电控燃油喷射系统

位置式电控燃油喷射系统保留了传统喷射系统的基本结构,只是将原有的机械控制机构用电控元件取代,在原机械控制循环喷油量和喷油正时的基础上,改进更新机构功能,用线位移或角位移的执行机构控制提前器运动装置的位移,实现喷油正时电控,使控制精度和响应速度较机械式控制得以提高。其产品有直列柱塞泵电控系统、转子分配泵电控系统等。

2. 时间式电控燃油喷射系统

时间式电控燃油喷射系统改变了传统喷射系统的一些机械结构,将原有的机械式喷油器改用高速强力电磁阀喷油器,以脉动信号来控制电磁阀的吸合与放开,以此来控制喷油器的开启与关闭。泵油机构和控制机构完全分开,燃油的计量是由喷油器的开启时间长短和喷油压力的大小来确定。喷油正时由电磁阀的开启时刻来控制,从而实现喷油量、喷油正时的柔性控制和一体控制,它改变了第一代电控燃油喷射系统的执行响应慢、控制频率低和控制精度不稳定的缺点。这种电控系统可分为电控泵喷嘴系统、电控分配泵系统、电控单体泵或直列泵系统。这种电控喷射系统性能虽较第一代位置式电控喷射系统有较大的提高,但仍存在以下问题:由于喷油压力直接由高压油泵产生,其喷油压力和喷油规律仍受凸轮形状的控制而不能自由调节。

3. 压力—时间控制式(共轨式)电控燃油喷射系统

整个系统由柴油机的大脑——ECU 统一进行管理,包括轨压控制、喷油控制(通过查预先装入的 MAP 图实现)及各种物理量的检测和处理。喷射高压的产生和喷油控制是分别独立进行的,高压供油泵将燃油加压后送入共轨腔内,到目前为止,共轨腔内的燃油可以保持在 130 ~ 160MPa 以上,电磁阀的开闭控制燃油喷射过程的开始和结束。据此,可以根据发动机的负荷以及转速等各种运行工况,在 20 ~ 160MPa 的宽广范围内改变喷油压力,实现预喷射、主喷射和多段喷射等,根据需要改变喷油率的形状。为了改善柴油机的排放,可以自由地改变喷油参数和喷油形态。高自由度地控制燃油喷射,在一次工作循环中实现多段喷油,将柴油机的燃烧效率、排放性能大大提高。

5.4.2 共轨系统工作原理

共轨式喷油系统于 20 世纪 90 年代中后期才进入实用化阶段。这类电控系统可分为两类:中压共轨电控燃油喷射系统和高压共轨电控燃油喷射系统。

1. 中压共轨式电控燃油喷射系统

中压共轨系统油轨中的燃油压力为 5 ~ 25MPa,中等压力的燃油经喷油器中的增压活塞增压后以极高的压力喷入燃烧室,典型代表有 BKM 公司的 Servojet

系统和 Caterpillar 公司的 HEUI 系统。

Caterpillar 公司的 HEUI 系统的结构示意图如图 5 – 37 所示。该系统采用增压活塞借助滑油液压力来提高喷射压力,它有两条公共油道:一条是高压控制油路(高压控制油为滑油),维持一定的压力用来推动增压活塞;另一条是低压燃油供油道,用来向喷油器提供燃油。通过调节高压控制油路中的滑油压力来控制燃油的喷射压力。喷油量和喷油正时由电磁阀的开启时间长短和开启时刻来控制。

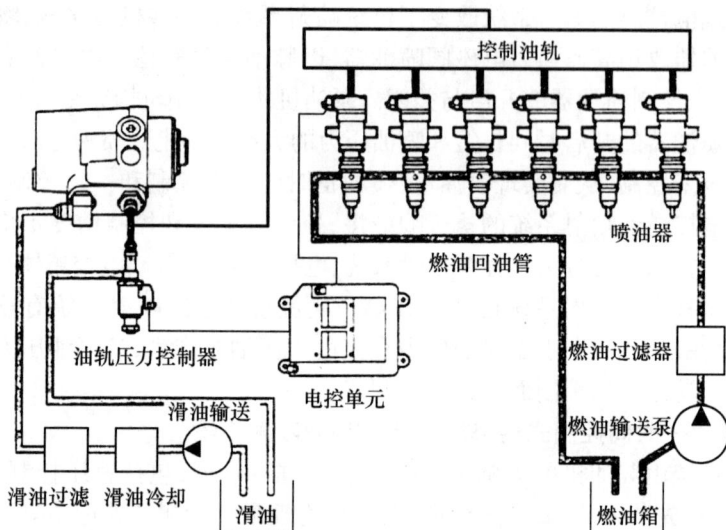

图 5 – 37　液力增压式电控燃油喷射系统

该系统的主要特点如下:

(1)可通过改变增压活塞与柱塞横截面的面积之比来获得非常高的喷射压力。

(2)仅在增压放大器、高压油管等必要的部位存在高压。

(3)安装尺寸大。需要两套油路,同时滑油总管尺寸也较大。

(4)为保证高压控制油路和喷射燃油的分开,需要喷油器的柱塞偶件的配合精度很高。

2. 高压共轨电控燃油喷射系统

高压共轨系统不采用蓄压式喷油器和增压活塞,而将公共油道中的油压直接控制在较高压力水平(共轨压力维持在 100MPa 以上),喷油量和喷油正时通过电磁控制的三通阀或两通阀来调节,利用三通阀或两通阀控制喷油嘴的背压变化以改变喷油量和喷油正时。

184

高压共轨系统具有以下主要特点：

（1）喷油系统结构紧凑。系统只需一条油路，喷油器尺寸小，共轨油管尺寸小。

（2）电磁阀处仅需小的控制油量。因此，响应速度快，易于实现多次喷射。

（3）系统大部分零件处于高压下工作，易出故障。

（4）需要高压力的燃油泵。

总体看来，高压共轨式电控燃油系统可实现传统喷油系统无法实现的功能，其优点如下：

（1）喷油压力的产生过程与喷油过程相互独立。

（2）喷油始点和燃油喷射量的控制各自独立。

（3）喷油始点控制精确，并且理论上调整范围没有限制。

（4）最小稳定燃油喷射量极小，并且具有合适的控制精度。

（5）在一定范围内喷油压力的选择不受柴油机的转速、负荷和燃油喷射量的影响。

（6）能灵活方便地进行预喷射和后喷射，预喷射可降低柴油机的噪声和 NO_x 排放，后喷射可降低柴油机的 HC、CO 和 NO_x 排放。

（7）实现了高压喷射，改善了进气和燃油的混合及燃烧过程，降低了柴油机的颗粒排放。

（8）无需对柴油机进行重大改动即可用共轨蓄压式燃油系统代替柴油机的传统燃油系统。

国外对高压共轨式喷油系统的研究较早，现在比较成熟的系统有：意大利 fiat 集团的 unijet 系统、德国 Bosh 公司的 CR 系统、英国 lucas 公司的 LDCR 系统和日本电装公司的 ECD – U2 系统。

图 5 – 38 所示为德国 robert bosh CR 高压共轨电控燃油喷油系统。燃油从油箱经过一个低压供油泵提供给高压泵，高压油泵为三缸径向柱塞泵，它将燃油送入高压油轨，高压油轨中的燃油一部分经喷油器喷入燃烧室，一小部分控制喷油器的针阀后流回油箱。在高压油轨上有一个压力传感器，系统将测量的油轨压力和 ECU 的预定值进行比较，通过控制器调节电磁溢流阀的背压，从而完成对共轨压力的闭环控制。喷油量和喷油定时的控制，是由 ECU 根据传感器测量的结果并通过查阅 MAP 图后，控制喷油器高速电磁阀的开闭来实现。该系统的高压油泵为一个三作用的旋转柱塞泵，其上有一个控制进油量的电磁阀，当柴油机的负荷较低时，通过关闭一个进油行程来减小高压油泵的消耗功率。

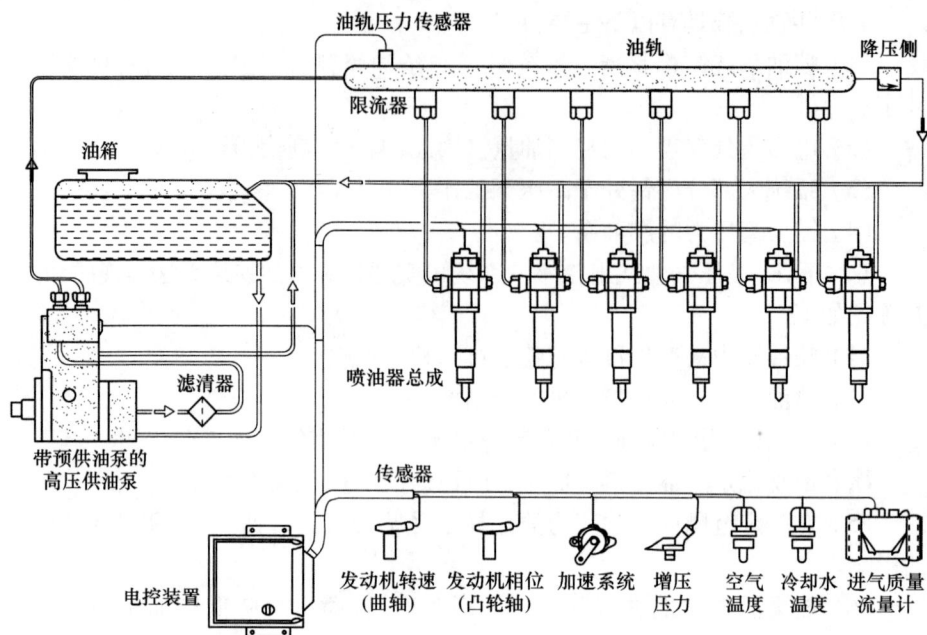

图 5 – 38 高压共轨式喷油系统

第6章 柴油机增压装置

由柴油机功率表达式

$$P_e = p_{me}V_s ni/30\tau \qquad\qquad (6-1)$$

可知,要提高柴油机的功率,可以通过改变结构参数如增大缸径 D、冲程 S 和增加缸数 i、冲程系数 τ 来实现,也可以通过改变柴油机工作过程参数如提高活塞平均速度 C_m(或转速 n)、提高平均有效压力 p_{me} 来实现。

增大气缸直径 D 和冲程 S 能使柴油机功率显著增加,故历年来缸径和冲程在不断增大,目前低、中、高速船用柴油机气缸最大直径分别为 1060mm、650mm 及 280mm,但缸径的增大是受到很多条件限制的,例如,缸径增加后,气缸的相对散热面积增加,从而使气缸活塞等受热部件的热负荷和热应力增加,同时缸径的增加也受到工艺技术水平等方面的限制,从而使缸径的增加受到了限制。

为了保证柴油机工作过程良好进行,必须保持冲程和缸径比(S/D)在一定范围内,故在增加缸径比的同时也必须增加冲程 S。但 S 的增加会使活塞平均速度 C_m 增加,固然 C_m 增加能提高柴油机的功率,可是伴随缸径和冲程的增加,运动件的重量也相应增大,从而增加了机件的运动惯性力,即增加了机械应力。机械应力的增加会导致柴油机寿命的下降,因此就限制了活塞冲程增加的幅度。目前 S 最大已达到 2000mm。

增加气缸数目也能够显著的增加柴油机功率,目前整机最多缸数一般分别为直列 12,V 型 18 及 V 型 20。缸数增加会增加曲轴的长度,使曲轴刚度下降,影响曲轴工作的可靠性,因此增加缸数也有一定的限度。

为了增加冲程系数 τ 提高柴油机的功率,曾经在船用主机中采用过二冲程双作用柴油机,$\tau=2$,达到了极限。由于双作用式的构造复杂,维修不便,故逐渐被淘汰。

提高柴油机的转速 n 也是增加功率的有效办法,但转速的增加亦受限制,一方面转速的增加会使机器的磨损增大、寿命缩短,另外,转速的增加,需在发动机与螺旋桨轴之间设置减速箱,以提高螺旋桨的工作效率,这就增加了设备和机械传动的损失。

目前,提高柴油机整机功率已不再从上述各方面下工夫,而主要靠提高平均

有效压力 p_{me}。平均有效压力 $p_{me} = p_{mi} \cdot \eta_m$，提高机械效率可以提高功率。例如，为减少机械损失，柴油机本身不带辅助机械(如扫气泵、冷却水泵等)和尽量改善零件的加工与装配质量，应用滚珠轴承，改进润滑方法和滑油品质等措施均可使机械效率提高。但这些措施对提高机械效率还是极为有限的。所以要大幅度地提高功率，就必须设法提高 p_{mi}，即在气缸里燃烧更多的燃油，为了燃烧更多的燃油，就要求同时增加进入气缸的空气量。

将空气进行压缩提高其压力后，再送入气缸里，就能增加充气量，这样的方法就称为增压。增压的实际意义就是用提高进气压力的方法增加气缸的充气量，以保证燃烧更多的燃油，从而提高柴油机的功率。提高增压程度，进行高增压、超高增压及二级增压是成倍地提高单缸及整机功率的有效措施，因而说采用增压技术是提高柴油机功率的最有效途径。

6.1　增压系统分类

根据驱动增压器所用能量来源的不同，增压方法基本可分为3种形式，即机械增压、废气涡轮增压和复合增压。此外，还有一些特殊的增压系统，如气波增压、惯性增压等。

6.1.1　机械增压系统

在机械增压系统中，压气机是通过增速齿轮由柴油机的曲轴直接传动的，如图 6 - 1 所示。由于压气机的转速比柴油机的转速高得多，因此通过曲轴传动时，需要通过一套增速齿轮传动装置。这种增压方式，要消耗柴油机发出的部分功率。该增压系统中的压气机由罗茨式和离心式两种。罗茨式压气机是一种容变式压气机，在增压压力过高时，漏气量会增加，增压器的效率下降，因此它适应于增压压力不高的场合。尽管离心式压气机适应于高增压的场合，但由于其转速高，传动装置复杂，增压压力也不会太高。

机械增压的优点是结构简单，工作可靠，加速性能好，低速、低负荷下能与柴油机很好的配合，满足其进气量要求。缺点是需要消耗柴油机的功率，因而使柴油机效率降低，油耗增加。机

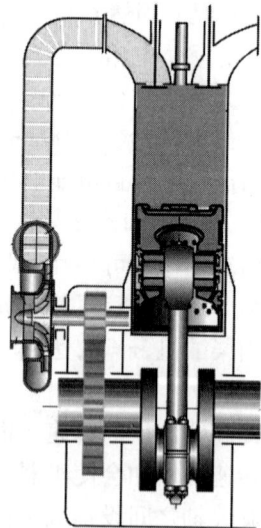

图 6 - 1　机械增压系统示意图

械式增压系统消耗功率占柴油机功率的 5% ～10%,并且当增压压力超过一定范围后,随增压压力的增大柴油机功率反而下降。

6.1.2 废气涡轮增压系统

增压器由废气涡轮和压气机组成,称为涡轮增压器。柴油机与涡轮增压器之间没有机械联系,废气涡轮增压器的压气机由废气涡轮带动,废气涡轮则利用柴油机的废气能量作功,如图 6 - 2 所示。

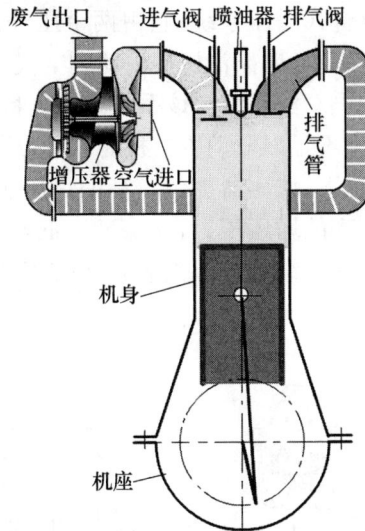

图 6 - 2 废气涡轮增压系统工作原理

由于压气机并不消耗柴油机的功率,且利用了废气的能量,增压压力可以达到较高的数值(压力可达 0.3 ～0.5MPa)的同时还可提高柴油机的效率,因此废气涡轮增压在现代柴油机上被广泛采用。

其缺点是低负荷时加速性能差,主要原因是:在低负荷工作时,排气管内的废气能量小,废气涡轮增压器的效率低,增压压力低,供气量少,燃烧恶化。在柴油机突然增加负荷或者提高转速时,由于废气涡轮有一定的惯性,使涡轮增压器的转速来不及瞬时增加,会使柴油机的瞬时供气量不足,造成柴油机的短时冒黑烟。另外,二冲程机无专门的排气冲程,单独使用废气涡轮困难。

6.1.3 复合式增压系统

为了克服机械增压系统和废气涡轮增压系统的上述缺点,吸取机械增压系统和废气涡轮增压系统的优点,出现了复合式增压系统。它们可以采用不同的

方式进行组合,一般有以下两种形式:

1. 串联复合式增压系统

图6-3(a)为串联复合式增压系统。空气先经涡轮增压器作第一级压缩,经空气冷却器后在送到机械增压器中作第二次压缩。它的特点是柴油机在低负荷工作和启动时,机械传动的压气机可以保证气缸换气时所需要的空气量,而废气涡轮增压器可保证获得较高的增压压力。

2. 并联复合式增压系统

图6-3(b)为并联复合式增压系统,它由两个压气机向柴油机提供新鲜空气,一个压气机由废气涡轮传动向柴油机提供新鲜空气,一个压气机由曲轴或独立的电机传动向柴油机提供新鲜空气。该系统的最大特点是:在低速、低负荷工况下,废气涡轮发出的功率不足以驱动压气机时,可以从柴油机的曲轴获得补充功率;在全负荷大功率工况下,增压器提供较高的增压压力,减少机械增压器的耗功。所以它既保证了较高的增压压力,又保证了低负荷以及加减负荷等变化工况条件下的运转性能。该系统的缺点是装置比较复杂,制造加工、拆卸安装、维护保养等都比较困难。

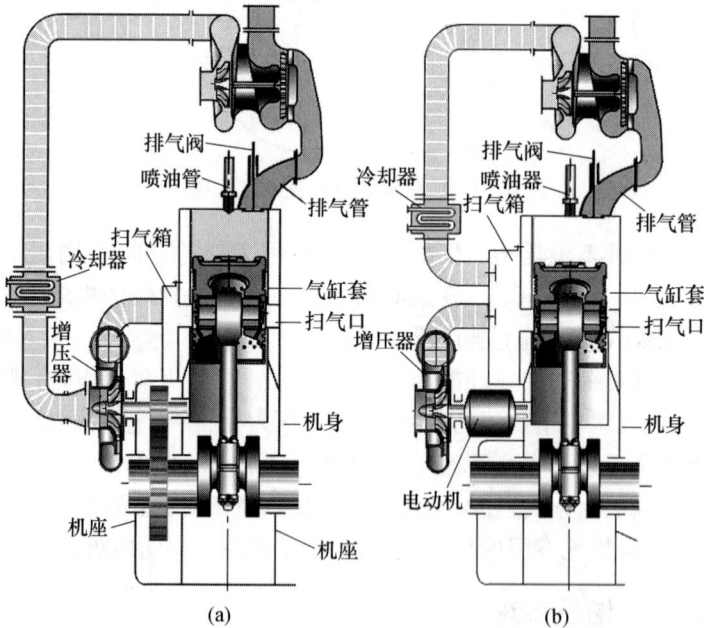

图6-3 复合式增压系统

6.2 机械增压系统

机械增压系统包括压气机和传动装置两大部分。目前采用的压气机有离心式和转子式(又称罗茨式)两种类型。

6.2.1 采用离心式压气机的增压系统

1. 离心式压气机的工作原理

离心式压气机由工作叶轮2、扩压器3、进气装置1和出气蜗壳4等部分组成,如图6-4(a)所示。进气装置1通常由进气滤网、进气道和进气消音器等部分组成。气道形状是圆筒形,稍带锥形,其作用是使进气按一定方向徐徐流入,以减少进气的阻力和噪声。

工作叶轮2的前端装有导风轮,在一般压气机中,两者虽然都是单独加工,但却组装在一起。小型压气机的导风轮多数和工作轮铸成一体。

导风轮叶片前缘顺转向弯曲,其作用是为了避免叶片前缘气流的分离,减少撞击损失,保持空气以一定的相对速度和方向运动。

当空气随着工作叶轮高速旋转时,在离心力作用下,沿着通道自中心部位向轮缘方向流动,这样,叶片中心部位压力降低,进气道内的空气就不断流入补充,而轮缘的空气却被甩出,并不断进入扩压器。空气在工作叶轮的大部分流程中不断受到压缩,其温度、压力和速度都得到相应的提高。图6-4(b)为压气机的工作原理,由图中可看出空气通过工作叶轮后,压力从 P_1 增加到 P_2,温度由 T_1 增加到 T_2,气流的绝对速度由 C_1 增加到 C_2,即空气的内能和动能都得到了增加。但在进口处,由于高速旋转的工作轮产生一定的真空度,所以空气在进入工作轮时要首先膨胀,压力和温度稍有降低,而空气的流速则稍有增加。

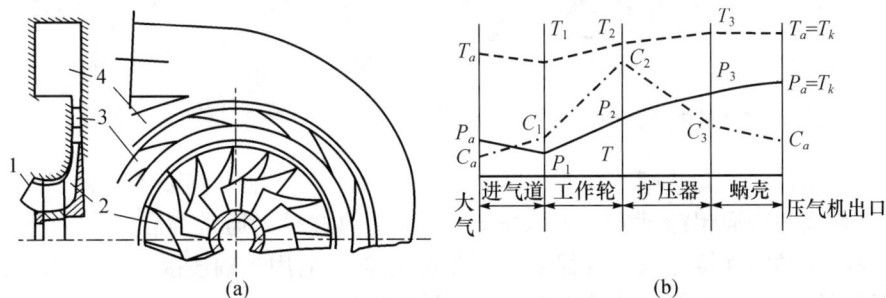

图6-4 离心式压气机简图

1—进气装置;2—工作叶轮;3—扩压器;4—出气蜗壳。

扩压器 3 安装在工作轮轮缘的周围,它的作用是汇集从工作轮缘出来的所有空气,并将空气所含的动能转换成压力能。所以从图 6-4(b)中可以看出,空气的速度从 C_2 降低到 C_3,而压力则从 P_2 增加到 P_3,其温度也略有上升,从 T_2 升到 T_3。

出气蜗壳 4 为环形通道,其截面逐渐扩大形成蜗壳。它的作用是使进入壳内空气的动能进一步转换为压力能,由图 6-4(b)可以看出,速度继续从 C_3 下降到 C_4,压力则从 P_3 增加到 P_4,此处的温度升高甚微。

2. 主要部件结构形式

1) 工作叶轮

工作叶轮由轮盘和叶片组成,装在传动轴上。常见的类型有图 6-5 所示的几种:

(1) 封闭式叶轮。叶片之间的气流通道是封闭的,因此空气在通道流动时,可以避免和静止的机壳之间产生摩擦,如图 6-5(a)所示。该型结构气流较规则,能量损失较小,效率较高。但这种形式的结构复杂,重量也较大。

(2) 半开式叶轮。这种结构形式的特点是:气流通道靠近进气的一侧没有轮盖,是敞开的,因此工作时气流和机壳之间存在着摩擦,能量损失较大,如图 6-5(b)所示。该形式结构简单,制造方便,同时容易保证叶轮的强度和刚度,所以应用比较普遍。

叶轮的叶片形状常见的有径向叶片和后弯叶片两种,如图 6-6 所示。由于径向叶片的叶轮强度较好,结构与制造简单,因而获得广泛的应用。

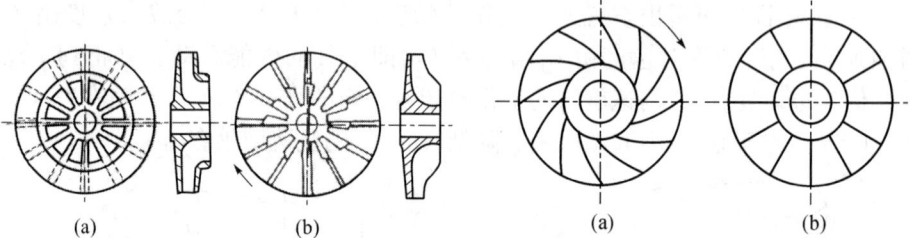

图 6-5　叶轮的结构形式　　　　图 6-6　叶轮的叶片形状

叶轮是一个高速旋转部件,它的结构对压气机的性能有着重要影响,因此在加工精度和表面粗糙度方面要求都较高,采用的材料为通常为合金或铝合金。叶轮与轮轴的连接方法一般都采用单键或花键,有的用光轴连接,然后在端面用螺栓压紧。较大叶轮的连接也有的采用热套连接。

在半开式叶轮中,为减少空气进入叶轮时与叶片撞击而造成能量损失,将叶轮进口处的叶片顺转向弯曲一定角度。有的直接将叶片进口处的叶片弯曲,有的把导向部分的叶片与叶轮部分的叶片制成两部分,然后安装成一体,一般把这个导向部分称为导风轮。

2)扩压器

当前采用的扩压器主要有无叶扩压器(又称缝隙扩压器)和叶片式扩压器两种,如图6-7所示。

(1)无叶扩压器。由两块环形平板组成,二者保持一定的距离,构成一个环形气流通道,如图6-7(a)所示。扩压器的外径越大,则气流速度在扩压器内下降也越大,因而空气压力的升高也越多。但通道过长会引起压气机尺寸和重量增加。这种扩压器结构简单和制造方便,但气流的能量损失较大,常用于小型增压器上。

(2)叶片式扩压器。在扩压器内安装有叶片,根据叶片的形状又可分为平板形叶片扩压器(图6-7(b))和机翼形叶片扩压器(图6-7(c))。叶片间形成气流通道,因而空气流动过程中能量损失减少。

扩压器一般采用铝合金铸造。叶片部分采用铣削加工或精密铸造成型。为了减少能量损失,叶片和流道部分的表面粗糙度要求较高。

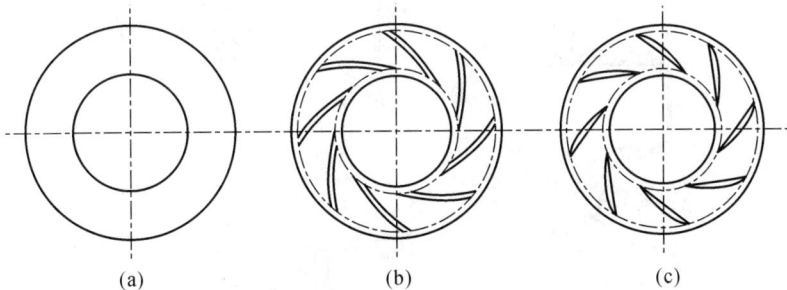

(a)　　　　　　　　(b)　　　　　　　　(c)

图6-7　扩压器的结构形式

3. 典型离心式压气机结构

图6-8为典型离心式压气机结构图。叶轮6为半开式,采用锻铝制成。叶片径向排列,叶片的进口一端顺旋转方向弯曲。叶轮由花键采用热套法安装在叶轮轴16上,并在前端用叶轮固定螺钉17锁紧。叶轮轴的中部和尾部分别由外壳1和中隔板26上的轴承支承。

前盖3的环形平面与扩压板4共同组成缝隙式扩压器。扩压板4用扩压板固定螺钉5固定在外壳的内壁上。

空气由前盖3上的喇叭口进入,口部有铁丝防护罩8和挡板19,用来防止杂物随空气进入内部,损坏机件。通过叶轮和扩压器以后的空气经外壳上的蜗形管输入柴油机的进气管。

为减低叶轮的背部压力,从而减小作用在叶轮上的轴向力,在叶轮中部钻有平衡孔,该孔使进气口与叶轮背部相通。

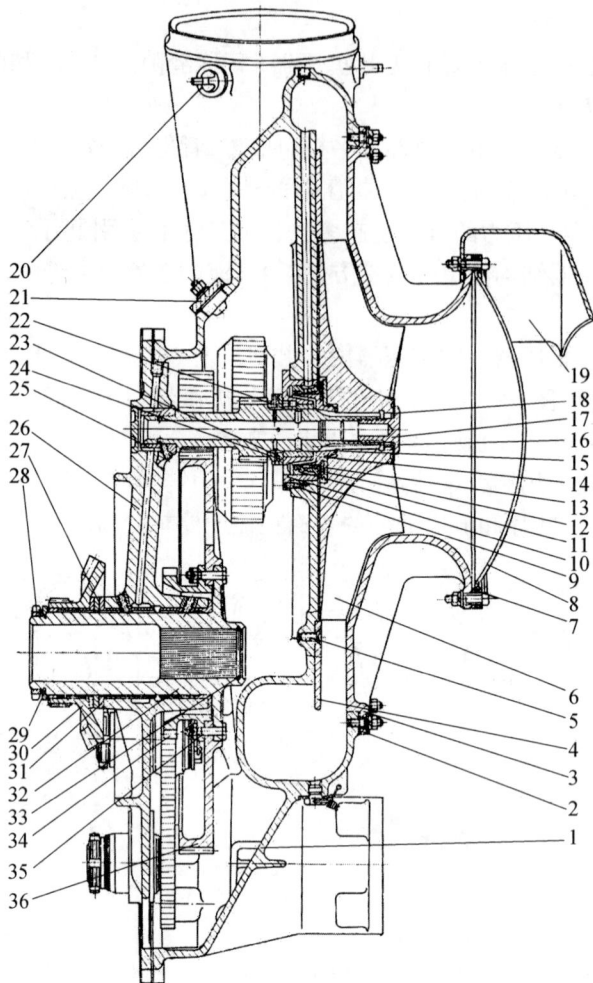

图 6-8 典型离心式压气机结构

1—外壳;2—橡胶石棉垫圈;3—前盖;4—扩压板;5—扩压板固定螺钉;6—叶轮;7—垫圈;

8—防护罩;9—制动螺钉;10—密封圈;11—密封环;12—弹簧垫圈;13—垫圈;14—密封套筒;

15、24、27、29—调节垫圈;16—叶轮轴;17—叶轮固定螺钉;18—止动垫圈;19—挡板;

20—吊环;21—加油孔盖;22—推力垫圈;23—铜垫圈;25—青铜衬套;26—中隔板;

28—螺帽;30—锥形齿轮;31—衬套;32—主动轴;33—隔环;34—小主动齿轮;

35—螺栓;36—大主动齿轮。

6.2.2 采用转子式压气机的增压系统

1. 转子式压气机的基本结构和工作原理

转子式压气机的基本结构如图6-9所示,它由两个转子1、2和一个外壳3组成,两转子的叶尖b和叶谷a始终咬合,它们依靠一对齿轮传动,并保证两转子向相反方向同速旋转。由于转子和转子之间、转子和外壳之间的隔离作用,压气机的进口与出口是互相隔开的。

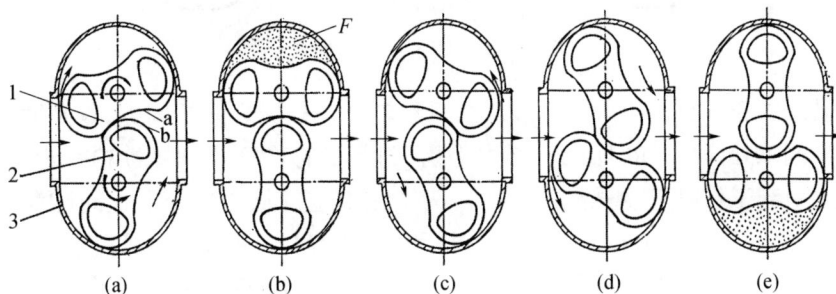

图6-9 转子式压气机工作原理

1、2—转子;3—外壳。

当转子按箭头所示方向旋转时,靠近进气口一侧两转子的叶尖和叶谷逐渐互相分开,容积变大;而靠近排气口一侧的两转子叶尖和叶谷逐渐互相靠拢,容积变小;因此新鲜空气从进气口进入,并从排气口排出(图6-9(a))。当转子1转到图6-9(b)所示的位置时,部分新鲜空气被封闭在转子的叶谷和外壳之间的空间内(如图中的 F 所示),这时与进气口和排气口都隔离。这部分气体并不立即受压缩,而是保持着进气口的压力,并随着转子一起运动。当转子1转到图6-9(c)所示的位置时,密封空间 F 与排气口相通。由于排气口的空气压力高于密封空间内的空气压力,因此当开始连通时,压力空气立即倒流进密封空间内,使密封空间的空气压力突然提高到排出口的压力,这一过程,称为"压力平衡"过程,然后随着转子的运转,密封空间的空气不断地被挤送出去(图6-9(d))。转子2和转子1的工作情况完全相同。从上述工作过程可以看出,转子式压气机的工作包括吸入、传送和排出三个过程。传送过程由上述密封空间来完成,每个转子转一圈可以传送两个密封空间容积的气体。

压气机的转子分两叶、三叶和四叶三种,如图 6 - 10 所示,但四叶的很少采用。

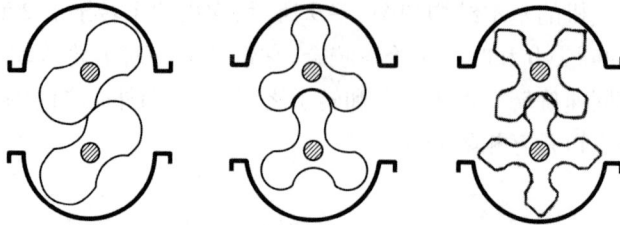

图 6 - 10　转子的结构形式

转子式压气机由于气体可以从出口经转子与外壳之间的间隙,以及两转子之间的间隙处漏出,同时由于"压力平衡"过程的存在而出现脉冲输气现象,这些都会引起工作时产生强烈的噪声。为了减少空气从出口经上述间隙漏泄出去,转子之间以及转子与外壳之间(包括转子两端与外壳侧盖之间)的间隙,在保证正常工作的前提下应尽量减小。为提高输气的均匀性,减少脉动现象,往往采用螺旋形转子。采用螺旋形转子时,密封空间与进、排口连通和隔断的过程不是突然而是逐渐地进行的,因而减少了空气波动的幅度,这也就减小了噪声的强烈程度。

2. 典型转子式压气机结构

图 6 - 11 为 12VE230ZC 转子式柴油机增压器结构。

压气机的转子 15 和 18 采用铝合金,中部空心,叶片为螺旋形。通过三角形花键安装在轴 8 上,右端用定位销 12 固定。工作中受热膨胀时转子可以相对于轴向左端伸移。轴的左端安装传动齿轮 3 和 9,保证两转子同速反向运转。传动齿轮采用斜齿,其倾斜方向与转子的螺旋方向相反。这是因为螺旋形转子工作中会产生轴向力,采用斜齿后可以使轴向力部分得到平衡。轴 8 两端用滚动式轴承来支承。左端为滚柱轴承,它的内圈装在钢套 10 上,由拧在轴上的螺帽通过传动齿轮压紧,而钢套 10 则紧套在轴上。轴承外圈装在轴承座内,然后用螺钉固定在端盖的圆孔中。右端为双列式滚珠轴承 11,它的内圈用螺帽压紧在轴上,外圈装在轴承座内,然后固定在端盖的圆孔中,工作时,该轴承承受着轴向力。

为了防止滑油或空气沿轴向漏泄,在钢套 10 和 13 上开有槽,槽内放入用高强度铸铁制造并进行多孔性镀铬的弹性密封环 2 和 14。转子和盖的端面间隙,可以用改变调节垫片 7 厚度的方法进行调整。

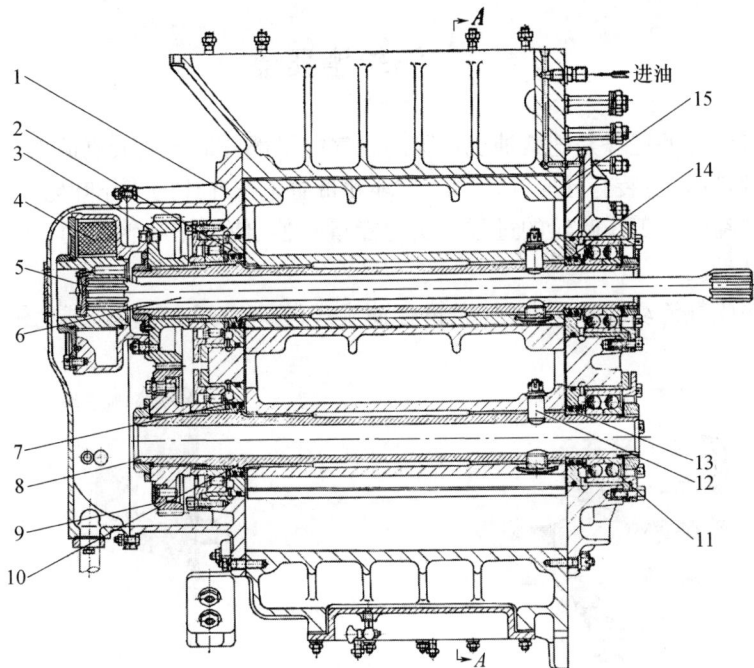

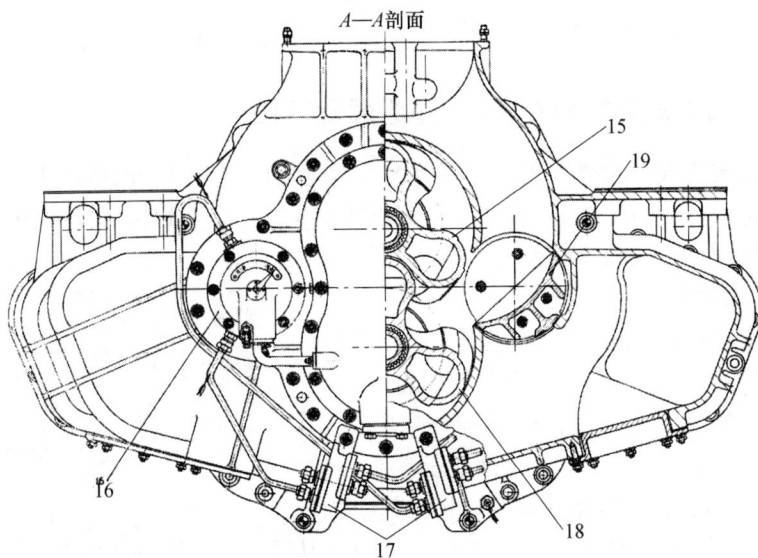

图 6-11　典型转子式压气机结构

1—壳体；2—密封环；3、9—齿轮；4—弹性联轴节；5—花键；6—弹性轴；7—调节垫片；

8—轴；10、13—钢套；11—滚珠轴承；12—定位销；14—密封环；15、18—转子；

16—伺服器；17—分配器；19—滑阀。

6.3　涡轮增压器

废气涡轮的任务是把柴油机排除的废气能量部分地转换成机械功。它由两个主要部件组成:装有导向叶片的喷嘴环和带有工作叶片的工作叶轮,废气就是在通过喷嘴环和工作叶轮的过程中实现能量转换、使工作叶轮带动压气机的叶轮不断转动的。

按照废气流动的方向,废气涡轮有轴流式(图 6 - 12)和径流式(图 6 - 13)两种。

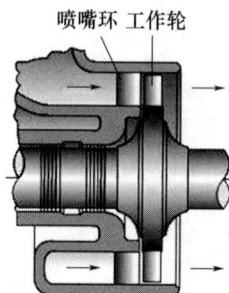

图 6 - 12　轴流式涡轮机

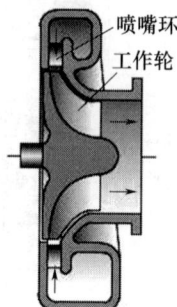

图 6 - 13　径流式涡轮机

6.3.1　轴流式涡轮机结构、工作原理及特性

轴流式废气涡轮机多用在流量较大的涡轮增压器上,因此,舰船大功率柴油机的涡轮增压器,它的涡轮机多采用轴流式结构。图 6 - 14 为轴流式废气涡轮的基本结构。叶轮和喷嘴环是它的两个主要组成部件。

1. 涡轮机的工作原理

涡轮机的喷嘴环和工作轮构成涡轮机的一级。一般的涡轮增压器多采用单级涡轮。图 6 - 14 给出了单级涡轮简单结构,喷嘴环叶片和工作轮叶片的断面为机翼形,流道截面呈渐缩形。

工质流经喷嘴渐缩通道时,由于截面的收缩,工质压力、温度从 P_T、T_T 降到 P_1、T_1,速度从 C_T 升高到 C_1,提高了进入工作轮工质的动能。同时确定了工质流入工作叶片的方向。工质流入工作轮时,在叶片作用下方向发生折转而对叶片产生推力,并且由于工作轮叶

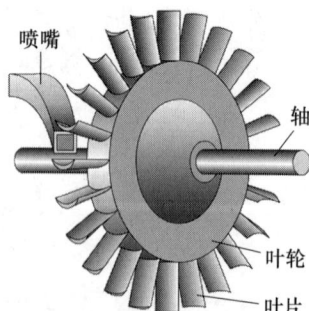

图 6 - 14　涡轮的基本结构

片通道截面的收缩而继续膨胀,工质温度、压力进一步降低,相对速度由 ω_1 增至 ω_2。进一步增大了推动工作轮旋转的动力。

叶片断面为机翼形,工质流经叶面时,凹面受压力大,凸面受压力小,产生压差,如图 6-15 所示。此压差形成推动工作轮旋转的力矩。工质离开工作轮时仍具有绝对速度 C_2,带走的动能,称为"余速损失"(图 6-16)。

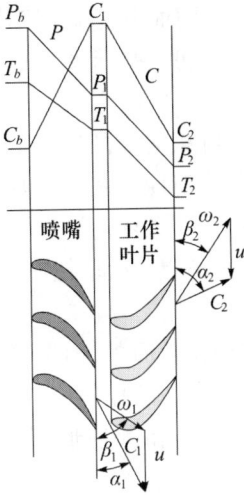

图 6-15　轴流式涡轮机的工作原理

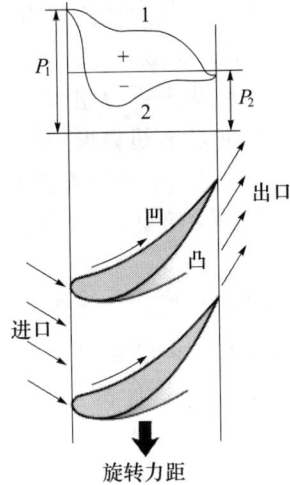

图 6-16　叶片表面的压力分布

2. 涡轮机的主要部件

1)喷嘴环

喷嘴环又称导向器,它由若干叶片和内、外环组成。叶片安装在内、外环之间,形成环形的轴向气流通道。整个喷嘴环安装固定于涡轮机入口端进气壳体上,如图 6-17 所示。

由于喷嘴环在高温高速并具有腐蚀作用的工质冲击条件下进行工作,所以一般采用耐高温抗腐蚀的合金钢制造。流通部分的表面粗糙度、叶片出口的安装角以及出口面积对涡轮的工作性能有很大影响,因此制造加工的质量要求比较高。为了防止工作时受热膨胀而引起喷嘴环的变形,在内环上加工有膨胀槽。喷嘴环分整体式、装配式以及可变流通截面积喷嘴环三种。

(1)整体式。它是将叶片与内、外环铸造或焊接成一体。这种形式结构简单,但存在当少数叶片损坏时不能单独更换的缺点。

(2)装配式。它是将单独加工的叶片用榫或铆接方法装配在内、外环上。其优点是当少数叶片损坏时可以更换,但制造和装配工艺都较复杂。

(3)可变流通截面积喷嘴环。为改善涡轮增压器与内燃机配合运行性能,

199

适应负载对内燃机性能的要求以及提高涡轮机在整个运转范围内的效率,在喷嘴环的结构上采用可变流通截面积形式。在喷嘴环的叶片两端装有转轴,叶片可沿轴转动,并改变叶片进、出口的截面积比,并调整气体流过喷嘴环的膨胀比。

2）工作轮

工作轮由轮盘和工作叶片组成。轮盘通常采用锻造方法制造,然后把叶片安装在轮盘上面。由于叶片的工作温度比轮盘更高,因而两者采用不同的钢材来制造。叶片与轮盘的连接方法分不可拆式和可拆式两种,前者是把叶片焊接在轮盘上,后者一般是用榫来连接。

叶片一般由三部分组成:叶身、叶根以及叶身和叶根之间的连接部分。叶片截面的基本形状有机翼形、圆弧形和扭转叶片,目前广泛应用扭转叶片。它的结构特点是:叶身的截面沿着高度方向是变化的。由于涡轮通流部分的气体参数沿着叶片高度是变化的,采用扭转叶片就可适应这一特点,从而获得较高的工作效率。

在采用不可拆式的连接方式时,叶根部分的结构比较简单,但在可拆式连接方法中叶根部分必须做成榫头,以保证叶片不会因离心力的作用而和轮盘分开,并采用锁紧装置以防脱出,常用的榫头形式有枞树形和圆柱形,如图 6 - 18 所示。

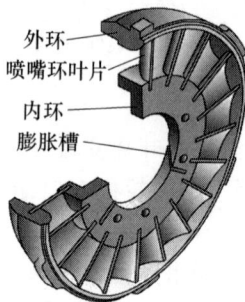

图 6 - 17　喷嘴环的结构

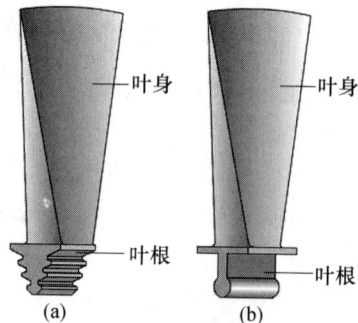

图 6 - 18　涡轮叶片结构及榫头形式

3）轴承

轴承的布置有以下三种形式:

（1）外置式。如图 6 - 19(a)所示,两轴承设置在转子轴的两端。外置式在大型废气涡轮增压器中应用较为广泛,其特点是:转子的稳定性好、便于转子轴的密封(轴承远离叶轮,轴向空间较多)、轴承受高温气体的影响较小,另外增压器转子轴的中部刚性较大,支承轴颈直径可以适当小一些,不致影响转子的临界转速,由此可以保证轴承有较低的表面切向速度,有利于延长轴承的使用寿命,轴承置于轴两端,更换轴承较方便,缺点是增压器结构相对复杂,重量尺寸较大,清洗增压器叶轮较困难。

(2) 内置式。如图6-19(b)所示,两个轴承在涡轮与压气机之间的内侧,叶轮两端悬臂放置,在小型废气涡轮增压器上获得广泛的应用。其特点是:重量较小,造价也较低,维护保养转子较方便,轴向长度较短,压气机能轴向进气,由于转子的质量轻,从而改善了加速性能。缺点是:油、水、气的密封布置较困难,有一侧的轴承很靠近涡轮端,轴承的工作条件较差,更换轴承很不方便,需先拆去叶轮后才能更换轴承悬臂支承。

(3) 混合式。一轴承设置在外端,另一轴承设置在压气机叶轮和涡轮轮盘之间,如图6-19(c)所示。其优点是压气机能轴向进气,涡轮端的轴向密封容易保证,局部拆卸零件即可清洗压气机叶轮,重量和尺寸介于图6-19(a)、(b)之间。缺点是:压气机边轴颈的切线速度较高,对轴承工作不利,转子的稳定性较图6-19(a)差,润滑也不及图6-19(a)好。

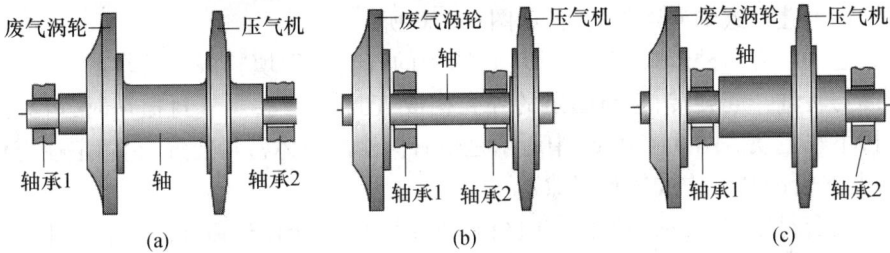

图6-19　增压器轴承布置形式

轴承的结构分滑动式和滚动式两种,一般内置式轴承广泛采用滑动式。

滑动轴承的特点是:由于轴承是在轻载高速条件下工作,容易实现理想的液力润滑,因而一般使用寿命较长,对冲击和振动不敏感,但是由摩擦产生的热量较多,因而滑油的需要量也较大,这样也就要求对滑油进行专门冷却,同时必须在较高压力下供油。采用这种轴承的涡轮增压器一般与柴油机共用一个滑油系统,在长期停车以后启动时,必须预先润滑轴承,在高载荷下突然停车时(大型发动机),要继续润滑轴承,因为这时从涡轮盘传给涡轮端轴承的热量较多,易使轴承中的滑油过热,可能造成结焦。

滚动轴承的特点是:摩擦损失小,低转速时更为明显,容易启动,无需预先充油,滑油的需要量较小,由增压器本身向轴承供油,在低压比和小型涡轮增压器中用甩油盘向轴承飞溅供油,在高压比条件下,由转子轴带动小油泵向轴承供油。由于滑油带走的热量较少,因而不需采用专门的冷却器,压气机端的滑油利用流过轴承壳周围的空气来冷却,而涡轮端的滑油则采用涡轮进气壳中的水来冷却。

涡轮增压器无论采用何种轴承，都要考虑轴在受热后的热膨胀问题。一般把自由端设在涡轮侧，热膨胀时可以向涡轮端外侧伸胀。由于涡轮和压气机的轴向推力是朝向压气机一侧，因此一般在压气机轴端装有翻边推力轴承来承受轴向推力。

4) 密封装置

良好密封是保证涡轮增压器可靠工作的一项重要措施，它包括气封和油封两部分。其功用是防止压力空气、工质和滑油的漏泄。压力空气的漏泄会降低增压效果。工质的漏泄一方面会污染滑油，另一方面可能导致漏泄处有关零件损伤(烧蚀和腐蚀)。滑油的漏泄不仅造成滑油的浪费，而且会造成叶轮等主要部件的污染。

常用的气封装置是迷宫式。其结构特点是：不让漏气通道保持一条直通的环形缝隙，而是由若干个缝隙和空间次序排列成一条曲径。

(1) 迷宫式轴向密封装置，如图6-20所示。

它一般有两种形式：图6-20(a)图中的气封片用填料嵌入转轴的槽中，气封圈与转轴一起旋转，它与固定的外壳构成气封间隙δ，当气封损坏时，可以逐片拆下来更换。图6-20(b)中所示是带有沟槽的整体密封装置，它固定在壳体上，与光滑的转轴构成气封间隙δ。

其密封原理是：利用气体在曲径流动过程中，由于流通截面的突然变化所形成的节流降压作用来实现防漏。

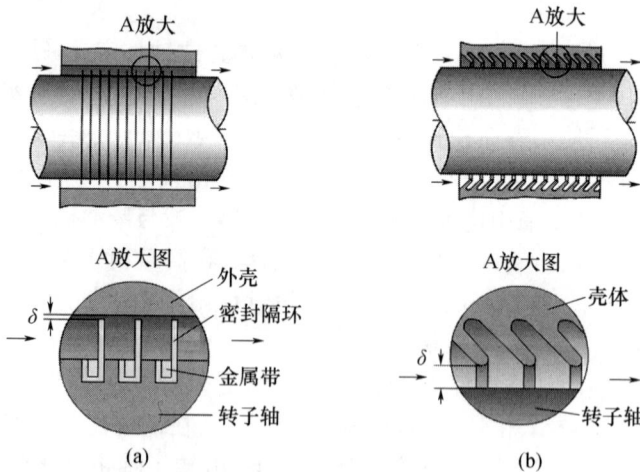

图6-20 轴向密封装置

（2）带有气封的迷宫式密封装置，如图 6 - 21 所示。

这是涡轮增压器中最常用的密封装置。它一般是从压气机出气涡壳处引一股压缩空气进入一组密封装置的间隙内，它可以阻止燃气漏入轴承，阻止轴承中润滑油漏出，还可以冷却涡轮端的转轴和轴承。

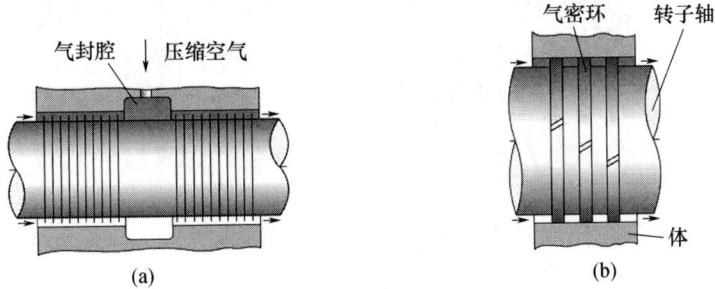

图 6 - 21　带有气封的密封装置

（3）径向密封装置，如图 6 - 22 所示。

它利用密封元件的轴向间隙达到密封作用，可以通过调节轴向间隙来减少气封间隙，因此具有良好的密封性能。它主要用于压气机叶轮背部的密封。

（4）活塞环密封装置，如图 6 - 23 所示。

同转轴一起旋转的轴套上开有环槽，在槽中安放有活塞环，活塞环与固定壳体之间形成曲径防漏。由于活塞环与轴套之间有摩擦，故摩擦损失较大，一般用于小型涡轮增压器。

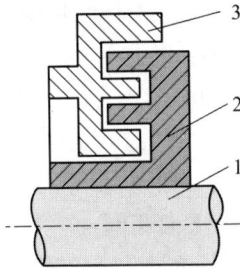

图 6 - 22　径向密封装置
1—转轴；2—密封装置转动件；
3—密封装置固定件。

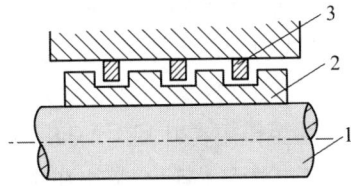

图 6 - 23　活塞环密封装置
1—转轴；2—轴套；3—活塞环。

6.3.2　径流式涡轮机结构、工作原理及特性

径流式废气涡轮的特点是：气体从喷嘴环向工作叶轮的流动方向是沿着半径方向，气体从外缘流向中心。叶轮的叶片按辐射方向排列，喷嘴环的叶片也均

匀地布置在一个环形平面上,如图 6 – 24 所示。

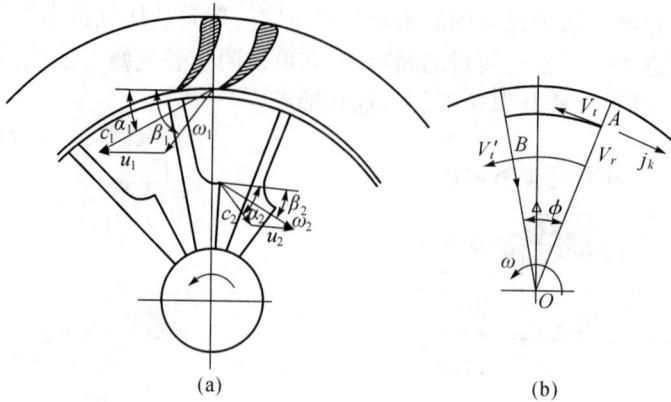

图 6 – 24 径流涡轮机的基本结构与工作原理

柴油机排除的废气进入喷嘴环后,进行膨胀加速,让一部分压力能转变为气体的动能,气体出口速度提高至 C_1,并与圆周切线成 α_1 角,由于叶轮的旋转,工作叶片进口具有圆周速度 u_1,因此气体进入工作叶片时的相对速度为 ω_1,并与圆周切线成 β_1 角。气流进入工作叶片后,由于气流通道具有逐渐收缩的形状,因而气体继续膨胀,叶片出口的相对速度提高到 ω_2,并与圆周切线成 β_2 角。气体的一部分动能在通过叶轮时传给了叶片,绝对速度从 C_1 降到 C_2,并与圆周切线成 α_2 角,这时的圆周速度为 u_2。在气体向心流动过程中,叶轮的叶片上受到气体冲击力和反作用力的作用,此外还有哥氏力的作用。工作叶片间的气体,在工作轮内的运动可以分解为两种运动:一是以径向速度 v_t 在叶轮上沿半径方向的运动(相对运动);二是随着叶轮以切线速度 v_t 绕轴心 O 作旋转运动(牵连运动)。切线速度的大小和径向速度的方向是不断变化的,也就是气体是以一定的加速度运动着(该加速度称为哥氏加速度,图中以 j_k 表示)。哥氏力是产生上述加速度而作用在叶片上的反作用力,其方向与旋转方向相同。

径流式废气涡轮通常用在小流量的废气涡轮增压器上,流量较大的增压器多采用轴流式涡轮,径流式涡轮机的特点是:其转速较高,通常其标定转速大于 50000r/min。

6.3.3 典型涡轮增压器结构

1. MTU956 柴油机废气涡轮增压器

MTU956 柴油机废气涡轮增压器的型号为 AGL 340,最大转速 28000r/min,增压器前最高允许温度为 750℃,图 6 – 25 为该型增压器结构图。

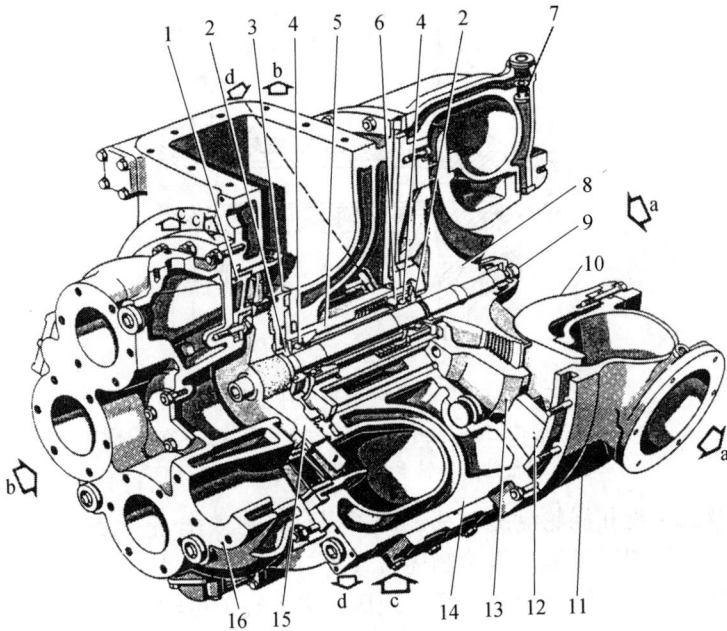

图 6 – 25　AGL 340 废气涡轮增压器结构图

1—喷嘴环；2—迷宫式密封；3—法兰盘；4—三点式轴承；5—轴承座；6—轴承衬套；7—减压阀；
8—压气机叶轮；9—螺钉；10—压气机进气蜗壳；11—压气机出气蜗壳；12—扩压器；
13—迷宫式密封座；14—涡轮出气蜗壳；15—涡轮盘与转轴；16—涡轮进气蜗壳；
a—空气；b—排气；c—柴油机冷却水；d—柴油机滑油。

　　废气涡轮增压器由一个由柴油机排气驱动的涡轮机和一个布置在同一轴上的压气机组成,压气机为离心式,涡轮机为轴流式。它可分成三个壳体:涡轮进气蜗壳、压气机蜗壳和涡轮出气蜗壳。喷嘴环装在涡轮进气蜗壳内,涡轮进、出气蜗壳为水冷式结构,涡轮出气蜗壳的冷却水套将增压空气腔室与排气腔室分隔开,并且防止增压空气被加热。压气机蜗壳由空气进气蜗壳和增压空气出气蜗壳构成,空气腔内有扩压器。

　　转子组是由涡轮密封盘和轴、压气机叶轮、涡轮机和压气机侧的球轴承以及带迷宫式密封圈的轴承衬套组成,如图 6 – 26 所示。转子组和轴承都支承在轴承座上,它们构成了一个完整的装配部件,用长螺钉将其安装在涡轮出气蜗壳内。转子组的各个零件都要单个或分组作动静平衡试验。转子组的轴向推力靠涡轮侧的三点式轴承承受。

　　安装迷宫式密封是为了防止轴承腔的滑油进入废气和增压空气腔,以及防止废气或增压空气进入轴承腔上。装在迷宫式密封座上的迷宫式密封与压气机

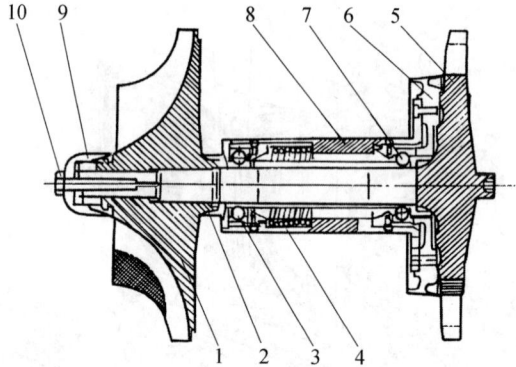

图 6 - 26　AGL 340 废气涡轮增压器转子及轴承
1—压气机叶轮；2—曲径密封；3、7—球轴承；4—迷宫密封；
5—涡轮盘；8—轴承箱；9—罩帽；10—螺钉。

叶轮配对及法兰盘和涡轮盘配对都是为了提高密封效率,将密封空气经法兰盘导入来冷却密封圈以及提高涡轮侧迷宫式密封的密封效果。

从柴油机滑油系统来的滑油经过减压阀进入转子组轴承。滑油经涡轮出气蜗壳上的孔进入两只轴承,然后流至滑油腔室并且通过一段短管路返回柴油机。

从气缸来的废气经过排气管送入涡轮机。废气在喷嘴环中加速,然后供给涡轮机叶轮并使转子旋转。压气机叶轮吸入新鲜空气,将其压缩并且通过增压空气总管、支管送入各燃烧室。压力降低了的废气通过排气管排到大气中。

如果涡轮增压器采用了标准型压气机出气壳,从机体来的冷却水则直接流到涡轮出气蜗壳和进气壳,然后再进入冷却水总管。

在采用蜗壳型压气机出气壳的涡轮增压器上,冷却水从机体流入涡轮出气蜗壳,再从出气蜗壳流入进气壳,然后再流入冷却水总管。

2. MTU396 柴油机用涡轮增压器

MTU396 型柴油机所采用的径流式废气涡轮增压器为 ZR170/008、ZR170/014、ZR170/024、ZR170/033、ZR170/046 及 ZR170/049 等几种型号,其中16V396TC53 柴油机采用的是 ZR170/008 型,16V396SE84 柴油机采用 ZR - 170/049 型废气涡轮增压器。这些废气涡轮增压器的压气机工作叶轮的外径都是170mm,结构基本相同,只是个别部件的设计参数作了一定修改,以提高增压器的效率。其结构如图 6 - 27 所示。

用于 16 缸的废气涡轮增压器的结构仍然由壳体和转子两大部分组成。其转动部分包括:涡轮盘 10 与轴焊接成一体,压气机叶轮 21 连同密封衬圈 18 和止推环等一起,由螺母 19 紧压在轴上,并且用止推垫片 20 防止松脱。整个转动部分支承在两个轴承套 11 中,轴承套 11 装于一个整体式的轴承衬圈 12 内,轴承箱连同压气机端的止推轴承 22 一起固定在中间壳体 2 的左端面上。

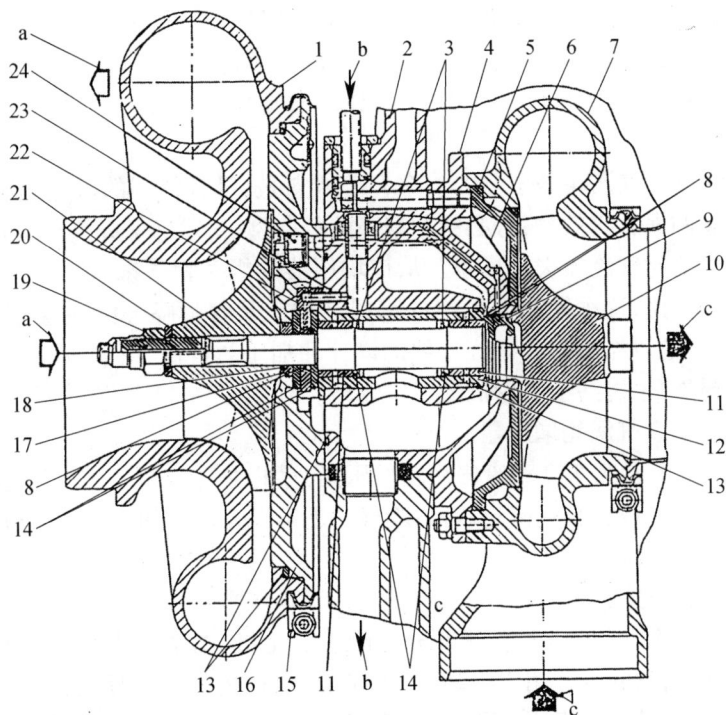

图 6 – 27　MTU396 型柴油机涡轮增压器(16 缸机 ZR170/008)
1—压气机壳体;2、4—中间壳体;3—固定环;5—隔热盘;6—隔热罩;7—蜗壳;8—活塞环式密封环;
9、18—密封衬圈;10—涡轮盘(与轴焊成一体);11—轴承套;12—轴承衬圈;13—O 形环;14、17—垫片;
15—固定环;16—中间法兰;19—螺母;21—止推垫片;21—压气机叶轮;22—止推轴承;
23—接头衬套;24—密封空气止回阀;a—空气进出口;b—滑油进出口;c—废气进出口。

固定的壳体部分由左、中、右三段组成。左端为压气机壳体,它由压气机壳体 1 和中间法兰 16 组成,它们之间用密封环密封。整个右端壳体通过螺栓紧固于中间壳体 2 上。右端为涡轮壳体,它由蜗壳 7 和隔热盘 5 组成,也通过螺钉固紧在中间壳体 4 上。在隔热盘后面还装有一个隔热罩 6。中间壳体既是支承压气机壳体和涡轮壳体的支架,又是转子组件的轴承座。

增压器的轴承为内置式的全浮动滑动轴承。轴承套 11 通过固定环 3 安装在轴承衬圈 12 内,形成轴承箱,由柴油机的滑油系统提供的压力油来润滑和冷却轴承。润滑与冷却后的滑油经轴承箱和中间壳体上的钻孔、导油管流回到曲轴箱中。

为了防止压缩空气和废气经轴承渗透到滑油中以及滑油窜入废气或压缩空气中,转子轴的两端分别装有密封衬圈 9 和 18,并且衬圈的外部环槽内装有活塞环式密封环 8。为提高涡轮端的密封效果,从压气机端引入压缩空气到密封装置中,在进气管路中压气机叶轮背后与中间法兰盘之间装有一个气封止回阀,当进气管路中的压力低于 0.01 MPa 时,该阀自动打开,压缩空气便进入密封装置中。

ZR170 型废气涡轮增压器的一个显著特点是:没有特制的涡轮喷嘴环。为了获得较高的涡轮机效率,势必精制蜗壳的径向型线,以确保废气从蜗壳中进入涡轮膨胀作功时气流损失功最小。从该增压器的蜗壳型线来看,完全可以起代替喷嘴环的作用,这种用蜗壳的径向型线结构来代替喷嘴环的装置也称为"无叶喷嘴环"。这种结构只要蜗壳型线的设计和加工质量高,既减少了零部件、减少了流动损失,也提高了涡轮机的工作效率。

3. 750 型废气涡轮增压器

图 6 - 28 所示为 750 型废气涡轮增压器,它的主要组成部分有废气涡轮、压气机、轴与轴承以及油、气密封装置、废气的进排气壳、空气的进排气壳和润滑冷却等装置。

1) 废气涡轮机

750 型废气涡轮增压器右侧部分为废气涡轮机,图中 1 为废气进入涡轮的进气导流蜗壳,它的内腔用水冷却。2 为喷嘴环,由内外两个环及镶在内外环之间的共 23 片喷嘴叶片组成,喷嘴环的内环用螺钉固定在废气进气壳上。5 为涡轮工作叶轮,叶轮轮盘与涡轮端、半轴一体锻造,叶轮上的叶片 4 为弯曲叶片,它用特殊形状的叶根固定在叶轮上。6 为排气导流器。3 为废气排气壳,排气壳与进气壳彼此用螺钉连接。31 为隔热墙,用绝热材料制成,起隔热作用,以免废气加热压气机端压缩空气侧。

2) 压气机

750 型废气涡轮增压器的左侧部分为离心式压气机,它由下列零部件组成:进气滤清器 20、21 及消音器 14、进气壳 13、叶轮 11、扩压器 10 和排气蜗壳 9 等。进气壳 13 的内外进气壳共同组成进气通道,对进入的空气起着导流定向作用,压气机叶轮为半开式径向叶轮。叶轮 12 前端带有旋转导流器(或称导风轮),导流器是用铝合金铸造,叶轮是用铝合金锻造,它们与压气机端半轴的连接是采用紧配合连接,且叶轮与旋转导流器、压气机端半轴之间用 4 个定位销钉定位以保持正确的相对位置,扩压器 10 由一个同环板上而镶有 26 个叶片组成,它将压出空气的动能转变为压力能以提高空气的排出压力,扩压器用螺钉固定在排气壳上。压气机的排气蜗壳同时起着导流和扩压的作用。

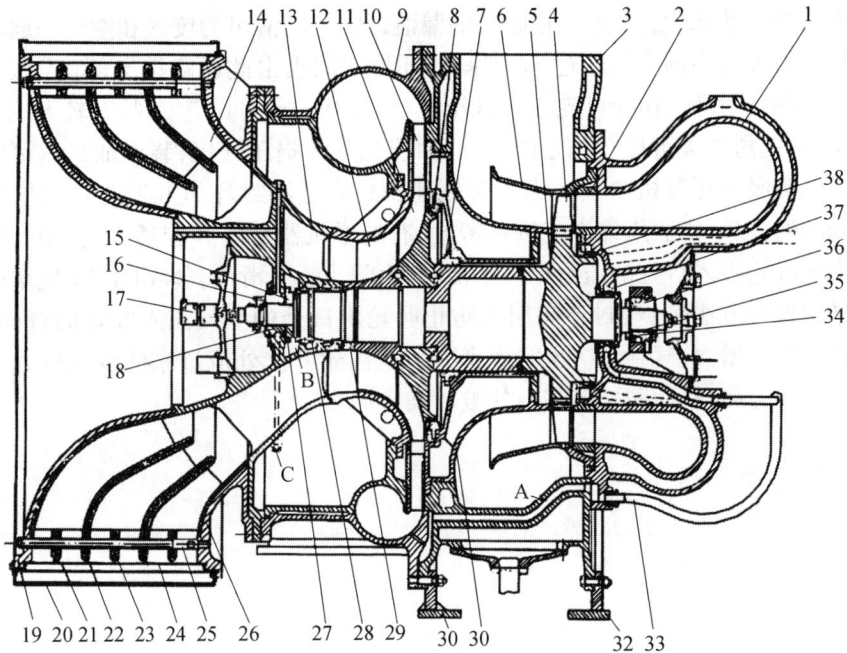

图 6-28　750 涡轮增压器

1—涡轮进气蜗壳；2—喷嘴环；3—废气排气壳；4—叶片；5—工作叶轮；6—排气导流器；
7、8、38—气封环；9—压气机排气蜗壳；10—扩压器；11、12—增压器叶轮；13—进气壳；
14—消音器；15—推力盘；16—滑块；17—电动转速表；18、36—滑动轴承；19—消音器盖；
20、21—金属滤网；22—导风环；23—消音室；24—定位管；25—螺栓；26—消音器底座；
27、34—挡油环；28—油封和气封；29—螺母；30、32—支座；31—隔热墙；33—管子；
34—螺帽；35—滑套；37—油封环；A—气封空气通道；B—大气通道；C—节流旋塞。

3）轴和轴承

750 型废气涡轮增压器的转轴为外置式，涡轮、压气机同装在转轴的两端。转轴是用合金钢锻造而成，它分左右两端，压气机端半轴和带轮盘的涡轮端半轴用电焊焊接成一体。轴的中间部分较粗，以增加其刚性并减少弯曲变形。

4）油、气的密封

750 增压器中有油、气密封结构，图 6-28 中 38 为涡轮端轴向气封环。它的作用是密封废气，防止从喷嘴环与叶轮叶片之间漏过来的废气进入滑油系统污染滑油，为迷宫式密封。滑油密封环 37 的作用是防止滑油、油雾（气）进入涡轮叶轮侧被高温叶轮烧焦结碳，同时也防止废气进入滑油系统，以保持滑油清洁，但是单靠这种机械的迷宫式密封还未能达到满意的效果，因此还用通路 A 及 33 从压气机的排气壳中引出一路具有一定压力的空气到气封环 38 和油封环

37 的中间,用压缩空气来阻止废气的漏泄,从 38 处漏出的废气和空气一起经通路排。滑油池中的空气通过 37 中间的环形空间也由此通路排出,28 为压气机端的滑油密封环。由于叶轮进口处压力较低,有一定的真空度,故有较大抽吸发作用,易把滑油吸进压气机之中,使滑油损耗并污损压气机,装设油封就可以阻止滑油被吸入压气机中去。为了有效地密封常把油封环的 B 腔与压气机排气蜗壳相通,以一小股压缩空气进行密封(有的增压器是使 B 腔通大气,使其中的压力与叶轮吸入口处的压力得以平衡,从而防止吸入滑油,如 VTR250 型增压器即采用这种方法)。气封环 8 用来防止叶轮出口处的空气流入叶轮的背面,而使轴向推力增大,气封环 7 也是用来防止从涡轮叶片处流过来的废气进入压气机叶轮的背面,从而防止压缩空气被污染和加热。

第7章 调速器

7.1 概 述

7.1.1 调速器的作用

调速器是自动调整供油量的机构,它的功用如下:

(1) 根据负荷的变化,迅速自动地调整供油量,使柴油机的输出功率与负荷保持平衡,从而保持转速的稳定。

(2) 限制最高转速,防止飞车。所谓飞车,就是柴油机的转速大大超过其正常转速,使机件的机械负荷和热负荷超出安全范围,从而造成事故。

(3) 保持低速空转的稳定性。

柴油机主要用来带动螺旋桨或发电机进行工作。在稳定工作时,柴油机输出功率与负荷之间保持平衡,这时它的外部特征表现为转速稳定。但是在柴油机运转过程中,负荷总是经常变化的,例如,作用于螺旋桨上的阻力矩,由于船体的剧烈摇摆和起伏以及螺旋桨露出水面而不断变化,发电机的电磁力矩由于用电量的变化而经常波动等。在上述情况下,如果不相应地调整柴油机输出功率(也就是改变每循环供油量),则转速会升高或降低,严重时可能使转速超出正常范围(如当螺旋桨露出水面阻力矩减小)。此时需要调速器实时调整供油量。

柴油机在低速空车条件下运转时,燃气产生的动力全部用来克服柴油机本身的内部阻力(摩擦阻力、传动附属机构、泵气损失等)。当它们保持平衡时,转速也就保持稳定。但是在低速空车条件下柴油机各缸供油量不均匀性较大导致燃气产生的动力变化较大,同时摩擦阻力也随着滑油温度的变化而变化,这些因素都会造成上述平衡的破坏,引起转速的不稳定,严重时将出现停车,这种现象可通过调速器自动调整供油量来避免。

7.1.2 调速器分类

目前,柴油机主要安装以下类型的调速器:

(1) 机械调速器。其主要特点是:感应元件为飞铁—弹簧机构,它直接传动执行机构,再由执行机构来控制喷油泵的调节齿杆。它常和喷油泵组合成为一体,广泛用于小功率柴油机中。

（2）液压调速器。其主要特点是:感应元件仍然为飞铁—弹簧机构,但在感应元件和执行机构之间增加了一个液力伺服器,其功用是将感应机构的输入信号加以放大后,再去推动执行机构进而控制喷油泵的油量调节齿杆。这样只需很小的感应机构就能获得很大的工作能力,而且调节的精度较高,广泛用于大功率柴油机中。

（3）电子调速器。其主要特点是:用转速传感器代替飞铁—弹簧机构作为感应元件,并将柴油机的转速变化转换为电信号,经过处理后再去操纵执行机构。电子调速器的灵敏度和调节精度都很高,是当前最先进的调速器,也是调速器发展的方向。

若按用途划分,柴油机的调速器还可被划分为单制式调速器、双制式调速器和全制式调速器。其中,单制式调速器一般仅在柴油机超过标定转速时发生作用,双制式调速器是在柴油机低速和高速时发生作用以保证柴油机低速稳定和高速安全,全制式调速器则是在柴油机的整个工作范围内均能起调节作用。

现代船舶柴油机均装有全制式调速器。它可以保证柴油机在整个转速范围内,任意设定的转速下稳定运转。

7.2　调速器结构及工作原理

7.2.1　机械调速器

机械调速器主要由飞铁 3、套筒 4 及调速弹簧 6 组成。如图 7 - 1 所示,飞铁 3 安装在飞铁座架 2 上,通过转轴 1 由柴油机驱动高速回转。由飞铁 3 和调速弹簧 6 组成的转速感应元件按力平衡原理工作。当柴油机发出的功率与外界负荷刚好平衡时,其转速稳定,飞铁产生的离心力与调速弹簧 6 的弹力平衡,油量调节杆 8 也停留在某一供油量位置,如图中实线所示。若外界负荷突然减少,柴油机发出的功率就大于外界负荷而使转速升高,这时飞铁的离心力将大于弹簧的弹力而使套筒 4 上移,增加调速弹簧 6 的压缩量,同时通过传动杠杆拉动油量调节杆 8 以减少供油量。当调节过程结束时,柴油机的功率与外界负荷在彼此都减小的情况下恢复平衡,调速器的飞铁稳定在图示虚线位置,它的离心力和调速弹簧的作用力也在彼此都增长的情况下达到新的平衡状态。当外界负荷突然增加时,调速器的动作与上述相反,飞铁离心力与弹簧作用力在彼此都减小的情况下达到平衡状态。

由上述可知,这种调速器不能保持柴油机在调速前后的稳定转速不变,当外

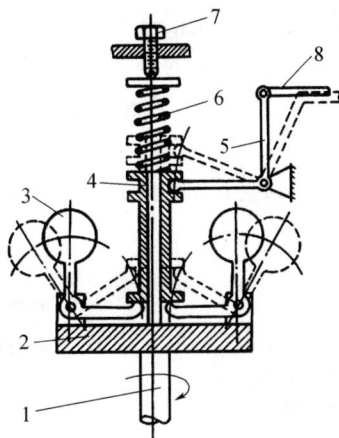

图 7 - 1　机械式调速器工作原理

1—转轴；2—飞铁座架；3—飞铁；4—套筒；5—传动杠杆；
6—调速弹簧；7—调节螺钉；8—油量调节杆。

界负荷减少后,调节后的稳定转速要比原稳定转速稍高,而当外界负荷增加时,调节后的稳定转速要比原稳定转速稍低。产生这种稳定转速差(静速差)的根本原因在于感应元件与油量调节机构之间采用了刚性连接。当外负荷减少时,供油量必须相应减少才能保持转速稳定,因此调油杠杆必须右移减油,这就必然会同时增大了调速弹簧的压缩量而使弹簧压力变大,因而与弹簧力平衡的套筒推力,以及飞铁离心力也必须相应增加。上述平衡条件只有在柴油机的转速稍高于原转速时才能达到。反之,当外负荷增加时,上述平衡条件只有在柴油机的转速稍低于原转速时才能达到。显然转动调节螺钉 7 可改变调速弹簧 6 的预紧力,从而改变柴油机的设定转速。

机械式调速器的工作能力较小,其灵敏度和精度较差,但其结构简单,维护方便,多用于小型柴油机。

7.2.2　液压调速器

1. 液压调速器工作原理

液压调速器的基本组成主要包括感应机构、液力伺服器、反馈元件、操纵机构等部件。其中感应机构、操纵机构的功能和组成与机械式调速器类似,所不同的是,液压调速器采用液力伺服器作执行元件,并且具有一套反馈元件。

1)液力伺服器工作原理

液力伺服器由控制阀与液压活塞组成,如图 7 - 2 所示。图中是常用的几种类型。图 7 - 2(a)是双环控制阀,液压缸的左、右均受控制。控制阀右移时,液

213

压缸右部通压力油而左部通大气,液压活塞与控制阀反向运动。图7-2(b)所示为单环控制阀,只控制液压面积较大的左部液压缸,液压面积较小的上部液压缸则与液压油常通。液压活塞的运动由下部液压缸通压力油或通大气而定,控制阀与液压活塞亦作反向运动。图7-2(c)和(b)相似,只是用弹簧取代了液压缸左部的压力油。图7-2(d)与(c)的区别在于控制阀直接装在液压活塞杆内,二者同向运动。

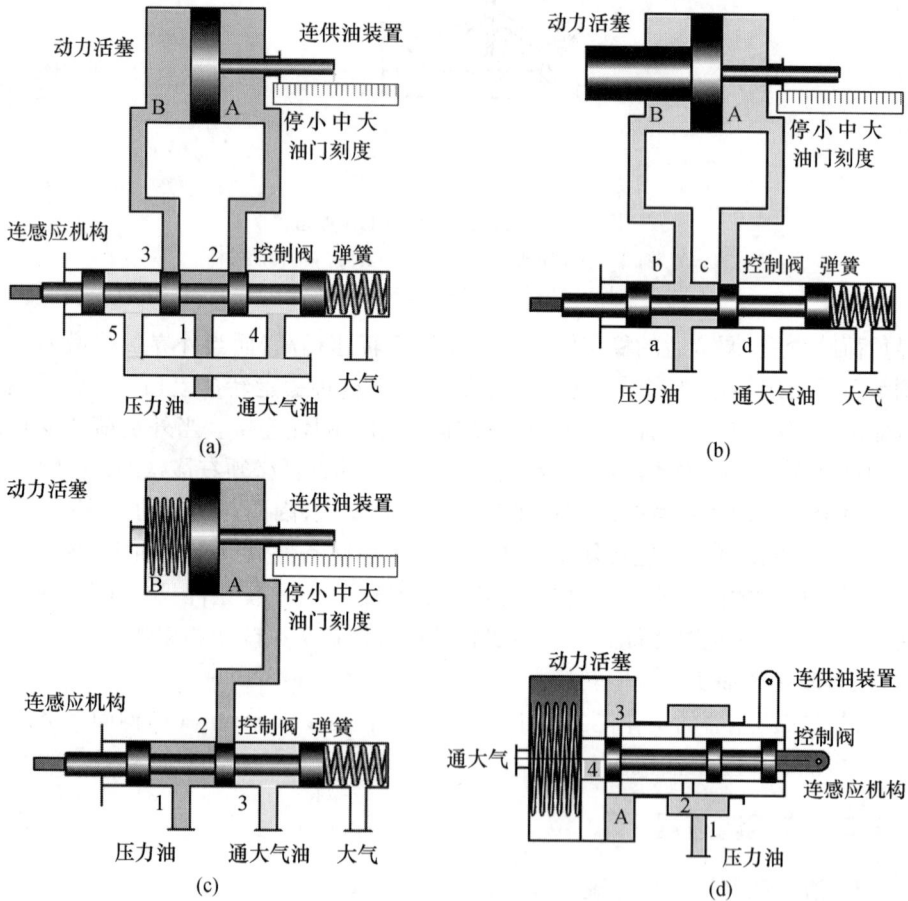

图7-2　液力伺服器

上述4种液力伺服器中,图7-2(d)由于液压活塞与控制阀同步运动,所以这种调速器的灵敏元件与执行元件的关系和机械调速器一样。其余3种灵敏元件和执行元件不作同步运动,只要控制阀和灵敏元件离开平衡位置,液压活塞就会执行改变喷油量的指令,一直要等到灵敏元件由于曲轴转速恢复而回到平衡位置才会停止改变喷油量。另外,由于喷油量的过量调节使系统难于稳定,因此液压调速器需要有反馈元件,使执行元件的调节油量信息及时反馈至灵敏元件使控制阀及时归位。

2）液压调速器工作原理

（1）刚性反馈液压调速器。图7－3所示是具有刚性反馈系统的液压调速器。感应元件5、控制阀1和动力活塞2用杠杆6连接形成7、8、9三个连接点。当动力活塞移动改变喷油量的同时,通过杠杆6也给控制阀1一个反作用,使控制阀1尽快回到平衡稳定工作状态。例如,当负荷增加时,曲轴转速降低,感应元件使连接点7向下移动,并通过杠杆6带动控制阀1也向下移动,引启动力活塞向上运动加油,在加油的同时,动力活塞通过杠杆6又给控制阀1一个反作用使控制阀1向上运动,尽快恢复到稳定转速状态。这种反馈液压调速器的特点是负荷改变前后,柴油机转速存在着一定的偏差,也就是说,稳定工作转速随着负荷的变化而改变了。因为当调节系统处于稳定状态时,控制阀1必须位于图中所示c油道被堵住的位置,但动力活塞2的位置必须随负荷的变化而变化,以调节喷油量,这样,连接点7的位置一定要随负荷的变化而变化,因而调速弹簧的弹力要随负荷变化而改变,这就使稳定转速发生了变化。

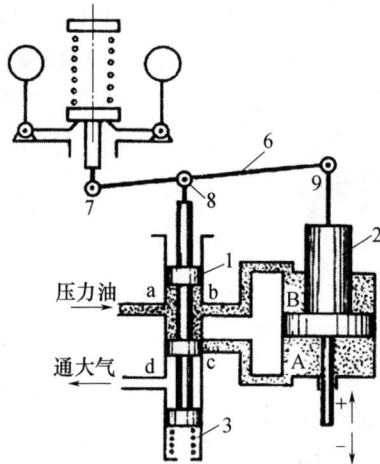

图7－3　刚性反馈液压调速器

1—控制阀；2—动力活塞；3—弹簧；4—调速弹簧；5—感应元件；6—杠杆；7、8、9—连接点。

（2）弹性反馈液压调速器。如果要求负荷变化时既要调速过程稳定,又要保持柴油机转速恒定不变,就必须采用另一种带有弹性反馈系统的液压调速器,如图7－4所示。在控制阀1的下端通过小弹簧3连接着小活塞4,小活塞4的下部与油室D相通,它们组成一个阻尼器。当控制阀在负荷变化过程中上下运动时,由于小弹簧和油压的作用,限制了控制阀移动的灵敏性和范围,缩短了转速的波动时间。在正常稳定工作状态下,阻尼器也提高了感应元件的稳定性。小活塞 4 下面的油室 D 经油路与动力活塞顶部油室 C 相通,这样在动力活塞移动改变喷油量的同时,通过 C 油室滑油压力的变化经小活塞 4 和小弹簧 3,给控制阀的运动施加一个反作用,使控制阀尽快地恢复到稳定工作状态。反馈作用的大小,可以通过针阀 5 调整旁通油孔的面积来改变。小活塞 4 与小弹簧 3 对控制阀的作用(也就是对感应元件的作用),只在转速变化的过程中表现出来。反馈装置与感应元件没有任何机械连接,可以保证负荷变化后的柴油机转速与负荷变化前相同。

(3)双反馈液压调速器。目前,船舶上广泛采用同时具有弹性反馈机构和刚性反馈机构的双反馈液压调速器。这种调速器稳定性高,稳态调速率大小可调,转速调节精度和灵敏度高。这种具有双反馈的液压调速器的结构示意图如图 7-5 所示。图中刚性反馈杠杆 EGF 和弹性反馈机构(缓冲器 K、补偿弹簧 S、节流针阀 C)由动力活塞杆带动。当外界负荷减小、柴油机的转速升高时,飞铁向外张开,带动杠杆 AB 以 A 点为支点逆时针转动,使滑阀杆 D 上移,工作压力油进入动力活塞的下方而由上方泄回低压空间,由此,动力活塞上行减油。一方面使刚性反馈杠杆 EGF 绕 G 点顺时针转动,由 F 点增加弹簧预紧力,使其稳定后转速较原转速稍有提高(即稳态调速率大于 0),也使滑阀提前回到平衡位置;另一方面通过弹性反馈机构使滑阀提前回到平衡位置,保证恒速稳定调节。通常,在这种双反馈调速器中,可通过弹性反馈中节流针阀的开度大小调节其稳定性,通过刚性反馈杠杆 EGF 的两臂比例调节稳态调速率的大小,如使 F 与 G 重合,则稳态调速率为零。

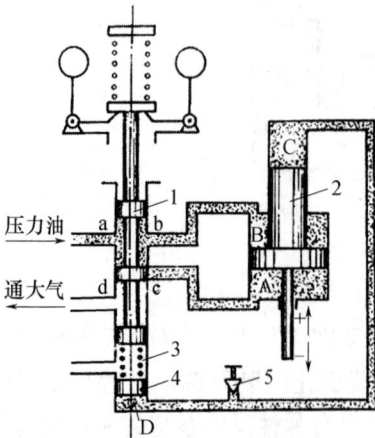

图 7-4　弹性反馈液压调速器

1—控制阀;2—动力活塞;3—小弹簧;

4—小活塞;5—针阀。

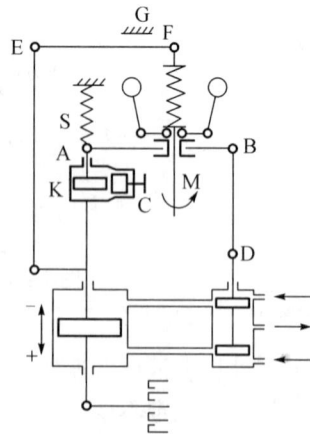

图 7-5　双反馈液压调速器

2. 液压调速器实例

UG8L 型全制式液压调速器主要用于 PA6 – 280 型柴油机,其结构如图7 – 6
所示。

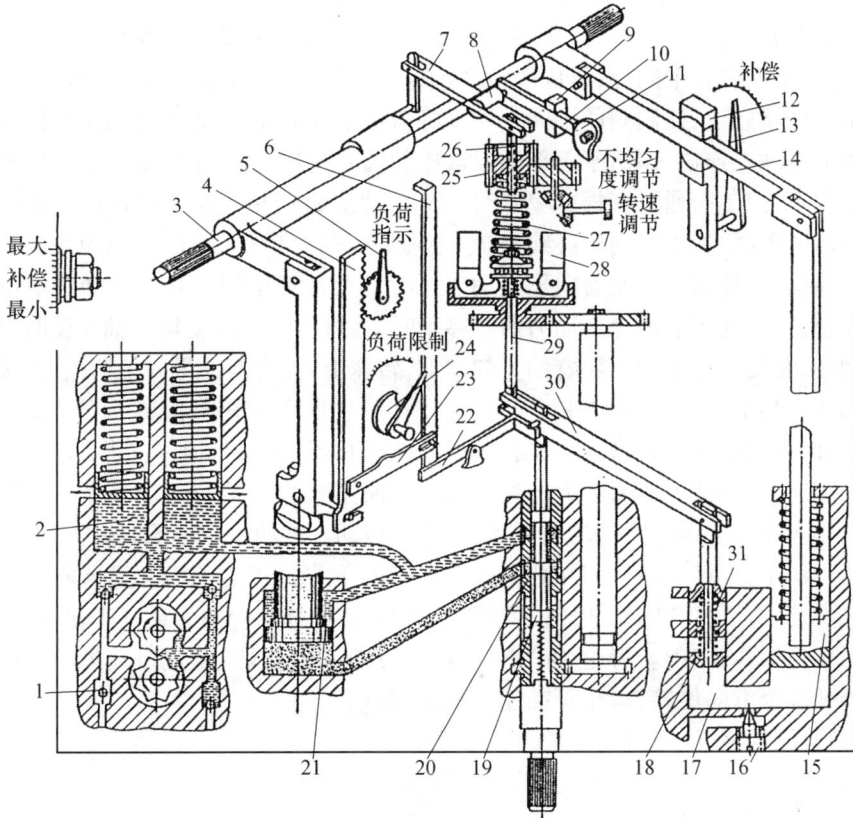

图7 – 6 UG8L 型液压调速器

1—球阀;2—蓄压室;3—输出轴;4—齿条;5—指针;6—紧急停车推杆;7—不均匀度杠杆;
8—活动支点;9—支杆;10、22—小杠杆;11—不均匀度调节凸轮;12—摇臂;13—补偿指针;
14—补偿杠杆;15—大补偿活塞;16—调节针阀;17—补偿空间;18—小补偿活塞;19—控制阀;
20—套筒;21—动力活塞;23—连接杆;24—负荷限制凸轮;25—调速齿轮;
26—调速螺栓;27—调速弹簧;28—重块;29—导杆;30—横杆;31—补偿弹簧。

1)感应机构

感应机构由两个对称布置的重块 28 和一根宝塔形调速弹簧 27 组成。重块
用销子装在圆杯上,圆杯部有齿轮,由柴油机通过传动轴带动旋转。调速弹簧的
一端由导杆 29 上的平面来支承,并经过推力轴承作用在重块的脚上,调速弹簧

217

的上端则由调速齿轮 25 的承盘来支承。

2）液力伺服器

液力伺服器由动力活塞、油缸、控制阀和供油系统等部分组成。动力活塞 21 的主要特点是上部承受油压的面积比下部小，它的运动完全通过油压来控制，而它的动态则由控制阀 19 与套筒 20 的相对位置来确定。控制阀装在套筒内，它的上面有 3 个阀环，形成 2 条滑油通道，套筒上有上、中、下 3 层油孔。在稳定工作状态下，控制阀的中间阀环刚好盖住中间油孔，工作中压力油始终和油缸的上部油腔连通，但由于下部油腔被控制阀的阀环封闭，所以动力活塞仍处于静止状态，控制阀通过横杆 30 和导杆 29 与感应机构相连接。当负荷增加柴油机的转速下降时，重块向中心线合拢，导杆 29 下行，横杆 30 以右端为支点反时针方向摆动，控制阀也跟着向下运动。这时压力油经中间油孔进入油缸的下部油腔，动力活塞向上运动。动力活塞移动时，通过传动杠杆使输出轴 3 反时针方向摆动，并使油量增加。随着油量的增加，转速上升，直至油量和负荷适应、离心力和弹力相平衡时，控制阀和套筒又保持在图中所示的相对位置。当负荷减小转速升高时，重块向外张开，控制阀上行，中间阀环让开中间油孔，使下部油腔与大气相通，因而动力活塞在上部油腔的压力油作用下向下运动，并将下部油腔的滑油排入油池。动力活塞的向下运动，通过传动杠杆使输出轴顺时针方向旋转，以减少油量，经过一定时间在新的条件下稳定下来。压力油由调速器驱动的齿轮泵供给，蓄压室 2 内的油压由弹簧控制的柱塞和油室上的旁通孔来保证，其稳定的压力为 0.8MPa。齿轮泵进出口装有两对球阀 1，这样不论带动齿轮泵的传动轴朝哪个方向旋转，齿轮泵都能正常工作。

3）稳定装置

该调速器采用的是一套弹性反馈装置。主要由大补偿活塞 15、小补偿活塞 18、调节针阀 16 以及传动杠杆等部件组成，大补偿活塞通过补偿杠杆 14 与输出轴 3 连接，补偿杠杆可绕摇臂 12 上的支点摆动。小补偿活塞和横杆 30 相连。大小补偿活塞之间组成补偿空间 17，并通过调节针阀所控制的油孔与油池相通，大补偿活塞上装有一个补偿弹簧，小补偿活塞 18 分别由两个补偿弹簧 31 来控制，它们的内端都支承在中间的固定部，而外端分别作用在两个小补偿活塞上。下面以负荷增加的情况为例来分析反馈作用的过程。

当负荷增加，转速下降时，控制阀向下移动，动力活塞上行；与此同时，输出轴使补偿杠杆 14 绕摇臂 12 上的支点摆动，并推动大补偿活塞下行。由于补偿空间 17 内滑油压力的作用，小补偿活塞 18 克服下侧补偿弹簧的压力被迫上行，并通过横杆 30 带动控制阀上移，这样，控制阀向平衡位置回动的动作，就不仅是由于感应机构的传动，而且还由于动力活塞移动过程中，通过这套反馈装置对控制阀施加一个反作用,从而保证了更快地进入稳定状态,当进入稳定状态后,横杆 30 仍恢复到原来位置,并不受负荷变化的影响,因而也就不影响调速器的稳定转速。当负荷减小时,上述动作相反。

反馈作用的大小通过以下两种措施来调整:

（1）调节针阀 16。该针阀控制补偿空间 17 和油池通道的大小,当要增加反馈作用时,将针阀拧紧,减小油路通道,针阀一般打开 1/4 ~ 3/4 圈,至少要打开 1/8 圈,不可全部堵死。

（2）改变补偿杠杆 14 的中间支点位置。该支点可通过改变摇臂 12 的位置来改变,当把该支点移向输出轴时,反馈作用增强,反之则减弱。支点的相对位置通过补偿指针 13 显示出来。

4）不均匀度调节机构

液压弹性反馈调速器的特点是不均匀度为零,即负荷变化前后的转速保持不变,这对单台柴油机发电机组来说是十分理想的。但对需要并车使用的多台柴油机发电机组来说,为了使它们能够并联运行,要求调速器具有一定的不均匀度,为此,该调速器设置一套不均匀度调节机构。该机构保证当柴油机负荷变化时,具有一定的不均匀度。输出轴 3 通过摇臂与不均匀度杠杆 7 相连,不均匀度杠杆 7 的另一端和调速螺栓 26 连接。不均匀度杠杆 7 可以绕活动支点 8 摆动。当负荷变化时,输出轴 3 由于动力活塞的移动而旋转,同时通过不均匀度杠杆 7 将动力活塞的运动输送到调速弹簧 27 上,使它的弹力发生变化。例如,负荷增加时,平衡转速降低,即不均匀度调节机构使调速弹簧的初弹力降低;负荷减小时,使调速弹簧的初弹力增加。不均匀度的大小,可通过改变活动支点 8 的位置来调整。当支点移向输出轴方向时,输出轴的转动对弹簧弹力的影响就大,因而不均匀度增加。如果让支点紧靠着调速螺栓 26,则输出轴的转动并不使弹簧的弹力发生变化,因而不均匀度为零。活动支点 8 的位置由操纵表盘上的旋钮控制。旋钮转动时,不均匀度调节凸轮 11 跟着转动,然后通过小杠杆 10 使活动支点 8 改变位置。不均匀度调节机构实际上也是一套刚性反馈机构。当负荷变化时,动力活塞的动作通过感应机构反作用于控制阀,保证更快地进入稳定状态。

5）操纵机构

柴油机的转速通过转速调节旋钮来操纵,如图 7 - 6 所示。旋钮转动时通过一对锥形齿轮来转动调速齿轮 25,当调速齿轮 25 在调速螺栓 26 上轴向运动时,改变了调速弹簧的初弹力,从而改变了柴油机的稳定转速。柴油机的紧急停车可通过紧急停车推杆 6 来完成。当按下该按钮时,通过小杠杆 22 的右端把控制阀抬起,因而动力活塞向减油方向运动,直至停车。调速器上还设有负荷限制器和负荷指示装置。在动力活塞的输出端安装有齿条 4,它随动力活塞一起运动,当它运动时,通过齿轮带动指针 5 转动,负荷的大小由指针的位置来显示。

在齿条 4 的下端还通过连接杆 23 与停车杆相连,当转动负荷限制旋钮使凸轮与连接杆保持接触时,连接杆能以负荷限制凸轮 24 为支点摆动。工作时动力活塞随着负荷的增加而向上运动,因而连接杆 23 顺时针方向摆动,小杠杆 22 反时针方向摆动,当负荷增加到一定限度时(即动力活塞移到一定位置时),小杠杆 22 的右端就开始和控制阀 19 上的销钉接触。如果负荷再进一步增加,动力活塞的上移就迫使控制阀向上运动,从而使动力活塞向减油方向运动,限制了负荷的进一步增加。负荷的上限可通过改变负荷限制凸轮 24 的位置来调整。

6)传动机构

调速器传动机构由圆锥齿轮 24 和 12 组成,位于正时齿轮端,安装在凸轮轴端部的壳体上,如图 7-7 所示。带轴的齿轮 2 与主动锥齿轮 2 制成一体,由两个滚动轴承 5 和 14 支承,带轴的齿轮 2 由齿轮 4 驱动,齿轮 4 则由正时机构的中间齿轮传动。

调速器是通过圆锥齿轮 24 的内花键与调速器的花键啮合驱动的。圆锥齿轮 24 安装在滚动轴承 23 里。调速器传动齿轮由来自凸轮轴的滑油润滑,滑油聚集在壳体 1 中,液面高度与壳体 1 上的排泄孔齐平。

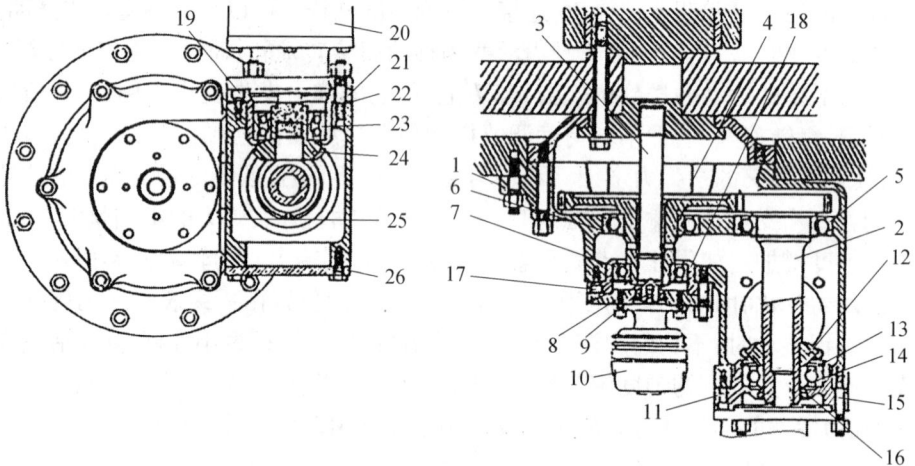

图 7-7   调速器传动机构

1、22—壳体;2、3—轴;4—齿轮;5、6、7、14、23—滚动轴承;8—盖板;9、15—螺钉;
10—测速电机;11、17、19—沉头螺钉;12、24—圆锥齿轮;13、18—轴承挡圈;
16、21—轴承座;20—调速器;25—滑油油位;26—检查盖板。

7)油量控制机构

油量控制机构是从调速器的输出轴到喷油泵油量调节齿条之间的一套传动

220

机构。它由弹性连接件(图7-8)、横向控制机构(图7-9)、纵向控制机构(图7-10)和齿条控制机构(图7-11)组成。

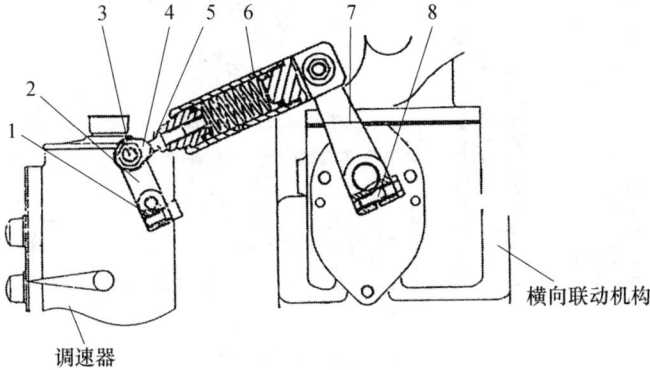

图7-8 弹性连接件

1、8—锁紧螺钉；2、7—接杆；3—连接销轴；4—连接螺帽；5—连接杆；6—弹性连接件。

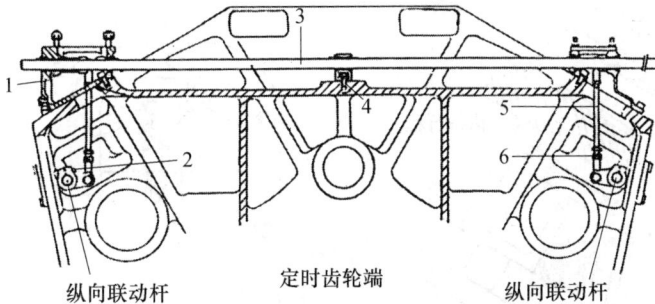

图7-9 横向控制机构

1—联动杆支架；2—锁紧螺钉；3—横向联动杆；4—螺钉；5—连接杆；6—调整螺帽。

弹性连接件6将调速器输出轴的动作通过接杆2和7传给横向控制机构的横向联动杆。连接件是个弹性套筒，调速器输出轴向加油方向转动时，它是弹性传动的，朝减油方向转动时则是刚性传动的。这样的结构目的是当调速器失灵时，不影响由装在横向联动杆端部的手动停车控制杆控制停车。

横向控制机构是由横向装在机体上的一套传动杆组成。调速器通过弹性连接件将动作传给横向联动杆3，联动杆3又将动作通过连接杆5传给了两根纵向联动杆。

纵向控制机构主要是装在机体上的两根纵向联动杆1和2，它连接每一个喷油泵的齿条控制机构。

齿条控制机构由连接杆1、2组成。连接杆2固定在纵向联动杆上，可随纵向联动杆在一定范围内摆动；连接杆1则活动地套在纵向联动杆上。连接杆1

221

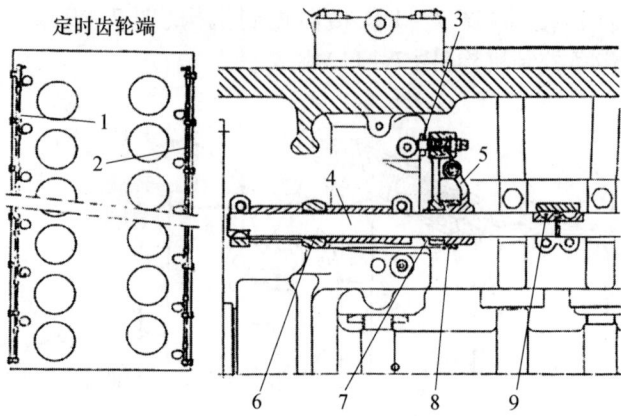

图 7 - 10　纵向控制机构

1、2、4—纵向联动杆；3—喷油泵齿条；5—连接支架；6—联动杆支架；
7—护套；8—锁紧螺帽；9—连接块。

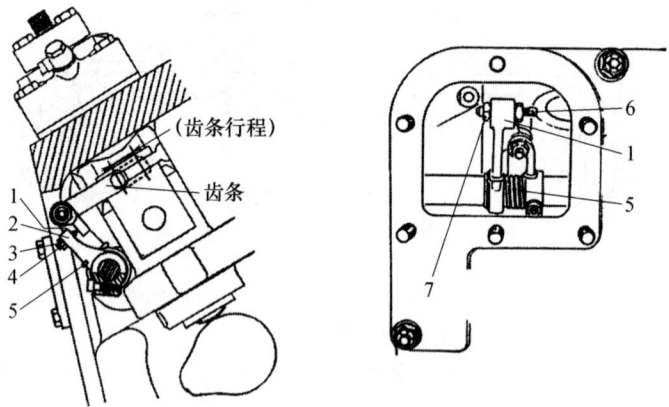

图 7 - 11　齿条控制机构

1、2—连接杆；3—螺母弹簧；4—螺钉；5—弹簧；6—销轴；7—齿条拉杆。

和 2 之间用扭力弹簧 5 连接。弹簧的弹力使固定在连接杆 2 上的螺钉 4 顶在连接杆 1 的平面上，使两杆连成一体。连接杆 1 通过销轴 6 与齿条拉杆相连，这样，调速器就可以通过这一系列的传动装置控制喷油泵的齿条，实现控制供油量的目的。

连接杆 1 与 2 采用弹性连接的目的是当某一喷油泵柱塞被卡死时，不影响纵向联动杆的动作；当将销轴 6 松开时，可以使连接杆 1 脱离与齿条的连接关系。

8）停车和燃油极限控制装置

停车和燃油极限控制装置结构如图 7 - 12 所示。在壳体内装有两只气动活

222

塞 13 和 15,它们的两个气缸分别与操纵系统的压缩空气管相连。气动活塞 13 控制启动时的供油量,气动活塞 15 控制停车。拨叉 4 与油量控制机构的传动杆相连接。壳体上有 4 只限制螺钉 2、8、24 和 16。柴油机启动时操纵系统的压缩空气使气动活塞 13 向右移动,同时带动拨叉向加油方向摆动,直到气动活塞 13 被限止螺钉 16 限止,此时喷油泵供油量适应启动需要;柴油机运转时油量由调速器来控制,右边的限止螺钉 8 限止拨叉的最大供油量位置;需要停车时,气动活塞 15 的气缸内通入压缩空气,活塞左移,同时带动拨叉向减油方向摆动,直到被限止螺钉 24 顶住,此时供油量为零。左边的限止螺钉 8 位于拨叉的上端,则是用来在必要时进一步限制柴油机的供油量。

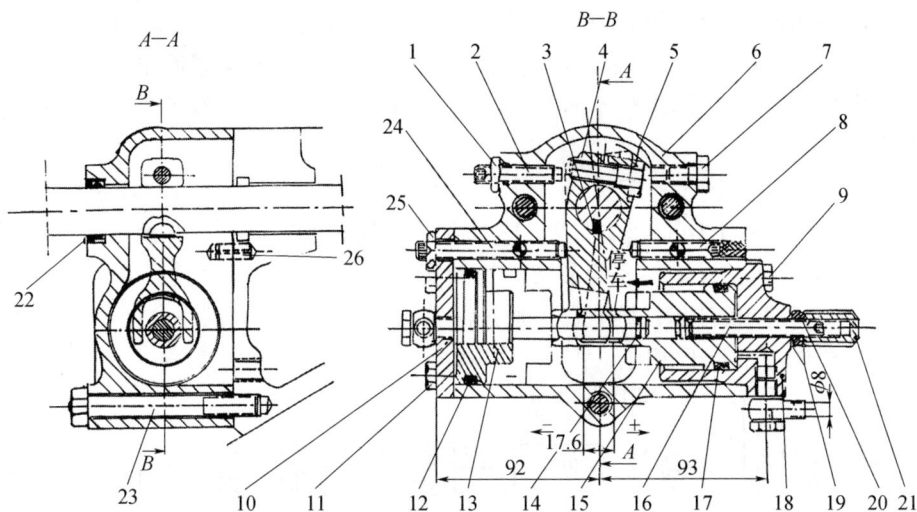

图 7 - 12　停车和燃油极限控制装置

1、20、25—调整螺帽;2、8、16、24—限止螺钉;3—键;4—拨叉;5、7、9、11—螺钉;6—壳体;
10—盖板;12、17—密封圈;13、15—气动活塞;14—O 形圈;18—气动缸套;19—垫片;
21—护帽;22—油封;23—固定螺钉;26—定位销。

7.2.3　电子调速器

电子调速器是一种电子控制系统。凡转速感应元件或执行机构采用电气方式的调速器,习惯上通称为电子调速器。通常有以下三种类型。

(1) 全电子调速器。信号感测与执行机构均采用电气方式,如海因茨曼电子调速器、Woodward 8290 电子调速器等。此种电子调速器工作能力较小,多用于小型柴油机。

(2) 电—液或电—气调速器。信号监测采用电子式,而执行机构采用液压或气力式,如 Woodward 2301 电子调速器,其执行机构使用 EG3P 型液压伺服

223

器,而 DGS-8800 数字式调速器,其执行机构采用气压式。此类调速器的伺服执行器工作能力较大,可满足各种柴油机的使用要求。

(3)液—电双脉冲调速器。在普通的液压调速器上加装电子式负载信号感测装置。此类调速器当电子部分发生故障时,可自动转为液压调速器工作。国产 TYD-40 型调速器即为此类调速器。

电子调速器能够采用双脉冲调节,即将转速变化信号和负载变化信号这样两个单脉冲信号叠加起来调节燃油量。此种调速器亦称频载调速器。这种双脉冲调速器能在负载一有变动而转速尚未明显变化之前就开始调节燃油量,因而有很高的调节精度,适用于对供电要求特别高的柴油发电机组。

电子调速器不使用机械机构,动作灵敏,响应速度快,响应时间只有液压调速器的 1/10~1/2,动态与静态精度高,无调速器驱动机构,装置简单,安装方便,便于实现遥控与自动控制,是近代发展起来的精密调速器,已经被多数新型船用柴油机所采用。

1. 电子调速器工作原理

电子调速器工作原理如图 7-13 所示。任何调速器都要求有预先给定的理想转速,电子调速器是将要调节柴油机的实际转速与理想转速进行比较。当实际转速偏离理想转速时,调速器就通过调节执行元件给柴油机一个指令,使实际转速与理想转速趋于相同。

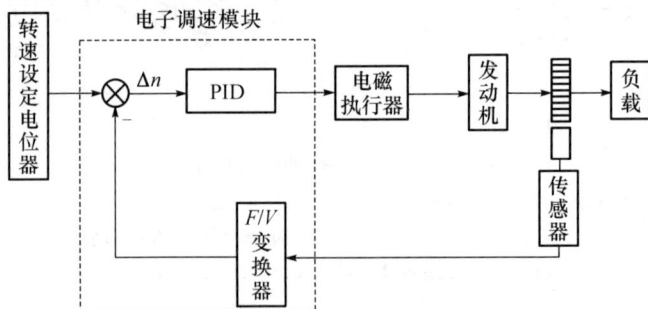

图 7-13　电子调速器工作原理

电子调速器一般由控制器、转速传感器、执行器和外围控制开关及调节电位器等组成。在该调速系统中,柴油机的设定转速由转速电子控制器上的转速设定电位器设定,柴油机的实际转速由装于飞轮齿圈部位的磁电式转速传感器测取,其输出信号为频率与柴油机转速成比例的交流电压;该信号经频率/电压(F/V)变换电路转换为直流电压,与设定值比较后得到柴油机转速的偏差量 Δn;该偏差经 PID 运算后,输出控制信号至电磁执行器,电磁执行器使柴油机喷油泵供油齿杆(或拉杆)向减小转速偏差的油量调节方向运动,从而控制柴油机

224

在所设定的转速下稳定运转;当外负荷变化使柴油机转速增大时,磁性测速头感应产生的交流电压频率立即增大,经速度传感器转换后的直流电压也随之增大,在控制器内它与转速设定信号之和变为"负值",此时放大器即向执行器输出"减油"的信号,通过执行器使柴油机的燃油量减少,转速随之下降。同理,当柴油机转速减小时,放大器会立即向执行器输出"加油"的信号,通过执行器使柴油机加油,提高其转速。

如果电子调速器模块失去供电电压或检测不到转速传感器的信号,电子调速器模块输出回路会关闭送往电磁执行器的电流,在复位弹簧作用下,柴油机会停止运转。

2. 典型电子调速器简介

海茵茨曼电子调速器是一种使用广泛的电子调速器,它主要由转速传感器、控制单元、执行器等主要部件及转速设置电位器、升/降速开关或按钮、控制开关、连接电缆等附件构成。

在该调速系统中,柴油机的理想转速预先在控制单元的程序中设定或由转速设置电位器设定。柴油机的实际转速由安装在飞轮齿圈上的转速传感器测量,输出信号经处理后进入控制单元里的微处理器,将实际转速信号同设定转速值进行比较,如果存在差异,微处理器将计算出一个执行器的动作值与执行器给出的齿条当前位置的反馈值进行比较,差值通过放大传输给执行器,改变执行器的输出位置,驱动柴油机喷油泵齿条向减小转速偏差的方向运动,从而控制柴油机在所设定的转速下稳定运转。系统工作原理框图如图 7 – 14 所示。

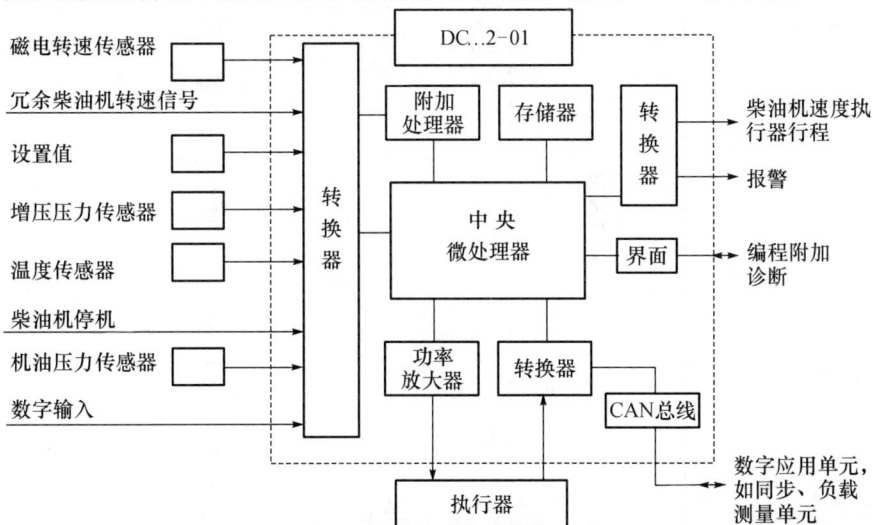

图 7 – 14　系统工作原理框图

225

参数的调整和修改必须通过计算机和手持编程器才能进行,且需使用海茵茨曼提供的专用程序和编程连接电缆。程序中的所有参数在柴油机出厂时已根据用户的要求设定好,用户不能再对其进行设置和修改。

执行器的输出转矩是由一台直流电枢电动机产生的,通过齿轮箱传递给调速器的输出轴,位置反馈凸轮安装在调速器的输出轴上,该输出轴由一个不接触的探针进行监测,不断地将输出轴的精确位置传送给控制单元,始终控制输出轴处于相对平衡位置。

海茵茨曼系列数字电子调速器内部设有安全保护功能,可以保证当出现电缆破损、断线等故障导致转速反馈、转速测量信号或调速器失电等意外情况时,自动将柴油机供油调整杆推至零供油位置。另外,还可根据用户要求在电子调速器上设置柴油机超速保护功能。

控制单元应安装在无剧烈冲击振动及电磁干扰的防护盒内,并需留有足够的空间供安装维护和散热之用,其外壳需可靠接地。

由于各种柴油机的工作转速范围和测速齿轮齿数不同,在安装之前,需根据柴油机工作频率范围、调速特性、柴油机上模拟量的输入、外部数字量的输入、控制单元模拟量和数字量的输出接口等要求,使用 PC 机或手持编程器,在程序中对柴油机的各种参数、功能状态及控制单元的输入、输出接口进行设置。控制单元的接线图如图 7 - 15 所示。

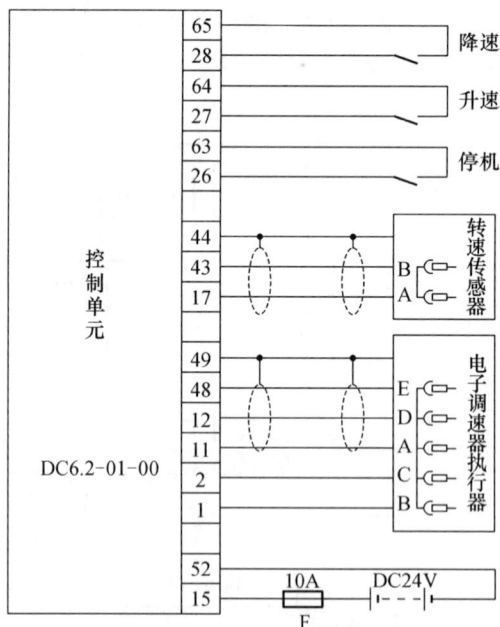

图 7 - 15　控制单元的接线图

226

7.3　调速器性能

调速器与柴油机共同组成一个自动调节系统,调速器的性能直接影响柴油机运转稳定性和可靠性。与其他自动控制系统一样,调速系统也必须满足"稳""快""准"的要求,不同用途的柴油机对调速器有不同的要求,用作发电机原动机的柴油机,为保证发电机的频率和电压稳定,对调速器的性能要求更高。

7.3.1　调速器的性能指标

调速器的性能好坏直接影响柴油机运转的稳定性和可靠性。调速器装机后,在柴油机性能鉴定时,应对柴油机进行突变负荷试验,同时用转速自动记录仪记录柴油机的转速随时间的变化曲线,用以分析调速器的工作性能。图 7-16所示曲线即为柴油机进行突变负荷试验时得到的调速过程转速变化曲线。

柴油机先在空载转速 n_0 下稳定运转,稳定运转时转速的微小波动是由于柴油机工作过程特点及调速系统的特性所决定的。在某瞬时突加全负荷,转速立即下降,瞬时转速下降到最低瞬时转速 n_{min}。此后由于调速器的调节,转速又回升,经过一段时间 t_s 并经数次收敛性波动后,转速稳定在全负荷稳定转速 n_b。此调节过程称为调节的过渡过程。试验还可以从其后某点突卸全负荷开始,转速突然增高至最高瞬时转速 n_{max},由调速器的调节,转速又下降,经过 t_s 时间后,转速又稳定在空载转速 n_0。

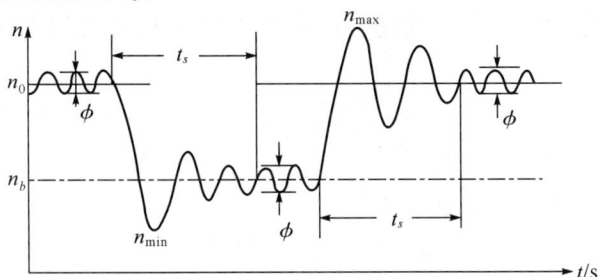

图 7-16　调速过程的转速变化

据此,评定调速器性能有以下两种工作指标。

1. 静态指标

1) 稳态调速率 δ_2

稳态调速率 δ_2(静态速差率、速度降)是指柴油机卸除或增加全负载后的稳定转速与负载改变前的稳定转速(标定转速)的差与标定转速之比,以百分数表

227

示,并按下式计算,即

$$\delta_2 = \frac{n_0 - n_b}{n_b} \times 100\% \qquad (7-1)$$

稳态调速率 δ_2 用来衡量调速器的准确性,其值越小,表示调速器的准确性越好。稳态调速率可在调速特性曲线上示出,如图 7-17 所示。实测的调速特性曲线并非直线,此处近似地以直线示出。

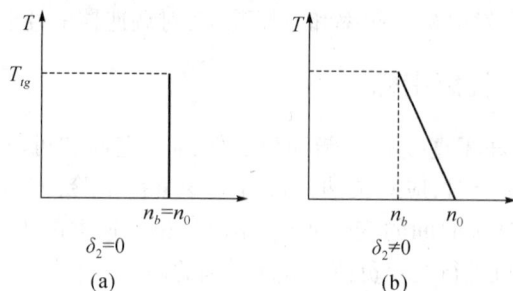

图 7-17 柴油机的调速特性

由图可见,若空载时转速为 n_0,则随着负荷的增加,柴油机转速相应降低,在标定转矩时转速下降为 n_b(标定转速),此转速差$(n_0 - n_b)$的大小反映了 δ_2 的大小。若$(n_0 - n_b) = 0$,则表示此时 $\delta_2 = 0$。

这里要强调的是,不同用途的柴油机对其调速器的 δ_2 要求是不同的。单台柴油机运转允许 $\delta_2 = 0$,表示该柴油机特性不随外界负荷变化而保持恒速运转。但在多台柴油机并联工作时,为使各机负荷分配合理,各机的 δ_2 必须相等且不得为零。

对 δ_2 的要求应根据柴油机的用途而定。我国有关规范规定,船用主机的 $\delta_2 \geqslant 10\%$;交流发电机的 $\delta_2 \geqslant 5\%$。

2)转速波动率 ϕ 或转速变化率 φ

它是用来表征在稳定运转时柴油机转速的变化程度,主要是由柴油机回转力矩不均匀和调速系统摩擦阻力、间隙引起的,但两者的定义不同。

转速波动率为

$$\phi = \left| \frac{n_{cmin} - n_m}{n_m} \right| \times 100\% \qquad (7-2)$$

转速变化率为

$$\varphi = \frac{n_{cmax} - n_{cmin}}{n_m} \times 100\% \qquad (7-3)$$

228

式中：n_{cmax}为测定期间的最高转速，r/min；n_{cmin}为测定期间的最低转速，r/min；n_m为测定期间的平均转速，r/min，$n_m = (n_{cmax} + n_{cmin})/2$。

一般来说，在标定工况时 $\phi \leqslant (0.25 \sim 0.5)\%$，$\varphi \leqslant (0.5 \sim 1)\%$。

3）不灵敏度 ε

当柴油机在一定负荷下稳定运转时，由于调速机构中存在间隙、摩擦和阻力等，若转速稍有变化，调速器并不能立即改变供油量，直到转速变化量足够大时调速器才能开始起到调节供油的作用。这种现象称为调速器的不灵敏性。用不灵敏度 ε 表示不灵敏区域的大小。

令

$$\varepsilon = \frac{n_2 - n_1}{n_m} \times 100\% \qquad (7-4)$$

式中：n_1为柴油机转速减少时，调速器开始起作用的转速，r/min；n_2为柴油机转速增加时，调速器开始起作用的转速，r/min；n_m为柴油机平均转速，r/min，$n_m = (n_1 + n_2)/2$。

不灵敏度过大会引起柴油机转速不稳定，严重卡阻时会导致调速器失去作用发生飞车，一般规定在标定转速时 $\varepsilon \leqslant (1.5 \sim 2)\%$；在最低稳定转速时 $\varepsilon \leqslant (10 \sim 13)\%$。

2. 动态指标

动态指标是用以评定调速系统过渡过程的性能指标，如图 7-13 所示。

1）瞬时调速率 δ_1

突卸全负荷瞬时调速率为

$$\delta_1^+ = \frac{n_{max} - n_b}{n_b} \times 100\% \qquad (7-5)$$

式中：n_{max}为突卸 100% 负荷时的最高瞬时转速；n_b为突卸 100% 负荷前的稳定转速（标定转速）。

突加全负荷瞬时调速率为

$$\delta_1^- = \frac{n_{min} - n_0}{n_b} \times 100\% \qquad (7-6)$$

式中：n_{min}为突加 100% 负荷时的最低瞬时转速；n_0为突加 100% 负荷前的稳定转速（空载转速）。

我国有关规范要求发电柴油机的 $\delta_1^+ \geqslant 10\%$，$\delta_1^-$（突加 50% 后再加 50% 全负荷）$\geqslant 10\%$。

2）稳定时间 t_s

它是指从突加（或突减）全负荷后转速刚偏离空载转速的波动范围（或标定转速的波动范围）到转速恢复到标定转速的波动范围（或空载转速的波动范围）为止所需时间（s）。我国有关规范规定，交流发电机 $t_s \geqslant 5s$。

δ_1 和 t_s 表明调速机组动态特性，其值小表明机组（包括调速器）动态特性好、灵敏、易稳定。

7.3.2　调速器的稳定性

1. 稳定性分析

稳定性是调速系统正常运行的基本条件。调速系统稳定的前提是灵敏元件稳定，图 7－18 是灵敏元件的受力分析图。图中用 x 表达轴（套筒）的位移，它是由弹簧力 F 与飞球离心力 L 平衡决定的。

$$\begin{cases} F = F_0 + Cx \\ L = A + Bx \end{cases} \tag{7-7}$$

式中：F_0 为弹簧初弹力；C 为弹簧刚度；A、B 为由飞球几何尺寸及转速决定的系数，$A = 2m\omega^2 \dfrac{ab}{d}$，$B = 2m\omega^2 \dfrac{b^2}{d^2}$，$m$ 为飞球重量，ω 为飞球角速度，a、b、d 分别为图中标出的几何尺寸。

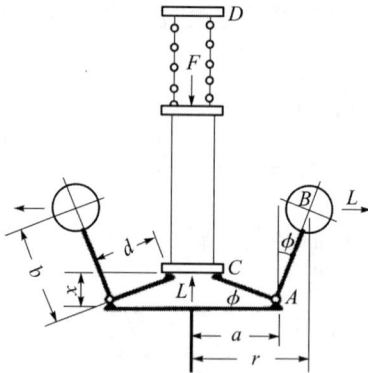

图 7－18　灵敏元件受力分析

对于结构一定的调速器，m、a、b、d 均为定值。

套筒的位移 x 可以由式（7－7）联立求解。式中的 F 与 L 均为 x 的线性函数。图 7－19 是 x 求解的图解法。图 7－19（a）和图 7－19（b）都可以求得两直线的交点 x_0。但是由于 F 和 L 的斜率不同，两种平衡的稳定性完全不同。

230

图 7-19(a)所示为 $B < C$ 的平衡状态,当 x_0 平衡破坏后,会自动由 F 与 L 的作用使 x 回到 x_0。图 7-19(b)的情况则相反,当 x 一旦离开 x_0,由于 $B \geqslant C$,灵敏元件套筒的位移 x 将远离 x_0 而失稳。从图中可见,只有调速弹簧的刚度足够大,系统的稳定性才有保证。转速越高,则要求弹簧的刚度越大。

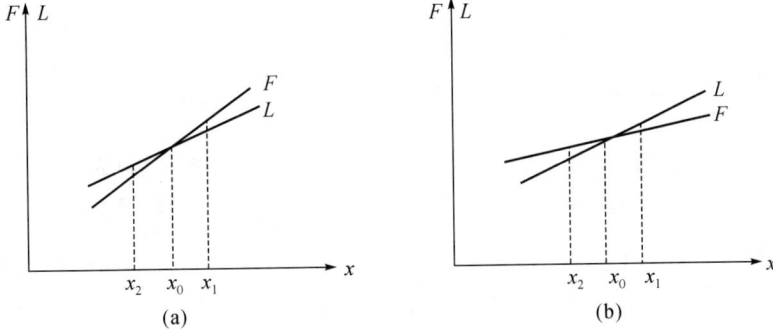

图 7-19 灵敏元件稳定性

2. 准确性分析

由前分析可知,调速器的滑套位置与油量调节齿杆位置是互相对应的,负荷变化时,油量必须变化,这样,调速前后滑套的位置就变了,不能回到原来的位置上,调速前后的转速会稍有不同。从弹力与离心力平衡的角度来看,调速器手柄位置一定时,弹力线 F 位置是不变的,如图 7-20 所示。如原来平衡位置为 x_0,这时离心力为 L_1。如负荷增大,滑套位置移至 x',此时与弹力平衡的离心力的曲线为 L_2。这条线的斜率比 L_1 小。我们知道,离心力线的斜率是 $m\omega^2$ 决定的,m 不变,w 就必须降低。这说明负荷改变后,转速不能复原的原因。负荷变化后,转速不能复原,产生转速差,用稳态调速率 δ_2 表示。稳态调速率 δ_2 与弹簧的软硬有关。在相同的弹簧变形条件下,硬弹簧的不均匀度比软弹簧大,使调速器的准确性差。

从图 7-21 可以看出,在相同的弹簧变形 $x_2 - x_1$ 下(亦即滑套的位移量)硬弹簧弹力线 F_1 比软弹簧弹力线 F 的弹力变化大。它们都当在 x_2 处与离心力线 L_1 平衡。当负荷变化(如增大)时,滑套位置在 x_1 处,此时软弹簧弹力 F 在 x_1 处与离心力 L_2 平衡;硬弹簧弹力 F_1 在 x_1 处与离心力 L_3 平衡。显而易见,离心力为 L_3 时的转速比 L_2 时的转速低,所以,相比之下,硬弹簧在平衡后的转速低,即调速器的准确性差一些。

从以上分析可见,调速器的稳定性与准确性在不同程度上对弹簧的软硬有完全相反的要求。如从稳定性的观点,希望弹簧硬一些,但是在低转速时准确性就较差,又希望弹簧软一些。

231

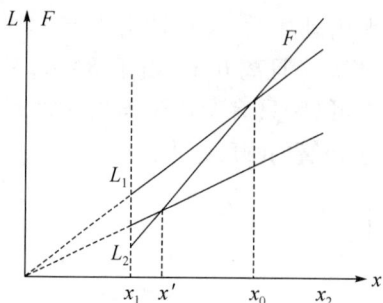

图7-20 负荷变化前后弹力和
离心力的平衡

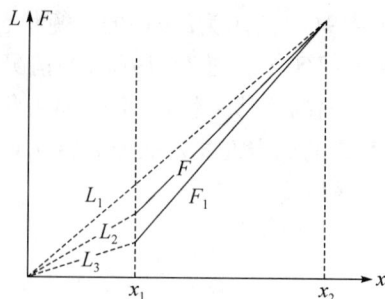

图7-21 相同的弹簧变形下软、
硬弹簧的变形

对于确定的一根弹簧,其弹力线只能有一个斜率。如若调速器用两根调速弹簧,其中一根较软,在低速时起作用,而到高速时,两根弹簧同时起作用,这样调速器性能就较好。在某些柴油机的调速器上采用塔形弹簧,它每一圈的内径均不相同,因此在变形相同时,其弹力的变化并不相同。它的弹力线的斜率是变化的,从而形成一条曲线,如图7-22所示,在不同转速下,离心力线与弹力线的交角变化不大,因此在各种转速下都能得到比较满意的性能。

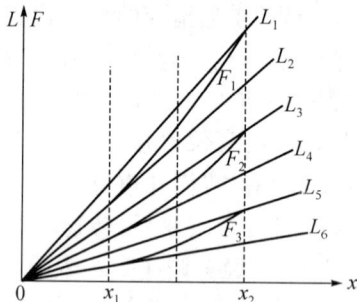

图7-22 塔型弹簧的弹力变化曲线

3. 灵敏性分析

灵敏性又称及时性。当负荷变化后,调速器不能及时起作用,使转速不能立即稳定下来,这是因为调速器及其传动的油量调节机构有一定的惯性力和摩擦阻力。只有当离心力和弹力的差值达到一定数值并经过一定时间后,克服了各机构的惯性力、摩擦阻力,并消除了各机件间的间隙,才会使喷油量发生变化。所以弹簧越软灵敏性越差。其次是柴油机的运动机件及其所带动的负荷也具有一定的惯性和阻力,因此从油量的变化到柴油机的转速变化也需要一定的时间。这样往往是当调速器调节油量与负荷相适应时,柴油机的转速并未达到使离心力和弹力相平衡的程度,而当离心力与弹力平衡时,油量的调节已过了头。正是由于有这两个惯性力和阻力的存在,负荷变化时油量调整和转速变化之间总要差一段时间,即转速要波动一个时间才能重新稳定,这就是不及时,所以出现了如图 7-16 所示的大幅度的转速波动。

阻力小,调速器要灵敏些,但过于灵敏,往往出现小幅度的、周期性短而转速变化均匀的波速,稳定需要的时间长,即出现"游车"现象。阻力过大,往往会使转速的急变范围加大,即瞬时调速率 δ_1 增大,波动时间增长。

传动机构的间隙和滑油的黏度过大对灵敏性的影响与阻力过大相同。

7.4　超速安全装置

每一台柴油机的工作转速范围都有具体规定,最高转速不允许超出一定限度。因为转速过高,会引起运动部件的惯性力大大增加,从而引起机件的破坏。为避免调速器失去控制能力,发生超速危险,柴油机一般装有超速安全装置。它的作用是当柴油机的转速超出规定范围,采用断绝空气或停止供油的方法,使柴油机自动停车。

超速保护装置一般由感应机构和执行机构两部分组成。

1. 感应机构

其作用是感应柴油机转速的变化,当柴油机转速超过规定值时,会自动给出信号,具体方法如下:

(1)利用旋转飞铁产生离心力的变化。

(2)利用气体流动产生压力差的变化。

(3)利用测速电机产生电压值的变化。

2. 执行机构

其作用是接受感应机构输送来的信号,迫使喷油泵停止喷油或者迫使进气系统停止供应新鲜空气,具体方法如下:

(1)利用弹簧力移动油量调节齿杆或关闭进气道。

(2)利用滑油压力移动油量调节齿杆。

(3)利用空气压力移动油量调节齿杆。

7.4.1　利用断油法的超速安全装置

PA6-280 柴油机采用断油法实现柴油机的超速保护,其超速安全装置是超速安全阀,如图 7-23 所示。

超速安全阀安装在自净式燃油滤清器的出口法兰上。它的功用是:当柴油机转速超过 1120r/min 时,切断柴油通道,并且用压缩空气将供油总管内的剩余柴油吹回回油总管,使柴油机迅速停止运转。

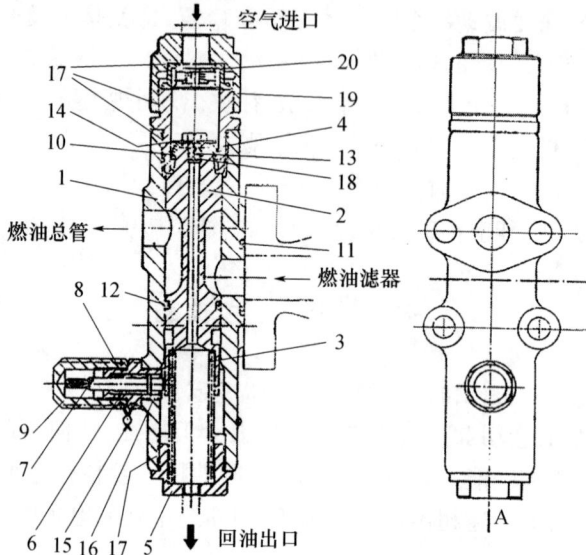

图 7-23 PA6-280 柴油机超速安全阀结构图

1—阀体;2—滑阀;3、8—弹簧;4—座套;5—螺塞;6—接头;7—定位销;9—闷盖;
10、11、12—密封圈;13—螺钉;14—垫片;15—铅封钢丝;16、18—黏结剂;
17—密封剂;19—连接螺母;20—单向阀。

超速安全阀主要由滑阀 2 及阀体 1 组成,图 7-23 所示位置为阀的开启状态,此时在弹簧 3 的弹力作用下将滑阀 2 顶到被座套 4 限制为止。此时,来自滤清器的柴油可以通过阀体上的孔流到喷油泵供油总管。

在连接螺母 19 的顶端连接压缩空气管。当柴油机超过规定转速时,由监测装置发出超速信号,通过一个电磁阀和气动分配器使一个容积为 15L 的容器给安全阀顶端供入 3MPa 的压缩空气,如图 7-24 所示。在空气压力作用下沿滑阀下移,其圆柱面将柴油进油通道隔断。与此同时,滑阀的上凸缘已将通向供油总管的孔与压缩空气连通,压缩空气便进入供油总管,将残存的柴油排到喷油泵的回油管内。

滑阀 2 下移后,定位销 7 在弹簧 8 力的作用下正好插入滑阀下部的环槽内,使柴油机停机后,压缩空气停止供应时滑阀也不能回到原来位置。只有当排除故障后,将定位销 7 拔出,才能使滑阀复原。平时闷盖 9 将定位销盖住,并用钢丝与接头 6 销紧后铅封,以此作为超速事故的保证。

阀内漏泄的柴油从螺塞 5 的孔中引出。单向阀 20 用来防止漏泄的柴油进入空气系统。燃油系统中还装有另一个空气控制滑阀,用来在停车时关闭燃油系统。

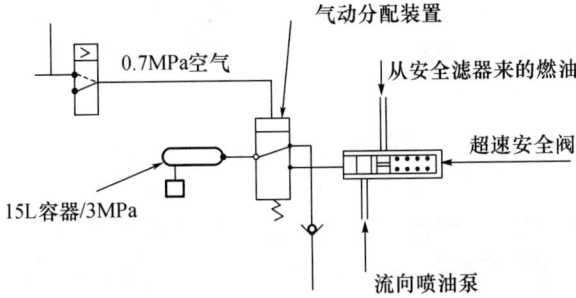

图 7 - 24　超速安全装置压缩空气系统原理图

7.4.2　利用断气法的超速安全装置

MTU396 柴油机采用断气法来实现柴油机的超速保护,其超速安全装置是紧急空气挡板阀,如图 7 - 25 所示。

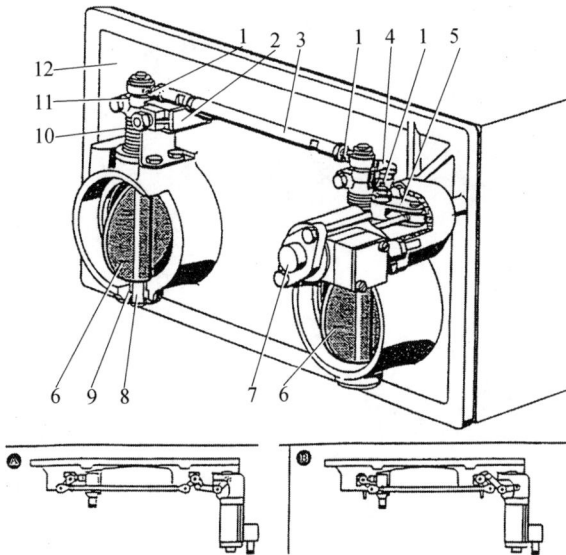

图 7 - 25　紧急空气挡板阀

1—润滑油脂注油嘴;2—限位开关;3—拉杆;4—杠杆左侧;5—停车杠杆;6—活门;7—电磁阀;
8—轴;9—轴承衬套;10—弹簧;11—杠杆;12—中冷器盖;
a—活门关闭;b—活门打开。

紧急空气挡板阀是一套电动紧急停车装置。在柴油机控制系统发生故障时,紧急空气挡板阀防止柴油机超速。该阀是一种碟阀,它由电磁铁进行操作。

　　紧急空气挡板阀位于中冷器出气口盖处。每个碟阀布置在轴承套中支承的轴上。一个限位开关位于右侧碟阀上部。

　　左侧和右侧碟阀通过控制联动杆相连,当碟阀开启时,装在每根轴上的弹簧被拉伸。锁紧杆与释放杆相连使碟阀在弹簧力作用下打开。注油嘴位于轴的顶部以润滑轴承。

　　当停机系统对电磁铁产生作用时,释放杆与锁紧杆在右侧脱开,同时紧急空气碟阀由弹簧的作用而突然紧急空气切断碟阀关闭。这将切断气缸的空气供给,柴油机由于缺乏空气而停车。用这套装置比单独切断油路的方法停车速度要快。柴油机通过紧急空气挡板阀停车后,若要重新启动时就要手动打开此阀。

　　紧急空气挡板阀的位置由限位开关监控。紧急空气挡板阀关闭时,柴油机不能启动,因为操作限位开关不能实现启动过程。紧急空气挡板阀也可以在柴油机不工作时由释放杆手动关闭。

第8章 润滑系统

8.1 润滑系统的作用和方法

8.1.1 摩擦的危害

柴油机工作时,各运动零件的接触面之间,以很高的相对速度作相对运动。各接触面虽经精细加工,看起来十分光滑,如果在高倍显微镜下观察,会发现表面仍存在高低不平的现象。这样,当两零件相对运动时,凸起部分相互挤压而剥落,并阻碍着两物体的相对运动,称为摩擦现象。

摩擦现象的存在给柴油机的正常工作带来以下危害:

(1)增加了柴油机的功率损失,使有效功率下降,耗油量增加,经济性降低。

(2)使机件磨损加剧,缩短了柴油机的使用寿命。机件表面因磨损而使外形尺寸减小,配合间隙增加,严重时会影响柴油机正常工作,甚至发生事故。

(3)由于摩擦而产生大量的摩擦热,使机件表面温度升高,如果润滑不良,温度会急剧上升,使材料的机械性能下降,甚至发生烧熔现象,造成机件损坏。

所以为了保证柴油机的正常工作,必须设法尽量减少机件表面的摩擦。减小摩擦的有效措施之一就是在运转机件的摩擦表面之间加入足够的润滑油,并使之形成具有一定强度和厚度的油膜,将两个摩擦表面隔开,使金属之间不直接接触,从而大大减少摩擦损失。

8.1.2 润滑的作用

柴油机的润滑主要有下列作用:

(1)减磨。在相对运动的零件表面,保持一定厚度的油膜,以减轻摩擦,从而减小零件的磨损和机械损失功率,增加有效功率。

(2)冷却。通过滑油吸收并带走摩擦表面所产生的摩擦热量或吸收的热量,使机件表面的温度不致过高。

(3)清洁。利用压力润滑油的循环流动冲洗摩擦表面,带走磨损剥落下来的金属屑。

(4)密封。利用润滑油的黏性,黏附在运动机件的表面,以提高密封效果

（如活塞和气缸之间）。

8.1.3　润滑的方式

根据各机件工作条件和要求的不同,润滑油输送到各摩擦表面上的方式主要有以下几种:

（1）压力润滑。利用滑油泵通过专门管道或钻孔把滑油输送到摩擦表面上去,如主轴承、曲柄销轴承、凸轮轴轴承等。这种润滑方式由于油量大,具有一定压力,所以适合润滑承受较大载荷的部件。

（2）飞溅润滑。当柴油机运转时,借助曲柄连杆或齿轮高速旋转的离心力将黏附在上面的滑油甩到摩擦表面上去,如气缸壁面。有时也借助一些沟槽或钻孔将飞溅的滑油引入摩擦表面,如高速机的连杆小头端轴承等。

（3）人工润滑。其特点是:用油壶或油枪等工具定时向需要润滑的地方加注滑油或油脂。主要适用于承受负荷较小而管理人员容易接近的部件,如水泵轴承、发电机及启动电机轴承等。

（4）油雾润滑。某些小型汽油机为了简化结构而不设专门的润滑系统,利用汽油的快速溶解性能,将滑油按一定比例混溶于汽油中,当混合油进入气缸后,由于滑油的挥发性能差、燃点高、黏性大等性能附着在燃烧室内壁表面,并经过一定的引导槽流入需要润滑的摩擦表面。

8.2　润滑系统的组成及分类

8.2.1　润滑系统组成

润滑系统的主要任务是把数量足够的滑油连续不断地输送到各个摩擦表面上去,使摩擦机件得到良好的润滑和冷却。

尽管润滑系统的组成随着柴油机型号的不同而各异,但一般由下列部分组成:

（1）承油盘(或油柜),用来储存滑油。

（2）滑油泵,用于提高滑油压力并把滑油输送到各个使用部位。

（3）滑油滤清器,用于清除滑油中的杂质,以防止杂质随同滑油进入零件的摩擦表面。保证滑油具有良好的工作性能,延长滑油的使用期限。

（4）滑油冷却器,用于冷却滑油,使其保持在一定温度范围之内,以保证滑油具有适当黏度,预防高温时滑油的氧化变质。

（5）指示仪表和安全报警装置,根据系统的工作状态向管理人员显示润滑系统中的各种信息,并自动地代替管理人员进行各种操作。随着科学技术的不断发展,这部分装置会越来越完善。

8.2.2　润滑系统分类

按存放循环滑油位置的不同,柴油机润滑系统分为湿式承油盘润滑系统和干式承油盘润滑系统两大类。

1. 湿式承油盘润滑系统

将滑油存放在曲轴箱中的承油盘内,由滑油泵抽出来循环使用,最后又汇积于承油盘中。其特点是:柴油机附属设备和整体布置简单。

2. 干式承油盘润滑系统

将滑油单独存储在柴油机外部的日用滑油柜内,承油盘只是用来收集各工作面循环流回的滑油,然后利用重力或专门的抽油泵输入日用滑油柜中存储,油柜中的滑油再由压入滑油泵抽出送入柴油机主油管路分流送入各工作面。其特点如下:

(1) 减小曲轴箱高温气体对滑油的影响,防止滑油老化变质,以延长滑油的使用期限。

(2) 承油盘的容积可以大大减小,这样可以降低柴油机的高度。

(3) 可以防止工作过程中由于舰船的摇摆引起油面的波动而造成滑油泵进口露出油面,从而保证了可靠、连续不断地供给滑油。

(4) 要求润滑系统另设日用滑油柜,并采用两个滑油泵(一个抽出泵,一个压入泵)来保证滑油的循环,从而增加了系统的复杂性。

湿式承油盘润滑系统的特点与干式的相反,它普遍用于小型柴油机中。在各种类型的大功率柴油机中,干式承油盘润滑系统获得广泛的应用。这主要是由于大功率柴油机的滑油用量很大,需要很大的承油容积,如果采用湿式承油盘润滑系统,则大大增加了柴油机的高度,给船舶上的安装与布置造成困难。

8.2.3　典型柴油机润滑系统

1. MTU956 柴油机的润滑系统

该型柴油机润滑系统是一个湿式油底壳压力循环系统。它由 3 个主润滑系统和 3 个辅助系统组成。主润滑系统包括循环滑油系统、传递动力组件(运动件)润滑系统和气阀传动机构润滑系统。辅助系统包括曲轴箱油位调节系统、预供滑油系统和气阀(座)润滑系统。

1) 循环滑油系统

循环滑油系统如图 8-1 所示,主要由滑油泵、冷却器、过滤器、压力控制阀以及冷却活塞主油道、抽油管路等机件组成。

两台主滑油泵均为齿轮泵,由前端传动齿轮箱传动。两台滑油冷却器布置于前端传动齿轮箱上部两侧,在它们的前端相邻位置布置两套并联式滑油过滤器。

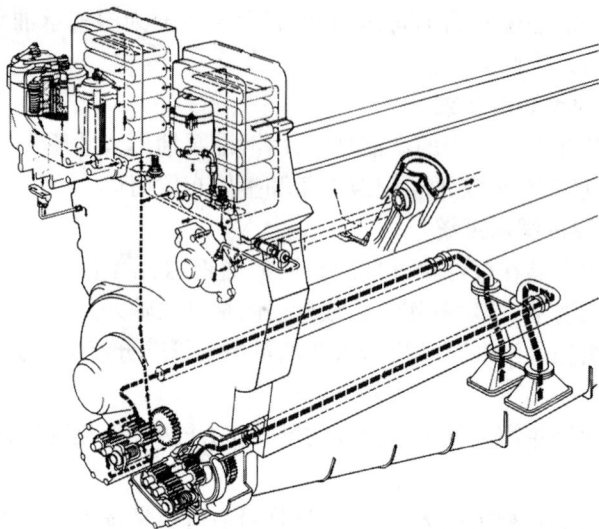

图 8-1 循环滑油系统

滑油泵从油底壳抽出滑油,然后经过齿轮箱上的油道送入两台冷却器中。另一路滑油不经冷却器,经节流阀和分隔阀进入旁通过滤器,从旁通滤器流回的滑油经过一个止回阀(开启压力 0.05MPa)直接进入曲轴箱。经冷却器冷却的滑油分别进入两并联过滤器,然后分成两路,一路经绕线式滤器过滤后经过定压阀(安装于冷却器壳体上)、压力控制阀(装于齿轮箱上)、齿轮箱上的油道进入曲轴箱上的冷却活塞主油道,其中压力控制阀由冷却活塞主油道的滑油压力控制,多余的滑油回送到主滑油系统,并将一定压力的滑油输送到活塞冷却系统。

冷却活塞主油道的滑油经过曲轴箱上的油孔进入各喷嘴接块,喷嘴装于接块上,喷嘴喷出的滑油经活塞裙部的钻孔射入到活塞顶与裙部之间的冷却油室中。从活塞油室中流出的滑油润滑活塞销轴承后自由流入油底壳。

从滑油过滤器中分出的另一路滑油经过滑油冷却器和齿轮箱上的油孔进入定压阀箱,分别进入动力传递组件和气阀传动机构的主滑油油路中。

2)运动件润滑系统

来自滑油系统的滑油通过阀箱后分成三路:一路进入调速器扩压器油箱;一路由油管送往压力控制阀作为控制油路;其余则由齿轮箱中的油路进入曲轴箱

中的运动件润滑系统主油路,如图 8 – 2 所示。

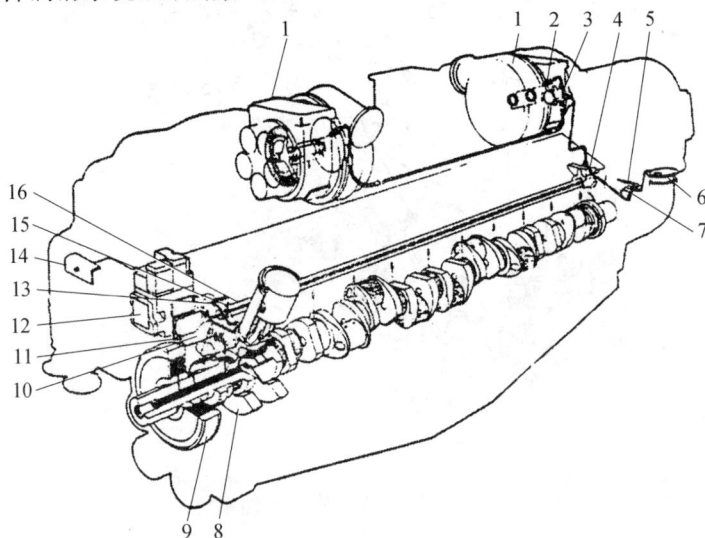

图 8 – 2　动力传递组件(运动件)润滑系统

1—废气涡轮;2—过滤器;3—减压阀;4—分配器体;5—去往右侧进气总管;6—喷嘴;
7—阀座润滑泵;8—曲轴;9—减振器;10—调速器蓄压油箱;11—去调速器;12—调速器;
13—来自主油路系统;14—托板;15—去往分配阀;16—运动件润滑系统主油道。

　　运动件主油道的滑油经曲轴箱主轴承隔墙内的钻孔输往各主轴承,经主轴颈、曲轴臂上的油孔输往曲柄销轴承和减振器,用于润滑和冷却各轴承。

　　运动件主油道的滑油还输往调速器和停排压力油缸。在主动力输出端,运动件润滑系统主油道通过一条油路,将滑油输送至涡轮增压器和气阀座润滑油泵。进入涡轮增压器的滑油从固定于动力输出端的滑油分配器引出,先经过一个减压阀才进入增压器,从增压器流出的油直接溅落到油底壳。

　　3)气阀传动机构润滑系统

　　气阀传动机构润滑系统如图 8 – 3 所示。来自主滑油系统的滑油顶开定压阀,通过齿轮箱内油道进入空心凸轮轴中,然后经各轴颈上的钻孔流往轴承。凸轮轴承油道中滑油经凸轮轴承上的钻孔、缸体上油孔进入摇臂轴承、摇臂轴、再经摇臂上的孔送入挺杆撞头及气阀间隙调整螺钉的摩擦表面,由此处流入挺杆滚轮从动体,最后流入油底壳。润滑高压泵摇臂轴承的滑油也由凸轮轴承经油孔引入。

　　4)气阀座润滑系统

　　气阀座润滑系统如图 8 – 4 所示。它由活塞式滑油泵 3、滑油喷嘴 1 以及油管等组成。其功用是将适量滑油加压后经过喷嘴以雾状喷入到进气管路中与空

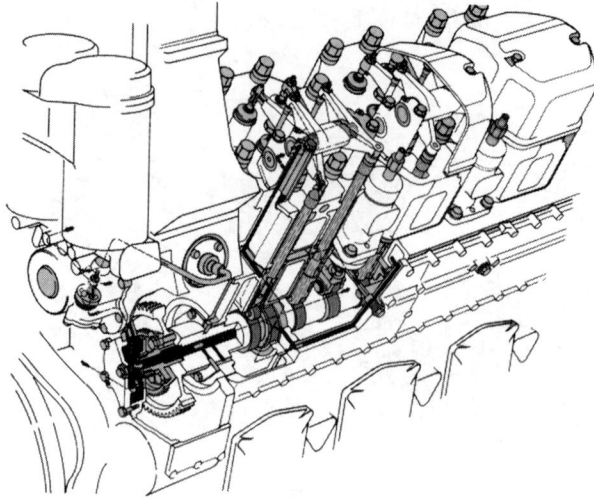

图 8 - 3　气阀传动机构滑油系统

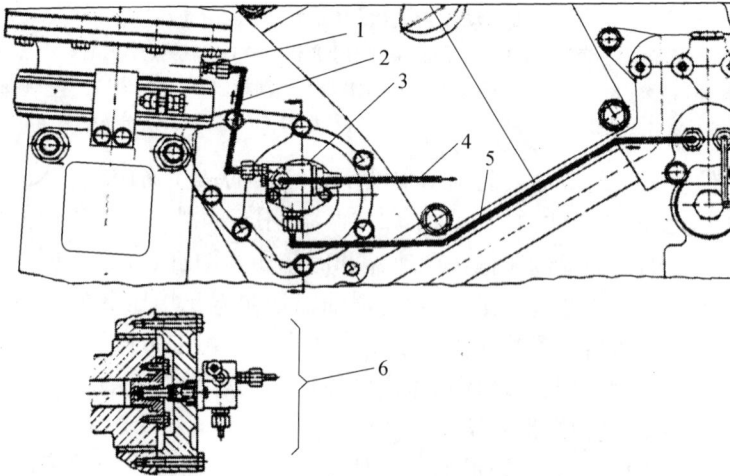

图 8 - 4　气阀座润滑系统

1—滑油喷嘴；2—至左侧增压空气总管的滑油管；3—滑油泵；4—至右侧增压空气总管的滑油系统；
5—滑油输油管；6—滑油泵传动装置。

气混合,空气流过气阀座时油雾对阀座起到润滑作用从而减少阀座的磨损和点蚀。

　　气阀座润滑油泵装于柴油机主动力输出端,由左排缸凸轮轴通过花键轴传动。油泵从传递动力组件润滑系统经滑油输油管 5 吸油,经管路 2、4 将滑油分别送入左、右缸排进气管路上的喷嘴。

　　242

5）曲轴箱油位调节系统

油位调节系统的作用是保证油底壳内的油位保持不变,柴油机运行时滑油不断地被送到曲轴箱,当油位达到预定值时多余的油又被泵送回补充油箱,如图8-5所示。

由两对齿轮组成的油位调节泵组装于主动力输出端。

一对齿轮组成抽油泵,用于抽出曲轴箱中多余的滑油并经定压阀送往补充油箱。定压阀使系统保持压力适当不变的油压。

另一对齿轮组成补充泵,用于从补充油箱抽出滑油送往曲轴箱,补充泵的排量小于抽油泵。

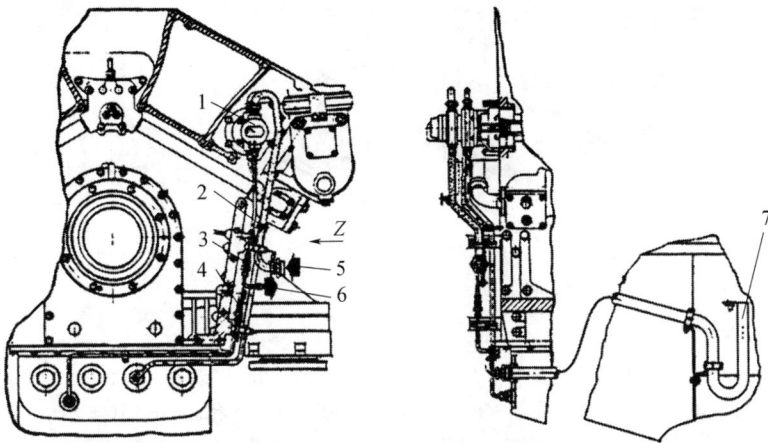

图8-5　曲轴箱油位调节系统

1—油位调节泵;2—放气旋塞;3—定压阀;4—止回阀;5—来自补充油箱;

6—去往补充油箱;7—调节泵进油管。

6）预供滑油系统

预供滑油系统的功用是在柴油机启动之前使滑油系统建立起一定的油压,其结构如图8-6所示。

预供滑油泵从曲轴箱抽油,一部分经迭片式过滤器送至调速器,一部分打开定压阀,通过冷却器进入柴油机润滑系统,进入调速器扩压器以及滑油压力监控器,压力监控器使启动阀处于启动状态。压缩空气进入扩压器,气动控制阀,压力油进入调速器,调速器将柴油机供油装置置于启动供油位置。

启动过程结束后预供泵断电停转,机带滑油泵开始泵油。预供泵排出管路上的止回阀防止滑油回流入预供泵。

与预供油系统并联有一应急手动泵预供油系统。该手动泵从预供系统进油管抽油,经过手动泵前后两个止回阀后分别向运动件滑油系统和旁通过滤器进油管路供油,但此时旁通滤器进口处分隔阀必须关闭,使滑油全部进入主滑油系统中。启动柴油机后应打开旁滤器分隔阀。

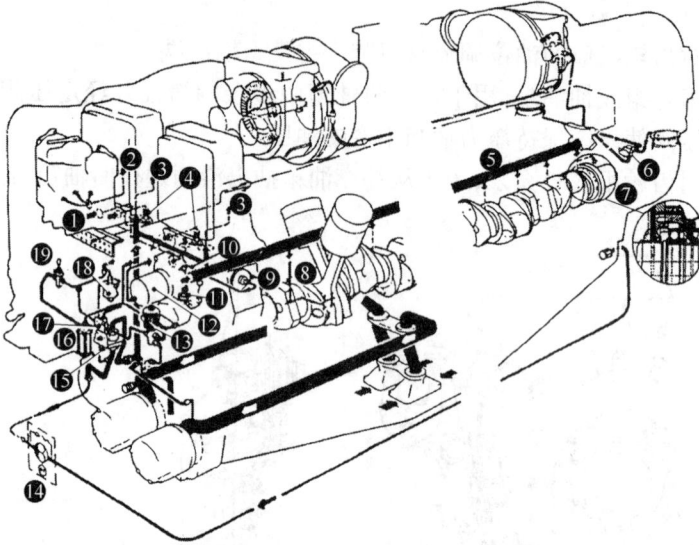

图 8-6 预供滑油系统

1—来自滑油滤器的压力油;2—来自冷却器的压力油;3—至冷却器的压力油;4、10、15—压力保持阀;
5—运动件油道;6—阀座润滑泵;7—曲轴止推轴承;8—至主轴承和连杆轴瓦的滑油;
9—压力控制阀;12—柴油机调速器供油箱;13—气缸停排装置的三通;14—预供滑油泵;
16—升压伺服器;17—气缸停排装置用的检测旋钮;18—网盘式滑油滤器;19—截止阀。

2. MTU396TE94 柴油机润滑系统

图 8-7 为 16VMTU396TE94 柴油机润滑系统简图。该型柴油机润滑系统是一个带闭式阀座润滑系统的湿式油底壳压力循环系统。

滑油泵通过吸油罩斗从油底壳中将滑油抽出,并通过油底壳中的油道将它输送到柴油机右侧的两个滑油冷却器,一个在自由端,一个在飞轮端,一部分滑油在进入冷却器前分流到旁通滤器中。滑油从冷却器中流出,通过压力调节阀流入滑油滤器。从滤器中流出的滑油则流入柴油机的主油道中。

压力调节阀安装在冷却器盖上,并由过滤后的滑油压力来控制。同时压力调节阀也控制着滑油滤器前的滑油,并限制了滑油系统中的滑油压力。当压力过高时,流出滑油经冷却后不经过滤器直接流回油底壳中。

从主油道中流出的滑油流向曲轴、自由端的轴承、凸轮轴、活塞冷却系统、喷油泵传动装置、喷油泵传动装置端盖上的管路接头及滑油分配箱。

流到各主轴承的滑油,经曲柄臂上的油孔流到曲柄销并润滑连杆大端轴承。通过齿轮箱中的插入管,滑油流入端轴承,再从端轴承经环形油槽及油孔进入扭振减振器,从这里经自由端的钟形罩和弯管流回油底壳。

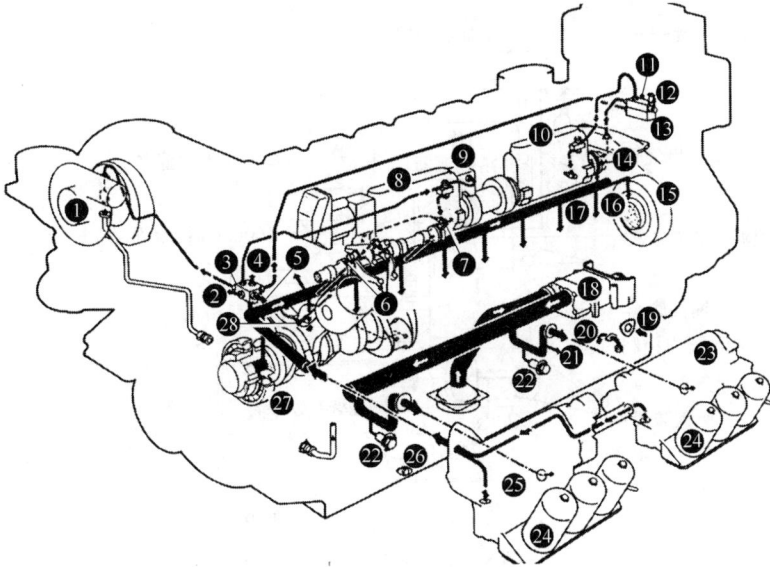

图 8 – 7 16V396TE94 柴油机滑油系统

1—废气涡轮增压器 A；2—至轴承壳体；3—滑油分配器；4—至进气门座润滑系统；5—至废气涡轮增压器 B；
6—配气机构；7—滑油供油阀；8—燃油喷油泵 2；9—缸排断油装置；10—燃油喷油泵 1；11—测量块；
12—滑油采样接头；13—连接块；14—燃油喷油泵传动装置；15—减振器；16—到曲轴支承座轴承,自由端；
17—主油道；18—滑油泵；19—从离心式滤清器来；20—从旁通滤清器来；21—到旁通滤清器/离心式滤清器；
22—限压阀；23—滑油热交换器,自由端；24—滑油滤清器；25—滑油热交换器,驱动端；
26—滑油排放塞；27—止推轴承；28—活塞冷却油喷嘴。

送到凸轮轴每个轴承的滑油,从轴承经油管送到各个气缸盖上,通过气缸盖上的油孔润滑摇臂轴承和摇臂上的球形销。通过顶杆流回的滑油润滑滚轮导筒。冷却活塞的滑油来自主油道,经油路送到喷嘴托架,每个托架装有两个喷嘴,每个活塞配有一个喷嘴,将滑油喷入活塞。

来自主油道的滑油通过孔流向喷油泵传动装置,通过喷油正时轴上的孔和环形油道流向喷油泵 1 与两个喷油泵之间的联轴节。

滑油还从主油道通过油路流入滑油分配箱。油管将滑油从分配箱引向废气涡轮增压器并通向轴承箱、阀座润滑系统以及喷油泵 2 上的连接块。滑油经过连接块流入喷油泵 2,剩余的滑油将通过油孔和油管流回发动滑油底壳中。

3. PA6 – 280 柴油机润滑系统

PA6 柴油机的运动件主要采用压力润滑,其中一部分零件采用飞溅润滑,油底壳为干式,润滑系统如图 8 – 8 所示。

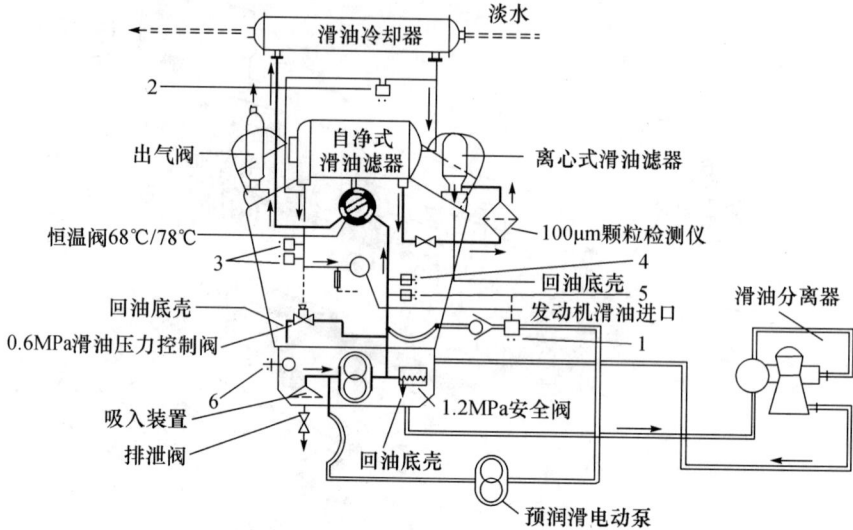

图 8 – 8　滑油系统示意图

1—预润滑压力开关,当 $p \geqslant 0.15\text{MPa}$ 时,泵停止运转;2—差压式压力开关,当 $p \geqslant 0.15\text{MPa}$ 时,报警;
3—变速发动机,按发动机转速 v 决定 3 个门限值的控制装置;恒速发动机,当 $p < p_{\text{stop}} + 0.05\text{MPa}$ 时,
报警压力开关,当 $p < p_{\text{stop}}$ 时,停车压力开关;4—当 $T > 85℃$ 时,报警温度开关;
5—当 $T > 90℃$ 时,慢车开关;6—液位低报警开关。

润滑油通过吸入装置由机带泵吸入后,经恒温阀(68℃/78℃)流入滑油冷却器,然后流至自净式滑油过滤器,在该过滤器中分二路流出,一路经离心式滑油过滤器过滤后直接回到油底壳,另一路由柴油机滑油进口流入完成整机润滑。

为了保证柴油机在启动前滑油的供应,避免干摩擦,系统中还设置了预供油装置,通过吸入装置将滑油由预润滑电动泵吸入,滑油由单向阀控制流向恒温阀。当柴油机预润滑滑油流量 $\leqslant 5\text{m}^3/\text{h}$ 时,单向阀锁止启动,该泵还可用作停车后润滑柴油机。

滑油预供泵控制箱上设有工作控制方式转换开关,设有自动、遥控和手动三挡。当该开关处于自动位时,滑油预供泵的自动启动与停止取决于主机滑油压力,当滑油压力低于 0.3MPa 时启动,高于 0.5MPa 时停泵。与此同时,若循环滑油舱的滑油温度低于 15℃,则该舱内的 2×3kW 电加热器自动接通加热滑油,当滑油舱滑油温度高于 20℃ 时,则自动停止加热,在滑油舱滑油温度高于 50℃ 时,在该控制箱上有指示灯报警显示。

246

当控制转换开关处在遥控位时,滑油预供泵可由安装在集控室主机操纵台上的按钮启动,或者由主机遥控装置来启停。当主机启动前,该装置给出使泵启动信号,把滑油注入主机,在完成备车后,自动断开该信号,若主机在运行过程中,滑油压力低于0.3MPa时,则该装置自动给出启动滑油泵信号,在滑油压力大于0.5MPa时,又自动停泵,并且当主机从运行到停机时,该装置能自动给出启动滑油泵的信号,使泵运行2min后自动停止,目的是利用滑油进一步冷却零部件,带走主机上的部分热量。

当控制转换开关处在手动位时,泵的启停与滑油的加热均需转换按钮来完成。手动加热滑油的程序为:按下加热按钮,滑油舱的2×3kW电热器通电,2min后,泵通电启动,经15s,装在泵出口处的滑油预热装置内的24kW电加热器通电,当滑油温度高于20℃时,自动停止加热(也可手动断开加热电源)。因此,在主机备车或滑油预供泵作为补油驳运时,应使该控制转换开关放到手动位置,并把进24kW电加热器的阀关闭,打开至甲板的阀,则可把循环滑油舱的污油通过甲板上截止阀泵至岸上。手动滑油泵可作机动预供滑油泵的备用泵使用。

系统中还设有预润滑压力开关1,当压力≥0.15MPa时,预供油泵停止工作。当自净式滑油过滤器进出油口压力差≥0.15MPa时,差式压力开关2报警。当滑油压力低于极限值时,安全控制开关3报警或停车。当滑油温度>85℃时温度开关4报警,当滑油温度>90℃,温度开关5使柴油机怠速或停车;液位开关7设有滑油压力控制阀,通过调节可旁通部分滑油回油底壳,以控制滑油管系中的油压,标定滑油压力为0.6MPa进口压力。在离心式过滤器前还设有滑油颗粒检测器,检测油中杂质。

4. TBD620柴油机润滑系统

TBD620柴油机采用以压力润滑为主的湿式润滑系统,图8-9为该型柴油机润滑系统原理图。齿轮式滑油泵S4从柴油机油底壳S3经吸油管吸入滑油,通过滑油冷却器S7,滑油滤清器S8,进入主油道,然后向所有需要供油的润滑部位和活塞冷却喷嘴供油。

滑油压力由输油管路上的一个压力调节阀来控制。油路系统中除了常规的滑油滤清器S8外,还装有离心式滑油滤清器S22,以延长滑油使用时间。滑油滤清器分为单筒式和双联可转换式两种,后者允许在柴油机运行时更换滤芯。机体上有一油标尺用来检查油底壳的油面。油路系统还装有一个手动或电动预供泵,在滑油启动前从油底壳抽出滑油对滑油进行预润滑。TBD620柴油机所使用的滑油必须符合L-ECD-GB11122-1997的规定,其等级取决于所使用场合的环境温度,一般情况下使用40CD(SAE40)润滑油。

图8-10为带手动预供油泵柴油机润滑系统示意图,图8-11为带电动预供油泵和备用滑油泵柴油机润滑系统示意图。

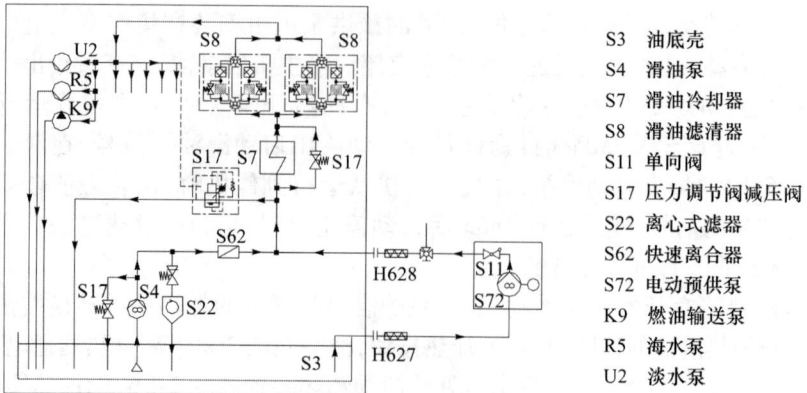

S3 油底壳
S4 滑油泵
S7 滑油冷却器
S8 滑油滤清器
S11 单向阀
S17 压力调节阀减压阀
S22 离心式滤器
S62 快速离合器
S72 电动预供泵
K9 燃油输送泵
R5 海水泵
U2 淡水泵

图 8-9 TBD620 柴油机润滑系统原理图

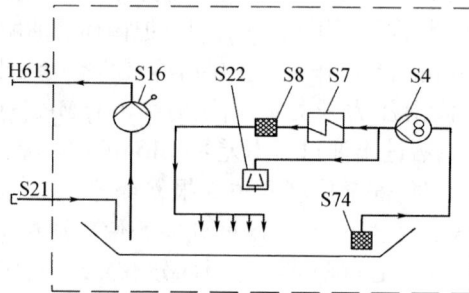

图 8-10 带手动预供油泵的滑油系统示意图

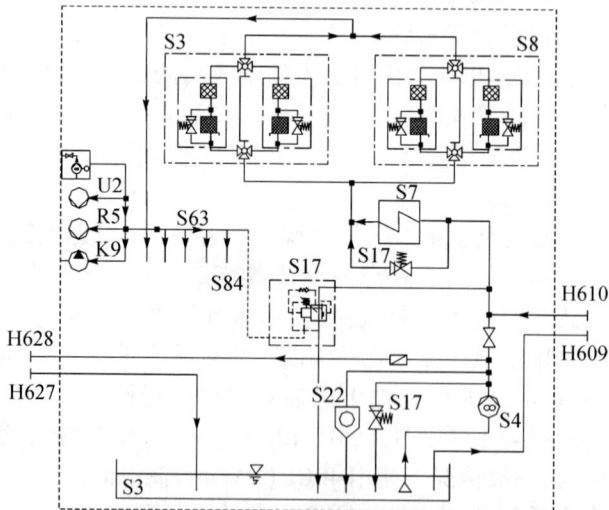

图 8-11 带电动预供油泵和备用机油泵的滑油系统示意图

248

润滑系统示意图中零部件名称如表 8 – 1 所列。

表 8 – 1　TBD620 柴油机润滑系统零部件表

编号	零件名称	编号	零件名称
K9	燃油预供泵	S60	截止阀
R5	海水泵	S63	油气分离器
S3	油底壳	S72	电动预供油泵总成
S4	滑油泵	S74	滑油预滤清器
S7	滑油冷却器	S84	压力调节阀控制管
S8	滑油滤清器	U2	淡水泵
S11	检查阀	V34	软管
S15	备用泵	H609	到备用泵的吸油管
S16	手动泵	H610	来自备用泵的压力油管
S17	减压阀,压力调节阀	H613	污油泵吸油管
S21	加油口	H627	滑油预供油泵吸油管
S22	离心式滤清器	H628	滑油预供油泵供油管
S39	污油收集器		

8.3　润滑系统的主要部件

润滑系统主要部件包括滑油泵、滑油滤清器、滑油冷却器、系统指示信号以及报警保护装置等。

8.3.1　滑油泵

在润滑系统的主循环油路中所采用的滑油泵一般为齿轮式滑油泵。在辅助循环油路中所采用的滑油泵除齿轮式滑油泵以外,还有往复式滑油泵以及螺杆式滑油泵等。辅助油路中的滑油泵主要用来充油和输送滑油,它所采用的动力目前主要有电动和手动两种。

图 8 – 12 为 MTU956 柴油机滑油泵。该滑油泵是齿轮泵,每个泵有两对齿轮并联工作。泵体与泵盖为铸铝件,泵轴承为青铜材质,泵体与泵盖通过螺钉连接。

泵传动端的一对齿轮与泵轴是热压配合,另一端齿轮则为液压配合。传动齿轮与传动轴靠锥面压紧配合并由螺帽锁紧,油槽供给轴承润滑油,安全阀装在滑油泵内。

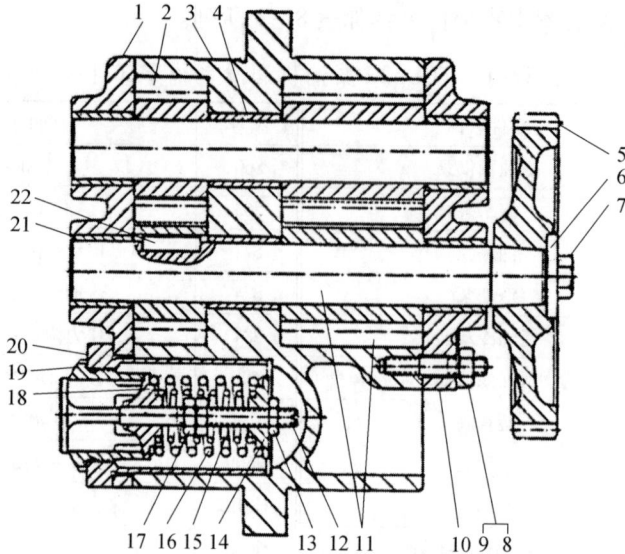

图 8 - 12   MTU956 柴油机滑油泵结构

1—轴承盖；2—齿轮；3—泵体；4、21—衬套；5—驱动齿轮；6—垫圈；7—压紧螺栓；8、13、17—螺母；9—止动垫圈；10—轴承盖；11—泵轴及齿轮；12—阀；14—弹簧座；15—阀门内弹簧；16—阀门外弹簧；18—导套；19—阀座体；20—安全阀支承；22—键。

安全阀的作用是防止泵超载，它由阀座、导套、弹簧和阀体组成。弹簧将导套中的阀顶在阀座上，弹簧安装在阀座和弹簧座之间。用螺母将弹簧座固定。

当滑油压力大于弹簧开启压力（1.6MPa±0.1MPa）时，安全阀开启，滑油流入泵的吸入端，当弹簧压力未超过滑油压力时，安全阀始终保持开启状态。

图 8 - 13 为 MTU956 柴油机气阀座滑油泵，它将滑油喷入进气空气中，与空气混合形成油雾，对阀座起到润滑作用，从而减少进气阀阀座上的磨损和点蚀。阀座润滑油泵由泵体、蜗轮传动机构、柱塞和油量调节装置等组成。蜗轮传动机构和转速表轴相连接，柱塞上有控制槽。蜗轮为一个旋转斜盘，固定在柱塞上。油泵由柴油机凸轮轴驱动，蜗轮传动机构带动柱塞以旋转和往复方式运动。当柱塞作旋转运动时，通过出口 A 和 B 经控制槽控制供油量。当柱塞作往复运动时，滑油被泵入增压空气管路中。往复运动由蜗轮（旋转斜盘）产生，蜗轮法兰在泵体端盖上的柱销上滑动。

油量调节螺钉通过限定柱塞往复运动控制泵的供油量，柱塞通过弹簧和销子与调节螺钉相连接，弹簧销扣入调节螺钉刻槽中。

阀座润滑油泵的工作压力最大为 0.7MPa，背压不得大于 0.7MPa，工作温度低于 80℃。

250

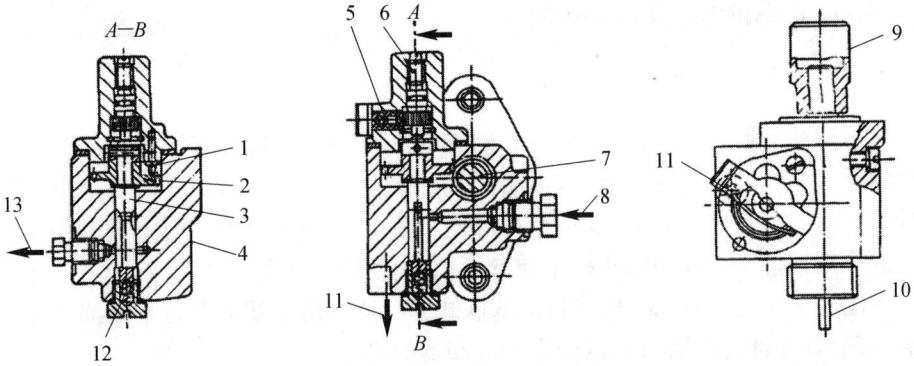

图 8 - 13   阀座滑油泵

1—销子；2—蜗轮；3—柱塞；4—泵体；5—定位销；6—调节螺钉；7—蜗轮传动机构；

8—进油管路；9—泵驱动装置；10—转速表传动轴；11—出口 *A*；12—弹簧；13—出口 *B*。

图 8 - 14 为 MTU956 柴油机手动预供油泵,该泵为半回转式手动泵,属于叶片泵。内腔被泵片分隔成吸入腔和压力腔,吸入腔又由底部阀座分成两个腔室,所有腔室通过阀瓣互连。扳动泵的手柄,叶片交替增加一个吸入腔的容积和减少一个吸入腔的容积。较大吸入腔里会产生微弱的真空,低部阀瓣开启,滑油被吸入。在容积减少的腔室里,底部阀瓣关闭,上部阀瓣开启,于是滑油被压入压力腔。带插入式底阀时最大吸油高度为 7500mm,不带插入式底阀最大吸油高

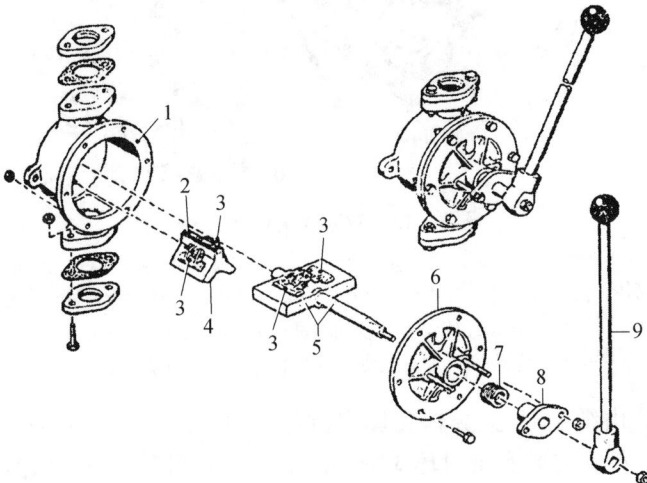

图 8 - 14   半回转式手动泵

1—壳体；2—阀座垫片；3—阀瓣；4—阀座；5—叶片；

6—盖板；7—密封套；8—法兰式压盖；9—手柄。

度 2000mm，总供油高度为 20000mm。

8.3.2　滑油滤清器

滑油滤清器有离心式、机械式和磁铁式 3 种类型。机械式滤清器的结构与燃油系统滤清器结构基本相同，而离心式和磁铁式滤清器则是润滑系统中的两种特殊形式。目前，离心式滤清器在现代柴油机中获得广泛的应用，它利用离心力的作用把混入滑油中的机械杂质分离出来，使滑油达到净化。

图 8 - 15 为 MTU396 柴油机的双联式滤清器。滑油滤清器布置于滑油冷却器的外侧，其底部壳体通过螺钉固定于冷却器的底盖上。

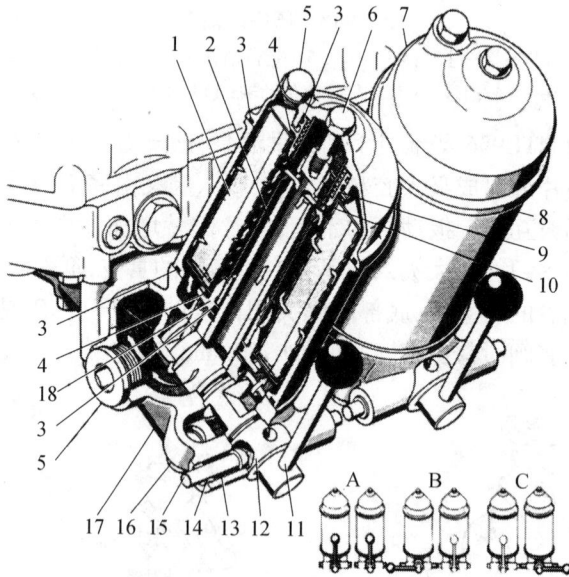

图 8 - 15　双联式滑油滤清器

1—纸质滤芯；2—导油管；3—密封环；4—垫片；5—螺塞；6—螺钉；7—上盖；
8—筒体；9—滑套；10—卡环；11—手柄；12—转换阀；13—弹簧；14—导向套；
15—球头定位销；16—放油螺塞；17—底壳；18—螺帽；
A—工作位置；B—左侧过滤器不工作；C—右侧过滤器不工作。

滤器主要由纸质滤芯、壳体各固定机件等组成。壳体由底壳 17，筒体 8 和上盖 7 组成。相互之间有密封环 3 密封。上盖上的螺塞 5 用于滤器放气。

导油管 2 由螺纹固定于底壳上的出油孔中，螺纹处有密封环及螺帽 18 压紧。导油管外部套一衬筒，其上部有滑套 9 与衬筒和滤器上盖相配合，使衬筒周围形成一个密封的环形空间。整体式的纸质滤芯套在导油管外部。螺钉 6 将三

252

部分壳体联结一体并使滤芯上、下端面与中间环形油腔密封。滑油从滤芯外部进入,过滤后的油经衬筒和导油管上部的油孔进入导油管,然后从滤器底壳上的排油腔和出油口排出。底壳上与进油口相通的腔室将未过滤的油引入到滤芯与壳体之间的腔室。过滤后留在滤芯外表面的杂质落入底壳的污油集油池内,可通过放油螺塞 16 放掉。

每个滤器底壳上装有转换阀,阀上手柄 11 可手操纵改变其工作位置。当手柄垂直朝上放置时,此滤器处于工作状态,当手柄水平旋转时此滤器处于与进出油口断开位置,从而保证多个滤器并联工作时,不停机状态更换或检修个别滤器。

当滤芯因污堵而使进出口压差大于 0.25MPa 时,装于滑油冷却器盖上的旁通阀打开,滑油便经旁通阀直接进入排出管。

图 8 - 16 为 MTU396 柴油机的离心式滑油滤清器。离心式滤清器利用离心原理,使滑油和杂质分离,以进一步滤清滑油中的杂质,从而可以减少机件磨损和延长滑油的使用期限。离心式滑油滤清器安装在柴油机右侧,与柴油机滑油系统连接,它对滑油进行补充过滤。

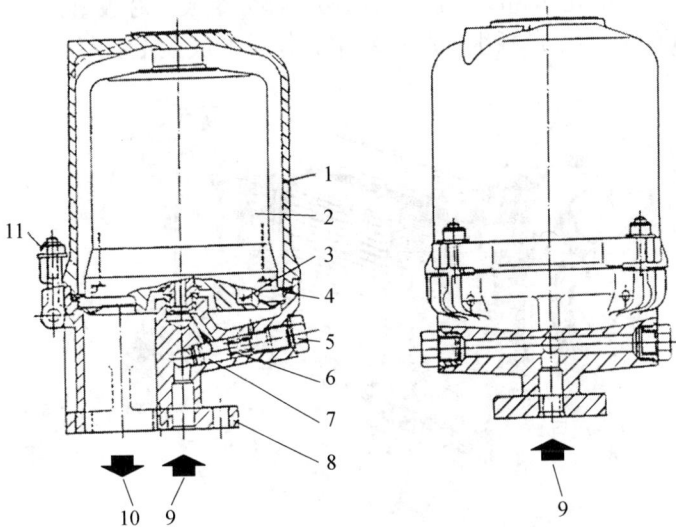

图 8 - 16 离心式滤清器

1—壳体盖;2—转子;3—反作用喷嘴;4—O 形圈;5—螺塞;6—压缩弹簧;

7—阀门柱塞;8—滤清器壳体;9—进油口;10—干净出油口;11—螺母。

滑油通过定压阀、流经滤器底座上的孔和中心空心轴后进入转子内,在压力作用下从转子上部进入反作用喷嘴。当滑油离开喷嘴时产生的反作用力使转子加速,其速度取决于油压大小。在此过程中产生的离心力使悬浮在滑油中的脏物甩向转子内壁,滞留粘附到滤纸筒上。滤纸筒内脏物的多少表示出柴油机滑油的污染程度。从反作用喷嘴出来的滑油通过干净出油口进入曲轴箱返回到油底壳。

8.3.3 滑油冷却器

滑油冷却器的功用是将滑油在工作中吸收的热量传递给冷却水,让滑油的工作温度保持在最适当的范围。在采用油冷活塞的情况下,滑油吸收的热量非常大。

目前,船用柴油机的滑油冷却器,最广泛使用的是管板式(淡水冷却器也都采用这种结构)。工作时,热流体(滑油或淡水)通过管壁将热量传给冷流体(海水或淡水)。

图8-17为MTU396柴油机的滑油冷却器,它在柴油机上安装两个串联使用,一台安装在飞轮端,另一台安装在自由端,与低温循环水相连用以冷却滑油,两台滑油冷却器的结构基本相同。其基本结构和工作原理如下:

冷却器主要由壳体和冷却器芯板组两大部分组成。芯板组为一块块空心的散热板迭制而成,两个芯板组并联地装于壳体内的底盖上。每个冷却芯板组两

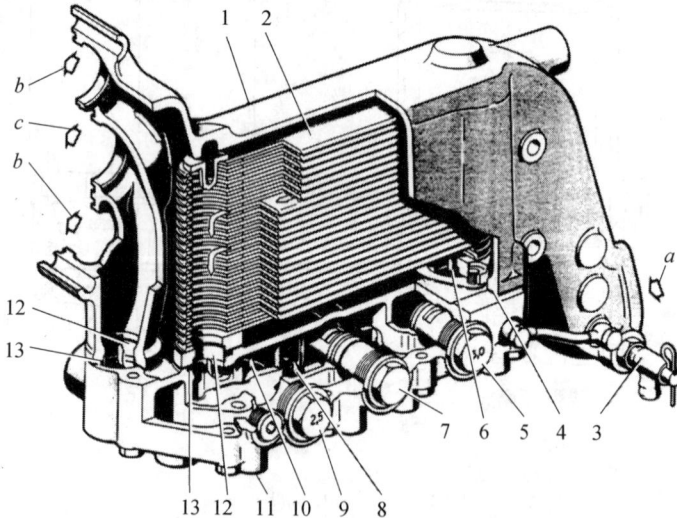

图8-17 16VMTU396TE94柴油机冷却器

1—壳体;2—冷却器芯板;3—放泄阀;4—垫片;5—旁通阀;6—芯板进油口;7—泄压阀;
8—到滑油滤器;9—旁通阀;10—来自滑油滤器;11—底盖;12—定位套;13—密封圈;
a—滑油冷却器进口;b—冷却水出口;c—滑油出口。

端各有一纵向孔与每一片散热板的空心油道相通。该孔底部经过油导管和密封环与底盖板上的进油孔和出油孔相通。进油孔经底盖内的油道和接口与滑油泵排出管路相连。排油孔则以底盖内的油道和接口进入滑油过滤器。

冷却滑油的冷却液来自柴油机淡水冷却系统，淡水前端的淡水管接口进入。对于装于前端（或定时端）的冷却器，淡水进入后分成两路：一路经壳体上部的腔室和出口接头，中间接管进入后端（或飞轮端）的冷却器淡水进口；另一路则进入冷却腔内，然后经出口排入柴油机机体冷却水腔。

装于后端（或飞轮端）的冷却器冷却水从前端冷却器引入后也分成两路：一路经壳体上的通道直接排入机体冷却水腔；另一路进入冷却腔内然后经出口排入机体冷却腔。进入冷却腔内的冷却水沿空心散热板外走，滑油从散热板内走，通过散热板表面进行热交换。

在冷却器芯板组进出油口和底盖连接的导管接口处，冷却水各进出口接头处都有密封环以保证滑油和水之间的密封。

冷却器的底盖上装冷却器油压旁通阀，滑油滤器压差阀和安全阀用于控制整个滑油系统压力变化。

当通过冷却器的滑油流阻过大，例如，由于油温过低或冷却器芯内壁污堵严重而使进出口压差超过 0.6MPa 时，冷却器旁通阀便自动打开、进入冷却芯进口端的压力油便不经冷却器芯而经旁通阀直接流到冷却器芯板组的滑油出口。

在滑油过滤器进出口通道之间还装有一个旁通阀，当由于滤器污堵或其他原因而使进出口压差超过 0.25MPa 时，此阀自动打开，此时，从冷却器中流出进入滤器的滑油便不经滤器而经此旁通阀直接进入滤器的出油通道中。

如果经过滤后的油路中主油道的滑油压力过高，超过 0.55MPa 时，泄压阀便自动打开，使冷却后的滑油不再进入过滤器而经此阀直接返回曲轴箱中，从而减少了过滤器的负荷量。

8.3.4　自动信号和保护装置

在柴油机运转时，滑油的压力、温度、污染程度以及冷却系统中的淡水温度，对其可靠工作和使用寿命有重大影响。上述参数在说明书中都作了具体的规定，并可通过仪表来检查。在现代船舶柴油机中，除安装各种仪表外，普遍地还安装有报警的灯光和声响的信号装置，在不正常情况下向管理人员发出警报，或者通过保护装置自动使柴油机停车。

图 8 - 18 所示为 12VE390ZC 型柴油机滑油系统信号装置的主要线路图。它主要由压力（温度）调节器、中间继电器、指示灯、电动声响装置等部分组成。

压力调节器的压力油自主油道引来，温度调节器的感温器安装在滑油的出口总管内。

在滑油系统工作正常时,中间继电器内的常闭触点和常开触点都处于规定位置。这时指示工作正常的绿色指示灯 1 亮,而表示报警的红色指示灯 2、3 熄灭,声响装置的线路断电。

当滑油进机压力低于 0.3MP 或温度高于 85℃时,压力和温度调节器的常开触点闭合,从而中间继电器的线圈通电,内部的常闭触点脱开,常开触点闭合。于是,绿灯灭、红灯亮,同时声响装置鸣声报警。

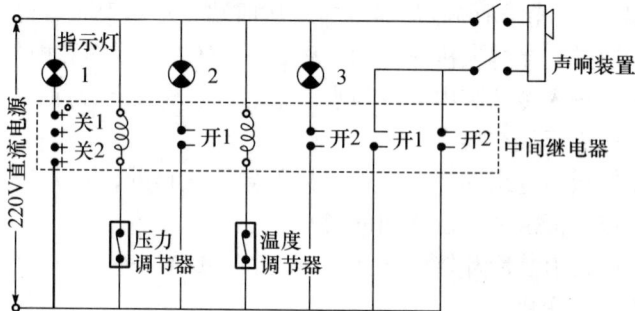

图 8-18　12VE390ZC 柴油机滑油信号装置图

图 8-19 为 MTU956 柴油机压差式滑阀。压差式滑阀的作用是根据过滤器进出口的压力差来判断滤器的污堵情况,从而确定是否需要保养维修。

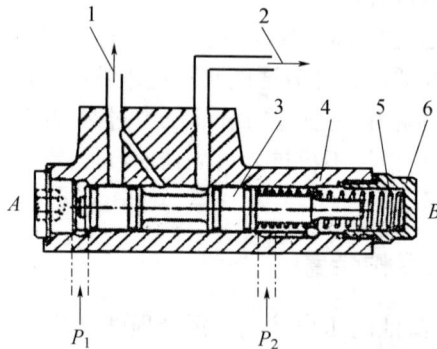

图 8-19　MTU956 柴油机压差式滑阀

1—去监控机构的滑油;2—漏泄油接管;3—滑阀;4—壳体;5—弹簧;6—端盖;
P_1—滤芯前的滑油压力;P_2—滤芯后的滑油压力。

阀 A 端受到滤器进口油压 P_1 的作用,B 端则受到滤器出口油压 P_2 和弹簧力的共同作用。当 A 端作用力大于 B 端作用力时滑阀向右移动,直到 A 端油压进入控制油压管路,管路根据具体柴油机需要连接到某一监控元件,如调速器启动

256

油量限制器,压力接触开关或压力监控器等。

当 A 侧作用力再次小于 B 侧作用力时滑阀才回到原始位置。

图 8 – 20 为 MTU956 柴油机滑压力控制阀,它安装在柴油机传动齿轮箱左侧的冷却活塞主油路中。其功用是控制该主油路滑油压力不能太高,当压力过高时就将主油路中的滑油输送至曲轴箱中,从而减少过滤器的负荷,只让有需要的滑油通过滤器。

压力控制阀由活塞 7、阀体 5、控制滑阀 8、弹簧 6、弹簧座 3 组成。控制滑阀 8 右端油管接头 12 连接主轴承滑油主油道,滑阀左端的活塞 7 控制阀体 5 上的放油孔,该孔与活塞冷却主油道相通。

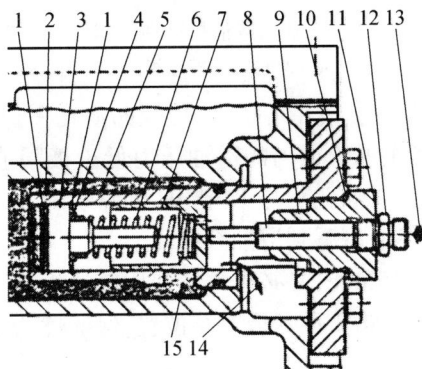

图 8 – 20 MTU956 柴油机滑油压力控制阀

1—锁环;2、4—垫片;3—弹簧座;5—阀体;6—弹簧;7—活塞;8—控制滑阀;
9—滑阀体;10、11—密封环;12—油管接头;13—来自运动件润滑系统主油道;
14—回油到曲轴箱;15—冷却活塞油压。

当主油道压力低于 0.6MPa 时,弹簧力使活塞盖住放油孔,当系统压力超过 0.6MPa 时,控制滑阀 8、活塞 7 向右移动,让开放油孔打开主油道,压力油经此孔和齿轮箱上的油孔流入曲轴箱,直到主油道压力下降,弹簧力又将活塞向右移动盖住放油孔为止。

图 8 – 21 所示为 150 型柴油机低压自动停车保护装置。当柴油机滑油系统主油道中的压力低于 0.25MPa 时,它迫使柴油机自动切断燃油供给而停车。

在燃油进入喷油泵的前方安装一个控制阀 2,由它来控制燃油低压油路的连通和切断。控制阀 2 与阀体 3 研磨装配。当控制阀 2 上的径向孔 9 与阀体 3 上的径向孔 10 互相连通时,低压油可进入喷油泵,保证柴油机正常工作。当控制阀 2 使它们错开时,油路切断,柴油机停车。阀 2 的移动由弹簧 1 和主油道的滑油压力控制。在正常的滑油压力条件下,主油道流来的滑油推开球形阀 5 而

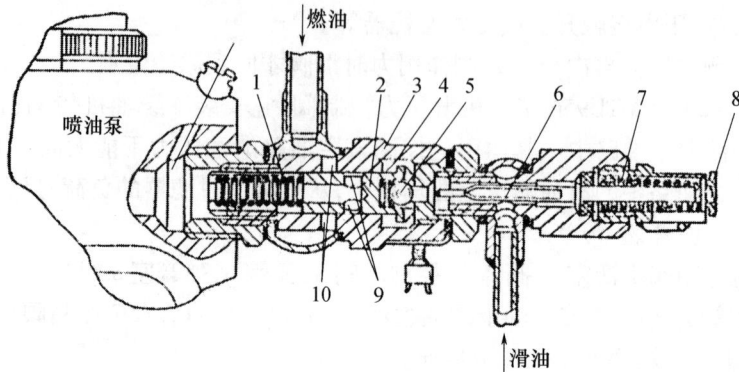

图 8 – 21 150 型柴油机自动停车保护装置

1、7—弹簧；2—控制阀；3—阀体；4—油腔；5—球形阀；6—推杆；8—手动阀；9、10—径向孔。

进入油腔 4,使控制阀保持在最左端位置,使径向油孔 9 与 10 保持畅通,柴油机处于正常工作状态。当主油管道内的滑油压力低于极限值时,阀 2 在弹簧恢复力的作用下移向右端,径向油孔 9 与 10 错开,油路切断,柴油机自动停车。球形阀 5 可防止在停车时,燃油渗漏到滑油系统。

当滑油压力低于 0.25MPa,又必须继续使用柴油机或要求紧急启动时,可通过推杆 6 和球形阀直接把阀 2 顶到最左端位置,保证燃油系统油路畅通。

第9章 冷却系统

9.1 概 述

9.1.1 冷却系统的意义

柴油机工作时,燃料在气缸中燃烧,产生大量的热能,其中一部分热量转变成有用功,带动负载作功,一部分热量随废气排到大气中去,另外一部分热量则被燃烧室机件所吸收,使机件的温度不断升高。为了使燃烧室组件的温度不至于过高,确保它处于正常工作温度的范围内,一般大中型柴油机利用冷却液将燃烧室组件所吸收的热量带走。

如果不及时把受热机件所吸收的热量散发出去,将会使这些部件的温度急剧升高,从而造成下列不良后果:

(1)部件的强度大大下降,甚至会出现严重破坏,如轴承烧熔、活塞烧穿等事故。

(2)部件受热后会产生膨胀变形。当材料以及各处的受热程度不同,会形成变形和膨胀量的差异,严重时会破坏零件间的正常配合间隙,从而造成严重故障与事故,如活塞卡死在气缸中或出现拉毛现象等。在同一部件中由于各部位的受热不均匀,会造成该部件内部产生热应力,反复作用,还可能使部件表面产生热疲劳、热蠕变,出现裂纹破损。

(3)由于燃烧室组件的温度过高,使进入柴油机内的新鲜空气热而密度降低,进气量减少,从而使柴油机的功率下降。

(4)润滑条件恶化。润滑油在高温下黏度大大降低,甚至氧化变质,因此摩擦表面不能形成油膜,从而造成机件的严重磨损。另一方面,滑油结胶也会粘住活塞环,影响燃烧室的密封性。

由上述可知,要保证柴油机正常工作,必须进行冷却。随着科学技术的进步,当燃烧室组件采用了耐高温、绝热的陶瓷材料后,也可以实现不用冷却的"绝热柴油机"。如果这样,由于它可将原来由冷却水所带走的部分热量转变成有效功,柴油机的热效率将会大大提高。

必须指出,对柴油机的冷却也必须适当,过度冷却也会带来下列不良后果:

(1)冷却液带走的热量增加,降低了柴油机的功率,并使经济性变差;

（2）使受热零件各处的温差变大，产生过大的热应力，严重时会造成零件产生热裂纹。

因此，只有进行适当的冷却才能保证柴油机正常工作，并具有良好的经济性。柴油机在运转过程中，要求严格地控制冷却液的进出口温度，其目的就是为了获得合理的冷却强度。

冷却系统的任务是保证冷却液不断地流过受热机件的周围，吸收和带走一部分热量，使这些机件的温度处于规定范围内，从而保证柴油机的正常工作。

冷却系统由水泵（包括海水泵和淡水泵）、冷却器（包括淡水冷却器、滑油冷却器和空气冷却器）、膨胀水箱、指示仪表和报警装置、温度调节装置等主要部件组成，冷却液由水泵来强制循环。

9.1.2 船用柴油机冷却系统形式

船舶柴油机常用的冷却系统有开式和闭式两种。

1. 开式冷却系统

这种系统的特点是直接将舷外水（海水或河水）输入柴油机的受热部位，冷却这些机件以后，直接排到舷外去。

开式冷却系统的优点是系统装置结构组成较简单，维护方便。缺点是：未经处理的舷外水，容易使水腔内生成水垢和淤积泥沙，影响传热效果，而且海水对金属材料的腐蚀性也较强；在用海水作水源时，为减小水垢的形成，一般出水温度应控制得比较低，这样可能会发生过冷现象。

因此，开式冷却系统仅用于技术指标不高的中、小型船舶柴油机中。随着船用柴油机强化程度的不断提高，这种系统的应用已逐渐减少。

2. 闭式冷却系统

这种系统的特点是采用淡水对柴油机的受热部位进行循环冷却，然后再利用舷外水将淡水的温度降低。整个系统由海水系统和淡水系统两大部分组成。

闭式冷却系统的优点是：冷却水温可以控制在有效范围内，从而受热机件能处于较为合适的温度条件下工作，改善了柴油机的经济性；由于冷却水对水腔的污染小，因而它可提高柴油机工作的可靠性和使用期限。缺点是：冷却系统的结构与布置较复杂。目前，这种系统在现代各种功率的柴油机中得到广泛的应用。

9.2 典型柴油机冷却系统

9.2.1 MTU396 柴油机冷却系统

MTU396 柴油机的冷却系统由两个独立的循环系统组成：淡水循环系统和

海水循环系统。淡水冷却系统为闭式压力循环系统,主要由膨胀水箱、淡水泵、滑油冷却器、增压空气冷却器、自动调温阀以及海水/淡水冷却器等组成。海水系统主要由海水泵或有舱底污水泵、海水/淡水冷却器等组成,主要用于冷却淡水、发电机和隔离罩内的空气。

MTU396 柴油机冷却系统按冷却循环方式不同可分为 3 种,即 TC 冷却循环系统、TB 冷却循环系统和 TE 冷却循环系统。3 种冷却循环原理图如图 9 - 1、图 9 - 2、图 9 - 3 所示。

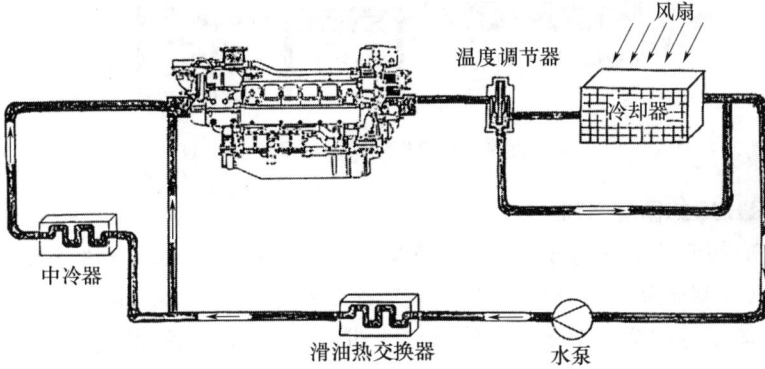

图 9 - 1　TC 冷却循环系统

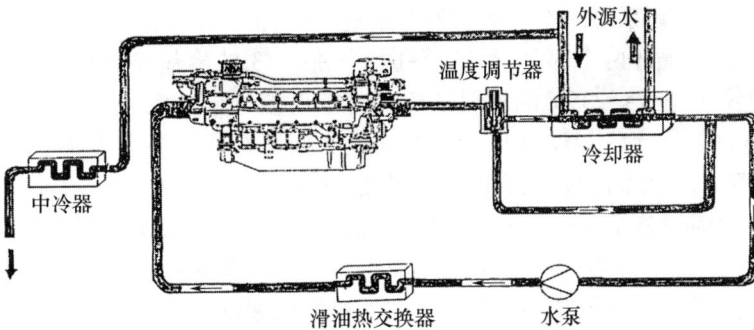

图 9 - 2　TB 冷却循环系统

1. TC 冷却循环系统

TC 冷却循环系统的冷却水由外源水或风扇来进行散热冷却,冷却水温由恒温阀控制调节,滑油热定交换器和中冷器均由冷却水来冷却。其特点是:结构简单,若是采用风扇散热,可以节省用水,可应用于机车,载重汽车等场合;中冷器用淡水进行冷却,不腐蚀,但冷却效果受到一定的限制,尤其是在热负荷较大时。

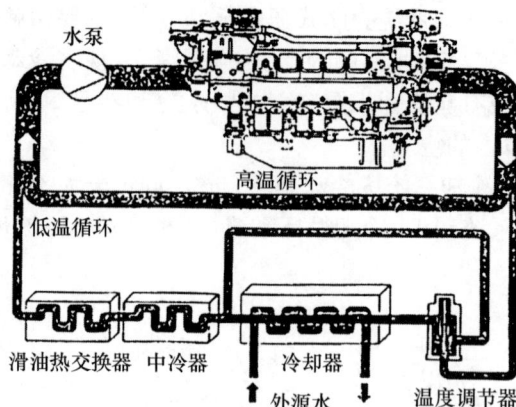

图 9 - 3　TE 冷却循环系统

2. TB 冷却循环系统

　　TB 冷却循环系统的冷却水和中冷器均由外源水进行冷却散热,冷却水温由恒温阀来控制调节,滑油热交换器安装在冷却水循环系统中。其特点是:结构相对简单,淡水冷却器和中冷器用外源水冷却,冷却效果较好,低负荷时易产生冷却过度的过冷状况,若外源水是海水,则会造成较大的腐蚀。

3. TE 冷却循环系统

　　TE 冷却循环系统的冷却水由外源水进行冷却散热。整个淡水循环分为高温循环和低温循环两个部分,由节流孔板分配,2/3 的冷却水参与高温循环,冷却水温度保持在 75～85℃ 的范围,1/3 的冷却水参与低温循环,冷却水温大约为 50℃,恒温阀、淡水冷却器、中冷器、滑油热交换器在低温循环水路中。其特点是:高温循环和低温循环分开工作,可保证柴油机冷却水保持在较好的工作温度。在低负荷冷车启动时,中冷器和滑油热交换器受到冷却水的加热,可提高工质工作温度,使得柴油机易于启动,同时低温滑油受到适当加热,有利形成油膜,减少摩擦损失,缩短暖机时间,提高了柴油机的机械效率。

　　16VMTU396TE94 柴油机作为主机带动螺旋桨使用,其转速负荷变化范围较大,工况比较复杂,采用了 TE 循环冷却方式,优点明显,但结构较为复杂。图 9 - 4 给出了该型机的冷却系统组成和冷却水流向。

　　该型柴油机淡水冷却系统带有预热装置,装置接通时,柴油机冷却水被不断加热到 45℃ 左右。有利于机器启动,防止燃油和滑油的残渣在燃烧室里积炭,避免冷启动磨损。预热装置布置在柴油机外部的冷却水循环系统中,恒温器可自动接通和断开预热装置。预热过的冷却水流入柴油机,环绕冲洗气缸套,向上流经气缸盖及淡水冷却器(水回路冷却器)回到预热装置。必须注意的是,该型机器必须使用经过处理的淡水。

海水用来冷却淡水以及柴油机与隔声罩内的空气,布置在自由端上的海水泵从舷外海水箱经滤器吸入海水,通过管路送至淡水冷却器或者其他配套部件的冷却器,冷却后流出的水汇集一起后排出舷外。应急海水供给系统连接在淡水冷却器入口前的海水管路中,在应急情况下,必须用海水泵出口处的转换法兰将海水管路堵住并打开截止阀接通应急供水系统。需要时,在淡水泵传动轴的自由端还装有舱底污水泵。

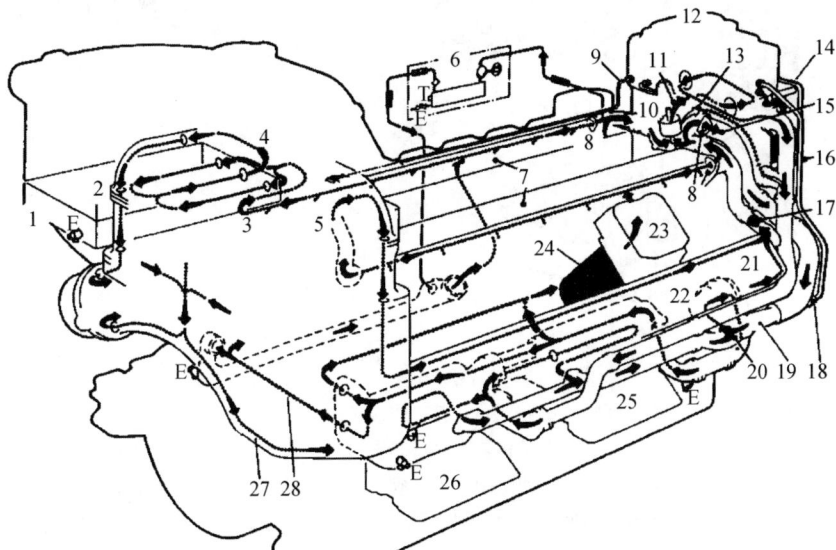

图 9 - 4   16VMTU396TE94 柴油机淡水冷却系统

1—增压空气预热器;2—冷却水泵;3—到增压空气预热器;4—从冷却套来,左侧;5—到冷却套,右侧;
6—预热装置;7—带冷却套的进气管;8—节流板;9—放气管;10—恒温器;11—到柴油机冷却器;
12—冷却水膨胀水箱;13—旁通至滑油热交换器;14—冷却水冷却器;15—旁通至水箱;16—冷却水膨胀管;
17—过滤器;18—引射管;19—扩压管;20—从低温回路来(混合点);21—排气管冷却水套;22—水泵;
23—气缸盖;24—气缸套;25—自由端热交换器;26—飞轮端滑油热交换器;27—排气连接管冷却水套;
28—到柴油机左侧;E—排泄口;T—温度监测器。

9.2.2   MTU956 柴油机冷却系统

MTU956 柴油机冷却系统由两大部分组成,即淡水系统(含预热系统)和海水系统,如图 9 - 5 所示。

淡水系统如图 9 - 6 所示。它包括两台淡水泵和两个自动调温阀,每个水泵和调温阀对应一个气缸排和一个增压器的冷却供水系统。每个缸排冷却系统主

263

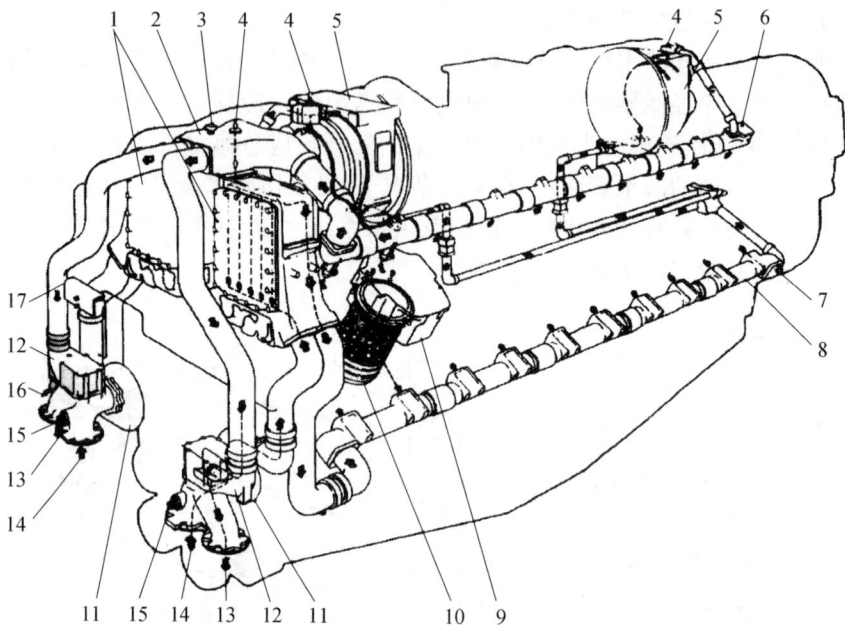

图 9 – 5　MTU956 柴油机冷却系统

1—滑油冷却器；2—冷却水分配箱；3—温度传感器；4—放气孔；5—废气涡轮增压器；
6—冷却水出水总管；7—来自预热装置；8—冷却水进水管；9—气缸盖；10—气缸套；
11—冷却水泵；12—冷却水恒温阀；13—到淡水冷却器；14—来自淡水冷却器；
15—冷却水补偿管；16—到预热装置；17—测量接头汇集板。

要由水泵、自动调温阀、进水管、出水管等组成。两个缸排冷却出水管经一个共用汇水箱联通，并由此分流到两个调温阀。整个淡水系统共用一个膨胀水箱，膨胀水箱高置于柴油机，其上部有管路与两缸排冷却水出水管和增压器出水管相连，用于自动放掉空气及膨胀溢流，其下部有水管分别连两台淡水泵进口，用于自动补充淡水，整个系统共用一个淡水冷却器，冷却器装于箱体外的机舱内，由海水冷却。从柴油机两缸排出水管的淡水经过两个调温阀出箱体后共同进入淡水冷却器。

　　由冷却器出来的淡水分两路进入两个淡水泵。经水泵加压后分别先进入两个滑油冷却器，然后送到两个缸排进水管，再分别进入各个气缸冷却水套，经气缸与气缸盖之间的导水孔进入气缸盖，冷却完气缸盖底部气阀导套、排气孔周围后从气缸盖侧端出水管引出进入缸排出水总管。在缸排进水总管上还有一路淡水直接引入增压器，冷却增压器废气涡轮的进、排气壳体，冷却后也排入缸排出水总管，两出口总管经汇水箱分别进入两个淡水调温阀，调温阀可以根据其进水

264

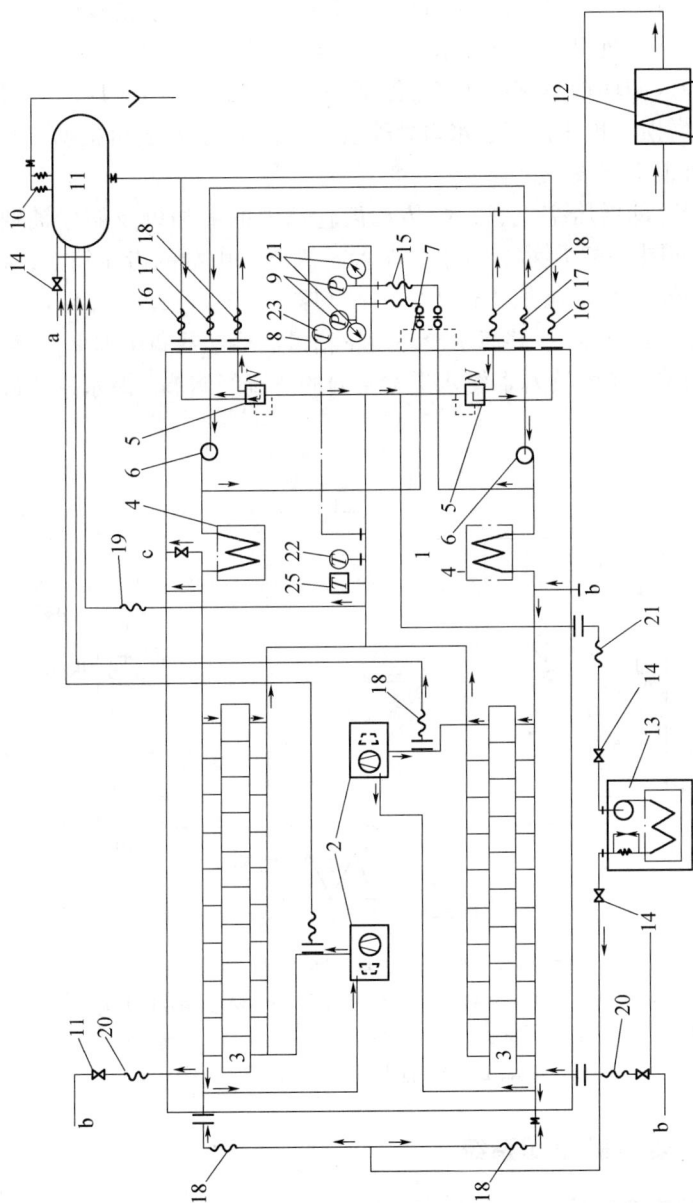

图9-6 淡水冷却系统

1—柴油机；2—涡轮增压器；3—气缸盖；4—滑油冷却器；5—自动调温阀；6—淡水泵；7—接板；8—仪表盘；9—压力传感器；10—膨胀水箱盖；11—膨胀水箱；12—淡水冷却器；13—淡水预热机组；14—截止阀；15—接头；16、17、18、19、20—软管；21—压力表；22、23—温度表；24—软管；25—温度控制器；a—加水管；b—放水管；c—采样放水口。

温度,自动地将冷却水引入冷却器后再进入水泵,或不进冷却器直接进入水泵,或者部分水进入冷却器部分水直接进入水泵。

淡水系统中还有一个预热系统,它由一个预热机组(安装于箱装体内)、分隔阀及管路组成。预热机组中有电动水泵、加热器、止回阀等元件,其作用是冷车启动时可使冷却水循环加热到约40℃,保证易于启动,防止冷车启动时引起积炭,减少冷启动磨损。预热机组进水口处安装一个自动调温阀,可根据淡水温度自动地使预热机组工作或停止。

海水系统用于冷却增压空气、淡水、传动齿轮箱内的滑油以及船尾轴轴承等,海水系统分支如图9-7所示。海水泵布置于机器自由端的齿轮箱上,从舷外来的海水经过滤器由海水泵加压送入空气冷却器及淡水冷却器最后排出舷外。在进入淡水冷却器之前,一路海水冷却齿轮箱滑油冷却器和尾轴承,该路海水支流的流量由安装于淡水冷却器海水进水管内的节流阀调节。海水系统最高点处有一放气管。

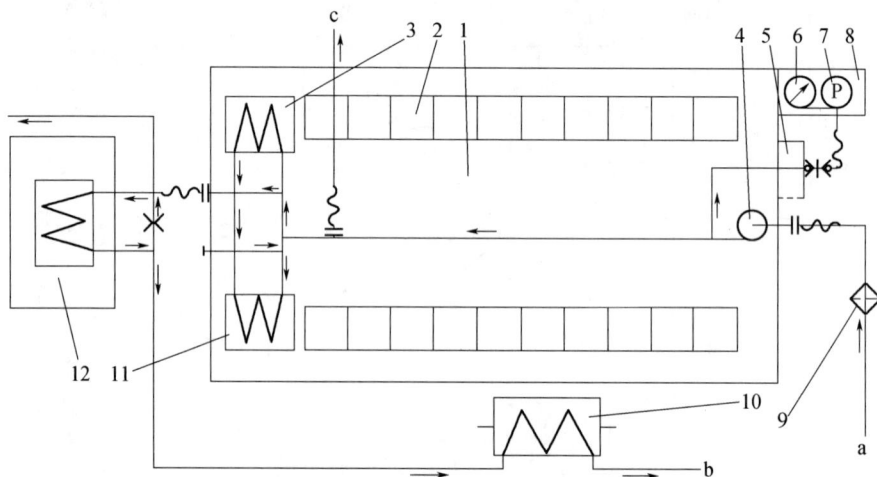

图9-7　海水冷却系统图

1—柴油机;2—气缸盖;3、11—空气冷却器;4—海水泵;5—接板;6—压力表;
7—压力传感器;8—仪表板;9—过滤器;10—淡水冷却器;12—齿轮箱滑油冷却器;
a—舷外来水;b—舷外排水;c—放气管。

9.2.3　TBD620柴油机冷却系统

TBD620柴油机有3种冷却系统结构形式:

1. UI-K单循环冷却系统

在这种系统中,冷却水在滑油冷却器、空气冷却器和柴油机中闭式循环。

266

首先淡水泵把从热交换器中流出的淡水压送入滑油冷却器、空气冷却器、增压器轴承座、机体及缸盖进行冷却,冷却后淡水经节温器流入热交换器或直接流入淡水泵进口。

2. UII－K 双循环冷却系统(空气冷却器由淡水冷却)

在这种系统中,空气冷却器与滑油冷却器、柴油机处于两个不同的循环中,均由淡水冷却,该系统有两个淡水泵。

一个淡水泵把从热交换器中流出的淡水压送入空气冷却器,冷却空气后的淡水经节温器流回热交换器或淡水泵进口,该循环为中冷器循环。

另一个淡水泵把从热交换器中流入的淡水压送入滑油冷却器、增压器轴承座、机体及气缸盖,后经节温器送回到热交换器或直接回到淡水泵进口,该循环为柴油机循环。

机带或分开安装的海水泵把吸入的海水压送入两个热交换器,用来冷却淡水。

在两个热交换器中海水是相通,而淡水是不相通的。热交换可由散热器及一个电动风扇来实现,也可由一个机带的或分开安装的热交换器、舷外冷却器、船壳冷却来实现。淡水泵是机带泵,用于热交换的海水泵可以是机带泵,也可以由是其他方式带动。

3. R－K 双循环冷却系统(空气冷却器由海水冷却)

TBD620 柴油机用作船用柴油机时选用 R－K 双循环冷却系统。图 9－8 为 R－K 冷却系统示意图。该系统由淡水和海水两个不同的循环组成。

淡水泵把从热交换器中流出的淡水压送入滑油冷却器、增压器轴承座、机体和气缸盖,然后经节温器送回到热交换器或淡水泵进口。

机带的或分开安装的海水泵把吸入的海水压送入空气冷却器,而后进入热交换器,再经海水节温器送回到大海或海水泵进口。

热交换器可以机带或其他方式带动。海水与淡水的热交换也可以通过舷外冷却器或船壳冷却来实现。柴油机冷却循环的淡水泵是机带泵。

当柴油机海水泵中心线位于海平面以上时,在海水系统中应安装一个注水泵,该泵位于海水泵和截止阀之间,当柴油机启动时,注水泵也开始工作。

9.2.4 PA6－280 柴油机冷却系统

PA6－280 柴油机的冷却系统可根据使用的需要分为单循环系统和双循环系统。船用主机的 PA6－280 柴油机采用单循环闭式冷却水系统,它包括封闭的高温水(处理过的淡水)循环水路和低温水循环水路。高温水一般由机带的高温水泵(淡水泵)来循环,流经柴油机,增压器、中冷器和滑油冷却器;低温水

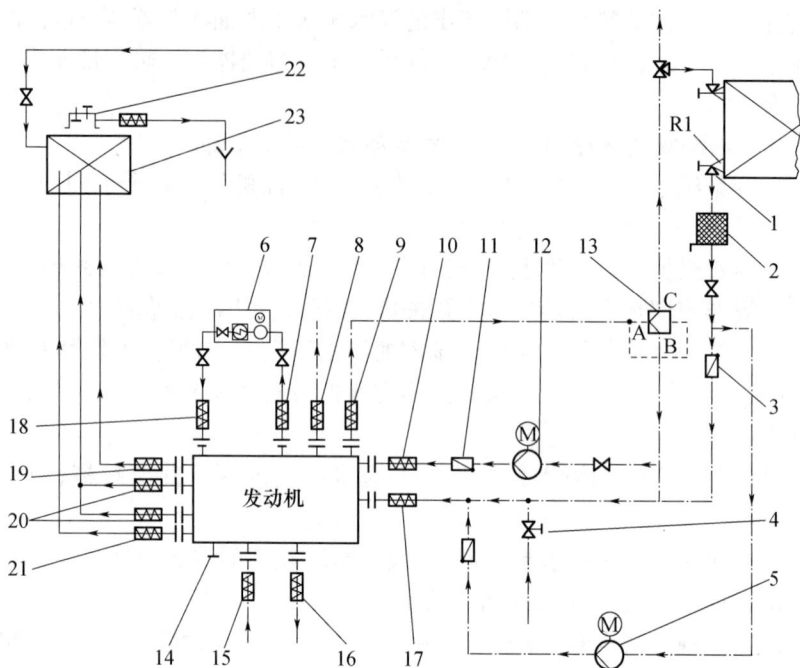

图 9 – 8 带预热装置、备用海水泵、注水泵的冷却系统

1—海水阀；2—海水滤器；3、11—单向阀；4—来自消防泵压力管；5—注水泵；6—预热装置/电预热；
7—预热装置出水管；8—通气管；9—热交换器海水出口；10—来自备用海水泵的压力水管；12—备用
海水泵；13—海水节温器；14—泄流管；15—齿轮箱油冷却器出水管；16—齿轮箱油冷却器进水管；
17—海水泵吸水管；18—预热装置进水管；19—膨胀水箱补偿水管；20—增压器出水管；
21—柴油机通气管；22—减压阀；23—膨胀水箱。

(海水)水路由机带的低温水泵(海水泵)供水,通过热交换器(淡水—海水)来冷却高温水。冷却系统如图 9 – 9 所示。

由图可见,流出滑油冷却器的淡水经淡水泵加压后分为两路:一路冷却废气涡轮增压器,如图 9 – 10 所示;一路送入柴油机体,进入两排气缸的冷却水套,因下而上冷却后进入气缸盖,经各气缸盖的支管汇总流到两出水管。流出后与冷却增压器的淡水汇合,然后经恒温阀流入淡水冷却器,经混合恒温阀流入中冷器,最后流入滑油冷却器中。

恒温阀的调节温度为 74 ~ 82℃ 时,流入恒温阀的淡水温度低于 75℃ 时,淡水直接流入淡水泵,恒温阀的调节温度为 25 ~ 35℃ 时,其中冷器淡水进口温度低于 25℃ ,淡水经旁通支管直接流入中冷器,而不流入淡水冷却器。

淡水系统中还设有膨胀水箱,内有 4 × 4kW 的淡水电加热器,最小容积

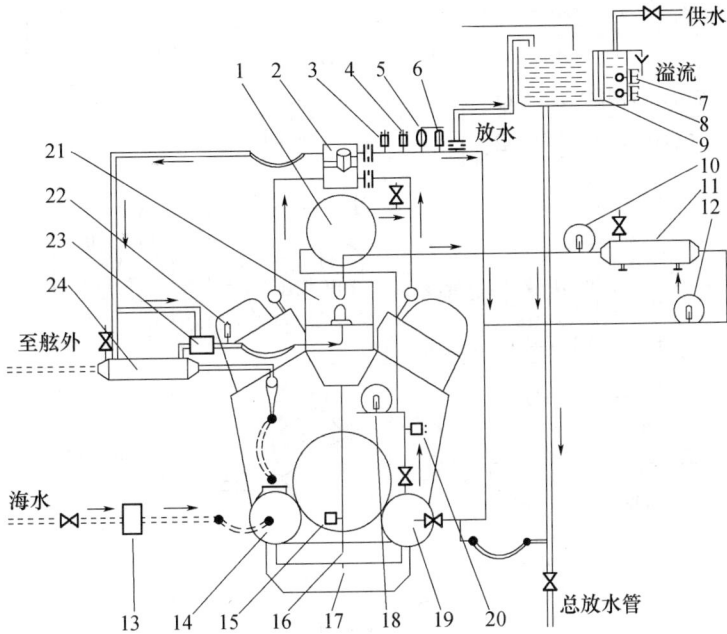

图 9 - 9 PA6 柴油机冷却系统

1—涡轮增压器；2—恒温阀 75℃/85℃；3—$T{\geqslant}90$℃时,报警温度开关；4—$T{\geqslant}95$℃时,停车或慢车温度开关；
5—遥测温度计；6、10、12、18、22—温度表；7—膨胀水箱水位低于 $V/2$ 液位报警开关；
8—膨胀水箱液位过低停车开关；9—液位计；11—滑油冷却器；13—海水滤器；14—海水泵；
15—空冷器漏水检测器；16—空冷器漏水排泄管；17—水泵轴封漏水排泄管；19—高温水泵；
20—温度开关；21—空气冷却器；23—混合恒温阀 25℃/35℃；24—淡水冷却器。

100L,布置在高于缸盖 3m 处。水箱中有两液位开关,分别为高水位报警和低水位报警。系统中的温度开关具有柴油机出水温度超限时报警、停车或怠速的功能。

系统中还有淡水预热泵,其作用为:当主机要预热时,先把淡水预热泵控制箱上旋扭转在自动位置,当主机淡水出口温度低于 15℃ 时,自动接上电加热器并启动淡水预热泵,使加热的淡水在主机与膨胀水箱之间循环。当出主机淡水温度${\geqslant}20$℃时,断开电加热器并同时停泵。当出主机淡水温度再次降为 15℃,则再次重复上述动作,主机启动后则把旋钮旋至手动位置,则预热工况停止。预热时当淡水膨胀水箱中水温高于 50℃ 时报警,水位低于 $1/2H$ 停止加热。

海水采用开式循环。海水经滤清器由海水泵抽入,经淡水冷却器后排出。

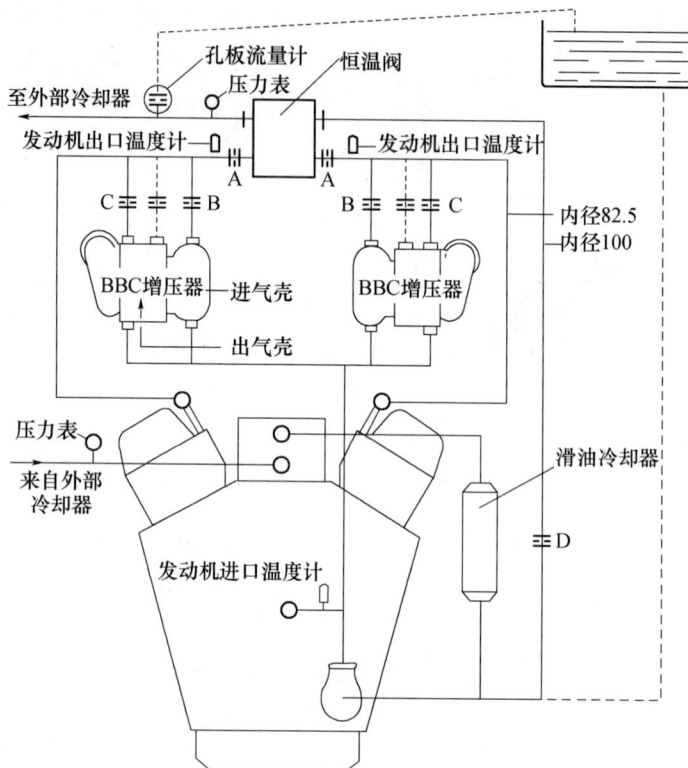

图 9 - 10　PA6 柴油机增压器冷却示意图

A、B、C、D—孔板流量计。

9.3　冷却系统的主要部件

柴油机冷却系统部件主要有水泵、调温器、散热器、膨胀水箱等。

9.3.1　水泵

图 9 - 11 为 MTU396 柴油机冷却水泵,它是一台离心泵。泵轴和传动齿轮整体加工制造,由两只止推向心球轴承和一只圆柱滚柱轴承支承,止推向心球轴承装在轴承座内,轴承座靠蜗壳确定中心并用螺钉固定在泵轴上。

滑油腔由轴密封环(油封)密封,水腔由水封环密封。油封和水封之间有一泄流孔,如果此孔有水流出,则表明水封密封不良,如有油流出,则表明油封密封不良。冷却水恒温器控制冷却水流,使冷却水迅速达到所需要的工作温度(柴油机工作时恒定不变),它布置在柴油机出口后冷却水管内并用法兰与柴油机冷却水冷却器的壳体连接。MTU396柴油机各型淡水泵的基本结构是一样的,只是出水口根据不同机型有所区别。

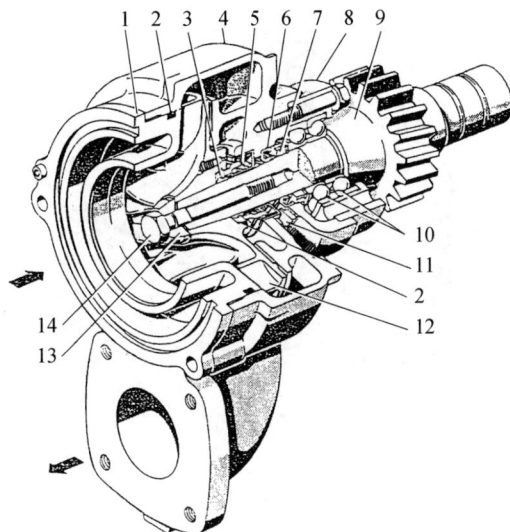

图9-11 MTU396柴油机淡水泵

1—连接件;2—O形环;3—推力环;4—泵体;5—滑环式水封;6—油封;7—螺母;8—轴承体;
9—泵轴;10—角接触球轴承;11—溢流孔;12—叶轮;13—止推垫圈;14—应力螺栓。

图9-12为MTU396柴油机海水泵,为自吸式离心泵。带传动齿轮的泵轴支承在深槽滚珠轴承和圆柱滚柱轴承上,深槽滚珠轴承装在泵壳体上,圆柱滚柱轴承安装在位于传动齿轮箱的轴承法兰上,轴承用喷射滑油润滑,叶轮用圆垫板和螺钉固定在泵轴上。

滑油腔用两个O形圈和一个径向油封密封,水腔用一个水封(滑动环)密封。在油封和水封之间有一泄流孔。若在此孔流出水,是水封密封不好,若滑油流出,是径向油封密封不好。

海水入口布置在泵壳体的上部,使泵在柴油机停车时仍充满水并在每一次启动时立刻能吸上水。海水泵通过一只排水螺塞排水。

9.3.2 调温器

柴油机工作时,传给冷却水的热量随着转速和负荷的增加而增加,为了使冷却水温度自动保持在允许范围内,冷却系统中安装有淡水调温器,又称为淡水恒温器。调温器可根据柴油机工况的变化,自动地调节进入淡水冷却器的水量,从而控制柴油机冷却水的进机温度。

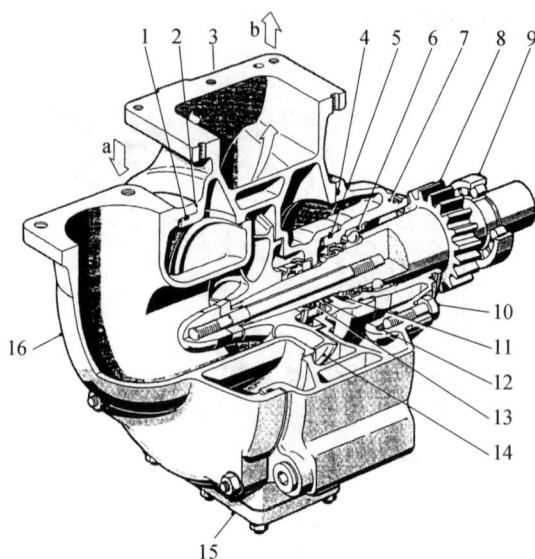

图 9 - 12　MTU396 柴油机海水泵

1、4、5—密封圈；2—间隔环；3—泵体；6—深槽球轴承；7—轴承壳体；8—泵轴；9—圆柱；
10—螺栓；11—油封；12—推力杆；13—滑环式水封；14—泵时轮；15—盖板；16—进水弯管；
a—海水进口；b—海水出口。

　　若柴油机冷却系统中安装调温器,由于柴油机的暖机过程加快,磨损减小,也不会因水温过高或过低而影响柴油机工作的可靠性和经济性。

　　MTU396 柴油机的淡水恒温器是一种转阀式调温器,如图 9 - 13 所示。其开启初始温度约 70℃,全部开启温度约 82℃,布置在柴油机出口后的冷却水管内,用法兰与柴油机冷却水冷却器的壳体相连。

　　在恒温器壳体内,装有一只摆动滑阀和一个工作元件,工作元件是一气密高压的容器,内装热敏膨胀材料,当冷却水温度升高时膨胀材料体积增大,使工作元件长度增长,增长量传递到止推销,再转换为滑阀沿曲线密封面的摆动,将水流引导到所要求的管路中去,摆动滑阀通过拉力弹簧复位。

　　柴油机冷态时通往淡水冷却器的管路是关闭的,柴油机冷却水经短路旁通流入柴油机冷却水泵入口。在快要达到工作温度时,热敏元件改变了滑阀位置,一部分水流回到淡水冷却器中,短路旁通水流量相应减少,在热敏元件全升程时短路水流关闭。

272

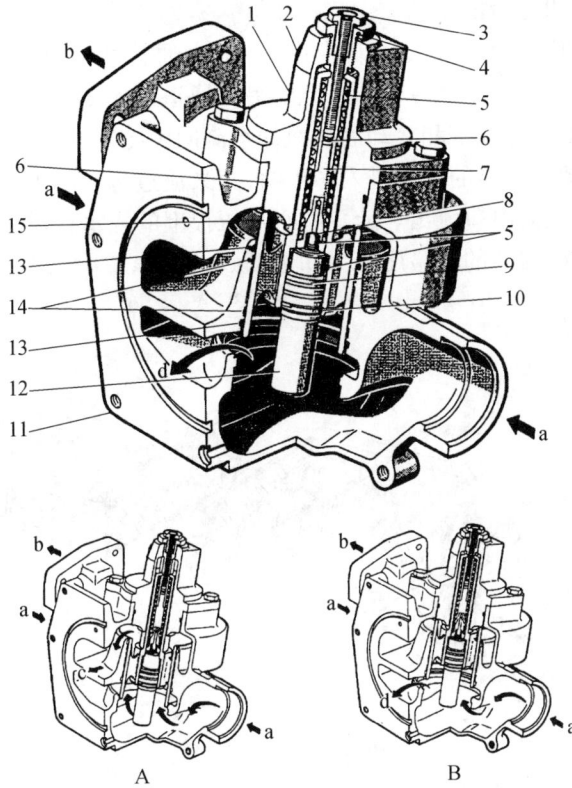

图 9 - 13　MTU396 柴油机淡水恒温器

1—盖；2—放气接头；3—锁紧套；4—螺纹套；5—弹簧；6—O形圈；7—止动销；8—销；9—垫圈；
10—挡环；11—恒温器壳体；12—热敏元件；13—刮环；14—导向环；15—滑阀；
a—从柴油机来；b—旁通到水泵；c—到冷却水冷却器；d—旁通；A—在工作温度时；B—柴油机冷机时。

9.3.3　海水/淡水冷却器

图 9 - 14 为 MTU396 柴油机冷却水冷却器结构图，为板芯式冷却器，它与海水系统相连并且将冷却水冷却到规定的温度。

冷却水冷却器包括一个壳体，两个导销和一个压板。在冷却器壳体首端板、末端板和压板之间，有一组芯板用 6 个螺柱及套筒连在一起用以密封。芯板组包括若干个通道板，冷却芯板的数量取决于所需冷却量，芯板按冷却水和海水的流向交替排列。

柴油机冷却淡水和海水由装在芯板和双密封孔之间的密封衬垫分开。双密封孔间有一个漏水腔，泄漏液体可沿密封衬垫内的漏水槽排出。在膨胀水箱上粘有一标牌,标明芯板的排列。

柴油机冷机时,冷却水从冷却器壳体中的旁通管直接经过芯板组。冷却水达到工作温度时,冷却水从冷却器外壳的另一通道进入冷却芯板,交叉流过每一芯板。旁通管中的冷却水和冷却后的冷却水流向中冷器。

海水由冷却器壳体的入口进入芯板组,交叉流过每一芯板,冷却柴油机内淡水,然后从压板上的出口流出。应急海水从压板上的入水口供水。

海水/淡水冷却器的试验压力为0.7MPa。

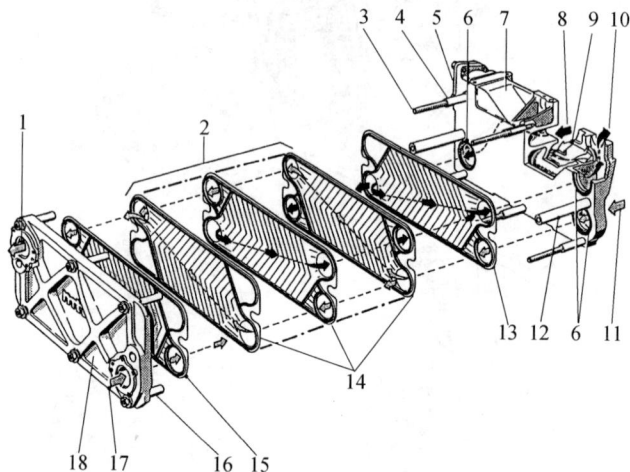

图9-14 冷却水冷却器(海水/淡水冷却器)

1—海水出口;2—芯板;3—螺柱;4—间隔套;5—盖;6—O形圈;7—冷却器壳体;8—在工作温度时;
9—旁通至中冷器;10—工作温度时到中冷器;11—海水泵的海水入口;12—导销;13—首端板;
14—通道板;15—末端板(通道板);16—螺纹套;17—应急海水入口;18—压板。

9.3.4 冷却水膨胀水箱及通气阀

膨胀水箱用于补偿由于温度波动而引起的冷却水容积变化,对冷却水系统放气并显示冷却水位,通常装在冷却水冷却器的上方,并通过膨胀管和放气管与冷却水系统相连。

图9-15为MTU396柴油机的膨胀水箱。膨胀水箱顶部布有一个呼吸阀,左右侧的观测玻璃用于检查冷却水位,也可以用液位监测器监测冷却水位,液位监测器装在端盖上或直接装入膨胀箱中。

呼吸阀的功用是密封冷却水系统并补偿膨胀水箱中的压力波动,结构如图9-16所示。

如果冷却水冷却后,膨胀水箱中产生的真空超过规定的开启压力值

274

(0.010MPa 真空度)时,吸入阀开启进入空气。

如果冷却水热态时,膨胀水箱中产生的压力值超过规定的开启压力(0.085~0.115MPa)时,放泄阀开启放出空气,如果冷却水位太高,则冷却水溢出。

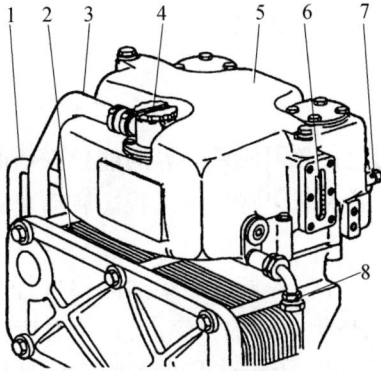

图 9 – 15 MTU396TE94 柴油机冷却水膨胀水箱
1—膨胀管;2—冷却水冷却器;3—溢流管;4—呼吸阀;
5—膨胀水箱;6—观测玻璃;7—端盖(用于
安装液位监测器);8—污泥排放口。

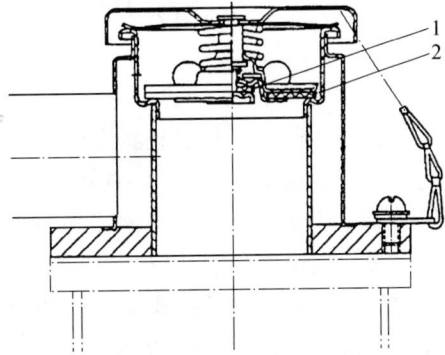

图 9 – 16 呼吸阀
1—吸入阀;2—放泄阀。

第10章 启动系统

为了使柴油机从静止状态转变为运转状态,必须依靠外界的能量推动曲轴旋转。柴油机的启动,就是使静止的柴油机进入工作状态的过程。启动装置的任务就是为实现这一过程创造必要的条件。

要使柴油机从静止状态进入工作状态,只有喷入气缸的柴油能够自行发火燃烧才能实现。也就是压缩终点的温度必须高于柴油的自燃点,这个温度只有在一定曲轴转速下才能达到。如果曲轴转速过低,压缩过程进行得缓慢,使燃烧室内壁散走的热量增加,同时空气通过活塞环和气阀不严密处的漏泄量也增多,这些因素都会使压缩终点的空气温度降低。此外,曲轴转速过低时,由于供油装置的雾化不良也带来柴油机发火困难。因此,为保证足够高的压缩终点温度和必要的柴油雾化质量,启动时柴油机的转速必须达到一定的数值。我们把能使柴油机发火燃烧的最低转速称为启动转速。启动转速的数值并不是一成不变的,它随柴油机的结构特点、工作状态和气候条件等因素的不同而变化。因而,各类柴油机启动转速的具体数据不完全相同。一般说来,在正常条件下,当活塞的平均速度 C_m 达到 $C_m = 0.5 \sim 1.5 \mathrm{m/s}$ 时就可使柴油机从冷机状态下启动起来。例如,冲程长度 $S = 450 \mathrm{mm}$ 的 6-390 型柴油机,其最低转速范围为 $n = 60 \sim 100 \mathrm{r/min}$;6-150 型柴油机,其最低转速范围为 $n = 130 \sim 150 \mathrm{r/min}$。

为使柴油机达到必要的启动转速,外界必须提供足够的能量,这部分能量主要消耗如下:

(1)克服摩擦阻力,这里包括带动各种附属装置的阻力。

(2)使各运动部分加速,从静止状态达到启动转速。

(3)完成柴油机的工作过程。

根据启动所利用的能源不同,启动装置的结构形式也各异。目前,船舶柴油机主要采用下面两种形式:

(1)利用电动机启动。由蓄电池组供电给专用电动机,再由电动机驱动曲轴旋转,直至达到启动转速。

(2)由压缩空气启动。由储存在高压气瓶内的压缩空气供给能源,启动时,将压力空气在适当时机引入气缸,依靠压缩空气的压力推动活塞运动,并迫使曲

276

轴旋转,或者利用空气马达直接驱动曲轴旋转。

在小型柴油机中有的用人力借助于手拉绳索或摇把直接转动曲轴来实现启动。一般来讲,一台柴油机只有一套启动装置,但为了保证启动可靠,在个别柴油机中同时设置为电启动和空气启动。

10.1　电　启　动

10.1.1　电启动系统基本原理

电启动系统布置如图 10 - 1 所示,主要包括电动机和蓄电池两部分。当按下启动按钮以后,线路接通,电动机通过齿轮和飞轮上的齿圈带动曲轴旋转。

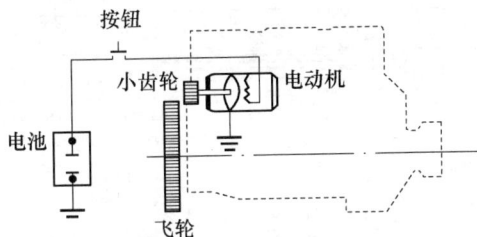

图 10 - 1　电启动系统组成

为了使启动电机的工作点能够保证柴油机达到足够的启动转速,电动机上传动齿轮与飞轮上齿圈之间选用一定的传动比,一般为 1:10 ~ 1:15,其中电动机轴上的齿轮齿数较少(如 ST614 型启动电机中为 11 个齿),而和飞轮连接的齿圈齿数较多(如 4 - 135 柴油机为 125 个齿)。为了防止启动电机在柴油机进入正常工作状态后造成电动机的飞车事故,传动齿轮必须只在启动过程中保持啮合,一旦柴油机自行运转后,两者应该立即脱开。为了满足这一要求,出现了多种传动形式。

电动机轴上的齿轮与飞轮上齿圈的结合方式有以下三种:

(1) 人工结合。启动前用人力通过拉杆使它们结合。

(2) 惯性结合。当启动电动机旋转时,利用齿轮的惯性自动与齿圈结合。

(3) 电磁结合。在启动电动机带动曲轴旋转以前,利用电磁阀和传动杠杆把齿轮推到结合位置。

电动机轴上齿轮与飞轮上齿圈的脱开方式有以下两种:

(1) 利用柴油机进入正常工作状态后,齿轮与电动机轴之间形成的转速差,自动脱开。

（2）利用传动机构中的复位弹簧把齿轮拖开。但在这种脱开方式中，当柴油机已经工作而齿轮尚未脱开以前，利用传动装置中的离合器，让齿轮在电动机轴上空转，避免反拖电动机。

10.1.2 典型电启动装置

图 10 - 2 为 6V MTU396 柴油机电启动装置，该启动电机主要由啮合小齿轮及摩擦离合器、电动机和电磁控制装置三大部分组成。

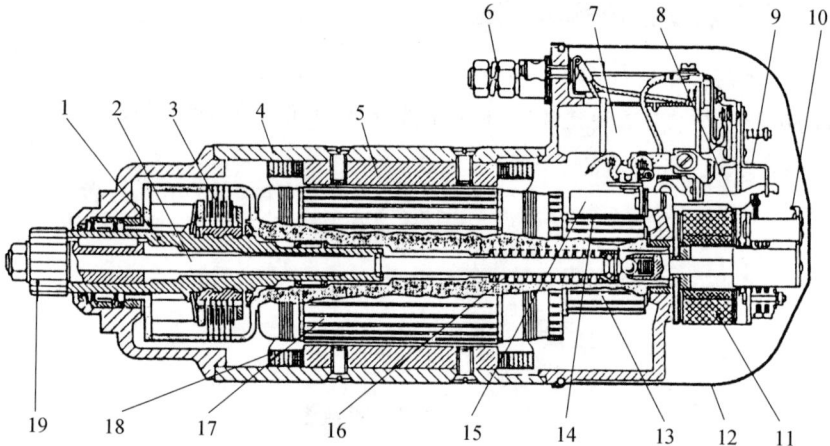

图 10 - 2 MTU6V396 电启动装置

1—螺旋轴套；2—啮合传动杆；3—多片式摩擦离合器；4—外壳；5—极铁；6—电源接头；7—控制继电器；8—触动杠杆；9—止动板；10—释放轩；11—电磁开关；12—罩盖；13—集电环；14—碳刷；15—刷架；16—弹簧；17—转子；18—励磁绕组；19—啮合齿轮；20—螺旋压紧套。

1. 基本结构

带套轴的啮合齿轮 19 用螺母固定于啮合传动杆 2 上，传动杆插入电机枢轴中心孔内，右端通过弹簧和电磁开关的传动机构相联系。左端有键与螺旋轴套相连接。为了使齿轮与飞轮齿圈易于啮合，齿轮齿牙的端面都加工成圆角。螺旋轴套 1 左端支承于滚动轴承中，右端插入电机枢轴轴心孔中，并由滚针轴承支承。螺旋套轴的中部加工有螺旋键，其对应部位套装有一个带内螺旋键槽的螺旋压紧套 20。压紧套右端有凸肩，左边外圆上沿轴向均布有四道直槽，电机枢轴左端有一圆形鼓轮，鼓轮上沿轴向均布四道直槽，其左端盖与鼓轮用螺钉固紧，并通过轴承衬套支承于电动机端盖内。枢轴右端为集电环 13、碳刷 14 和碳刷架 15 与启动系统的控制和电源电路相连。右端滑动轴承于集电环端盖内。

枢轴鼓轮与螺旋压紧套之间装有摩擦片、压紧环和弹性圈，它们共同组成一

278

套摩擦离合器 3。从动摩擦片的内圆圈上加工有四道凸齿，它们套装于螺旋压紧套上，其凸齿插入螺旋压紧套上的直槽中；主动摩擦片的外圆上加工有凸齿，插入枢轴鼓轮上的四道直槽中。安装时，四个主动片与四个从动片交替迭套在螺旋压紧套上，两侧装有压紧环，左侧还有一个圆盘状弹性圈靠在螺旋轴套的凸肩上。在螺旋压紧套上还装有四根带螺旋弹簧的摩擦片离合器预加载螺钉，用以将螺旋压紧套紧压在螺旋轴套的凸肩上。这种结构的功用是，当启动超负荷情况下，由于减小了作用于摩擦片上的负荷而具有超负荷保护的优点。

该电启动装置的操纵控制部分主要由电磁开关 11、控制继电器 7、触动杠杆 8、止动板 9 和释放杠杆 10 等部件组成。其中触动杠杆、止动板和释放杆组成为联锁装置。

启动电机中，除串激绕组 22 以外，在电机极铁中还有一个分流绕组 23，它与主绕组串联，用于启动的初始啮合阶段限制转子轴的空车转速。

2. 工作原理

1）传动齿轮的啮合

该型号电启动装置的传动小齿轮的啮合过程可分为两个阶段：

第一阶段启动开始时，按下启动按钮，电流经电源接头进入控制继电器 7 的线圈和电磁开关的保持继电器线圈。电磁开关的电磁力吸引衔铁向左移动，从而推动传动杆 2 压缩复位弹簧 16，并带动螺旋轴套 1 向左移动，使与之相连接的传动小齿轮 19 移向与飞轮齿圈相啮合的位置。在此过程中，传动小齿轮与枢轴同步缓慢转动，此时，由于与电枢主线圈串联的分流绕组亦通电。电磁开关的保持线圈与高阻抗的分流绕组一起，起到电枢主绕组的负载电阻作用，从而限制了主绕组的电流强度，也就限制了电枢轴的转速。如果传动小齿轮移动到飞轮齿圈的端部时没有立即啮合，而是齿牙刚好相对，则小齿轮会贴着齿圈的端面随电枢轴继续转动，当转到小齿轮的齿牙对准齿圈上的齿谷时，作用于啮合传动杆右端的电磁铁作用力便将小齿轮推进到啮合状态。

第二阶段当传动小齿轮与飞轮齿圈进入啮合状态时，释放杆 10 正好顶住触动杆 8，使桥式接触器在弹簧力作用下立即进行转换：电磁开关的保持线圈和分流绕组由原先与电枢主绕组串联方式转换为并联方式，从而使电枢的主绕组获得充足电流，可以产生最大的转矩通过摩擦片离合器带动曲轴转旋。但此时仍不能立即将曲轴转动起来，尽管电机枢轴转动，但由于柴油机的静摩擦力矩很大，摩擦离合器的主从摩擦片还未压紧，所以小齿轮与螺旋轴套不转动。主动摩擦片在枢轴鼓轮的带动下旋转，并带动从动摩擦片及其压紧套在螺旋轴套上转动，因为它们之间是螺旋键连接，所以压紧套筒在旋转的同时必须沿轴向向左移动，结果使主、从动摩擦片之间越压越紧，直至摩擦离合器传动的力矩大于曲轴上的阻力矩时,小齿轮便带动飞轮齿圈转动起来,从而使曲轴也旋转起来。当曲轴的转速达到启动转速时,柴油机便发火燃烧,进入正常运转状态。

2）传动齿轮的脱离

柴油机自行发火后,转速迅速升高,从而使传动关系发生了根本性的变化:齿圈由从动变为主动,而小齿轮则由主动变为从动,并由小齿轮带动电枢轴转动,这样就使螺旋轴套与螺旋压紧套之间产生了转速差,从而使螺旋压紧套沿轴向右移动,主、从动摩擦片相互分离,传动小齿轮与电枢轴也就相应脱开,结果是小齿轮及螺旋轴套跟随飞轮齿圈一起作高速运转,而电枢轴则按电动机的额定转速运转,这样就保护了电机转子不致于因超速而损坏。

启动柴油机成功后,释放启动按钮或断开启动器开关,则电磁开关断电,电磁力消失,衔铁在弹簧作用下松脱,啮合传动杆在复位弹簧的作用下右移,退回原位,从而使螺旋轴套和传动小齿轮也向右移,与飞轮齿圈脱开,回到启动前的位置。

3）电枢轴的制动与过热保护

分流绕组除了限制电枢轴的空载转速（前面已叙述）以外,还保证每次启动程序都完成后,使启动电机尽快停止转动。这是由于绕组中在断电的瞬间产生的感应电势在电枢绕组中形成一个反转矩的结果。这样,如果第一次没有启动起来,经过短暂停歇又可重新启动。

启动器中还装有两个热敏开关,一个接入电磁开关的绕组中,另一个接于啮合继电器和碳刷之间的线路中。如果由于多次未启动成功或启动时间过长而使电磁开关线圈或其他带电负载的温度超过规定值时,热敏开关就自动断开电源,从而使传动小齿轮脱开。停歇大约 20s 后,待启动器充分冷却后才允许重新启动。

10.2 空 气 启 动

压缩空气启动的主要特点是将具有较高压力的空气,按照柴油机各缸发火顺序在动力冲程开始时充入气缸,借助于压力空气推动活塞运动,并迫使曲轴带动各附件进入工作状态。在柴油机进入工作状态后停止进气。

为了保证柴油机迅速可靠地启动,必须保证一定的空气压力和一定的空气量。压力空气进入气缸的开始时间在动力冲程之初,而停止进气的时间则受排气阀或排气孔开启时刻的限制,一般在排气阀（或排气孔）开启前停止。

为了满足柴油机曲轴停在任何位置都可进行启动的要求,各缸进压力空气的时间必须有适当的重叠,也就是进压力空气过程的曲柄转角必须大于各缸工作循环之间错开的角度。这一要求的满足与柴油机的气缸数目有关,即四冲程柴油机的气缸数必须在 6 缸以上,二冲程柴油机的气缸数必须在 4 缸以上,否则,在启动前必须将曲轴盘车到一定位置。一般采用压缩空气启动的柴油机中,每缸安装一个启动阀,但有些柴油机为了使结构简化,只在半数气缸安装启动阀。

空气启动系统的布置如图 10 - 3 所示,它由下列部分组成:

(1) 供应压缩空气的压缩机,它可由柴油机本身带动或借外界能源(如电动机)带动,船舶上一般借外界能源带动。

(2) 用来储存压缩空气的气瓶 1 以及管路上的阀门 4、7,安全阀 16、20,压力表 19 等。

(3) 控制各缸按发火顺序进气的启动装置,它包括启动阀 15 和空气分配器 6。启动阀是压缩空气进入气缸的门户,而它的开关时机则由空气分配器来控制。

(4) 操纵启动装置进行工作的主启动阀 9。

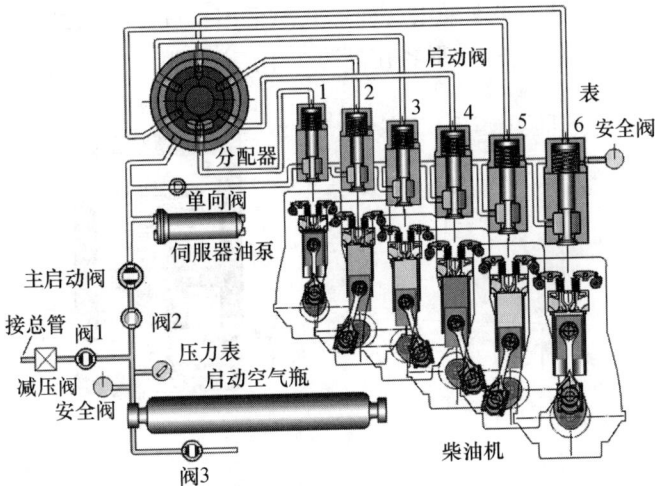

图 10 - 3　压缩空气启动系统的基本组成与工作原理

10.2.1　启动阀

启动阀是控制压缩空气进入气缸的通道,一般装在气缸盖上(气孔直流式二冲程机除外),目前普遍采用的有两种形式,如图 10 - 4 所示。

1. 双气路启动阀

图 10 - 4(a)为双气路启动阀式,其主要特点是经启动阀进入气缸的启动空气不控制启动阀的动作,而是利用专用压力空气来开启启动阀。

阀的阀盘锥面利用弹簧和弹簧承盘紧紧贴合在阀座上。压缩空气充满着 A 腔,由于作用在阀上的空气压力始终处于平衡状态(因为向上和向下的承压面积相同),所以阀的关闭状态并不受压缩空气的影响。在阀的顶部 B 腔中装有活塞,当向 B 腔通压缩空气时,则活塞被推动下行,并克服弹簧的张力把阀顶开。这时启动空气才不断地经 A 腔进入气缸。当 B 腔的空气放出后,阀在弹簧张力的作用下关闭,停止进气。

2. 单气路启动阀

图 10 - 4(b)为单气路启动阀式,其主要特点是利用经启动阀进入气缸的启动空气直接控制启动阀的动作。

阀的阀盘锥面利用弹簧和弹簧承盘紧压在阀座上。当压缩空气充入 A 腔时,作用在阀盘上的空气压力克服弹簧的张力把阀顶开,启动空气不断地进入气缸。当停止进气后启动阀关闭。

采用双气路的启动阀时,通过空气分配器的空气仅仅是开启启动阀的空气,在缸径较大的柴油机中通常采用这种形式。采用单气路的启动阀时,全部启动空气都通过空气分配器,这种形式在高速机中广泛应用。

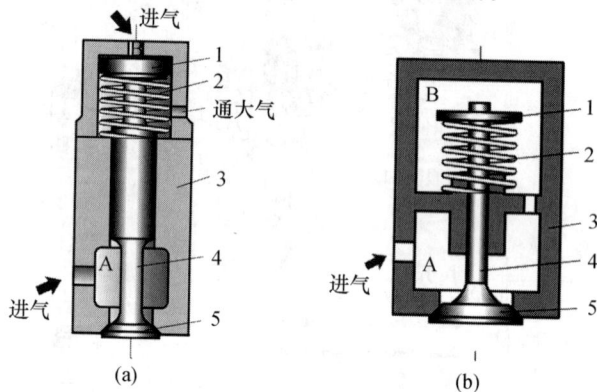

图 10 - 4　启动阀结构

1—活塞;2—弹簧;3—阀体;4—阀杆;5—阀盘。1—弹簧盘;2—弹簧;3—阀体;4—阀杆;5—阀盘。

10.2.2　空气分配器

空气分配器的作用是按规定时间和一定顺序使压缩空气顶开启动阀,让启动空气进入气缸。目前普遍采用的有两种形式。

1. 滑阀式

图 10 - 5 为滑阀式空气分配器,进入启动阀的压缩空气由一控制阀来控制,每一启动阀对应和一个控制阀连接。

图 10 -5(a)所示的形式是每一控制阀由一个凸轮控制,全部凸轮安装在配气机构的凸轮轴上,或者安装在一根独立的凸轮轴上。控制阀借弹簧的张力紧压在阀座上,从储气瓶来的压缩空气也作用在控制阀的顶面上。当凸轮克服弹簧张力和空气压力通过滚轮使控制阀向上抬起时,压缩空气就可进入启动阀,当滚轮与凸轮的基圆部分接触时,控制阀关闭,停止进气。

图 10 -5(b)所示的形式是全部控制阀由一个凸轮控制,这些控制阀的中心线按径向均布在一个平面上。凸轮的形状呈扁形,即凸轮起作用的部分是基圆中被削去的凹下部。平时,控制阀由于弹簧的作用而升起,不和凸轮接触,这时去启动阀的通道与通大气的孔道连通,因而启动阀关闭。当压缩空气进入控制阀的顶部空腔时,控制阀被压下,滚轮和凸轮接触,但在与基圆接触范围内,压缩空气仍不能进入启动阀;只有凹下部和滚轮接触时,控制阀向下运动,才让去启动阀的通道与压缩空气的进口连通,同时把启动阀通大气的孔道隔绝。

在滑阀式空气分配器中,进气的总时间决定于凸轮的夹角,而进气开始的时间决定于凸轮与曲轴的相对位置。

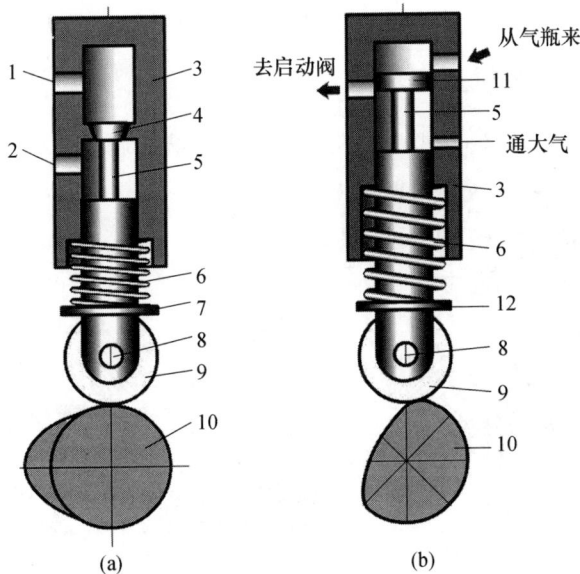

图 10 - 5 滑阀式空气分配器结构

1—进口;2—出口;3—阀体;4—阀盘;5—阀杆;6—弹簧;7—承盘;8—销轴;
9—滚轮;10—凸轮;11—控制滑阀;12—弹簧承盘。

2. 圆盘式

图 10 - 6 为圆盘式空气分配器,它安装在传动轴上,并可作少许的轴向移

动,由曲轴通过传动装置带动旋转。分配盘与阀体的接触面研磨配合,并借进入分配器的压缩空气紧紧地压向该支承平面。在阀体上设有与启动阀数目相同的空气道,用管道与启动阀连接。分配盘上开有通孔(圆孔或弧形孔)或扇形缺口,当通孔或缺口与阀体上的空气道相对时,储气瓶来的压缩空气就可进入启动阀,当二者脱离时,进气停止。通气开始时间由分配盘与曲轴的相对位置来决定,而进气的总时间决定于分配盘上通孔(或缺口)所占的角度与阀体上气孔所占角度的总和。

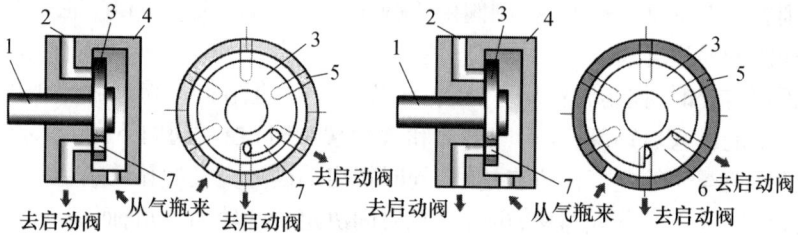

图 10-6　圆盘式空气分配器结构

1—传动轴;2—接启动阀;3—分配盘;4—阀体;5—内气道;6—缺口;7—孔。

10.2.3　典型柴油机空气启动系统

图 10-7 为 12PC2-5 型柴油机空气启动系统的启动阀和空气分配器。

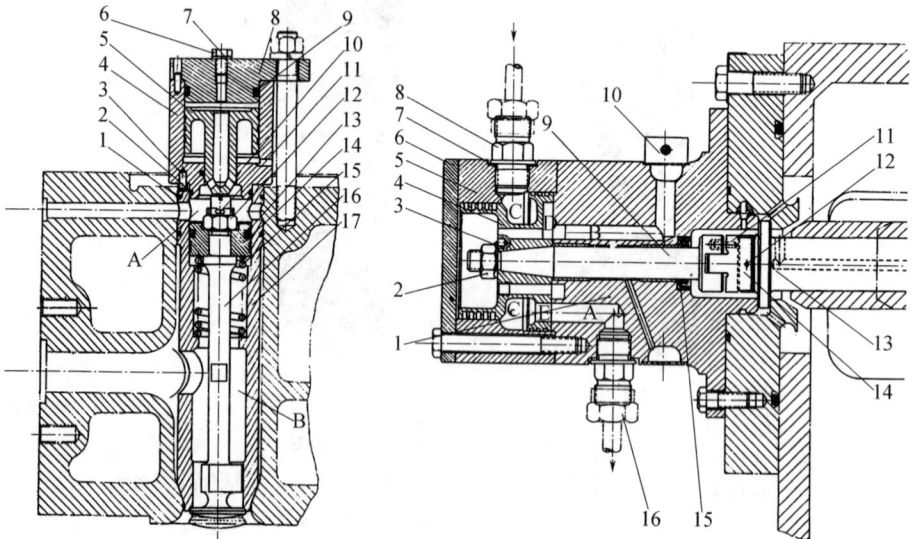

图 10-7　12PC2-5 型柴油机启动阀和空气分配器

(a) 启动阀;(b) 空气分配器。

284

1. 启动阀

启动阀的形式为双气路,阀 16 的阀盘借弹簧 15 的弹力紧贴在阀座上。阀杆的顶端装有活塞 14,并用螺帽 12 固紧。弹簧的上端顶住活塞 14 的底面,通过它把弹力传给气阀。阀杆的下部有导向部,以保证阀和阀体的对中。

启动阀的顶部安装有气缸 4 和活塞 5,并用螺栓通过气缸盖 8 扣紧在阀体的上面。活塞 5 和气缸盖 8 之间以及活塞 14 和活塞 5 之间,形成两个互相连通的气腔。活塞 5 的尾部和阀杆的顶端保持接触。

来自主启动阀的压力空气进入气腔 B。当压力空气经空气分配器进入气腔 A,同时经活塞 5 中心的通道进入它的顶部。作用在活塞 5 和 14 上的空气压力克服弹簧 15 的弹力将阀开启。当 A 腔经空气分配器通大气时,阀在弹簧的作用下关闭。

2. 空气分配器

分配器为圆盘式。分配盘 4 安装在轴 9 端部的锥面上然后用螺母固紧。轴 9 的右端通过十字接头 14 与传动轴 13 连接。

来自主启动阀的压力空气经管接 8 进入气腔 C,然后经过分配盘上的弧形孔 E 和壳体 1 上的通道 A 依次流向启动阀。而不工作的各启动阀,则经分配盘背面(靠壳体侧的端面)的槽 D 和壳体 1 上的通道 B,然后经放气孔 10 通大气。

10.3　保证可靠启动的措施

柴油机的启动性能影响着船舶的机动性,它是船舶动力装置重要的技术性能之一。

柴油机工作的特点是,利用高温空气使燃油着火燃烧。因此在启动过程中,能否尽快地让缸内空气达到必要的温度,是能否保证柴油机迅速可靠启动的关键。

影响柴油机启动性能的因素很多,如柴油机的结构类型、燃油品质、环境温度等,但其中影响最大的因素是环境温度和压缩比。

为保证柴油机的可靠启动,各种类型柴油机根据本身的结构特点和不同的使用条件设置各种辅助启动设备。它们的任务如下:

(1) 降低柴油机的启动阻力,保证曲轴能够轻快地旋转起来。

(2) 提高压缩终点的空气温度,使燃油易于着火燃烧。

什么条件下才使用这些设备,在使用条例中都有具体规定。当前船舶柴油机所采用的辅助启动措施主要有以下几种。

10.3.1　冷却水加热

在柴油机启动前,由于环境温度过低,可用热水或蒸汽输入冷却水系统,使之在燃烧室组件的水腔中循环,以使它们得到预热,其结果可使气缸壁表面的油膜黏度下降,摩擦阻力减小,这就会使曲轴旋转轻快,从而可获得较高的启动转速,这是大功率柴油机广泛采用的方法。

热水的来源有以下几种:

(1)利用副机的热水。

(2)舰艇日用锅炉的热水。

(3)冷却水系统中安装淡水加热装置。

图 10-8 所示就是 MTU396 柴油机的淡水加热器。该装置的主要部件就是一个预热箱,采用电加热方法,当输入电压为 430V 时,加热功率为 6kW,电压为 500V 时加热功率为 9kW,电压为 640V时,加热功率为 14.6kW。在加热器中连续流动加热的淡水,由一个预热循环泵送入柴油机冷却系统中。当淡水温度达到恒温器 8 所设定的 45℃ 时,恒温器 8 的接触器就自动断开预热箱,停止加热,如果

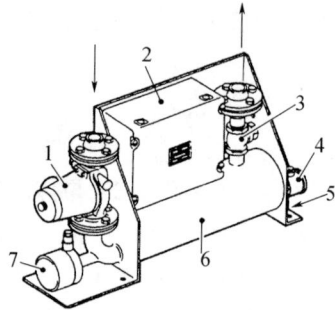

图 10-8　MTU396 柴油机淡水预热器
1—电动泵;2—接线箱;3—止回阀;
4—加热元件;5—排放口;
6—加热器;7—带限制器的恒温器。

温度降低到40℃以下时,电源又会自动接通,继续加热。如果淡水温度因故太高,达到95℃时,装在恒温器内的温度限制器能自动切断回路的电源。但是当故障被排除后,此装置必须手动重新设定预热限制温度。

10.3.2　滑油加热

加热滑油的目的是降低滑油黏度。减小启动阻力,大功率柴油机常采用这种方法。

具体措施如下:

(1)在油箱中安装电热装置。

(2)蒸汽或热水通过油箱的夹层。

采用电热装置时,应保证滑油能够流动,以免滑油在传热面处碳化。若滑油不循环流动,不仅会造成滑油的老化变质,而且还会降低电热装置的工作效能。

10.3.3 进气加热

这种方法就是在进气管或燃烧室内设置加热电阻或火焰加热器,对空气进行加热,以提高进气温度。

图 10-9 为火焰加热器的基本布置和组成,它包括喷油系统和点火装置两大部分。柴油机启动前,通过开关 2 把感应线圈 3 和蓄电池 1 连接的线路接通。由于电磁断续器的作用,在火花塞的电极中产生火花。启动时,用手摇泵 6 将燃油经喷油器 5 呈雾状喷入进气管中,由火花塞点燃并形成火焰,燃气和新鲜空气一道进入气缸,并使空气加热。

在小型采用分隔式燃烧室的柴油机中,常在辅助燃烧室中加装电热塞,像安装喷油器一样的伸向燃烧室的内部。启动时通电加热电阻圈,在燃烧室内造成局部高温,促进燃料的着火燃烧。

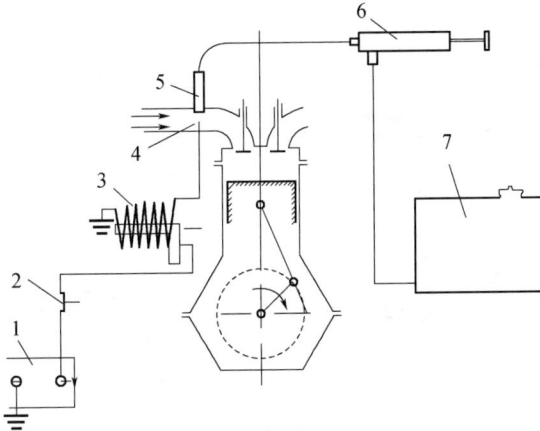

图 10-9　火焰加热系统简图

1—蓄电池;2—开关;3—感应线圈;4—火花塞;5—喷油器;6—手摇泵;7—油箱。

10.3.4 添加易燃燃料

某些柴油机为了加速低温启动,在进气空气中添加乙醚等易燃燃料,促进混和气尽快着火。图 10-10 为 MTU956 柴油机的低温启动系统,该系统可以使柴油机水温低于 4℃时容易启动,但该系统是紧急情况下的手操启动。该系统由低温启动助燃剂控制器、喷嘴和一台电动压缩机等部件组成。

低温启动助燃控制器内装有助燃液体,压缩机将压缩空气输送到低温控制器与助燃液体混合,混合气体经管路输往各喷嘴,喷嘴安装于进气总管中,混合气经喷嘴喷出雾化随空气进入气缸。

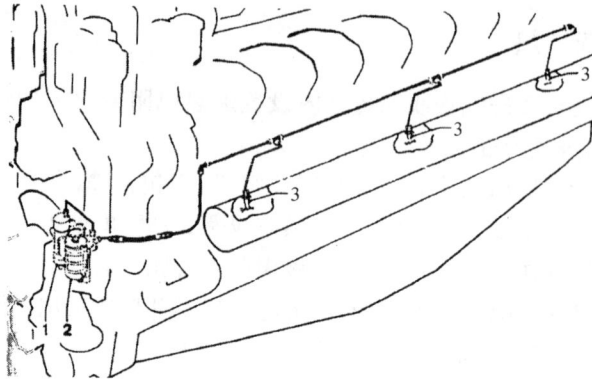

图 10 – 10　冷启动系统

1—启动控制压气机；2—启动控制器；3—喷嘴。

低温启动助燃控制器结构如图 10 – 11 所示。控制器的作用相当于一台助燃液体与空气混合的雾化发生器。控制器主要由容器 18、液位计 11、自动密封装置壳体 7 等构成。

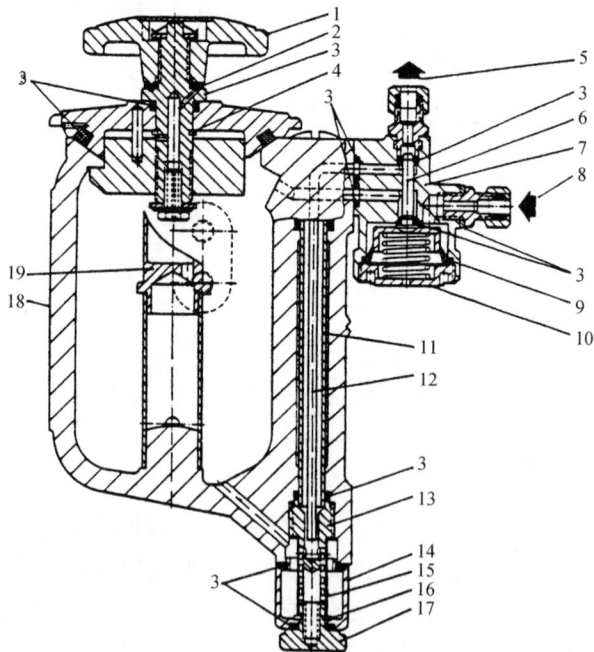

图 10 – 11　冷启动控制器

1—手轮；2—垫片；3—密封环；4—卡环；5—去喷嘴接头；6—活塞；7—密封装置壳体；
8—压缩空气进口；9—活塞密封；10—弹簧承盘；11—液位计；12—管子；13—管接头；
14—过滤池；15—过滤器；16—卡环；17—锁紧帽；18—容器；19—瓶口穿透器。

容器 18 中装有助燃液体,液位可由玻璃液位计 11 指示。接头 8 接压缩空气管路,压缩空气由电动压缩机提供,接头 5 连接装于进气管内的喷嘴。压缩空气经接头 8 进入后,打开活塞 6,经钻孔进入容器,压缩空气与容器中的助燃液体混合后经管子 12、接头 5 进入助燃系统管路,并经进气管的喷嘴喷入进气管。

10.3.5　减压启动

启动柴油机时,略微把气阀打开,可以消除压缩时的阻力,这样可以保证在同样外力作用下曲轴的转速易于达到启动转速。当曲轴的转速达到或略高于启动转速时,再让气阀恢复正常,柴油机即可正常发火运转。

除以上介绍的各种辅助措施外,根据柴油机的不同结构特点,还采用一些其他措施。如高增压柴油机为限制爆发压力的急剧增长,通常采用较低的压缩比。但这将导致启动和低负荷性能的恶化。为改善启动性能,除采用上面提到的某些措施(如加热冷却水、预热进气)外,它还采用了以下措施:

1. 排气管补燃

这种方法的特点是,在涡轮增压器的压气机出口和涡轮进口之间,安装一个小型辅助燃烧室。启动前,由电动机带动压气机供气,其中,一部分空气进入气缸,另一部分进入辅助燃烧室,燃油首先在辅助燃烧室内点火燃烧,然后,从这里产生的燃气推动涡轮工作,当压气机的输出压力升高到一定程度后,补燃系统停止工作,柴油机进入正常运转状态。

2. 排气管中安装碟形转阀

在 PC2 - 5 型和 PA6 - 280 型柴油机中,在两台涡轮增压器的排气支管之间安装一个能开闭的气动碟形转阀。启动时该阀关闭,空气在气缸中反复受到压缩,以此来提高空气温度。

参 考 文 献

［1］欧阳光耀,常汉宝. 内燃机. 北京:国防工业出版社,2011.
［2］黄言华,武步辗,陈乃杨. 舰用柴油机结构. 武汉:海军工程学院,1984.
［3］王华斌. 12PA6V－280 柴油机. 武汉:海军工程学院,1994.
［4］欧阳光耀,常汉宝,杨彦涛. TBD620 系列柴油机. 北京:海潮出版社,2006.
［5］孟进明. 396 系列柴油机原理与性能. 武汉:海军工程大学,1999.
［6］孟进明. 396 系列柴油机结构与功能. 武汉:海军工程大学,1999.
［7］孟进明. 396 系列柴油机使用与维修. 武汉:海军工程大学,1999.
［8］吴欣颖,刘镇. MTU956 柴油机结构、使用与维修. 北京:海潮出版社,2007.
［9］朱建元. 船舶柴油机. 北京:人民交通出版社,2008.
［10］周明顺. 船舶柴油机. 大连:大连海事大学出版社,2006.
［11］孙建新. 船舶柴油机. 北京:人民交通出版社,2006.
［12］徐立华. 船舶柴油机. 哈尔滨:哈尔滨工程大学出版社,2006.
［13］陈大荣. 船舶柴油机设计. 北京:国防工业出版社,1980.